DAXUESHENG CHUANGXIN CHUANGYE ZHIDAO JIAOCHENG

大学生创新创业指导教程

主　编◎赵居川

副主编◎李丰泽　李桂花

王晓冬　王改娥

参　编◎解红玲　白海燕

中国原子能出版社

图书在版编目（CIP）数据

大学生创新创业指导教程 / 赵居川主编. -- 北京：中国原子能出版社, 2017.7（2025. 6重印）

ISBN 978-7-5022-8394-0

Ⅰ. ①大… Ⅱ. ①赵… Ⅲ. ①大学生－创业－高等学校－教材 Ⅳ. ①G647.38

中国版本图书馆CIP数据核字（2017）第196236号

大学生创新创业指导教程

出版发行 中国原子能出版社（北京市海淀区阜成路43号 100048）
责任编辑 王　朋
责任印刷 潘玉玲
印　　刷 三河市天润建兴印务有限公司
经　　销 全国新华书店
开　　本 787毫米*1092毫米　1/16
印　　张 16.25
字　　数 400千字
版　　次 2018 年 1 月第 1 版
印　　次 2025 年 6 月第 2 次印刷
标准书号 ISBN 978-7-5022-8394-0
定　　价 62.00元

网址：http//www.aep.com.cn　　E-mail:atomep123@126.com

发行电话：010-68452845

前言

当今社会科学技术突飞猛进，知识更新的速度日益加快，科技成果商品化、产业化的周期越来越短。社会经济领域日新月异的背后，都有一个共同的因素在起着重要的推动作用：创新。当前，世界新一轮科技革命和产业变革正在孕育兴起，以科技创新、产业创新、商业模式创新、管理创新为主要内容的世界创新浪潮风起云涌，成为推动人类进步和世界经济增长的重要引擎。人才是推动创新的决定因素和重要支撑，而人才的培育和成长摇篮在高校。因此，党和政府更是把创新放在事关国家发展全局的核心位置，围绕实施创新驱动发展战略、加快推进以科技创新为核心的全面创新，提出了系列新思想，做出了系列重大部署。党的十六大、十七大、十八大都明确把推进我国创新创业教育纳入国家发展重点战略，“大众创新万众创业”也对创新创业人才提出更多更高的要求。面对全球经济发展环境的改变以及中国经济发展的新常态，我们需要重新审视创新创业教育，深化创新创业教育改革，加强创新创业教育的理论研究与教学探索。

正是在这样的背景下，编者结合自己多年的教学经验，编写了《大学生创新创业指导教程》一书。力求让大学生在高校通过系统学习、严格训练、强化提高，在思想认识、观念理念、行为举措等方面取得创新突破，使创新和创业意识增强、观念更新、措施得当、效果明显，从而充分提升大学生综合素质，切实培养和锻炼大学生的创新意识。大学生创新创业指导从广义上讲，主要是培养大学生的创新性和开创性，是通过相关的课程体系教育，提高大学生的相关素质和创业能力，使其具有首创精神、创业能力、独立工作能力、技术能力以及社交和管理技能。大学生创新创业指导从狭义上讲，主要是培养大学生创办企业的能力，通过企业知识的学习，促使学生直接实现创业行动，利用自己的知识、才能和技术，以自筹资金、技术入股、寻求合作等方式创立新经济实体。大学生在解决自己就业的同时，也为他人、为社会创造出新的岗位，同时可以实现自己的梦想。

具体来说，本书按照创新创业的一般流程，分为九个章节。前四章主要介绍创新与创新精神、创新思维，创业及创业精神，其目的是让读者首先对创新与创业有初步的认识，了解创新创业的内涵，明白其大致脉络。第五章主要阐述创业者具备的素质能力以及创业团队的组建。第六章主要讲解创业机会，使读者掌握如何发现创业机会并把握机会，如何将创业机会变为创业项目，等等。第七、八、九章讲解创业的实务知识，从创业计划书的写作到创业融资，从创业风险的防范到如何开办新企业，再到新创企业的经营管理及成长，竭我所能为读者构建出一整套完整的创业路线。此外，本书在介绍创新创业相关理论的同时，使用大量的经典案例来举例论证，让读者在案例中收获经验，在经验中获得有关创新创业的真材实料，并将其运用到实战之中。

全书由赵居川负责统稿，具体分工如下：

主　编：（山西大同大学）赵居川：第4章、第5章；

副主编：（山西大同大学）李丰泽：第2章；

（山西大同大学）李桂花：第3章、第8章中的8.1、8.2.1、8.2.2节；

（山西大同大学）王晓冬：第6章、第8章中的8.3节；

（山西大同大学）王改娥：第7章、第8章中的8.2.3～8.2.5节；

参　编：（山西大同大学）解红玲：第1章、第9章中的9.2.3节；

（山西大同大学）白海燕：第9章中的9.1、9.2.1、9.2.2节；

在本书的编写过程中借鉴、参考了大量创新创业与管理方面的文献资料和近几年出版的大学生创新创业方面的出版物，在此，对这些文献资料的作者表示衷心感谢。由于编者水平有限，书中难免有错漏和不妥之处，敬请读者批评指正。

编　者

2017年2月21日

目　录

——大学生创新创业指导教程

第 1 章　绪　论

教育部在《关于大力推进高等学校创新创业教育和大学生自主创业工作的意见》中指出，大学生是最具创新、创业潜力的群体之一，要在高等学校中大力开展创新创业教育。深化高等学校创新创业教育改革，是国家实施创新驱动发展战略、促进经济提质增效升级的迫切需要，是推进高等教育综合改革、促进高校毕业生更高质量创业就业的重要举措。党的十八大对创新创业人才培养做出重要部署，国务院同时也对加强创新创业教育提出明确要求。

学习目标

通过本章学习，你将能够：

1.了解学习创新创业课程对大学生今后工作的意义；

2.了解当大学生创业的优劣势；

3.当前高校实施创新创业教育存在的问题。

1.1 创新创业教育的重要性

随着高等教育从“精英化教育”向“大众化教育”的迈进，我国高校毕业生就业形势日益严峻，大学毕业生数量将远远超过空缺岗位的数量。有专家指出，近几年城镇每年需要就业的人数将保持在2400万人以上，而在现有经济结构下，每年大概只能提供1100万个就业岗位，年度就业岗位缺口在1300万左右。因此，今后在很长时期内，大学生将面临更为严峻的就业形势。大学生自主创业，不仅对于大学生自身发展和成长具有重大意义，而且对于社会发展和国家繁荣也具有重大的现实意义和深远的历史意义。

1.1.1 明确创新与创业之间的关系

创新与创业两个范畴之间有着本质上的契合、内涵上的相互包容和实践过程中的互动发展。

创新与创业并非相互独立甚至对立的，而是有着不可分割的内在联系。创业的关键在于创新，创新是创业的源泉，持续创新必然推动和成就创业；创新成果的商品化、市场化依靠创业，因而创业使得创新的经济价值、社会价值得以实现。

第一次提出“创新”概念的奥地利著名经济学家熊彼特认为，创新是生产要素和生产条件的一种从未有过的新组合，这种“新组合”能够使原来的成本曲线不断更新，由此会产生超额利润或潜在的超额利润。创新活动的这些本质内涵，体现着它与创业活动在性质上的一致性和关联性。

创新是创业的基础，创业推动着创新。从总体上说，一方面，科学技术、思想观念的创新，在促进人们物质生产和生活方式变革的同时，引发新的生产、生活方式，进而为整个社会不断地提供新的消费需求，这是创业活动之所以源源不断的根本动因；另一方面，现代创业活动依赖于科学技术、生产流程和经营理念创新支持下的产品和服务创新，正是在这样的意义上，创新是一批又一批新企业诞生的内在支撑和根本保障。

创新和创业相辅相成，两者的交集表现为相互交叉、渗透与集成融合。在信息化、经济全球化大环境中，两者正呈现出越来越显著的、动态的集成与融合趋势，并表现为正相关关系。两者的动态融合以及相互影响对于创业成功和企业成长至关重要。

创业和创新的融合是一个动态整合、集成与优化的过程，并非只发生在新企业启动或创建阶段，而是伴随整个创业和企业成长的过程。在这一过程中，创新精神、创业能力和市场意识始终是创业成功和企业持续成长的内在动力。

创业者在创业过程中需要具有持续旺盛的创新、创业意识，才可能产生富有创意的想法或方案，才可能不断寻求新的模式、新的出路，最终获得创业成功。

从某种程度上讲，创新的价值就在于将潜在的知识、技术和市场机会转化为现实生产力，实现社会财富增长，造福人类社会。而实现这种转化的根本途径就是创业。创业者可能不是创新者或发明家，但必须具有能发现潜在商业机会并敢于冒险的特质；创新者也并不一定是创业者或企业家，但科技创新成果则经由创业者推向市场，使其潜在价值市场化，创新成果才能转化为现实生产力。

创业可以推动新发明、新产品或新服务的不断涌现，创造出新的市场需求，从而进一步推动和深化科技创新，因而提高了企业或是整个国家的创新能力，推动经济增长。

创新与创业同样也有很大的不同。首先，语言学定义可以帮助我们理解两者的区别。其次，两者有着各自明确的研究边界，创新不等于创业，创业也不等同于创新。创新是建立一种新的生产函数，引进生产要素的“新组合”；而创业则是这种“新组合”的市场化或产业化的实现过程。再次，创新是从经济与技术相结合的角度，探讨技术创新在经济发展过程中的作用。创业是一个新的非生命市场参与者（Newnon-Biologicalmarket Actor）的创造过程。创业强调的是“企业从何而来”“人们为什么创建新的商业”“商业是如何被创造的”等，而创新是对生产函数包括（生产力、科学基础、生产工具及劳动力和生产关系）的建立等。

1.1.2 创新创业教育的内涵

学界对创新创业教育的内涵并没有一个统一的标准，但其精神实质是一致的。

创新教育是有别于接受教育、守成教育或传统教育的一种新型教育模式，其核心理念是培养学生的创新精神和创新能力等创新素质。创业教育是1989年联合国教科文组织在研讨面向21世纪国际教育发展趋势时提出的一个全新的教育概念，又称“第三次教育通行证”，用以证明一个人的事业心和开拓能力，并和学术教育、职业教育具有同等重要的地位。因此，创业教育的核心价值观就是事业心与开拓技能的培养，就是一个人开创性形成的教育，这是创业教育的基本含义。创新教育与创业教育都有“创造新的概念、事物”这样一个共同点。本书将创新创业教育总结为对培养的创新人才所开展的创业教育。

1.1.3 大学生创新创业的重大意义

1.能够缓解大学毕业生的就业压力

大学生的创业能力有利于解决大学生就业难的问题。创业能力是一个人在创业实践活动中自我生存、自我发展的能力。一个创业能力很强的大学毕业生不但不会成为社会日益增长的就业压力的负担，相反还能通过自主创业活动来增加就业岗位，以缓解社会的就业压力。为此，国家各级党政部门纷纷把“鼓励和支持高校毕业生自主创业”作为化解当前社会就业难的重要政策之一。

2.能够助推社会生产力的发展

大学生自主创业是促进科技成果直接转化为生产力的过程。目前，我国科技创新成果非常多，但产业转化率较低，仅有不到8%。而美国“硅谷”高达60%～90%。因此，大学生自主创业是实现科技成果转化、促进社会生产力发展的有效方式。

3.能够实现大学生的自我价值

大学毕业生通过自主创业，可以把自己的兴趣与职业紧密结合，做自己最感兴趣、最愿意做和自己认为最值得做的事情。当前社会鼓励大学生创业，虽然是从化解就业难的角度考虑，但对于大学生自身来说，其创业的主要原动力则在于谋求自我价值的实现。而只有提高大学生创业的比例，整个社会才能形成创业的风气，才能建立“价值回报”的社会新秩序。

4.能够实现经济的高速增长

创业活动能够营造出一种鼓励科技创新的氛围，充分体现“科学技术是第一生产力”的思想，并且能够直接推动我国科技成果的产业化发展，增强我国企业的国际竞争力，为社会创造财富和价值。虽然我国目前的大学生创业所占GDP的份额不高，但是随着大学生创业数量的增加和质量的提升，相信大学生创业公司的总价值肯定会有极大的提高。

5.能够提高大学生的自身素质

自我国高校扩招以后，就业压力愈来愈大，随之而来的是被诟病的大学生素质与我国高等教育的水平。在提高大学教育管理水平与大学生素质的各类探索实践中，资助大学生创业无疑是最经济、最有效的办法之一。通过创业与创业实践，大学生可以充分调动自己的主观能动性，改变自身的就业心态，自主学习，独立思考，并学会自我调节与控制。对于一个懂得如何管理自己的时间与财务，善于拓展人际关系，并能够主动调适工作心态，积极适应社会的大学生，其就业将不存在任何问题。

6.能够培养大学生的创新精神

创新是一个民族的灵魂，是一个国家兴旺发达的不竭动力。青年大学生作为中国最具活力的群体，如果失去了创造的冲动和欲望，那么中华民族最终将失去发展的不竭动力。大学生的创业活动，能够培养勇于开拓创新的精神，把就业压力转化为创业动力，培养出越来越多的各行各业的创业者。中国的未来在于大学生，中华民族的精神永恒则在于大学生旺盛的创造力与创新追求。

7.能够促进教育改革，提高大学生的综合素质

传统的以“文化教育、职业教育”为内容的教育观已经受到了严峻挑战，实现“文化教育、职业教育和创业教育”并举的教育观已经成为学校改革的必然趋势。对当代大学生来说，自我创业是一条光明之路、希望之路。自主创业是时代赋予公民的历史责任和使命。面对21世纪的机遇，古老的中华民族渴望着伟大复兴。民族的复兴必定需要经济的腾

飞，而创业者将是中国未来经济发展的主力军。

1.1.4大学生创新创业的障碍

既然在给定的共同条件下，有些学生成了成功的创业者，而有些人却是失败而归。那么究竟是哪些原因阻碍了创业活动的产生？经过调查研究发现，在大学生创业过程中确实存在许多障碍性的因素，比如细节、经验、心理、项目、资金、环境等成为影响大学生创业的重重障碍。

1.不注重细节，缺乏规范管理

大学生往往仅凭一腔热情开始创业，在企业市场化操作上存在着许多不规范的问题。例如，在上海某科技园区，有一家大学生创业公司由7名学生担任股东。公司财务操作混乱，却没有专设一个会计岗位，凡事由总经理说了算，业务往来也不开具发票，财务报表填写不规范。类似这些在财务上的粗放管理，在大学生创业企业中比较普遍。

此外，很多大学生不够重视细节。例如，某经营数码绘画艺术品业务的大学生创业公司在与日本某风险投资公司洽谈业务时，该公司员工不仅姗姗来迟，而且还穿着休闲装。最终双方没有合作成功。

2.经验不足导致失败

我国的教育只偏重于传授理论知识，大学所拥有的实践机会很少。经验不足将会带来投资的高风险，使得自主创业的意愿冷却，最后不得不选择放弃。经验不足是目前大学生创业中普遍存在的问题，主要有如下表现。

（1）眼高手低。大学生虽然掌握了部分管理方面的知识，但缺乏创立并领导企业成长发展的完整经验；缺乏对社会的了解，缺乏必要的经验和技巧。创业者必须在熟悉市场化经营运作以及各行业商业模式后能随时应对各种变化，特别是在市场经济体制暂时还不完善的条件下，可能面临的是没有规则或者面对潜规则的游戏，这使得学生无从把握。

（2）纸上谈兵。不少大学生创业者都不习惯对产品或项目做市场调查，而是进行理想化的推断。而这些推断是明显缺乏实际根据的，而且常常伴随着误导的作用。所以大学生在初创期务必要做市场调研，只有在了解市场的基础上开始创业才有可能长久。

3.创业资金缺乏成为瓶颈

创业需要资金，否则再好的创意也难以转化为现实的生产力。有调查显示，有60%的高校学子认为“缺少启动资金”是他们在自主创业过程中遇到的最大困难。目前，解决大学生创业实践的资金主要有政府设立的创业基金、民营企业家设立的风险投资基金以及学校设立的创业基金。但我国风险投资起步较晚，创业市场尚未建立，投资者非常谨慎。同时，许多大学生又不能向机构证明自己的赢利能力，导致融资困难。而且这类基金普遍设立的门槛很高，学生获得资金的难度较高。

4.心理障碍

创业是一种积极自发、主动的行为，大学生的创业行为受到多方面的影响，其中个体的创业心理障碍对创业行为具有极大的消极障碍。

创业心理障碍主要是指面对创业时个体的认知、意志、情绪、动机、能力、人格等方面产生对创业不适应的心理，包括以下方面：一是尚有在创业方面的认知偏差，认为创业没面子，无法学以致用，害怕创业风险，过于自卑，怀疑自己的能力，导致无法正确对待自己；二是心理适应能力差，担心失去自我；三是创业意志缺乏，急于求成，半途而废；

四是创业动机偏差，把好玩作为创业的理由等。

5.社会创业环境有待强化

目前，整个社会还没有形成浓厚的创业氛围。有关部门出台扶持政策固然重要，但高校乃至全社会共同参与营造青年创业的社会氛围，从长远来看更加重要。

如今，高校渐渐兴起了大学生创业热。但与此同时，公务员考试的火暴场面证明，当下很多大学生仍然愿意捧着“金饭碗”。大学生的这种意识折射出整个社会对创业与就业、“铁饭碗”与“金饭碗”的明显取舍。

制定或出台某项政策是比较容易操作的，国家也正在加强扶持鼓励大学生创业的政策力度。但是，要培养整个社会和大学生群体对于创业的认可、接纳、支持、参与的社会大环境，则需要长期的积累。培养富有创新精神的大学生是关系国家发展的大事，大学生敢于创业、勇于创业，是富有冒险、创新精神的体现，只有当这种精神成为一个群体的共同追求并深入人心时，大学生创业才会获得良好的社会环境支撑。

6.政府各类创业优惠政策

相对于欧美比较成熟的市场环境，中国社会正处于转型期，尚未建立起完善的市场经济体制，目前市场上还有很多不规范的地方，一些潜规则的存在、社会诚信体系的不完善，都给大学生创业带来了更多困难。创业所需要的各种服务和政策还不完善，主要表现为：一是政策本身不完备，附加条件多；二是具体实施细则的制定相对滞后，可操作性存在地区差异。当然，这些困难是包括大学生创业者在内的所有创业者面临的问题，但是大学生硬实力较弱，软实力不足，因此更容易在这些困难面前成为市场的弱者。

1.1.5实施创新创业人才教育的重要意义

创新创业教育并非是政府强加给高等学校的，而是高等院校顺应当前时代的发展，积极变革传统教育体系的现实需求。

创新创业教育是对目前高校专业教育的一种延伸和补充，也是对创新教育与素质教育所进行的升华和发展，不但是教育理念上的一次提升，而且还是教育模式的一种转换。教育是出于社会与人的发展需求而存在的，又会由于社会与人的时代变迁而不断变革。高等院校要以人才培养为核心，不断强化理论、科技、社会服务等方面能力的创新，是高等教育实现科学发展的重要要求。要用高素质、高层次人才来支撑高等教育实现新发展，要用高质量的高等教育来培养高素质的新一代人才。高等院校服务于当地经济社会，必须围绕着高等院校的基本职能，也就是人才培养这条主线展开。高校应当积极利用其自身所具有的智力优势来帮助社会解决更多的具体问题或现实问题，这对于当地经济社会的发展将产生立竿见影的作用。在这一过程当中，就要结合大学人才培养这一基本职能，更加广泛地吸收大学生们参与其中，让大学生在实践当中加强学习，在服务中提升对于大学创新创业人才培养的主动性，从而发挥比较好的促进作用。高校创新创业人才教育一定要以培养大学生群体的创新意识与创业精神为主体，以培养大学生的创新创业素质与能力为教育目标，通过实施创新创业实践活动、项目等，切实将创新创业教育融入高等院校人才培养的全过程之中。在高校开展创新创业教育，具有十分重要的意义。

1.开展大学生创新创业教育对于落实科学发展观，加快国家创新体系建设具有重大的战略意义

我国要在21世纪中叶达到中等发达国家水平，必须大力提高全民的创新意识和创新

能力，这是国家和民族竞争力的核心，是决定一个民族立于不败之地的基础。而大学生是最具活力和潜质的社会发展生力军，他们肩负着提高全民创新意识、提升国家创新能力的重任。因此，开展大学生创新创业教育，形成创新创业文化，绝不是培养几个小老板的问题，而是要在大学生中培养造就一大批具有创业精神与创业能力的带头人、高素质企业家，使其成为创造社会财富和促进经济持续发展的生力军。这是国家和民族发展的大问题，必须高度重视。

2.开展大学生创新创业教育有利于促进产业结构升级和科技成果转化

党中央、国务院把引导和鼓励毕业生到基层就业作为当前和今后一段时期毕业生就业工作的重中之重，同时积极支持和鼓励毕业生创业。这既是党中央、国务院的重大战略决策，也是毕业生就业的重要渠道。目前，我国中小企业已超过800万家，占全国企业总数的99%，中小企业提供了大约75%的城镇就业机会，是解决就业的主力军。大学生创办中小企业不仅能解决自身的就业问题，还会创造更多的就业机会，从而减轻整个社会的就业压力。

党的十六届五中全会把提高自主创新能力，加快产业结构升级作为一项重要的发展战略，强调全面增强自主创新能力，增强科技成果转化能力，提升产业整体技术水平。因此，现阶段以大学生创业的方式，通过创办中小企业和研发新产品的途径，将有利于促进科技成果的直接转化。

3.开展创新创业教育是高等教育改革的必然趋势

我们处于一个创新的时代，是需要大批具有创新精神和创业能力人才的时代，高校应以此为己任，明确自己的责任和使命。

就业教育与创新创业教育是两种不同的教育质量观，深化高等教育改革，就是要改变传统的就业教育的思维模式，使高校毕业生不仅是求职者，而且是工作岗位的创造者。中共中央、国务院在《关于深化教育改革，全面推进素质教育的决定》中强调指出："高等教育要重视培养大学生的创新能力、实践能力和创业精神，普遍提高大学生的人文素养和科学素质。"国外的经验也表明，有效实施创业教育，可以培养和造就数以百万计有创业精神和创业能力的小型企业家，这既可增强国家经济活力，促进社会经济发展，又可优化人力资源配置，缓解社会就业压力。21世纪是"创业时代"，国与国之间的竞争聚焦在创新与创业水平上，创业活动已经成为中国经济发展的重要引擎和推动力量，鼓励创业和创新活动成为包括我国在内的许多国家的政策取向。

1.2 大学生能够创业吗

目前，创新、创业、创造已经成为世界经济发展的主流，尤其是在后金融危机时代，发展创业型经济是大势所趋。大学生由于具有更强的创新观念、创新冲动和创新精神，无疑是最具有潜力优势的创业群体。

1.2.1大学生创业的社会背景

从20世纪60年代开始，大学生创业成了美国经济的直接驱动力之一。比尔·盖茨创造了大学生创业的神话；麻省理工学院的创业技术竞赛吸引了一大批风险投资；斯坦福大学的师生缔造了美国硅谷，创业热潮推动了美国经济的发展也促进了创业型经济的诞生。

在我国，党的十八大明确提出“鼓励多渠道多形式就业，促进创业带动就业。”的发展战略，进一步要求大力开展创新创业活动，完善支持创新创业政策，健全创新创业服务体系。

近年来，中国是创业型经济发展的主要新兴经济体，以北京中关村为代表的遍布全国的高新技术开发区的迅速发展，标志着创业型经济已经成了经济可持续发展的主要增长点。我国每年新增专利的65%、新产品开发的60%都是由创业型企业完成的，这样的时代背景为大学生实现创新创业提供了舞台。

1.2.2大学生创业的优劣势分析

1.大学生创业的优势

（1）具有本科或研究生程度的文化水平，对事物较有领悟力。

（2）自主学习知识的能力强。

（3）接受新鲜事物快，甚至是潮流的引领者。

（4）思维活跃，敢想敢干。

（5）运用IT技术能力强，能够利用互联网了解对创业有价值的信息。

（6）有自信，对认准的事情充满热情。

（7）年纪轻，精力旺盛。

（8）暂无家庭负担，创业也可能获得家庭或家族的支持。

2.大学生创业的劣势

（1）缺乏社会经验和职业经历，尤其缺乏人际关系和商业网络。

（2）缺乏真正有商业前景的创业项目，许多创业点子经不起市场的考验：

（3）缺乏商业信用，在校大学生信用档案与社会没有完全接轨，导致融资借贷困难重重。

（4）喜欢纸上谈兵，创业设想不能很好与市场结合，市场预测普遍过于乐观。

（5）眼高手低，好高骛远，看不起蝇头小利，往往大谈“第一桶金”，不谈赚“第一分钱”。

（6）独立人格没有完全形成，缺乏对社会和个人的责任感。

（7）心理承受能力差，遇到挫折容易放弃。

（8）在社会文化和商业交往中，青年人往往不容易得到信任。

1.2.3大学生创业现状

俗话说“知己知彼，百战不殆”。“创业”已经成为当今高校毕业生、社会无业待业人员以及希望改变生活现状的企业员工选择的主流渠道。随着社会经济的快速发展，国家就业创业政策的不断完善，创业环境也呈现出很多新的特点。

1.创新创业教育推动了创业经济发展

高等学校创业教育最早起源于20世纪40年代的美国，1947年哈佛大学商学院首次在MBA教学中引入了创业课程。20世纪60年代，世界经济增长模式发生转变，以高科技为主导、运行机制灵活、不断创新的中小企业迅速发展，不仅促进了各国经济增长，而且创造了更多的就业机会。美国百森商学院杰弗里·迪蒙斯教授敏锐地预感到60年代后期全球将迎来一场“创业革命”，也悟出了“创业教育”的新思路，并开始尝试创业教育，以培养适应创业革命需要的创新创业人才。

从20世纪80年代开始至今，世界范围内掀起了一股创新创业教育思潮。随着创新创业教育的兴起，创新创业的经济发展的促进作用日益显现，并为全球，特别是以美国为首的发达国家和地区经济发展的巨大成功所证明。目前，创新创业教育早已影响世界许多国家。美国、英国、德国、法国、日本、韩国、澳大利亚、新加坡等国家都有目的地将创新创业教育渗透到普通教育之中。

2.社会发展催生了大学生创新创业活动

在世界各国积极开展创新创业教育，大力推动大学生创新创业的同时，全球范围内的社会经济发展状况对于大学生创业起到了决定性的推动作用。

（1）当今世界无论是发达国家还是发展中国家，都有相当比例的大学生不能获取理想的就业岗位，并且这个比例还在逐年提高，有些国家甚至超过15%。因此，大学生自主创业活动愈来愈显示出它的价值所在。

（2）世界范围内第一、第二产业的就业人口比例在逐步缩小，第三产业的就业人口比例在逐步提高，社会经济形态在日益向服务领域及资讯行业发展，只需要少量的人力和办公设备就可以组建公司，为大学生创业提供了可能。

（3）信息技术、网络技术的发展，办公自动化程度日益提高以及经营成本的逐渐降低，都为大学生创办小企业或家庭企业提供了适当的环境和条件。

（4）拥有高新技术这一特点也使得大学生创新创业有了较强的竞争力，也为创业成功提供了保障。据统计，在美国表现最优秀的50家高新技术中，有46%出自于麻省理工学院的创业计划大赛，根本的原因在于以高新技术为核心，而风险投资家们最看重的也正是这一点。

3.我国大学生创新创业的机遇与挑战

就当前我国创新创业的现状来看，高校毕业生选择创业实践是一条机遇与挑战并存的道路。

（1）大学生创新创业的历史机遇。当今世界已经进入到创业型经济时代，国家对大学生自主创业给予了高度的关注与支持，为大学生实现自主创业提供了难得的历史机遇。

①法律环境进一步规范。第一，私营经济得到法律保护。1999年，修改后的宪法中明确规定：“国家保护个体经济、私营经济的合法权利和权益”，这就为私营经济的存在和发展从法律上提供了保障。随着社会主义法治建设的推进，私营经济已经步入了一个良性发展的轨道。第二，创业准入门槛不断降低。随着社会主义市场经济体制的建立与完善，国家对私营经济在市场进入方面的限制逐渐取消，更多的行业、领域允许民营资本进入。同时，办理企业登记手续的程序得到简化，企业自主经营范围更为广泛和自由。

②经济和社会环境得到优化。第一，资本市场日趋健全和活跃。在融资方面，银行贷款、融资担保、风险投资、产权交易等更多的业务不断推出。为解决中小企业创新创业过程中融资难的问题，有关机构启动了为大学生创业者提供贷款担保和贴息的业务。第二，创业载体和创业服务机构发展加快。各类企业孵化器、高新园区、企业服务中心、创业指导机构等载体不断建立与完善，风险投资机构、担保服务机构、信用评级机构、顾问咨询等服务机构得到快速发展，这些都有利于大学生创新创业的启动和发展。第三，传统观念

正在逐步改变。改革开放30多年，人们对私营经济的看法和态度已有了根本的改变，企业光荣已经成为社会的共识，一种鼓励创新创业的社会观念，尤其是对大学生创新产业关注与支持的社会环境正在形成。

③创新创业的扶持政策不断完善。为鼓励和支持大学生自主创业，中央和地方各级政府纷纷出台相关优惠政策，给予创业者更多的支持。通过开展免费创业培训、强化创业指导、优化创业环境、培育创业文化、进行创业激励等途径，重点扶持大学生创办企业。

2003年，国务院办公厅发出通知，要求各地、各有关部门要积极鼓励高校毕业生自主创业和灵活就业。凡高校毕业生从事个体经营的，除国家限制的行业外，自工商部门批注其经营之日起，一年内免交登记类的各项行政事业性收费。2008年，国务院办公厅转发人力资源和社会保障部、教育部等十一个部委《关于促进以创业带动就业的工作指导意见》。

2010年，人力资源和社会保障部、教育部、财政部等六部委联合开展了“高校毕业生就业推进行动”，全面实施“创业引领计划”；2011年5月31日，国务院下发了《国务院关于进一步做好普通高等学校毕业生就业工作的通知》（国发[2011]16号）文件，各地区、各有关部门要进一步落实和完善各项创业扶持政策，改善创业环境，积极引导高校毕业生创业；直至2014年、2015年在大众创业万众创新的大潮推动下，国务院及各部委连续出台了一系列政策文件，涉及民办企业“三证合一”、注册企业场所可“一址多照”、推进创客空间等孵化模式、众创空间税收优惠、创业担保贷款提高额度、整合发展就业创业基金、税收减免、优先转移科技成果、支持举办创新创业活动等方面，并把创新创业课程纳入国民教育体系，《国务院办公厅关于深化高等学校创新创业教育改革的实施意见》（国办发〔2015〕36号）从健全创新创业教育课程体系、创新人才培养机制、改进创业指导服务等9个方面促进大学生创新创业。

各地人民政府也创造性开展工作，积极推动大学生创业工作。例如，至2018年，广东省财政将安排25亿元用于创业补贴，初创企业经营者最高可获1万元培训资助；创业成功可一次性申领5000元资助，优秀创业项目更可获20万元奖励。到2017年，浙江省在全省范围内形成一批国内知名、区域领先、特色鲜明的众创空间等新型创业孵化平台；集聚以80后、90后大学生创业者，大企业创业白领等为代表的创业“新四军”上万人，孵化新兴产业领域高质量创业企业数千家。安徽省正在合肥高新区试点青年创业引导资金计划，从资金源头，为青年群体创业带动就业，打通渠道，引来活水。目前，已有10家企业通过首批评审，发放贷款金额850万元。首批10家企业里，除了2家是有抵押有担保的“助保贷”产品，其他均是免担保无抵押的信用类贷款，贷款金额为5万～30万元不等。重庆市推出五大扶持政策，让中小微企享受更多创业福利：建立市级代偿补偿资金2亿元，向工信部和财政部申请代偿补偿资金3亿元，组成5亿元的代偿补偿金，并力争获得国家和市级补贴1亿元以上；建立市级“助保贷”平台，降低中小微企融资成本。深圳已经确定把每年6月份专门设立国际创客周，吸引全球创客；深圳市政府还将着手搭建平台，让创造者与配套商对接，吸引企业支持甚至风投的关注，为创客提供更好的服务，助力他们将创新想法变成现实。四川成都高新区提出到2020年要聚集各类科技创业人才5万人，孵化科技创业企业1万家，其中高新技术企业和各类创新型企业1000家，成都市高新区将每年拿出1亿元支持成长型科技创业企业发展，每年投入创新创业的各类资金不低于10亿元。

④创业的空间更加广阔。时代需要大学生创业，呼唤大学生创业，也为大学生创业者提供了前所未有的机遇和展示的舞台。

知识经济时代最重大、最根本的变化，无疑是资金让位于知识，知识成为最宝贵的资源、最重要的资本，为一切富有知识与智慧者提供了前所未有的机遇。

随着高科技的发展，大量的新兴行业不断涌现，这为受过良好教育并具有一定专业知识的人才提供了无穷的机会。当代许多大学生创业明星就是在网络技术和服务领域创业成功的。

随着知识更新速度加快，“继续教育”成为人们的终身行为，文化教育、信息传播也由此成为大学生创业者大有前途的创业领域。

随着我国社会经济的发展，第三产业将成为一个极具魅力的投资领域。由于第三产业，尤其是服务业需要的投资少、见效快，十分适合大学毕业生创业，将为大学生创业者提供广泛的空间。

（2）大学生创新创业面临的挑战。在多种不确定因素交织并存的经济发展中，高校毕业生所面临的创新创业环境中也存在诸多挑战。

①外部环境有待进一步完善。受传统文化的影响，加之我国创新创业实践活动起步较晚，鼓励创新创业的相关政策法律还不十分完善。近年来，尽管国家和一些地方政府出台了许多旨在鼓励、引导大学生自主创业的政策，但有些优惠政策，如小额贷款等在实践中很难落到实处。

我国的资本市场尚不成熟，风险投资并不充实，创业投资还处于起步阶段。由于大学生创办的企业起点较低，缺少社会工作经验，又没有合适的抵押物或担保，大学生创业者难以获得银行贷款。“融资难”仍然是制约大学生创新创业的一个瓶颈。

创业教育不足也是创新创业环境中非常突出的薄弱环节。尽管目前我国部分高校已经开展了创新创业教育，但还没有形成创新创业教育的系统化、全程化、终身化，大学生创新创业教育体系还需要进一步完善。

②大学生自身素质有待提高。目前，我国大学生创新创业还仅仅处于起步阶段。虽然大学生自主创业的热情很高、意愿较强，但自主创业的实际人数并不多，占大学生总数的比例不大。究其原因，则是大学生自身缺乏基本的创新创业素质和能力，具体表现在大学生创新创业意识淡薄、动力不足、能力不强等方面。第一，意识淡薄、创新创业意识淡薄主要表现为仅仅把创新创业看作是找不到工作的一种无奈的选择，缺乏自主创业主动性。据资料显示：超过2/3的大学生想过毕业后去创业，但近1/3的大学生宁可失业也不会选择创业，这说明部分大学生对创业持排斥态度而无法接受自主创业这种选择，这种状况与我国创新创业教育相对比较薄弱有关。第二，动力不足。据资料显示：目前，我国大学生中有强烈创业意愿的占到了25.93%，有过创业意愿的占到了53.02%，说明大学生自主创业的热情很高。但真正投入创业的人并不多，即使创业也是失败的多，成功的少。据统计，大学生创业成功率只有2%～3%，说明大学生创业动力明显不足。其原因除了缺乏充分的财力支持之外，还缺少创业信心与创业技能，缺少创业勇气，惧怕失败。第三，能力不强。由于我国高校创新创业教育并不完善，学生缺乏必要的社会实践，只是大学生的创业能力不强，尤其是在经营管理、风险识别、市场营销、组织领导、团队合作、交际谈判等方面的能力还有待进一步提升。

③大学生创业的条件欠缺。一般而言，创业成功需要具备三个条件：创业项目、创业资金和人脉环境。对于刚刚步入社会的大学生而言，既缺少对市场、对环境的认识，又缺少对管理、技术的了解；既缺少可以开发和利用的人脉资源，又缺少创业资金的支持，这些都是造成我国大学生创业成功率低的原因。所以，大学生从入学开始就应当规

划好自己的职业生涯，积极参与创新创业实践活动，不断提高自身的综合素质和能力。在新产品开发和技术创新服务中提升自己的创新创业能力，依托专业学习创新创业知识，这才是大学生创业成功的根基所在。创业需要的不仅仅是勇气和智慧，更需要相关的知识、素质和能力。

4.大学生岗位创新创业的新认识

国家鼓励大学生自主创业，实现自己的创业梦想，开辟新的、更大的事业。但是，相对于大学生群体而言，真正能够自主创业，借助于新产品、新技术创办企业的人比较少，更多的大学生毕业后将会进入到企业、事业单位和政府机关，在平凡的岗位上，从事平凡的工作。因此，大学生创新创业不仅仅是指自主创业，还应包括岗位上的创新创业。这就需要大学生树立一个大的创新创业的理念，在工作岗位上，不断开拓进取，推动本岗位、促进本部门、带动本单位、甚至引领本行业的发展。

国家的发展需要创新创业型人才，政府机关和企业、事业单位也需要具有创新创业能力的人才。无论是政府机关还是企事业单位，专业多种多样，工种千差万别，每个人都有自己具体的工作岗位。这就如同千万个零件，按照各自的功能和方法组合成一部运转自如的大机器一样。

倡导大学生岗位创新创业教育，旨在鼓励大学生在未来的工作中，从本职工作入手，根据本岗位、本单位特点，开展创新创业活动，借助于自己创造性的劳动，走出一条岗位创新创业成才之路。因此，承载和推动中国经济发展、社会进步的大学生肩负着重要的历史使命，抓住机遇、应对挑战，积极投身创新创业实践是当代大学生义不容辞的责任。

1.3 我国大学生创新创业教育的现状

大力发展创新创业教育是近年来高等院校的重要举措，也是形势所需。创新精神的培养是创新创业教育的重要内容，对促进创新创业教育的广泛开展和顺利进行有着重大的意义。

1.3.1我国高校创新创业教育的历程

大学毕业生零星开展自主创业早已有之，而创新创业教育是20世纪90年代在一些高校悄然兴起的：十多年来，这项工作逐步引起各高校的重视。回顾十多年来的创新创业教育工作，可以分或以下几个发展阶段。

1.高校自主探索阶段

1997~2002年是高校自主探索创业教育阶段。自1997年开始，许多高校对创新创业教育做了有益的、自主性探索，如清华大学以学生创业计划竞赛为载体的创业教育探讨与实践；复旦大学教授学生创业基础知识和基本技能；华东师范大学尝试开设“创业教育课程”；东华大学开设“创业与风险投资”的选修课程；武汉大学实施“三创”教育（创造、创新、创业）来提高教学质量，培养创业人才；北京航空航天大学科技园等机构对在校学生创业给予注册、资金支持等。

2.政府引导下的多元化发展阶段

2002至2010年是教育行政部门引导下的创业教育多元化发展阶段。2002年4月，教育部正式发文确定清华大学、北京航空航天大学、中国人民大学、上海交通大学、西安交通大学、武汉大学、黑龙江大学、南京经济学院、西北工业大学为我国创业教育试点院校，给予政策和经费支持，探索我国高校学生创业教育的基本方法和发展模式。同时，教育部还先后多次组织召开高校学生创业教育工作会议，安排部署高校创业教育工作，邀请国外创业教育专家来华讲学，举办“教育部创业教育骨干教师培训班”，积极推动全国高校创业教育的开展。这标志着我国高校创新创业教育由自主探索阶段进入到教育行政部门引导下的多元化发展阶段。2008年，教育部通过“质量工程”项目，又立项建设了30个创业教育类人才培养模式创新实验区，经过一年多的实践，已经取得了较好的预期成果。

3.全面推进阶段

从2010年4月开始，以4月23日召开视频会、下发《教育部关于大力推进创新创业教育和大学生自主创业工作的意见》为标志，进入了教育行政部门指导下的创业教育全面推进阶段。政府通过建立高教司、科技司、学生司、就业指导中心四个司局联动机制，形成了“创新创业教育、创业基地建设、创业政策支持、创业服务”四位一体、整体推进的格局。深化高等学校创新创业教育改革，是国家实施创新驱动发展战略、促进经济提质增效升级的迫切需要，是推进高等教育综合改革、促进高校毕业生更高质量创业就业的重要举措。党的十八大对创新创业人才培养做出重要部署，国务院对加强创新创业教育提出明确要求。近年来，高校创新创业教育不断加强，取得了积极进展，对提高高等教育质量、促进学生全面发展、推动毕业生创业就业、服务国家现代化建设发挥了重要作用。

1.3.2我国高校创新创业教育的模式

近年来，越来越多的高校开始为大学生营造创业机会和创新创业环境，高校的创新创业教育呈现出新的局面。常见的创新创业教育模式如下。

1.课程教学为主导

这种模式强调重视培养学生的创业意识，构建创业知识结构，将第一课堂与第二课堂结合起来开展创新创业教育。在第一课堂方面，调整教学方案，加大选修课程的比例，拓宽学生自主选择的空间，开设“企业家精神”“风险投资”“创业管理”等创新创业系列课程。在第二课堂方面，鼓励学生创造性地投身于各种社会实践活动，通过开展创业教育讲座以及各种竞赛活动等方式，形成以专业为依托、以项目和社团为组织形式的创业教育实践群体。该教育模式的代表院校为中国人民大学。

2.以提高学生创业意识、技能为重点

北京航空航天大学专门成立“创业管理培训学院”，开设“创业管理”“创业企业设立与研发”等课程，教授学生如何创业；在创业实践方面，北航科技园将办公场地全部用来作为大学生的创业场地，共内设工位90余个，可容纳40个创业团队，并且规定第一年免交租金；设立创业种子基金，为学生在校期间创业直接投入资金500万元，对学生的创业计划书评估后进行种子期的融资。同时，学校还提供“一条龙服务”帮助学生代办公司注册中的工商登记手续、软件著作权申请，协助企业申请一般纳税人资格，提供财务代理，完善公司的会计核算与财务管理，加强内部控制与管理等。该教育模式的代表院校为北京航空航天大学。

3.以第二课堂的有机整合为侧重点

这种模式是以创新创业计划为依托，通过对第二课堂活动的有机整合，形成一个有机系统，纳入创新人才培养体系，实现人才培养的目标。这种教育既是第一课堂教学活动的迁延与有效补充，又具有自身特有的目标、运行机制与规律。它是将原来各自分散的第二课堂活动整合为包括科研创新训练、创业训练、科技竞赛、人文素养提高和职业技能培训五个方面的“大学生创新创业训练计划”，以学分制形式纳入创新人才培养体系，作为学生毕业的必修内容列入教学计划，进而提高学生参与第二课堂活动的积极性。该教育模式的代表院校为宁波大学。

4.以创建创业实践基地为侧重点

这种模式特点是充分利用校内资源建设创业实践基地，为学生提供创新创业教育的个性化指导。一方面，组织大学生进行创业体验，成立由学生自主管理、自主经营的科技服务公司等实体，在教师指导下让学生在实体中体验创业全过程。另一方面，创建校外大学生创业实践基地，与企业开展合作教育，让学生进入现场、深入岗位；利用大学生暑期社会实践活动，组织学生深入工厂、农村、学校开展科技帮扶、法律援助、专项调查活动，在社会实践中提高创业学生的综合素质。该教育模式的代表院校为黑龙江大学。

5.综合式的创新创业教育

这种模式的特点如下。

（1）以创新教育为基础，在专业知识传授的过程中注重学生整体素质的培养和提高。

（2）以社会活动为依托，以竞赛活动为载体，为学生创业提供实习基地、政策支持和指导等综合性服务。清华大学在全校范围内开设了多门创新创业教育课程，实施“创业计划大赛”，设立学生“科技创新基金”，资助学生进行科技创新活动，成立专门的科技创新中心，对学生的创新创业活动进行指导、咨询和评价。

1.3.3高校的创新创业教育工作存在的问题

回顾创新创业教育在我国发展的历程，虽然取得了长足的发展，但是当前高校的创新创业教育工作还存在以下几方面问题。

1.对创新创业教育认知观念不正确

首先，高校管理者和大学生对创新创业教育的认知有失偏颇。从我国高等教育对创新创业教育理念的正式回应至今已有数年之久，但从目前高校师生的思想状况看，存在认识不统一、不到位的现象。主要是高校管理者的认知偏差，其表现主要有以下几个方面。

（1）许多高校管理者认为创新创业教育只是大学毕业生就业指导的一项内容，对创新创业教育还停留在技巧、心理、政策、形势分析等方面的指导。对毕业生进行创业意识、创新精神和创业能力的教育还未引起重视，没有形成系统的教育体系，还停留在搞搞创业讲座、举办创业计划比赛等基本的层面上；同时许多高校管理者很少考虑如何充分发挥学生的主观能动性和挖掘创造性的潜能，忽略了学生个性的发展和创造性的培养，忽视了人才素质的全面发展，认为大学生在校期间把专业知识学好就可以了，不需要创新创业教育。

（2）大学生的认知偏差。其表现为：许多学生认为创业是找不到工作的无奈之举，他们认为只要拥有大学毕业文凭，将来就会出人头地。从而导致学生在大学生活中不注意自身综合素质的培养，一味只看文化成绩。许多学生重学历，不重视学习方法和创新意识的培养，只想毕业后能够找到一份安逸、体面、收入高的工作，从未考虑过自主创业。多数学生认为创业教育是对少数创新能力比较强、学习成绩非常优秀的学生开展的教育，而大部分学生是难以涉足的。其实，创新创业教育是一种理念，是一种创新、创业的启蒙教育，是素质教育的延伸和再拓展，它并不苛求学生的每次创业实践都以成功作为圆满的结束，旨在对学生激发一种意识，使他们的创新思维在创业过程中得以发展。对大学生实施创新创业教育，并非是要求他们在校期间或者毕业之际就马上进行创业行动，这种教育的影响可能在多年之后仍然会产生无法估量的作用。

（3）家庭和社会对创业教育认知不够，主要表现在：多数家长对孩子大学毕业后就直接自主创业没有很高的期望值，同时学生自主创业又需要一笔不小的额外风险投资，所以他们不鼓励、不支持大学生创业。社会上有些人对在校大学生创业持有一些看法，认为在校大学生创业是不务正业，荒废了学业，给学生造成一定的舆论压力。

上述这些现象，都是对创业教育认识不够全面、不够深入的表现。

2.大学生创新创业教育的理论体系不健全

首先，大学生创业教育理论尚未形成系统的体系。教育的发展在不同的历史时期会遇到不同的问题，教育本身与社会的发展总处在一种不断协调的关系之中。虽然对大学生创新创业教育有很多的研究，但是没有形成一套完整的科学理论体系，导致理论研究不能够充分发挥对实践的指导作用。

其次，大学生创新创业教育脱离学科专业教育，缺乏创业教育的系列课程。目前，我国的创新创业教育没有融入学校的整体教学体系中，与学科专业教育的开展并未形成有机联系，只是利用课余时间进行创新创业教育，这种做法使得创新创业教育脱离学科专业，使学生失去自身专业优势的有利依靠。因为人的创造性是不能像具体技能和技巧那样教授和传授的，它必须通过现代科学知识和人文知识所内含的文化精神的熏陶和教化才能潜移默化地生成。创新创业教育不但不排斥知识教育和专业教育，而且必须更深地依赖知识教育和专业教育。

3.大学生创新创业教育的师资建设不完善

首先，大学生创新创业教育缺乏具有创新、创业意识的师资队伍。实施创新创业教育的前提和基础是教育者要具有创新创业意识和创新创业思维。现在大部分教师还是采取“传习式”教学方法，培养单学科“知识型”人才。一方面，这是教师缺乏创业意识、创业精神、创业知识和创业能力的表现；另一方面，这也是教师害怕承担责任的表现。因此必须改变这一现状，要从目前的“知识型”“传授型”向“智能型”“创新型”“全面型”的人才转化。学校要制定激励机制，充分调动教师的创新积极性，营造有利于教师开展创新教育教学活动的氛围，组织教师深入研究激发学生创新意识、创新能力的方法及途径。

其次，大学生创新创业教育缺乏高素质、专业化的师资队伍。创新创业教育成功与否与教师的水平息息相关。承担创新创业教育任务的教师与其他课程的教师最大的不同就在于，他不仅要教给学生创业必备的知识，更重要的是能通过互动式的教学，从思想上深入激发学生创新创业的欲望，从而调动他们的潜能去从事创新创业活动。目前，高校开展创业教育教学和培训的教师一般来自两个方面：一是原先从事企业管理学科教学的教师；二是指导学生就业工作的老师。他们共同的弱点就是自身缺乏创业经历，在为学生进行创业教育培训时，纯知识的讲授多于实践经验。为此，高校应采取有力措施解决创业教育中专业化师资匮乏的问题。

4.大学生创新创业教育的文化氛围不浓厚

首先，大学生创新创业教育缺乏良好的校园文化。系统完善的创业教育环境是学生创业的基石。学生所处的文化环境主要包括校园文化和社会文化两种类型。其中校园文化体现为一种观念，它对创业素质的提升具有整体引导、塑造和培养的功能，具有耳濡目染、点滴渗透的效果。把创业教育寓于校园文化建设之中，对学生思想行为可以产生持久而深入的影响，并能有效地诱发受教育者的某些创业意识和心理品质。实践证明，文化背景对于创业会产生深远影响。然而，目前我国多数高校尚未形成一个完善的、健全的、浓郁的创业文化氛围。学校内部的文化氛围、培养目标、激励导向、评价体系都未能向创业素质培养倾斜。

其次，大学生创业教育缺乏良好的社会创业环境。系统完善的创业教育文化环境，除了良好的校园文化环境外，社会文化环境也在很大程度上影响大学生接受创业教育的主动性和积极性。就目前而言，社会传统文化惯性给大学毕业生在创业的人际环境上带来了负累，社会对创业的态度未形成支持、鼓励的氛围，这些外部环境因素对特别需要协作精神、创新精神和进取精神的大学毕业生存在较大负面影响；同时，对于政府层面，由于大学生并非我国现有创业大军的主体，工商、税务方面对高校毕业生创办公司虽有一些优惠政策，但从企业制度、人事制度、投融资制度上也未见对大学生创业具有很大帮助的特殊政策，没有形成一整套支持大学生创业的政策和法规。

1.3.4进一步做好高校创新创业教育的要求

创新创业教育是面向全体学生、结合专业教育、将创新创业教育融入人才培养的全过程。教育工作者要转变教育思想，更新教育观念，以提升学生的社会责任感、创新精神、创业意识和创业能力，以改革人才培养模式和课程体系为重点，立足专业教育实际，通过专业教育教学改革大力推进高等学校创新创业教育工作，不断提高人才培养质量。

要更好地进行高校创新创业教育，推进各高校的创新创业教育，需要做好以下五项工作。

1.加强创新创业教育课程体系建设

（1）把创新创业教育有效纳入专业教育和文化素质教育教学计划和学分体系，建立多层次、立体化的创新创业教育课程体系。

（2）突出专业特色，创新创业类课程的设置要实现与专业课程体系有机融合，创新创业实践活动要与专业实践教学有效衔接，积极推进人才培养模式、教学内容和课程体系改革。

（3）要加强创新创业教育教材建设，借鉴国内外成功经验，编写适用和有特色的高质量教材。

2.加强创新创业师资队伍建设

（1）引导各专业教师、创新创业教育指导教师积极开展创新创业教育方面的理论和案例研究，不断提高结合专业教育开展创新创业教育的意识和能力。

（2）支持教师校外挂职锻炼，并且鼓励教师参与行业、企业、科研院所的创新创业实践。

（3）积极从社会各界聘请企业家、创业成功人士、专家学者等作为兼职教师，建立一支专兼结合的高素质创新创业教育教师队伍。

（4）高校要在教师考核、职称评定、项目经费等方面给予政策支持，定期组织教师进行培训、实训和交流，不断提高教师研究创新创业教育和指导学生创新创业实践的能力水平，鼓励有条件的高校建立创新创业教育教学研究机构。

3.广泛开展创新创业实践活动

（1）高等学校要把创新创业实践作为创新创业教育的重要教学途径，通过举办创新创业大赛、讲座、论坛、模拟实践等方式，丰富学生的创新创业知识和实践体验，提升学生的创新精神和创业能力。

（2）高校要将创新创业教育和实践活动成果有机结合，积极创造条件对创新创业活动中涌现的优秀创业项目进行孵化，切实扶持一批大学生实现自主创业。

4.建立创新创业教育质量检测跟踪机制

省级教育行政部门和高等学校要建立创新创业教育教学质量监控系统，要建立在校和离校学生创业信息跟踪系统，收集反馈信息，建立数据库，把未来创业成功率和创业质量作为评价创新创业教育的重要指标，反馈指导高等学校的创新创业教育教学，建立有利于创新创业人才脱颖而出的教育体系。

5.加强工作研究和经验交流

（1）教育部成立高校创业教育指导委员会，加强高校创新创业教育的研究、咨询、指导、评估和服务。

（2）省级教育行政部门和高等学校要加强对国内外创新创业教育的研究工作，组织编写高校创新创业教育先进经验材料汇编和大学生创业成功案例集。

（3）省级教育行政部门应定期组织创新创业教育经验交流会、座谈会、调研活动，总结交流创新创业教育经验，推广创新创业教育优秀成果。

本章小结

随着知识经济和信息社会的快速发展，创业教育和大学生的创业活动逐渐走进人们的视野。大学生创业，既是毕业生就业的重要渠道，又是发展经济、为社会创造就业岗位的重要途径。教育部《关于大力推进高等学校创新创业教育和大学生自主创业工作的意见》从我国高等教育的现实状况和中长期教育发展目标出发，将创新教育与创业教育相结合，提出了“创新创业教育”的表述，对高校创业教育具有十分重要的指导意义。与一般意义上的创业活动不同，高校创新创业教育的逻辑重点和鲜明特色在于创新人才的培养。针对大学生开展创业教育，高校任重而道远。通过本章的学习，我们了解了创新创业教育的背景与时代意义。创新创业教育是当今时代发展的要求，是促进经济转型升级的重要途径。然而创新创业不是一拍脑袋就能实现的事情，它与内外部环境和个人特征有关。而创业的过程中也充满艰辛和不确定性。为了保证创新创业的顺利实施，我们就要就要有效实施创新创业教育。有效实施创新创业教育首先就要明确当代大学生创新创业教育中存在的问题，转变教育思想，更新教育观念，以改革人才培养模式和课程体系为重点，立足专业教育实际，通过专业教育教学改革大力推进高等学校创新创业教育工作，不断提高人才培养质量。

复习思考题

1.创新创业教育课程对当代大学生的发展有哪些重要影响？
2.你觉得大学生应该如何利用自身优势开展创业活动？
3.我国大学生创新创业教育工作中存在哪些问题？

第2章　创新与创新精神

习近平强调，今天，我们比历史上任何时期都更接近中华民族伟大复兴的目标，比历史上任何时期都更有信心、有能力实现这个目标。而要实现这个目标，我们就必须坚定不移地贯彻科教兴国战略和创新驱动发展战略，坚定不移走科技强国之路。科技是国家强盛之基，创新是民族进步之魂。中华民族是富有创新精神的民族。

当今世界的竞争，归根到底是综合国力的竞争，实质则是知识总量、人才素质和科技质量的竞争。创新是淘汰旧的东西、创造新的东西。它是一切事物向前发展的根本动力，是事物内部新的进步因素通过矛盾斗争战胜旧的落后的因素，最终发展成为新事物的过程。因此，当代大学生应该加强创新精神的培养，为建设创新型国家做出贡献。

学习目标

通过本章学习，你将能够：

1.掌握创新的内涵和原则；

2.认识创新的目的和意义；

3.学会如何确立创新意识，培养创新能力；

4.了解常用的创新方法。

2.1 创新概述

2.1.1创新的含义

距离已经消失，要么创新，要么死亡。

——托马斯·彼得斯

什么叫创新？《伊索寓言》里的一个小故事给我们一个形象的解释。

一个暴风雨的日子，有一个穷人到富人家讨饭。

“滚开！”仆人说，“不要来打搅我们。”

穷人说：“只要让我进去，在你们的火炉上烤干衣服就行了。”仆人以为这不需要花费什么，就让他进去了。

这个可怜人，请求厨娘给他一个小锅，以便他“煮点石头汤喝”。

“石头汤？”厨娘说，“我想看看你怎样能用石头做成汤。”于是她就答应了。穷人于是到路上拣了块石头洗净后放在锅里煮。

“可是，你总得放点盐吧。”厨娘说。她给了他一些盐，后来又给了豌豆、薄荷、香菜；最后，她又把能够收拾到的碎肉末都放在汤里。

想必你能猜到，这个可怜人后来把石头捞出来扔在路上，美美地喝了一锅肉汤。

如果这个穷人对仆人说："行行好吧！请给我一锅肉汤。"会得到什么结果呢？结果不言而喻。这就是创新思维的力量！因此，伊索在故事结尾处总结道："坚持下去，方法正确，你就能成功。"

创新，顾名思义，创造新的事物。《广雅》有："创，始也。"新，与旧相对。创新一词出现很早，如《魏书》有"革弊创新"，《周书》中有"创新改旧"。和创新含义近同的词汇有维新、鼎新等，如"咸與维新""革故鼎新""除旧布新""苟日新，日日新，又日新"。"创新"一词起源于拉丁语。它有三层含义：其一，更新；其二，创造新的东西；其三，改变。

创新作为一种理论其概念的起源可以追溯到1912年美籍经济学家约瑟夫·熊彼特（Joseph Sihumpeter）的《经济发展概论》。熊彼特在其著作中提出：创新是指把一种新的生产要素和生产条件的"新结合"引入生产体系。它包括五种情况：引入一种新产品，引入一种新的生产方法，开辟一个新的市场，获得原材料或半成品的一种新的供应来源，实现一种新的工业组织形式。熊彼特的创新概念包含的范围很广，既涉及技术性变化的创新，也涉及非技术性变化的组织创新。20世纪60年代，随着新技术革命的迅猛发展，美国经济学家华尔特·罗斯托（Walt Rostow）提出了"起飞"六阶段理论，"创新"的概念发展为"技术创新"，把"技术创新"提高到"创新"的主导地位。

随着时间的推移和社会与文化的变迁，"创新"的含义被赋予了不同的诠释。尽管时代的烙印使其发生了改变，但万变不离其宗：从一般含义上来说，创新是淘汰旧的东西，创造新的东西。它是一切事物向前发展的根本动力，是事物内部新的进步因素通过矛盾斗争战胜旧的落后的因素，最终发展成为新事物的过程。现在人们所讲的各种创新，是指对原有事物进行改革或改造，即革除原有事物中不合理和不合规律、阻碍其发展的各种因素，促进事物向好的方向发展。

2.1.2创新的特征

创新活动具有以下几个主要的特征。

1.创造性

创新是创造性的思想观念及其实践活动。创新活动及其成果是创造性的劳动及其结晶，是前人或别人没能认识、做到或没能更好利用的；即使是同类活动及其成果，创新也意味着有质的改进和提高或实现了更好利用。创新者应解放思想，开拓进取，勇于变革和革新，勇于从事创造性的思维及其实践活动。

2.系统性

创新的系统性主要表现在：从创新的过程看，创新是涉及战略、市场调查、预测、决策、研究开发、设计、安装、调试、生产、管理、营销等一系列过程的系统活动。这一系统活动是一个完整的链条，其中任何一个环节出现失误都会影响企业的创新效果；从创新的影响因素看，创新活动受技术、经济、社会等诸多外部因素的影响，在企业内部，与经营过程息息相关的经营思想、管理体制、组织结构的状况也会影响企业的创新效果；从创新的参与人员看，创新是由许多人共同努力的结果，需要众多部门和人员的相互协调和相互作用，以产出系统的协同效应，使创新达到预期的目的。

3.动态性

事物是发展变化的，不仅组织的外部环境和内部条件在不断发生变化，而且组织的创新能力也要不断积累、不断提高，决定创新能力的创新要素也都在进行动态调整。从企业间的竞争来看，随着企业创新的扩散，企业的竞争优势将会消失，这就需要不断推动新的一轮又一轮的创新，不断确立企业的竞争优势。因此，创新不是静止的，而是动态的。不同时期组织的创新内容、方式、水平是不同的。从组织发展的总趋势看，前一时期低水平的创新，总是要被后一个时期高水平的创新所替代。创新活动的不断开展和创新水平的不断提高，正是推动组织发展的动力。

4.高效益性

创新一旦成功，就能获得极高的甚至是意料不到的效益。创新的风险高，但效益更高，创新的高效益性和高风险性呈正相关关系。从总体上讲，创新获得的效率和效益（经济效益、社会效益、生态效益）要大于创新的投入和风险造成的损失。企业的创新不仅使企业在市场上具有竞争优势，而且使它有可能在一定范围、一定时间、一定程度上处于垄断地位，获得超额收益。当然，这种地位会随技术的扩散或更高水平的创新出现而丧失。具有远见卓识的管理者总是追求不断创新。

5.高风险性

创新活动的创造性也决定它具有风险性。实践证明，创新是否成功以及在多大程度上获得成功，存在着高度的不确定性，因而具有高风险性。从总体上讲，获得成功并收到预期效果的创新，往往不是多数而是少数，甚至是极少数。创新一旦失败，不仅创新过程的大量投入无法收回，而且会错过发展机会，损害企业的市场竞争能力。在企业里，创新的风险主要有市场风险和技术风险。市场风险表现在很难把握市场需要的基本特征并将这些特征融入创新过程，因而创新的决策和最终结果很难说能否为用户所接受、为市场所欢迎，能否超越竞争对手。技术风险表现在能否克服研究开发、商品化过程的技术难题和高成本问题，因而存在技术上能否成功的不确定性。同时，创新也存在管理上的风险。当然，创新充满风险并不是说它比守旧的风险还大。因循守旧、故步自封存在着使组织萎缩甚至被淘汰的风险，因此，只有创新，组织才有希望、才有生机和活力。认识创新的高风险性，充分考虑到创新成功的不确定性，其目的是要采取多方面的措施减少风险，增大创新的成功率，这是管理的创新职能所在。

6.时机性

创新的时机性是指创新的机会往往存在于一定的时间范围内。如果人们能正确认识客观存在的时机，抓住并充分利用时机，就有可能获得创新的成功；相反，如果人们错过时机，创新活动就会前功尽弃。由于消费者的偏好不同并处于不断的变化中，同时社会的整体技术水平也在不断提高，创新的时机在不同方向上不同，甚至在同一方向也随着阶段性的不同而不同。而且由于创新成果的确认和保护与时间密切相关，人们只能承认和保护那些在第一时间获得确认并以专利形式表现出来的创新成果。创新的时机性特征，决定了创新者在进行创新决策时必须根据市场变化趋势、社会技术水平和专利信息状况等进行方向选择，识别该方向的创新所处的阶段，选准切入点，抢先获得创新成果。

2.1.3创新的种类

从不同的角度看，创新有以下几种分类方法。

（1）按照创新的规模和影响程度，可将其划分为局部创新与整体创新。

（2）按照创新与环境的关系，可将其划分为防御性创新和攻击性创新。

（3）按照组织系统组建的过程，可将其划分为系统初建期的创新和运行中的创新。

（4）按照创新的组织形式，可将其划分为自发创新和有组织的创新。

2.1.4创新的意义

1.创新是时代的要求

IT技术的发展、网络时代的到来大大加快了全球经济一体化的进程。Internet和E-Commerce使顾客获取信息的广度和速度得到了前所未有的提高；顾客的眼界变得开阔，获取商品的时空限度大大缩小；人们的生活质量大大提高，对商品的需求有高级化、个性化的趋势；市场竞争空前激烈，对品种、质量、供货速度和价格等各方面提出了更高的要求。经济全球化、网络化趋势日益明显，使得竞争环境更加动荡，复杂性和不确定性进一步提高。随着大多数产品趋于生产饱和与过剩，买方市场的趋势日益明显。多样化、个性化的顾客需求对企业的生存与发展提出了更高要求，顾客关注的焦点已从产品的效率、质量、灵活性等转向新颖性、独特性以及能否满足个性化需求。

2.创新是提高经济和科技竞争力的需要

当今世界，全球的竞争越来越体现为经济和科技实力的竞争，而技术创新则日益成为促进经济增长和提高科技竞争力的关键。世界著名会计师事务所普华永道通过对7个国家399家企业的一项财务指标进行分析发现，业绩高增长的企业往往具有较强的创新性，而低增长的企业往往相反。

3.创新是转变经济增长方式、实现可持续发展的迫切需要

人类创造了前所未有的物质财富，极大地推动了文明的进步。但是，伴随着科学技术的发展和生产力水平的巨大提高，人口剧增、资源浪费、环境污染、生态破坏等一系列社会问题，又严重地威胁着全人类的生存和发展。在这种形势下，人类不得不重新审视自己的历程，不得不努力寻求一条人口、经济、环境和资源相互协调的，“在满足当代人需要的同时，不损害后代人的利益”的可持续发展的道路。要努力开创生产发展、生活富裕和生态良好的文明发展道路。实现可持续发展的根本是由粗放型经济增长方式转变为集约型经济增长方式，实现经济增长方式的转变要靠创新。

4.创新是企业生存发展的需要

随着知识经济时代的来临，越来越多的企业发现：仅有良好的生产效率、足够高的质量、较大的灵活性已不足以保持市场竞争优势。传统的方式，如加强营销、削减成本、提高生产效率、并购等，对公司增长是最基本的，而创新正日益成为企业生存与发展的不竭源泉和动力。

5.创新可以利用剩余生产能力，产生联动效应

企业由卖方市场转向买方市场，中国经济整体上呈现出供大于求的情况，不少企业的生产能力过剩，企业资源利用率低。但如果能开动脑筋，积极开拓，结合实际，深入了解市场，在技术上和市场经营上大胆创新，就有可能充分利用现有剩余的生产能力，生产出满足消费者需要的新产品，获得社会效益和企业效益。同时，一种产品尤其是新产品成功进入市场后，随着该产品销售量的增加，其他相关产品的销售量也会随之增加，这就是创新的联动效应。

【案例分析】

创新思维

日本的兵库县有一个丹波村，交通很不方便，村子很穷，没什么特产。为使村子富起来，村人请了很有经验的井坂弘毅先生来做顾问。井坂先生考虑：要使这个村子富起来，就得想办法使之“商品化”，可是这里有什么东西可卖呢？井坂先生绞尽脑汁，突然灵机一动：如今在物质文明中生活的现代人，厌倦了城市的喧嚣，对“原始”生活自有尝试的兴趣，因而说服村里人在树上筑屋而居。

很快，新闻传开了。不少城市人争相涌入这个小村，为的是体验另一种生活方式。

随着观光人数的增加，丹波村人的收入大大增加。他们盖起了漂亮的餐厅、旅馆，公路也铺好了，汽车可以直达村前。然而，来旅游的人反而日渐减少。因为这里曾经吸引人的是极不方便的原始生活方式，而现在却什么都有了，与城市没什么两样，城市人还来这里干什么呢？

然而，出售“原始”已经使丹波人走向现代，改变了落后面貌。

辩证唯物主义认为，创造性思维就是以科学理论为指导，面对实际，敢于提出新问题、解决新问题，创造性思维的一个重要表现就是要敢于打破常规，进行逆向思维。

思考：如果你是一名大学生村干部，可以通过什么方法带领村民走上致富的道路呢？

2.1.5创新原则

1.遵守科学原理原则

创新必须遵循科学技术原理，不得有违科学发展规律。因为任何违背科学技术原理的创新都是不能获得成功的。比如，近百年来，许多才思卓越的人耗费心思，力图发明一种既不消耗任何能量、又可源源不断对外做功的“永动机”。但无论他们的构思如何巧妙，结果都逃不出失败的命运。其原因在于他们的创新违背了“能量守恒”的科学原理。为了使创新活动取得成功，在进行创新构思时，必须做到以下几点。

（1）对发明创造设想进行科学原理相容性检查。创新的设想在转化为成果之前，应该先进行科学原理相容性检查。如果关于某一创新问题的初步设想，与人们已经发现并获得实践检查证明的科学原理不相容，则不会获得最后的创新成果。因此与科学原理是否相容，是检查创新设想有无生命力的根本条件。

（2）对发明创新设想进行技术方法可行性检查。任何事物都不能离开现有的条件的制约。在设想变为成果时，还必须进行技术方法可行性检查。如果设想所需要的条件超过现有技术方法可行性范围，则在目前该设想还只能是一种空想。

（3）对创新设想进行功能方案合理性检查。任何创新的新设想，在功能上都有所创新或有所增强。但一项设想的功能体系是否合理，关系到该设想是否具有推广应用的价值。因此，必须对其合理性进行检查。

2.市场评价原则

为什么有的新产品登上商店柜台后却渐渐销声匿迹了呢？创新设想要获得最后的成果，必须经受走向市场的严峻考验，爱迪生曾说：“我不打算发明任何卖不出去的东西，因为不能卖出去的东西都没有达到成功的顶点。能销售出去就证明了它的实用性，而实用性就是成功。”

创新设想经受市场考验，实现商品化和市场化要按市场评价的原则来分析。其评价通常是从市场寿命观、市场定位观、市场特色观、市场容量观、市场价格观和市场风险观六个方面入手，考察创新对象的商品化和市场化的发展前景，而最基本的要点则是考察该创新的使用价值是否大于它的销售价格，也就是要看它的性能、价格是否优良。但在现实中，要估计一种新产品的生产成本和销售价格不难。而要估计一种新发明的使用价值和潜在意义则很难。这需要在市场评价时把握住评价事物使用性能最基本的几个方面，然后在此基础上做出结论。

3.相对较优原则

创新不可盲目追求最优、最佳、最美、最先进。创新产物不可能十全十美。在创新过程中，利用创造原理和方法，获得许多创新设想，它们各有千秋，这时，就需要人们按相对较优的原则，对设想进行判断选择。

（1）从创新技术先进性上进行比较选择。可从创新设想或成果的技术先进性上进行各自之间的分析比较，尤其是应将创新设想同解决同样问题的已有技术手段进行比较，看谁领先和超前。

（2）从创新经济合理性上进行比较选择。经济的合理性也是评价判断一项创新成果的重要因素。所以要对各种设想的可能经济情况进行比较，看谁合理和节省。

（3）从创新整体效果性上进行比较选择。技术和经济应该相互支持、相互促进，它们的协调统一构成事物的整体效果性。任何创新的设想和成果，其使用价值和创新水平主要是通过它的整体效果体现出来的。因此，要对它们的整体效果进行比较，看谁全面和优秀。

4.机理简单原则

在现有科学水平和技术条件下，如不限制实现创新方式和手段的复杂性，所付出的代价可能远远超出合理程度，使得创新的设想或结果毫无使用价值。在科技竞争日趋激烈的今天，结构复杂、功能冗余、使用繁琐已成为技术不成熟的标志。因此，在创新的过程中，要始终贯彻机理简单原则。为使创新的设想或结果更符合机理简单的原则，可进行如下检查。

（1）新事物所依据的原理是否重叠，超出应有范围。

（2）新事物所拥有的结构是否复杂，超出应有程度。

（3）新事物所具备的功能是否冗余，超出应有数量。

5.构思独特原则

我国古代军事家孙子在其名著《孙子兵法·势篇》中指出：“凡战者，以正合，以奇胜。故善出奇者，无穷如天地，不竭如江河。”所谓“出奇”，就是“思维超常”和“构思独特”创新贵在独特，创新也需要独特。在创新活动中，关于创新对象的构思是否独特，可以从以下几个方面来考察。

（1）创新构思的新颖性。

（2）创新构思的开创性。

（3）创新构思的特色性。

6.不轻易否定，不简单比较原则

不轻易否定，不简单比较原则是指在分析评判各种产品创新方案时应注意避免轻易否定的倾向。在飞机发明之前，科学界曾从“理论”上进行了否定的论证：过去也曾有权威人士断言，无线电波不可能沿着地球曲面传播，无法成为通信手段。显然，这些结论都是错误的，这些不恰当的否定之所以出现是由于人们运用了错误的“理论”，而更多的不应该出现的错误否定，则是由于人们的主观武断，给某项发明规定了若干用常规思维分析证明无法达到的技术细节的结果。

在避免轻易否定倾向的同时，还要注意不要随意在两个事物之间进行简单比较。不同的创新，包括非常相近的创新，原则上不能以简单的方式比较其优势。不同创新不能简单比较的原则，带来了相关技术在市场上的优势互补，形成了共存共荣的局面。创新的广泛性和普遍性都源于创新具有的相融性。例如，市场上常见的钢笔、铅笔就互不排斥，即使都是铅笔，也有普通木质的铅笔和金属或塑料杆的自动铅笔之分，它们之间也不存在排斥的问题。总之，我们应在尽量避免盲目地、过高地估计自己的设想的同时，也要注意珍惜别人的创意和构想。简单的否定与批评是容易的，难得的却是闪烁着希望的创新构想。

在创新活动中要注意并切实遵循创新原理和创新原则，这都是根据千百年来人类创新活动成功的经验和失败的教训提炼出来的，是创新智慧和方法的结晶。它体现了创新的规律和性质，按创新原理和原则去创新并非束缚你的思维，而是把创新活动纳入安全可靠、快速运行的大道上来。在创新活动中遵循创新原理和创新原则是提升创新能力的基本要素，是攀登创新云梯的基础。有了这个基础就拥有了开启创新大门的“金钥匙”。

2.1.6创新理论研究介绍

1.创新理论的产生和发展

1912年，美国哈佛大学教授熊彼特在《经济发展概论》中提出，创新是指把一种新的生产要素和生产条件的“新结合”引入生产体系。首次把创新引入经济学范畴。

20世纪60年代，美国经济学家华尔特·罗斯托提出了“起飞”六阶段理论，把“创新”的概念发展为“技术创新”，把“技术创新”提高到“创新”的主导地位。

《成功的工业创新》中将创新定义为技术变革的集合。认为技术创新是一个复杂的活动过程，从新思想、新概念开始，通过不断地解决各种问题，最终使一个有经济价值和社会价值的新项目得到实际的成功应用。

70年代下半期，创新被定义为“技术创新是将新的或改进的产品、过程或服务引入市场”。明确地将模仿和不需要引入新技术知识的改进作为最终层次上的两类创新而划入技术创新定义范围中。

随后，《复杂性科学视野下的科技创新》在对科技创新复杂性分析的基础上，指出技术创新是各创新主体、创新要素交互复杂作用下的一种复杂涌现现象，是技术进步与应用创新的“双螺旋结构”共同演进的产物。

随着信息与通信技术的融合与发展，社会孕育巨大变革，创新被认为是需要构建以用户为中心、需求为驱动、以社会实践为舞台的共同创新、开放创新的应用创新平台，实现技术进步与应用创新的并驾齐驱，通过创新双螺旋结构的呼应与良性互动形成有利于创新涌现的创新生态，打造用户参与的创新2.0模式。

2.创新理论的两个重要认识

一是将创新与发现、发明区别开来。创新不是以科学中的发现或技术上的发明作为其标准，而是以实现市场价值为其判别标准。发现或发明成果必须转化为新产品、新服务，实现它的市场价值，才能被称之为一种创新。而且，这种转化拥有更大的创新价值。早期人们认为创新是以新发明、新发现的科学技术为驱动的，随着理论研究的深入，人们改变了这一看法。

19世纪70年代，德国化学家尤斯图斯·李比希（Justus Von Liebig）提出了农作物生长的三要素（氮、磷、钾）理论（这是发现），1909年德国化学家弗里茨·哈伯（Fritz Haber）首次用空气中的氮和氢合成氨（这是发明）。哈伯的发明不久被德国巴登苯胺纯碱公司所接受与采纳，但从发明到生产出产品，其间经历了无数次的试验，单就为了获得较理想的催化剂就经历了两万多次试验，到1913年第一个合成氨工厂才建成投产。

这个过程就是创新过程。发现、发明，只是这个过程中的一部分。当然，这里绝不意味着轻视发现、发明的重大意义，没有发现、发明，创新就成了无根之树、无源之水了。

二是充分认识到创新的风险性。将发现、发明成果进行商业性转化，其中牵涉的因素非常多而且很多具有不确定性，如创新要牵涉市场，市场的风险比实验室内发现、发明的风险要大得多。所以，创新失败的概率远远大于成功的概率。吉列（Gillette）公司每三个上市产品中只有一个能取得市场成功，而这三个产品是从100项前期技术研究中得到的。

3.创新过程从线性到非线性的嬗变

创新过程从线性到非线性的嬗变中，人们逐渐认识到创新是各创新主体、创新要素交互复杂作用下的一种复杂涌现现象，而非是“研发—生产—市场—销售”的单一线性过程。

人们在对创新研究、认识的过程中，经过了一个从线性到非线性的嬗变。

（1）线性创新模式

最初的创新模式都是线性模式。线性模式认为，创新的起因与来源是科学，来源于基础研究，只要对科学（通常称上游端）增加投入就是直接增加（下游端）创新的产品。

线性模式最典型的代表观点反映在美国罗斯福总统的科学顾问万尼瓦尔·布什（vann-ever Bush）《科学——无止境的前沿》的报告中。该报告有两个基本观点：基础研究或纯研究本身是不考虑实际后果的；基础科学有长远的根本性的意义，是技术创新的源泉。

这种线性模式的弊端暴露后，又产生了一种源于布什观点的新的线性模式。“受布什思想范式的影响，产生了由基础科学到技术创新，再转化为开发、生产和经济发展的模式。”

这种模式是一种代表动态形式的一维的“线性模式”，即基础研究引起应用研究与开发；再依据创新是一种产品还是工艺，转到生产或经营。

美国学者D·E·司托克斯揭示了布什的线性模式的局限性。他在《巴斯德象限——基础科学与技术创新》一书中，肯定了布什观点的历史作用的同时，尖锐地指出了布什观点的局限性，并具体地指明了以下几点。

①基础研究与应用研究之间并不界限分明，有的应用研究同时也是杰出的基础研究。

②科学研究进程同时受认识目标和应用目标这双重目标的影响；巴斯德和其他许多研究中同时体现出双重目标的融合。

③单一的线性模型描述由科学发现向技术创新的单向流动过于简单了。

④日本在基础科学方面相对落后，但在生产技术上却取得巨大成功。这一实例表明，科学与技术之间的关系远比布什的单一线性关系要复杂。

（2）创新过程的非线性机制

当今世界，科学、技术、经济、社会、文化等迅速一体化并互动发展，创新过程是一个整体性的复杂过程，完成创新的各个要素如技术、管理、机制等相互整合，同时作用，实现各个要素功能的高水平发挥，让创新成为一个一体化过程。

英国经济学家保罗·奥默罗德（Paul Ormerod）在1998年出版了《蝴蝶效应经济学》一书，他在前言中说："我十年前所要阐述的一个论点是，传统经济学把经济体与社会看成是一部机器，认为其行为不管多么复杂，最终都可予以预测和控制，这种看法是错误的。恰恰相反，人类社会更像是生命的有机体——活的动物，只能透过其各个部位复杂的相互作用来了解其行为。正是这一观念和想法构成了蝴蝶效应经济学的基本主题。"

"蝴蝶效应"是混沌理论中最常被人引用的一个借喻，表明事物事态发展的非线性，即一只蝴蝶的翅膀一扇动，可以导致地球的另一边的一场大风暴。蝴蝶效应经济学就是强调经济学要考虑各种因素相互作用和累积的非线性效应，说明经济领域中极端的不确定性和难以预测性。这种观点非常直观地表达了创新过程的非线性特征和其复杂性。

随着信息网络的发展，信息通信技术融合与发展推动下知识社会的形成及其对创新的影响进一步被认识。创新呈现出多层次性、多主体性、多要素性的特点。创新不再是从研究到应用的线性链条，从小众到大众的传播过程。关注价值实现、关注用户参与的以人为本的创新2.0模式成为面向知识社会的下一代创新。

2.2 树立创新意识

创新意识是创新型人才所必须具备的条件之一。创新意识的培养和开发是培养创新型人才的起点。

2.2.1创新意识的内涵

创新意识是指人们根据社会和个体生活发展的需要，引发创造前所未有的事物或观念的动机，并在创造活动中表现出的意向、愿望和设想。它是人类意识活动中的一种积极的、富有成果性的表现形式，是人们进行创造活动的出发点和内在动力；它是创造性思维和创造力的前提。

创新意识始于积极思维，始于提问。因此，培养大学生创新意识要注重以下几个方面。

（1）注重培养求知欲。学而创、创而学是创新的根本途径：青年要具备勤奋求知精神，不断地学习新知识，才能在自主创新中发挥生力军作用。

（2）注重培养好奇欲。将蒙昧时期的好奇心向求知时期的好奇心转化，这是坚持、发展好奇心的重要环节。要对自己接触到的现象保持旺盛的好奇心，要敢于在新奇的现象面前提出问题，不要怕提出的问题简单，不要怕被人耻笑。

（3）注重培养创造欲。不满足于现成的思想、观点、方法及物体的质量、功用，要经常思考如何在原有基础上创新发明、推陈出新，大脑里经常有"能否换个角度看问题？有没有更简捷有效的方法和途径？"等问题浮现。

（4）注重培养质疑欲。学起于思，思源于疑。有疑问才能促使学生去思考，去探索，去创新。因此，要鼓励青年大胆质疑、提出多种解决问题的方案及最佳方法。从多角度培养青年的思维能力，激励青年创新。鼓励青年提问，大胆质疑，是培养青年创新意识的重要途径。提出问题是取得知识的先导，只有提出问题，才能解决问题，从而认识才能前进。一定要以锐不可当的开拓精神，树立和提高自己的自信心，既要尊重名人和权威，虚心学习他们的丰富知识经验，又要敢于超越他们，在他们已进行的创造性劳动的基础上再进行新的创造。

创新意识的培养是一种严肃、严密、严格的创造活动，要按客观规律办事；不能把创新意识培养简单化、表象化和庸俗化，不能降低创新精神的科学性和严肃性。大学生在培养创新意识的过程中一定要注意树立科学的创新理念，明确创新的真实含义，既要面对现状勇于创新，又要防止把创新当时髦，空谈误国，把创新当成没有实质性新内涵的新提法、新名词；既要着眼于解决现有手段不能解决的问题，又要着眼于用发展的眼光、发展的思维制定解决未来可能出现的新情况、新问题的措施。

风靡全国的桌上游戏《三国杀》，其创始人黄恺正是一位标准的大学生创业者。黄恺2004年考上中国传媒大学动画学院游戏设计专业，他在大学时期就开始“不务正业”，模仿国外桌游设计出了具有中国特色、符合国人娱乐风格的桌游《三国杀》。2006年10月，大二的黄恺开始在淘宝网上贩卖《三国杀》，没想到大受欢迎，而毕业后的黄恺并没有任何找工作的打算，而是借了5万元注册了一家公司，开始做起《三国杀》的生意。2009年6月底，《三国杀》成为中国被移植至网游平台的一款桌上游戏；2010年《三国杀》正版桌游售出200多万套，粗略估计，《三国杀》迄今给黄恺带来了几千万元的收益，并且随着《三国杀》品牌的发展，收益还会继续增加。

大学生一定要注意把创新精神培养与科学求知态度结合起来，克服重创新的过程，轻创新的结果；克服重创新的数量，轻创新的质量；克服重一般的技术创造，轻科技含量高的、核心技术的创新的思想。与此同时，也要注意把创新精神培养与继承中华民族优秀传统文化紧密结合，“天行健，君子以自强不息。”大力弘扬以爱国主义为核心的民族精神和以改革创新为核心的时代精神，与时俱进，增强民族自信心和自豪感，增强自己培养创新意识的信心、勇气和能力。

2.2.2创新意识的价值

创新意识的价值集中体现在以下方面。

第一，创新意识是决定一个国家、民族创新能力最直接的精神力量。创新意识推动社会生产力的发展。科学的本质就是创新，科学技术的每一次进步都是通过创新实现的。科学技术的迅猛发展对人类社会各个方面都产生了深刻而广泛的影响。创新更新了人们的生产工具和生产技术，提高了劳动者的素质，开辟了更广阔的劳动对象，推动了社会生产力的发展。

第二，创新意识促成社会多种因素的变化，推动社会的全面进步。创新意识根源于社会生产方式，它的形成和发展必然进一步推动社会生产方式的进步，从而带动经济的飞速发展，促进上层建筑的进步。创新意识进一步推动人的思想解放，有利于人们形成开拓意识、领先意识等先进观念；创新意识会促进社会政治向更加民主、宽容的方向发展，这是创新发展需要的基本社会条件。这些条件反过来又促进创新意识的扩展，更有利于创新活动的进行。

第三，创新意识能促成人才素质结构的变化，提升人的本质力量。创新实质上确定了一种新的人才标准，它代表着人才素质变化的性质和方向，它输出一种重要的信息：社会需要充满生机和活力的人、有开拓精神的人、有新思想道德素质和现代科学文化素质的人。它客观上引导人们朝这个目标提高自己的素质，使人的本质力量在更高的层次上得以确证。它激发人的主体性、能动性、创造性的进一步发挥，从而使人自身的内涵获得极大丰富和扩展。

2.2.3创新意识的类型

创新意识通常包括以下几种类型。

1.综合创新意识

综合是指将研究对象的各个方面、各个部分和各种因素联系起来加以考虑，从整体上把握事物的本质和规律。综合创新，是运用综合法则的创新功能去寻求新的创造。其基本模式如图2–1所示。

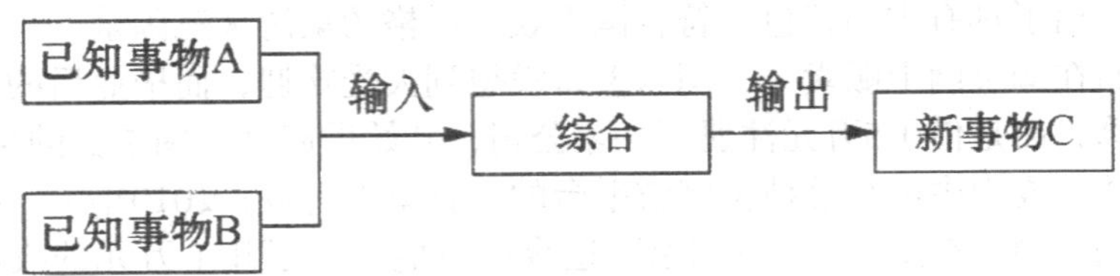

图 2–1 综合创新模式

综合不是将对象的各个构成要素简单相加，而是按其内在联系合理组合起来，使综合后的整体作用导致创造性的新发现。例如，牛顿综合开普勒的天体运行定理和伽利略运动定律，创建了经典力学体系；门捷列夫综合已知元素的原子属性与原子量、原子价之间关系的事实和特点，发现了元素周期律。信息科学、生物科学、材料科学和能源科学等都属于综合性学科。在机械创新设计实践中，随处可发现综合创新的实例。

综合创新一般有两个主要途径：非切割式综合与切割式综合。非切割式综合即直接将两种或两种以上的事物保持各自完整的综合创新模式；切割式综合即截取两种或两种以上事物的某些要素，再将其有机组合成新事物的综合创新模式。双万向联轴器就是将两个单万向联轴器进行非切割式综合，使其传动性能大大改善。而集火箭技术、宇航技术和飞机技术于一体的“航天飞机”的问世，则是切割式综合创新的一个典范。

2.逆向创新意识

所谓“逆”可以是空间上的“逆”，时间上的“逆”，也可以是形状、特征功能上的“逆”，还可以是思路、方法上的“逆”。逆向创新是将思考问题的思路反转过来，从构成要素中对立的另一面来思考，以寻找解决问题的新途径、新方法。逆向创新法亦称为反向探求法。反向探求法一般有三个主要途径：功能性反求、结构性反求和因果关系反求。

18世纪初，人们发现了通电导体可使磁针转动的磁效应。法拉第运用逆向思维反向探求，“能不能用磁产生电呢?”于是，法拉第终于在经过9年的探索之后，于1831年成功发现了电磁感应现象，制造出了世界上第一台感应发电机。再比如，一般认为“精确”是数学的特点，对客观规律的数学描述不能模棱两可，需要严格的精确性。但美国数学家查德（Lom Asker Zadeh）却专门研究与精确性相反的模糊性。创立了一门新的学科——模糊数学，在精确方法无能为力的领域，模糊数学大显神通。

3.还原创新意识

还原法即回到根本、回到事物起点的方法。简单地说，就是暂时放下所研究的问题，回到驱使人们创新的基本出发点。

比如，打火机的发明应用了还原创新原理，它突破现有火柴的框框，把最本质的功能——发火功能抽提出来，把摩擦发火改变为气体或液体作燃料的打火机。再比如，无扇叶电风扇的设计是基于电风扇使空气快速流动的原点创造出来的。人们设计出用压电陶瓷夹持金属板，通电后金属板振荡，导致空气加速流动的新型电扇。与传统的旋转叶片式电风扇相比，无扇叶电风扇具有体积小、重量轻、耗电少、噪声低等优点。

4.移植创新意识

移植创新指吸收、借用其他学科领域的技术成果来开发新产品。其基本模式如图2–2所示。

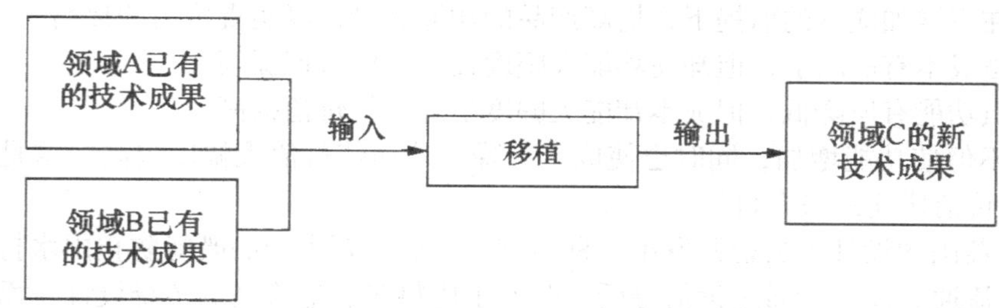

图 2–2 移植创新模式

在机械创新设计方面，应用移植创新原理取得成功的例子很多。例如，人们在设计汽车发动机的化油器时，移植了香水喷雾器的原理；组合机床移植了积木玩具的结构方式。又如，将磁学原理移植到带传动中，人们发明了磁性带传动，大大增加了带传动的传动能力。再如，将陶瓷发动机进行材料移植，以高温陶瓷材料代替金属材料制成燃气涡轮的叶片、燃烧室等部件，或以陶瓷部件取代传统发动机中的汽缸内衬、活塞帽、预燃室、增压器等。陶瓷发动机具有耐腐蚀、耐高温性能，这样就可以采用廉价燃料，可以省去传统的水冷系统，减轻了发动机的自重，因而大幅度地节省能耗，降低成本，增大了功效，是动力机械和汽车工业的重大突破。

5.分离创新意识

分离创新是指把某创造对象分解或离散成多个要素，然后抓住关键要素进行设计创新。分离创新的基本途径一般有两条：一是结构分离。结构分离是指对已有产品结构进行分解，并寻找创新的一种模式。二是市场细分。市场细分是按消费者的需求、动机及购买行为的多元性和差异性，将整体市场划分为若干子市场，即将消费者分为若干类型的消费群。机械创新设计的目的，是为市场提供某种机械类商品，因此，也可以根据市场细分理论进行创新思考。通常，以职业、年龄、性别、地域、环境、经济条件等市场变量作为细分标准，然后按照形成差异的原则进行创新设计。

例如，在机械传动中的普通V带传动，只能适用中心距不能调整的场合。为了扩大V带传动的适应性，人们对其进行结构分离创新，发明了接头V带传动。再如，保险柜历来是单位收藏现金、机密文件等贵重物品的办公设备，家用保险柜的设计，体现了发明者对保险柜市场进行细分的思路。

6.价值优化创新意识

第二次世界大战以后，从美国开始关于价值分析（Value Analysis，VA）和价值工程（Value Engineering，VE）的研究。在设计、研制产品（或采用某种技术方案）时，设计研制所需成本为C，取得的功能（即使用价值）为F，则产品的价值V为：

$$V=F/C$$

显然，产品的价值与其功能成正比，而与其成本成反比。

价值工程是揭示产品（或技术方案）的价值、成本、功能之间的内在联系。它以提高产品的价值为目的，提高技术经济效果。它研究的不是产品（或技术方案）而是产品（或技术方案）的功能，研究功能与成本的内在联系。

设计创造具有高价值的产品，是人们追求的重要目标。价值优化或提高价值的指导思想，也是创新活动应遵循的理念。

优化设计的途径如下：

（1）保持产品功能不变，通过降低成本，达到提高价值的目的。

（2）在不增加成本的前提下，提高产品的功能质量，以实现价值的提高。

（3）虽成本有所增加，但却使功能大幅度提高，使价值提高。

（4）虽功能有所降低，但成本却能大幅度下降，使价值提高。

（5）不但使功能增加，同时也使成本下降，从而使价值大幅度提高。这是最理想的途径，也是价值优化的最高目标。

例如，英国的设计人员曾开发出一种新型百叶窗，要求产品既能防止雨水打入，又可使室内空气流通。设计者通过价值分析，改变了用料多、造价高的传统设计，而采用了让水透过百叶窗，再在窗叶后用凹槽收集，然后通过细管将雨水排出室外的新设计。新设计的百叶窗，不仅降低了成本，而且便于操作，延长了寿命。商品化后的产品在市场上很有竞争力。

2.2.4创新意识的激发

创新意识作为一种复杂的心理活动，来源于想象力。可以说，想象力是创新的基础，没有想象力，就没有创造，善于创造就必须善于想象，特别是科学地想象。在人类历史发展的长河里，许多伟大的科学家、发明家、思想家和艺术家都具有丰富的想象力，许多伟大的科学理论和发明创造都萌芽于想象。

爱因斯坦认为，想象力比知识更重要。因为知识是有限的、相对固定的，而想象力是知识进化的源泉，是科学研究的动力。可以说，没有想象力，就没有创新；没有创新，就没有历史的进化和人类的进步。因此，激发创新意识，发挥想象力，是促进个人、企业乃至一个国家发展的必由之路。

激发创新意识，可以从身边做起，从我们已知的一切入手，如街边的路牌、途中的风景、吃饭的餐具、工作的桌椅，等等。很多人都有上网购物的习惯，这不仅是积累各方面知识及了解时下流行视觉趋势的好方法，无形中也丰富了我们的创意阅历，为借鉴创意打下了良好的基础。在工作中，当我们为找不出一个好的创意解决方案而挠头时，可以利用日常工作、生活中的所见所闻，从其中的一个点或者一个表现出发，借鉴其成功之处，拓宽创意思路，往往可以做出优质的创新设计。

【案例】

铁血网创始人——蒋磊

铁血网创始人蒋磊是典型的大学生创业者，16岁保送清华，创办铁血军事网，20岁再经保送硕博连读，中途退学创业。如今，铁血网稳居中国十大独立军事类网站榜首，铁血军品行也成为中国最大的军品类电子商务网站，年营收破亿元，利润破千万元。

时光倒回2001年，16岁的蒋磊初入清华园，电脑还没有在这个普通宿舍出现，他只能去机房捣鼓他的网页，他想把自己喜欢的军事小说整合到自己的网页上，他的"虚拟军事"网页一发布，就吸引了大量用户，第二天就达到了上百的浏览量。蒋磊很兴奋。他把"虚拟军事"更名为"铁血军事网"。

2004年4月，蒋磊和另一个创始人欧阳凑了十多万元，注册了铁血科技公司。期间蒋磊还被保送清华硕博连读学习了一阵。2006年1月1日，蒋磊最终顶住了家庭以及学校的压力毅然决定辍学创业，以CEO的身份正式出现在铁血科技公司的办公室里。经过12年的努力，目前蒋磊的公司拥有员工200余人，他创办的网站已成为能够提供社区、电子商务、在线阅读、游戏等产品的综合平台。据透露，截至2012年12月，网站已有1000万名注册会员，正处于稳步且高速的增长中。

2.2.5培养大学生创新意识的途径

培养大学生创新意识的途径有很多种。唯物辩证法认为：外因是变化的条件，内因则是变化的根据，外因通过内因起作用。任何具体事物的运动、变化、发展都是内因和外因的统一。因此，探寻培养大学生创新意识的途径，需要内因与外因相结合。

第一，打破定势思维，培养怀疑精神。定势思维，又称为"习惯性思维"，是人们学习和实际生活过程中长期积累而形成的一种思维活动、经验教训和思维习惯，往往是个人经验思维、从众思维或权威思维。因为思维的定势会导致人们在实践中已有知识和经验的负迁移，没有新突破，因此，当代大学生要培养自身的创新意识和创新能力，就要打破墨守成规、千篇一律的定势思维，采取科学的、实事求是的态度对待定势思维，培养自己的批判性思维。美国科学社会学创始人默顿把怀疑精神概括为科学研究主体的"精神气质"。怀疑精神是指人类不迷信传统、权威，不相信终极真理存在，反对教条主义和权威主义的理性批判精神；是敢于向旧思想、旧理论挑战的一种实证精神和创新品质。学起于思，思源于疑、怀疑精神和批判思维是创新意识形成和发展的思想源泉。

第二，拓宽知识视野，完善智能结构。完善的知识和能力结构与开阔的知识视野是大学生自主创新意识形成的根基，为大学生创新意识培养奠定深厚基础，也是创新型人才培养的直接动力与源泉。

第三，提高大学生的人文素质，有助于拓宽大学生的知识视野、完善知识和能力结构，也是大学生创新意识培养的一个重要组成部分。当代大学生的人文素质的培养虽然也备受关注，但是人文素质整体水平还有待于提升。人文素质应该包括文学素养、艺术修养、爱国主义精神、责任感、事业心、拼搏精神等方面，这些相关的课程可以加入学校的选修课系列中。高校要充分发挥网络、多媒体的作用，拓宽人文素质教育的空间；在课余时间，学生自己要主动多参加丰富多彩的课外人文素质教育活动，这些办法对于提高大学生的创新意识与能力的培养起着非常重要和不可忽视的作用。

2.3 培养创新能力

2.3.1相关概念

创新能力简称为创造力，特指创造者进行创新活动的能力，也就是产生新的想法和新的事物或新理论的能力。

创造者可以是个人，也可以是群体或国家，由此，可区别称为个人创造力、群体创造力或国家创造力。但群体及国家的创造力都是以个人创造力为基础的，故本书着重谈的是个人创造力的提升。

尽管我们已经给出了创造力的含义，但大家可能还是不能准确地把握它。那创造力到底是一种什么能力呢？

下面我们要对创造力和智力做一个比较。

智力是一种建立在一定知识、经验基础上的认知能力，也就是人们认识世界的能力。如果你今天教给一个小孩子这个东西叫“杯子”，明天再问他“这叫什么”，他能立刻说出“杯子”，我们就会说这个孩子智力好。智力的核心能力是记忆力，还包括注意力和观察力。

创造力是一种改造世界的能力！要改造这个世界，首先要认识这个世界，因此创造力包括智力，智力是创造力的必要条件。

现代观点认为，智力是一种中间能力，而创造力才是人的最终能力。正因为如此，创造力成为人类最主要、最宝贵的能力。一般来说，优秀的人、成功的人都是创造力比较出众的人。

换个角度说，我们不仅要知道世界是什么，它是怎么来的，还要知道怎样改造世界。学生在学校里不仅要学习认谀社会、适应社会，更要学习如何改造社会。

2.3.2创新能力的来源

创新思维之父、世界创新大师爱德华·德·波诺（Edward de Bono）认为：创新能力意味着产生某种过去并不存在的东西，创新能力的结果有其独特、稀有的一面，这种特殊能力有着较为广泛的来源，具体讲包括无知、经验、动机、完善性、机会、意外、错误和疯狂、风格等。

1.“无知”有助于创新

我们都希望自己广知博闻，并且在长大之后也不可能对自己的领域一无所知，那么如何运用无知来产生创造力呢？爱德华·德·波诺提出了一个解决办法，即只读刚好足够让人对新事物产生感觉的资料，然后停下来自己思考，当产生了一些想法时，再深入阅读，并随时停下来回顾自己的想法，进而产生新的想法，这样，个人就有提高创造力的机会。

2.经验基础上的创新

与无知的创造相反，源自经验的创造力风险更低、更加可靠，因为它建立在过去成功的基础之上，重复着昔日的胜利，但并没有真正新颖的东西，只是能够根据经验，对可能的效果进行预料。

3.动机所产生的创新

愿意花费时间和精力来思考更好的做事方法的人更可能产生创新性的成果，在其他人都满足于既有的解决方案时，有的人会去寻找更多的替换方案，这类人有着强烈的好奇心和探索欲望，乐于尝试新事物并不断寻求新的方法，随着投入的增多，他们很可能会有新鲜的、创造性的想法作为回报。简单来说，许多被视为创新天赋的东西本质上就是创新的动机，大多数被视为具有创造性的人的创造力就来源于此。

4.完善性的创新

完善所产生的创新类似于摄影师的创造，摄影师拿着相机到处取景，直到某个特殊的景色或物体引起了他的注意，通过选择角度、布局、照明等，摄影师将拍摄对象转换为照片，这里被拍摄的物体并不是摄影师创造的，但经过艺术修饰的照片是摄影师创造力的产物。与此类似，运用完善性手法进行创新的人并不自己产生新的想法，他早就认识到了某个想法的潜力，经过完善、发展并付诸实施，使这个想法得以实现。事实上，许多依靠新想法取得创新的人，实际上是从别人那里借用了想法的原始模型，通过创新改造的努力，实现了这个想法。

5.错误、机会和偶然诱发的创新

错误、机会和偶然常常会激发新的想法。

哥伦布开始只准备向西航行到印度群岛，因为他使用了源于托勒密对地球圆周错误的测量方法。如果他使用了正确的测量法，那么他永远也不会起航，因为通过正确测量，他会知道船队不可能携带足够的给养到达目的地。

另外，医学上的许多进步都是错误产生的结果，第一种抗生素的发现是因为亚历山大·弗莱明（Alexander Fleming）注意到，皮氏培养皿中的污物消灭了细菌，这样才产生了青霉素。免疫过程是由巴斯德发现的，他的助手犯了个错误，给小鸡注射了剂量过于微小的霍乱细菌，如此微小的剂量似乎使它们足以抵抗其后注射的更大剂量霍乱细菌的侵害。这些事件似乎都是错误的，它们之所以导致创新的产生，是因为这类事件使人们突破大众认为合理的界限，在这个既定的界限中，人们总在公认的经验总结和理论推导中转圈，以至于难以产生开创性的思维。另外，一些疯狂、偶然的事件也是创新的来源之一，其原因与错误所产生的创新类似，在此不再赘述。

6.风格

风格也是创新的一个明显来源，坚持某种风格可以产生一系列的新事物，它们带有相同的新式风格。但严格来说，这种有共同风格的产品，除去风格带来的创新意义以外，并没有更多的创新。

以上所述是一些从传统的束缚中所产生的创新，但并非全部，虽然产生了有益的结果，但它们只是创新最初的阶段，还远远不够。例如，在企业文化创新中，当管理层了解、支持并亲自参与时，新的企业文化才容易被员工所接受，这所体现的仅是一定意义的从约束中释放，更多的则是对新价值快速地了解与重视。

2.3.3创新能力的影响因素

1.客观因素

中国传统文化长期以来形成的民族心理“积淀”。中国传统儒家文化崇尚“中庸”之道，讲究“人道合一”，孔夫子更强调“述而不作”。古训有“木秀于林，风必摧之”，民谚有“枪打出头鸟”之称。几千年代代相传，形成我们民族过于求稳趋同，不敢求异冒险的心理“积淀”。封建社会的思想虽经“五四”新文化运动和思想启蒙运动的有力冲击，但仍根深蒂固。后来“文化大革命”的爆发和“两个凡是”的出笼就是其极端的表现。中国的孩子从小就被教育在家要听家长的话，在学校要听老师的话，在单位要听领导的话，于是，服从听话就成了他们做人的基本准则，缺乏一种创造的内在冲动，缺乏一种大胆质疑的批判思维。

现行应试教育模式存在严重缺陷。我国现行的应试教育模式，从某种意义上说，既是传统科举教育的“现代版”，又是苏联教育模式的“中国版”。这种教育模式曾培养了一代又一代富有牺牲精神的人才，创造过无数的成功和辉煌，但也存在着严重缺陷：一是评价体系是静态的应试指标。对教学效果和学生能力的评价考核采取规范性评价方式，通过标准性、规范性的试卷来考核评价具有能动性和创造力的教师和学生，从而抹杀了教师和学生的创造性。二是教育方式采取灌输式。教师整堂课讲解，学生一字不落地速记，教师的职责就是“传道、授业、解惑”，学生不能随便提问表示异议。这种上课方式缺乏信息反馈和民主气氛，灌输有余，启发不足。三是学习方式是以记忆为主。学生对教师讲解内容的消化方式是记忆，被强迫读死书，死读书，复制有余，创新不够。同时，青少年在参加工作前基本上是在校园内度过，没有涉足真实的社会，学习和实践从根本上脱节。这种教育模式，造成“千军万马过独木桥”的残酷竞争，使我们的学生既缺乏创造性的培养，又缺乏一种与人合作的精神。

鼓励创新的物质条件和社会机制尚不完善。专家估计，在基础教育手段和载体方面，我们已经落后美国至少50年。教育和知识基础设施建设的严重滞后无疑会大大影响创新能力的培养。不论是政府和学校，还是社会和家庭，对人才的培养都面临教育目标重新定位、教育方式重新选择，教育效果重新评估等问题。这些深层次的问题不解决，鼓励创新的激励机制和社会环境就难以形成。

2.社会因素

从社会系统看，影响年创新能力的社会因素，大致可以分为社会政治上层建筑因素、社会经济基础因素、社会文化观念因素和社会环境交往因素。

社会政治上层建筑对创新能力的影响。古今中外的历史早已向我们揭示了这样一条不易的真理：民主、和谐、稳定的社会政治生活环境，既是知识分子健康成长、发挥积极作用的政治基础，也是社会创新意识、创新精神和创新能力发育及发展并转化为现实生产力的基本前提。如果一个社会没有“既有自由，又有纪律；既有民主，又有集中；既有统一意志，又有个人心情舒畅的生动活泼的政治局面”，那么它就会失去生机和活力，就要落后于不断发展的时代，甚至被世界潮流所淘汰。只有政通人和，发展和保持民主和谐稳定的社会政治生活环境，才能为青少年创新意识、创新精神和创新能力的培养，提供基本的社会政治前提。

社会经济基础对创新能力的影响。“人们从事的一切活动。都同他们的利益有关”，这是马克思主义的普遍真理。就创新活动的条件而言，经济因素在根本层次上起着决定性的作用，因此，我们认为经济基础是创新能力培养的必要社会条件和物质利益动因。

社会文化观念对创新能力的影响。现代的文化观已经超越了仅仅把文化简单地看作是社会意识形态的阶段。社会文化作为人类社会持久性活动及其成果的灵魂和精髓，与社会经济、政治三位一体，构成社会的有机系统和基本结构，以物质资源的高消耗为基础的粗放型经济增长方式的日益转变和以知识、科技、信息、教育为基础的知识经济的兴起，标志着人类社会真正的文化时代的来临。具有高度凝聚力和科学创新精神的民族的科学的大众的社会主义文化，是培养创新意识、创新精神和创新能力的社会文化基质和内在精神动力。

社会文化交往环境对创新能力的影响。人是社会动物，人的一切活动都不能单纯地解释为个体的活动，而是与其所生活存在的社会经济、政治和文化空间时刻发生着千丝万缕的联系。单个人的活动也反映着社会的影响，具有社会活动的意义，受到内在和外在的社会规则、思维方式、价值观念的约束、激励和推动，受到其他社会成员的交互影响。人的活动是社会互动的表现形式，所以，社会整体的科学文化素质特别是创新素养的生长发育的现实状态，以及生活于其中的具体社会文化环境和交往情境，就成为创新意识、创新精神和创新能力培养的重要社会条件或制约因素。

3.主观因素

缺乏创新意识和创新欲望。许多学生进入大学后给自己将来的奋斗目标定位不够准确，往往仅满足于毕业后能找个好工作或是考取研究生，这在一定程度上影响了大学生创新意识和创新欲望的激发。正上学的青少年，他们几乎将所有可利用的时间都花在了学习课本知识上，完全成了“为了考试而学习”，忽略了自己在创新能力方面的培养。他们的创新意识相当淡薄，更谈不上创新欲望了。

缺乏创新兴趣。个人兴趣往往随着时间、环境、心情而变化，对创新感兴趣的不多，更缺乏创新所需要的深度和广度，这对创新能力的培养是很不利的。

思维惯常定势。在长期的思维实践中，每个人都会形成自己所惯用的、格式化的思维模式，当面临外界事物或现实问题的时候，就会不假思索地把它们纳入特定的思维框架，并沿着特定的思维路径对它们进行思考和处理，这就是思维的惯常定势。它具有两个基本特点：一是它的形式化结构，二是它的强大惯性。青少年虽然尚处于人生的初始阶段，思维束缚最少，但随着知识的不断增加和阅历的日益丰富，存在于头脑中的认知框架将逐步模式化、固定化，进而弱化创新意识，影响创新能力的发展。正如法国生物学家贝尔纳所说：“妨碍人们学习的最大障碍，并不是未知的东西，而是已知的东西。”

2.3.4创新能力的基本特点

人的创新潜力是巨大的，美国芝加哥大学的罗杰·斯佩里（Roger wlocott Sperry）博士及他的研究团队证实了这一点。

（1）创造力人人都有。决定创造力的是人的大脑，只要脑细胞发育正常，每个人都有创造力，并且每个正常人的创造力天赋都相同。也就是说，我们一生下来是站在同一起跑线上的——我们大家在婴幼儿期和爱因斯坦、爱迪生有着同样的创造力。

这一结论打破了“天才论”，纠正了人们过去一直认为的创造只是少数人的所为、普通人可望而不可即的错误思想，揭开了创造的神秘面纱。

也许你要问，既然我们荣幸地和爱因斯坦、爱迪生有同样的创造力，那为什么我们没有成为爱因斯坦或爱迪生呢？对这一问题的回答请见创造力的第二个特点。

（2）创造力是潜力，需经过开发才能释放。创造力必须经过开发才能表现出来，如果不开发，永远是潜力，一直到老。每个人的创造力大致是相同的，即便是有区别也没有数量级的区别。之所以后天表现的差别极大，是因为开发的程度不同，只要我们去开发，创造力就会释放；不断开发，就会不断释放，我们的创造力水平就会不断提高，人人都可以成为创造的强者。

那么，人的创新潜力到底有多大，创造力什么时候可以开发到头呢？不断地开发会不会把脑子累坏呢？请看创造力的第三个特点。

（3）创造力无穷无尽。要说明这个问题，先要从脑细胞的数量谈起。

每个人长到12岁后，脑细胞基本发育成熟，其总数达到了140亿个。你可能要问这140亿个脑细胞意味着什么？它相当于100万亿个开关的计算机，假如它全部用来记忆的话，能记住多少本书呢？50本，100本，还是1000本呢？

都不对！正确的答案是5亿本！

这个数字与我们的想象值有巨大的差距，它就是我们潜在的脑资源，就是我们的创新潜力！

斯佩里博士通过著名的割裂脑实验，得出了大脑不对称性的“左右脑分工理论”，并荣获诺贝尔奖。斯佩里博士被誉为“右脑先生”“世界右脑开发第一人”。研究表明，终其一生，大多数人只运用了大脑的3%～4%，其余的97%都蕴藏在右脑的潜意识之中，这是一个多么令人吃惊和遗憾的事实！所谓的人才也只用了10%。那么伟人用了多少呢？伟大的科学家爱因斯坦逝世后，捐献了自己的头颅，经二十余年的研究发现，爱因斯坦的脑细胞数量及重量与常人一样，只是细胞之间的突触较多，说明用脑较多，但也只是用了全部脑细胞的30%。这位划时代的、以头脑当实验室的物理学家，也依然有70%的脑资源未被开发利用。

因此，我们可以得出结论，相对于有限的生命来说，我们有无限的脑资源。而创造力存在于人脑之中，那么，无限的脑资源中自然也潜藏着无限的创造力，这就是为什么说创造力潜力无穷的原因。只要我们去开发，每个人都有可能成为人才，成为伟人。

综上所述，创造力有三个特点：①创造力人人都有；②创造力是潜力，需要开发才能释放；③创造力无穷无尽。这三句话看起来很简单，但却是真理。真理都很简单，可一旦被群众掌握，就会爆发革命！爆发脑内革命！

苏联的创新教育工作者曾指出，如果人人都能正确地认识自己巨大的创新潜力，那么世界上的发明家、创造者的数量可以增加千万倍。这将给人类文明带来巨大的社会效益。

下面我们来看看，创造力到底存在于大脑的什么地方？是“左脑”还是“右脑”？

进一步的研究证明，创造力存在于我们的右脑之中。右脑被称为创造脑，而左脑被称为知识脑。左脑主管语言、计算、逻辑思维和时间管理，通常左脑发达的人，智商较高。右脑主管音乐、艺术、非逻辑思维、情绪感知和空间管理，右脑是用形象来思考和记忆的。

过去，左脑被认为是优势的，因为它主管着语音中枢，并管理着人的右侧身体活动；而右脑被认为是劣势的，并认为它只管左侧身体活动。因此，过去的传统教育偏重于左脑的开发，而忽略右脑的开发，但斯佩里博士研究发现，右脑就像万能博士，主要从事形象思维，是创造力的源泉，是艺术和经验学习的中枢，右脑的存储量是左脑的100万倍。现实生活中95%的人，仅仅使用了自己的左脑，只有把右脑潜力充分挖掘出来，才能表现出人类无穷的创造才能。当今如何更好地开发右脑已成为教育工作者研究的重要问题。

需要指出的是，虽然右脑是创造脑，但要真正完成一个创造，却需要左右脑的密切配合，二者缺一不可。也就是说，首先由右脑提出一个看起来是非逻辑的创造性设想，然后再由左脑将其转化成语言和逻辑表达出来，这样才可能实现创新。爱因斯坦曾说过：“我不是以语言来思考的，而是以跳跃的形状和形象来思考的，然后努力将其置换成语言。”

这说明爱因斯坦是右脑和左脑同时工作的。

2.3.5创新能力的构成

创新能力是人类大脑思维功能和社会实践能力的综合体现。因此，可以说“创新能力是人们进行创造性活动的心智能力与个性素质的总和”。

1.知识

信息和知识是创造的基础和原材料，没有及时的、可靠的、全面的信息，不懂知识，是不会产生创造成果的。很难想象，一个对光电知识一无所知的人能发明出新型的电灯，一个对计算机一窍不通的人能开发出新的操作系统。不了解前人的成果、眼光狭窄、知识贫乏的人是不可能有重大科学发现和技术发明的。知识的掌握，在很大程度上决定着认知能力、解决实际问题能力的速度和质量。

在创新能力构成要素中，一般知识和经验为创造提供快乐广泛的背景，而包括专业知识、创造学知识、特殊领域知识的专门知识，则直接影响创新能力层次的高低。

2.智能因素

智能因素包含三种能力：一是一般智慧，如观察力、注意力、记忆力、操作能力，它体现了人们检索、处理以及运用信息，对事物做简洁、概括反映的能力；二是创造性思维能力，主要指发散思维和形象思维能力，如创造性的想象能力、逻辑加工能力、思维调控能力、直觉思维能力、推理能力、灵感思维、捕捉机遇的能力及批判性思维能力等，它体现出人们在进行创造性思维时的心理活动水平，是创新能力的实质和核心；三是特殊智能，指在某种专业活动中表现出来的并保证某种专业活动获得高效率的能力，如音乐能力、绘画能力、体育能力、操作能力等。特殊智能可视为某些一般智能专门化的发展。

3.非智力因素

非智力因素包含三种因素。一种是创新意识因素，指对与创造有关的信息及创造活动、方法、过程的综合觉察与认识。也可以简单地理解为创造的欲望，包括动机、兴趣、好奇心、求知欲、探究性、主动性、对问题的敏感性等。培养创造意识，可以激发创造动机，产生创造兴趣，提高创造热情，形成创造习惯，增强创造欲望，任何创造成果都是创造意识和创新方法的结合。从某种意义上说，一个人能做出创造性成就，创造意识要比创新方法更重要，尤其在创造的初期，因为创造意识能使人们自觉地关注问题，从而发现问题，想创造的欲望决定了创造过程的发生，任何一个人如果他不想去创造，纵然再有才能，也不可能成功。

另一种是创新精神因素，指创造过程中积极的，开放的心理状态，包括怀疑精神、冒险精神、挑战精神、献身精神、使命感、责任感、事业心、自信心、热情、勇气、意志、毅力、恒心等。创造精神也可以简单的说成是创造的胆略，在创造活动中，创造精神往往是成功的关键。

还有一种是创新技能，是主体创新所需要的知识和创新所需要的一般技能内在整合外化的结果，包括创新所需要的信息加工能力、一般的工作能力、动手操作能力、熟练掌握和运用创新技法的能力、创新成果的表达能力和表现能力以及物化能力等技能。

研究表明，智能因素是创造活动的操作系统，非智力因素是创造活动的动力系统。非智力因素虽然不直接介入创造活动，但它以动作作为核心对创造活动起着极其重要的作用。

美国创造心理学家格林提出创新能力的10个要素组成，即知识、自学能力、好奇心、观察力、记忆力、客观性、怀疑态度、专心致志、恒心、毅力等。

日本创造学家进藤龙夫等人提出创新能力主要由活力、扩力、结力及个性等4个要素组成。其中活力是指精力、魄力、冲动性、热情等的集合，扩力是指发展行为、思考、探索性、冒险性等因素的共同效应，结力是指联想力、组合力、设计力等的综合。

国内学者还提出创新能力由智力因素和非智力因素构成。其中智力因素包含有视知觉能力，即观察力、记忆力、想象力、直觉力、逻辑思维能力、辩证思维力、选择力、操作力、表达力等；非智力因素主要包含有创造欲、求知欲、好奇心、挑战性、进取心、自信心、意志力等。

2.3.6掌握六种必备的创新能力

1.发现问题的能力

发现问题的能力，是一种发现那些让人难以觉察的、隐藏在习以为常现象背后的问题的能力。表现为意识到存在于周围环境中的矛盾、冲突、需求，意识到某种现象的隐蔽未解之处，意识到寻常现象中的不寻常之处。例如，人们时常看到，两块从悬崖上落下的石头尽管大小悬殊，但却同时落到了深谷的底部。可是，没有人因而对亚里士多德关于物质下落的速度和它的重量成正比的理论提出疑问，只有伽利略能意识并发现这一问题存在。这一意识促使他进行了比萨斜塔上的试验，实验证明了铁球和铅弹的下落速度同它们的质量无关，从而纠正了影响人们两千多年的错误理论。正是由于伽利略独具慧眼，看出了破绽，他才能够对亚里士多德“自由落体定理”做出科学的修正与创新。就像时常有人坐在苹果树下，看到苹果从树上落下，但却没有人像牛顿那样发现并提出问题：为什么苹果从树上向下落，而不是飞上天？正是牛顿对这一问题的发现，从而激发思考、引起探索，发现了万有引力。

发现问题能力的前提是好奇心和怀疑。好奇心会促进人们对外界信息的敏感性，发现问题，并追根溯源，提出一连串问题，怀疑就是对权威的理论、既有的学说和传统的观念等，不是简单的接受与信奉，而是持怀疑和批判的态度。

发现问题在创新活动中通常是由认知风格和工作风格来体现的。认知风格指个人所具有的先打破心理定式和理解复杂问题过程中表现出来的气度、能力和心理特点。工作风格是指能长时间集中努力和聚焦问题的工作态度和工作能力。

2.独立创新的能力

独立创新的能力是一种寻求不同寻常的思想和新奇的、独特的解决问题的能力。能想出别人想不出来的观念，看出别人看不到的问题。它是一种求新求异的能力。具有独创能力的人往往与他人不同，独具卓识，能提出新的创见，做出新的发现，实现新的突破，具有开拓性。而缺乏独创能力的人，只会一味地模仿和一味地盲从，只知道遵从传统习惯，他们每天都进行一些重复性的活动，说一些千篇一律的话。如果只是依靠吸收、模仿、学习等重复的方法，而不进行变革、突破，就不可能创新。独创能力是创新能力最本质、最重要的核心要素，它反映了一个人创新能力水平的高低。同时，独创能力是人们在创新活动的各个阶段或各个领域都需要具备的最基本的能力要素，无论在技术产品开发上，还是在生产、管理和市场开拓上，甚至在日常学习和生活中，都需要运用独创能力。例如，失眠是一种疾病，人们都认为只有吃药才能治愈。可是瑞士一家公司与众不同，他们想到了吃药以外的一种更简单、更实用的方法。这家公司开发出一种能促使失眠者很快睡着的录音磁带，上面录的都是“废话”。人们都讨厌听废话，但多数人从未想到过利用它来为人服务，这是一个具有独创性的创新产品。

一般人的创新能力，大体是流畅性第一，变通性次之，独创性最低。独创能力是最重要也是最难的。它主要体现在两个方面：一是打破常规，追求与众不同；二是求新求异的有机结合。打破常规就要求思维具有批判性。所谓批判性思维，就是对要解决的问题所依据的条件进行反复推敲，对计划、方法和方案等反复考察，不盲从、不迷信、不拘泥于现成结论，大胆推翻原有结论，提出新思想。富于独创能力的人，常常用一种挑剔的眼光来看问题，并总是能提出与众不同的、罕见的、非常规的想法。求新就是以新的角度看问题，以新的思路、新的方式提出新设想。求异就是要独特，提出的设想与常规的设想相比要有很大不同，是一般人不易想到的。

3.流畅的思维能力

流畅的思维能力是指就某一问题情境能顺利产生多种不同的反应，给出多种解决办法和方案的能力。常用“思潮如涌”“下笔如行云流水”“口若悬河滔滔不绝”等来形容思维流畅的人。思维流畅对创新有重要意义。因为形成大量设想，就有更大机会产生有创新意义的想法。提出的设想不一定每一个都正确，有创见性的设想也不是一下子就能在头脑中形成的。但是，提出的设想越多，出现有创见性想法的机会也就越多。牛顿在他《光学》的最后部分，提出了30多个“设想”。这些设想瑕瑜互见，既有熠熠闪光的真知灼见，也夹杂着一些今天看来显而易见的谬误。不过，正是因为牛顿提出了许多“设想”，才迸发出了光辉思想的火花。

思维流畅是以丰富的知识和较强的记忆力为基础的，并能够根据当前情况所得到的印象和所观察到的事物激活知识，调出大脑中储存的信息，并进行创造性思维，从而提出大量新观点。

4.变通的能力

变通的能力，是指思维迅速地、轻易地从一类对象转变到另一类对象的能力。它能够从某种思想转换到另一种思想，或是多角度地思考问题，能用不同分类或不同方式研究问题。具有变通能力的人，一般都能根据客观情况的变化机智地解决问题，在思维中灵活应变，不囿于条条框框，敢于提出新观点，思想活跃。而缺乏变通能力的人，往往机械呆板，墨守成规，没有创新精神，思想陈旧，观点保守。

创新实践表明，凡是在创新上大有作为的人，大都思路开阔，妙思泉涌。因为创新需要找到不同的应用范畴或许多新的观念。越是能带来重大突破的创新，越是需要借助于其他领域的知识，吸取外来的思想。例如，19世纪的英国化学家约翰·道尔顿（Dalton John）提出了“化学原子论”，恩格斯称誉他为“近代化学之父”。当时，他是一位气象学家，原来他研究的是水吸收气体和大气吸收水等物理问题。他认为，气体发生混合同水吸收气体都是一种没有亲和力作用的过程。正是由于道尔顿头脑里没有当时化学家用来解释混合物和化合物的区别的亲和力理论，而是从大气物理的角度来进行考察，他才从当时使化学家感到迷惑不解的溶液均匀性问题中，揭示出关于元素化合物的倍比定律，进一步提出了“化学原子论”。

创新需要多向思维，仅有流畅的能力是不够的，还需要变通的能力。因为流畅性强调产生设想的数量，如果只是在同一类型上做出众多反应，那么就会形成思维定式。比如说铅笔的用途，就只能说出“写字、写信、写文章”之类，这样就显得僵化、呆板，不能变通。一般来说，在众多的反应中，反应的类型越多，变通性就越高。变通性不只是反映思维的广度，还反映思维的维度及其多样化。单一不能变通，多样才能灵活。变通的类型有性质变通、方向变通、时间变通、形状变通、功能变通、蕴含变通等。要提高灵活的能力，就必须克服思维定式，打破传统的思维习惯。变通的能力，必须以广博的学识为基础，有了广博的知识，才能左右逢源。

5.制订方案的能力

创新的设想能否实现取决于方案的制订和实施。所谓制订方案的能力是指把一个创新的想法变成一个具体的实施方案。方案是为了解决特定问题、达到预期目标采用的方法和手段。制订方案时，首先，要明确创新目标是什么，方案是围绕着实现创新目标而制订的。其次，分析实现这个创新设想存在哪些问题和困难，了解其有利因素和不利因素。再次，针对需要解决的问题，选择采用的主要方法和途径，并确定需要解决的重点和方向。主要是运用创新方法，包括类比、想象、直觉、灵感等多种形式。最后，制订方案的实施步骤。

从设想、构思、证明到具体的设计、修改、完善，需要做大量的创造性工作。创新是一项探索性工作，没有现成方法和模式可以照搬，它不是对人类已有认识和实践的重复，而是在此基础上进行新的创造。因此，创新过程不可能是一帆风顺，其中必然会遇到许多挫折和失败。为此，就需要拟多套方案以备选择。解决同一问题可以用多种方法，这些方法之间并不是互相排斥的关系，而是互相补充、互相融合、取其所长、去其所短的关系。如果只找到一种方案，就难以相互比较好坏、区别优劣，就没有选择的余地。因此，应拟定多种方案，以备挑选，从挑选中比较，从挑选中择优。同时由于每个备选方案都有其合理性和局限性，因此，在优选的基础上，还可以吸收其他方案的长处，补充所选方案，使之更加完善。

6.评价的能力

评价的能力是指通过评审从许多方案中选择出一种方案的能力。在创新活动中，需要冲破任何约束，解放思想，从而提出大量的设想、构思和方案。在多种方案中，除了个别的可能是“闪光”的设想之外，还不可避免地伴随着大量的、在技术经济上暂不可行的设想。因而需要通过评价，选出在技术经济上可行的、有希望获得成功的方案，如果不进行评价，往往会造成人力、物力和财力的浪费。评价还可以促进创新过程中方案的优化。没有正确的评价，没有正确的筛选，就无法保证得到最优或较优的创新方案。不仅在创新初期阶段要进行方案选择的评价，以寻求最佳方案，也要在创新完成时对创新结果进行评价，以确定创新的价值和水平；而且在创新过程中，也要多次对活动进行评价，这样可以帮助我们寻找最佳创新方法和指明创新前进的方向。这正如象棋高手在下棋时，每走一步都需要评价一样，评价对创新活动也同样具有极为重要的作用。

据统计，在所有的创新方案中，一般只有10%～20%是最终成功的。可见创新的风险很大。因此，选择方案不可能通过一次评价就能确定下来。在创新的初期，无论是设想还是方案，都有许多不确定因素。例如，方案的成本、设想实现的可靠程度等，常常是不确定的。在未被选取的方案中也有可能发展、深化为成功的方案。在创新过程中常有这样的事发生，如某公司提出的创新方案，未被公司采用，或本公司评价后认为不可行，后来却被其他公司采用了，并且获得了很大的成功。因此，对方案的评价和筛选是一件值得慎重考虑的事情。

对方案主要从科学性、逻辑性、美学、技术、经济和社会等方面进行综合评价。其中，科学性主要是看是否正确反映了事物的本质及规律。例如，伽利略用实验方法去评判亚里士多德的物理学理论，发现他的关于自由落体速度的学说与事实不符，是错误的。逻辑性主要是看是否存在矛盾，是不是具有一致性。例如，现代数学常常利用数理逻辑的"公理化形式系统"来判明一个数学理论的一致性。美学标准主要是"优美"和"简单性"。德国物理学家海森堡曾经给科学理论的"优美"做过这样的解释："'优美'是各部分相互之间以及整体之间真正的协调一致。"爱因斯坦指出："实际上，自然规律的'简单性'也是一种客观事实，而且正确的概念体系必须使这种'简单性'的主观方面和客观方面保持平衡。"他甚至说，科学理论的"进化是循着不断增加的'逻辑基础简单性'的方向前进的"。在评价新的立意、新的思想时，美学标准尤为重要。对应用研究方案主要从技术评价、经济评价、社会评价以及这三者的综合评价进行分析。其中，技术评价主要是围绕功能进行的；经济评价主要是围绕效益进行的；社会评价主要是围绕方案的实施可能给社会心理或其他方面带来什么影响来进行的。

创新能力是由上述基本能力组成的一个有机整体，只有在这几个基本能力协调一致时，创新能力才能得到充分发挥。具有创新能力的人，不仅要具备这些能力，而且还要懂得思考什么时候、以何种方式来有效地使用这些能力。创新就是这些能力都达到均衡和运用的过程。

2.3.7创新能力的培养途径

创新能力是指根据一定的目的和任务，运用一切已知信息，开动能动思维活动，产生出某种新颖、独特，有社会或个人价值的产品的智力品质。创新能力的培养是一个系统工程，需要多方面的努力和配合。

1.创新能力的培养原则

（1）个性化原则。每个人都是一个特殊的不同于他人的现实存在。从某种意义上说，个性化就是创造性的代名词，没有个性，就没有创造。因此，培养创新能力必须遵循个性化原则，因材施教，确立教育的个性化原则，首先要走出思想认识上的误区。要从"将全面发展与个性发展对立起来"的误区中解放出来，从"将全面发展理解为平均发展"的误区中解放出来，正确理解马克思关于全面发展的理论；要从"对教育平等"的错误理解中摆脱出来，承认差异，发展差异，鼓励竞争，鼓励冒尖，不求全才，允许偏才、奇才、怪才的生存与发展。因材施教。所谓因材施教，就是针对人的能力、性格、志趣等具体情况施行不同的教育。

（2）系统性原则。所谓系统是由相互联系、相互作用的若干要素，以一定结构组成的，具有一定整体功能的有机整体。根据一般系统论原理，一方面，培养创新能力是一个包括培养创新意识、创新精神、创新思维、创新方法等诸要素的有机整体，绝不能割裂开来。另一方面，教育在人的全面发展和社会进步中具有先导性作用。个人能力的发展方向如果与社会的激励方向一致，则可以达到较高的速度，并受到援助和尊重。

（3）实践性原则。实践是人所特有的对象性活动，是人类的存在方式。马克思主义认为，实践改造自然，不仅仅是改变自然物的形态，更重要的是在自然物中灌注人的需要、目的和本质力量，使其从"自在之物"转化为"为我之物"，从而创造出按照自在世界本身的运动不可能产生的事物。实践分化世界的过程，实际上就是"按照人的样子来组织世界"和创造世界的过程。培养创新能力，无论是培养的目的、途径，还是最终结果，都离不开实践。遵循实践性原则，就是坚持马克思主义的教育观和人才观，坚持创新是一种创造性的实践，坚持以实践作为检验和评价创新能力的唯一标准。

（4）协作性原则。所谓协作是指由若干人或若干单位共同配合完成某一任务。创新能力不只是跟人的智力因素有关，非智力因素也在很大程度上影响着他们创造潜能的发挥。个性品质中的协作特征就是这样一种因素。有人对诺贝尔奖获得者的工作态度与方式进行了全面分析，发现在1901年到1972年期间286位获奖者中，近1/3的人是因为与他人合作进行工作而获奖。相比之下，未获奖的科学家中，只有很少的人与别人进行积极的合作。这个结果显示，与别人一道工作可以增加创造性。有一个基本的事实就是，现代科学的发展已经让任何一个人都无法在一生当中涉足科学技术的各个方面。要想在现有的科学技术的基础上有所创造，就必须学会与别人进行“信息共享”。由此看来，人的创造性既是一种个人化的品质，也是一种社会化的特征。

2.大学生创新能力的培养途径

当今社会的竞争，与其说是人才的竞争，不如说是人的创造力的竞争。培养创新能力，争当创新人才能为即将到来的职业生涯做好准备。

大学生创新能力的培养，应从四方面入手。

（1）树立自觉创新意识

创新意识是人们对创新与创新的价值性、重要性的一种认识水平、认识程度以及由此形成的对待创新的态度，并以这种态度来规范和调整自己的活动方向的一种稳定的精神态势。

创新意识是创新的前提和条件，只有在自觉自愿的创新意识的强力催动下，才可能有创新实践活动的产生。在知识经济时代，创新包括了技术创新、制度创新、管理创新、文化创新等，涉及社会生活的方方面面。就大学生个人而言，创新既是前进的动力，又是发展的必经之途，所以，在就业和创业过程中，必须牢固树立创新意识。

第一，激发自身的创造动力。寻找真正感兴趣的学习或工作，或者在现在从事的学习、工作中找到兴趣点；寻找学习、工作中的自我满足点；接受更具挑战性的任务；设立自己的目标，并努力达到目标。通过以上一系列措施，激发自身创造活力。

第二，保持高涨的创造兴趣能促进创造活动的成功。对所学习或研究的事物要有好奇心，好奇心能使人们产生强烈兴趣。牛顿少年时期就有很强的好奇心，他常常在夜晚仰望天上的星星和月亮。星星和月亮为什么挂在天上？星星和月亮都在天空运转着，它们为什么不相撞呢？这些疑问激发着他的探索欲望。后来，经过专心研究，终于发现了万有引力定律。

能提出问题，说明在思考问题。在学习过程中，自己如果提不出问题，那才是最大的问题。正像爱因斯坦说的那样：“我没有特别的天赋，只有强烈的好奇心。”

第三，具有正确的创造情感。创造情感是引起、推进乃至完成创造的心理因素，只有具有正确的创造情感才能使创新成功。

第四，培养创造意志。创造意志是在创造中克服困难，冲破阻碍的心理因素，创造意志具有目的性、顽强性和自制性。爱迪生在1600多次实验的失败后，仍能坚持不懈，在竹丝灯泡能够使用以后，还能继续研发，改进为钨丝灯泡。在日常学习生活中，大学生应培养严谨求实、坚持不懈、一丝不苟的优良品格才能取得创新的成功。

（2）提高创新思维能力

创新思维能力是可以通过有意识地培养和训练提高的。大学生学习生活中要注重突破思维障碍，自觉提高创新思维能力，应从以下几方面入手。

第一，对所学习或研究的事物要有怀疑态度。不要认为被人验证过的都是真理，要用发展的眼光看问题。许多科学家对旧知识的扬弃，对谬误的否定，无不自怀疑开始的。伽利略正是从对亚里士多德“物体依本身的轻重而下落有快有慢”的结论开始怀疑，发现了自由落体规律。怀疑是发自内在的创造潜能，它激发人们去钻研、去探索。

第二，对所学习或研究的事物要有追求创新的欲望。如果没有强烈的追求创新的欲望，那么无论怎样谦虚和好学，最终都是模仿或抄袭，只能在前人划定的圈子里周旋。要创新，我们就要坚持不懈地努力，勇敢跳出前人划定的圈子，勇敢面对困难，同时要有克服困难的决心，不要怕失败，要相信，失败乃成功之母。

第三，对所学习或研究的事物要有求异的观念，不要“人云亦云”。创新不是简单的模仿。要有创新精神和创新成果，必须有求异的观念。求异实质上就是换个角度思考，从多个角度思考，并将结果进行比较。求异者往往要比常人看问题更深刻、更全面。

第四，对所学习或研究的事物要有冒险精神。创造实质上是一种冒险，因为否定人们习惯了的旧思想可能会招致公众的反对。这种冒险不是那些危及生命和肢体安全的冒险，而是一种合理性冒险。大多数人都不会成为伟人，但我们至少要最大限度地挖掘自己的创造潜能。

第五，对所学习或研究的事物要做到永不自满。一个有很多创造性思想的人如果就此停止，害怕去想另一种可能比这种思想更好的思想，或已习惯了一种成功的思想而不能产生新思想，那么这个人就会变得自满，停止创造。

第六，努力学习科学知识，构建合理的知识结构。一颗苹果砸到牛顿头上，他发现了万有引力；伽利略看到小孩玩玩具发明了温度计；门捷列夫玩纸牌发现了元素周期表。真理永恒不变，我们要用发展的眼光看问题，跳出思维定式和已有知识的束缚，永远行走在寻找真理的路上，从纷繁复杂的表象里，找到真理存在的一角，则为创新。但是，创新思维不是某天的突发奇想，牛顿、伽利略、门捷列夫哪一个不是知识渊博，对所研究事物殚精竭虑不懈探索的人？所以，大学生应该努力学习，广泛涉猎，以丰富的知识和广博的学科视野撑起创新思维的翅膀，以不断提高的创新思维能力助推创新能力的起飞。

（3）积极开展创新实践

实践对认识具有决定作用。实践是认识的来源，认识发展的动力，认识的最终目的和检验认识正确与否的唯一标准。大学生只有积极投身创新实践，才能培养创新能力，提高创新水平。

第一，在日常学习生活中开展创新实践。创新是一种不断发现问题、解决问题的复杂过程。大学生在日常学习生活中，可在教师引导下，或学生自觉有意识地，本着不唯书、不唯上的科学探索精神，不断发现问题、分析问题、解决问题，在实践中提高创新能力。

第二，注重参加创新创业实践平台练兵活动。目前各级高等院校大力开展创新创业教育活动，他们积极搭建大学生创新创业平台，在夯实基础教育的同时，潜心培育、建设大学生创新实践基地，设立特色鲜明的学科竞赛项目，引导大学生开展创新创业实践。大学生可以在学校积极参加活动，在实践中练兵，培育和提高创新能力。

第三，顺应时代潮流，走向社会开展创新创业实践。知识经济时代，信息技术的发展深刻改变了人们的学习、生活和社会环境。2015年3月2日，国务院办公厅印发《关于发展众创空间推进大众创新创业的指导意见》，指出推进大众创新创业要坚持市场导向、加强政策集成、强化开放共享、创新服务模式。在用户创新、大众创新、开放创新、协同创新的创新2.0新形势下，我国涌现出一大批各具特色的众创空间。比如，上海的新车间、深圳的柴火创客空间、杭州的洋葱胶囊、南京创客空间等。知识经济时代良好的政策环境和各种便利的创新要素的支持，为大学生创新实践提供了良好的生态环境。大学生要勇于把握时代脉搏，积极投身到大众创业、万众创新的时代洪流中开展创新实践活动。

（4）培养教育主体的自我教育能力，实现个人创新能力的可持续发展

自我教育是指发展主体通过对自身及社会的审视，主动合理地制定发展目标，构筑知识框架，调整学习策略，并转换自身角色，成为教育活动的施加者和对象，强调积极主动而不是被动地接受外界影响，利用有利的外部条件实现自身的可持续发展。实现个人的可持续发展，使培养的创先能力真正可持续发展，要培养受教育主体的自我教育能力，主要有以下几个方面。

第一，培养受教育主体自我学习的能力。科学技术日新月异，新理论、新技术、新方法在不断更新中，在学校学习到的理论与知识，在实践中，往往跟不上更新换代的速度。培养创新能力不能忽略人的自学能力的培养，因为人的创新能力的发挥最终离不开个人的实践，学会了怎样学习，怎样研究，就会受益终生。有了无师自通的本领，也就奠定了进行技术创新的基础。

学校教育以知识传授为主，主要以课程设置为框架。在整个显性的知识传授过程中隐含着对受教育主体的思维能力的培养。在知识传授过程中，要注重引导受教育主体的参与，通过参与提高其自身的自学能力。

第二，培养受教育主体处理信息的能力。个体对信息要具备感受信息及处理信息的能力。对信息意识的趋向与感知能力，使人们对周围现象产生自觉意识和自觉需求，在一定程度上影响对创新能力的培养。对信息技术的应用能力、信息查询能力、信息加工处理及消化、吸收，利用并创造新信息，在实践中，影响个体利用信息技术、信息工具的能力，从而影响知识创新、技术创新的实践活动。

计算机信息检索、网络信息检索、信息研究与信息咨询等，可以培养个体的信息素质，提高信息能力，提高创新能力。

第三，培养受教育主体提高表达的能力。提高创新能力，培养个人擅长使用语言、文字，开发思维，进行科学实践。

第四，培养受教育主题自我培养非智力因素。兴趣、情感、意志、性格等非智力因素，不是生而有之，更多的是后天养成。非智力因素的养成，因循一定规律，应注重培养个体，了解规律、遵循规律，有目的地培养个人的兴趣、情感、意志、性格等，保持开放的状态。

第五，培养受教育主体磨炼个人的逆商。逆商，是指人们面对逆境时的反应方式。也可理解为面对挫折、摆脱困境和超越困难的能力。逆商自我培养主要是指：以自己的兴趣、需求、性格及气质入手，依据外部提供的客观条件，通过各种途径去主动了解逆商的概念及其在学习、生活及工作中的意义；辩证地看待困境与失败，调整自己的心态，使自己在逆境面前愈挫愈勇；克服逆境行为的不良反应，如焦虑、失眠、抑郁、恐惧等，使自己的良好反应方式成为习惯性行为，不断地提高自己对逆境的洞察能力、控制能力和承受能力，使自己的人格更趋完善。

第六，培养受教育主体对学习方式进行更新。培养创新精神、提高创新能力是素质教育的题中之意。学习方式的自我更新需要开放的学习环境，畅通的知识获取途径。

【案例】

爱迪生发明电灯的故事

爱迪生发明电灯的故事告诉我们：任何工作或者学习只有在我们坚持不懈的努力下才能取得成功！正如爱迪生说过的一句名言：天才不过是百分之一的聪明加百分之九十九的勤奋。

爱迪生发明电灯做了1500多次实验都没有找到适合做电灯灯丝的材料，有人嘲笑他说："爱迪生先生，你已经失败了1500多次了"。爱迪生回答说："不，我没有失败，我的成就是发现1500多种材料不适合做电灯的灯丝。"

在电灯问世以前，人们普遍使用的照明工具是煤油灯或煤气灯。这种灯因燃烧煤油或煤气有浓烈的黑烟和刺鼻的臭味，并且要经常添加燃料、擦洗灯罩，因而很不方便。更严重的是，这种灯很容易引起火灾，酿成大祸。看到这种情况，爱迪生想制造一种价廉物美、经久耐用的家用电灯。

于是，马拉松式的试验开始了。爱迪生甚至连马的鬃、人的头发和胡子都拿来当灯丝试验。最后，爱迪生选择竹这种植物。他在试验之前，先取出一片竹子，用显微镜一看，高兴得跳了起来。于是，把炭化后的竹丝装进玻璃泡，通上电后，这种竹丝灯泡竟连续不断地亮了1200个小时！

这下，爱迪生终于松了口气，助手们纷纷向他祝贺，可他又认真地说道："世界各地有很多竹子，其结构不尽相同，我们应认真挑选一下！"

助手深为爱迪生精益求精的科学态度所感动，纷纷自告奋勇到各地去考察。经过比较，日本出产的一种竹子最为合适，便大量从日本进口这种竹子。与此同时，爱迪生又开设电厂，架设电线。过了不久，美国人民便用上了这种价廉物美、经久耐用的竹丝灯泡。

竹丝灯用了好多年。直到1906年，爱迪生又改用钨丝来做，使灯泡的质量又得到提高，一直沿用到今天。

当人们点亮电灯时，每每会想到这位伟大的发明家，是他，给黑暗带来无穷无尽的光明。1979年，美国花费了几百万美元，举行长达一年之久的纪念活动，来纪念爱迪生发明电灯一百周年。

案例解析：爱迪生是发明大师，一生共有1328种发明，包括电灯、电车、电影、电动机、电话机、留声机等。他是一个伟大的发明家，同时也是一个善于把自己的发明转化为商业成果的人。从他发明电灯泡的事例中，同学们可以看到，创新就在于不断跳出常规认知范围，通过百折不挠，持之以恒地探索，最后发现最正确的方式。永远保持旺盛的创造精神，不断进行实践探索是爱迪生成功的重要原因之一。

2.4 常用的创新方法

2.4.1相关概念

如果你会打乒乓球，请想想初学时的体验，在没学发球方法和技巧之前，我们发出去的球基本不具备任何攻击力。一旦学了有关的方法，我们并没有增加用力，但却可以让它随意旋转或更具有攻击力。这就是方法的魔力。创新的方法亦同样如此。

20世纪有太多的发明，但最大的发明是什么？不是蒸汽机，也不是电脑，而是发明了创新的方法！通过应用这些方法，就能诱发人们潜在的创造力，使长期以来被人们认为神秘的、只有少数发明家或创新者所独有的创新设想，为每一个普通人所掌握。

但在这里必须指出的是：尽管方法是非常重要的，但从某种角度说，方法也是一种限制！因此，我们既要学习方法，又不能受方法的限制。换句话说，就是要在学习、运用的基础上，对方法加以灵活应用，同时，当一种方法成为创新的阻碍时，就要勇于对方法本身进行创新，寻找适合创新发展的新方法。

创新的方法是指创新活动中带有普遍规律性的方法和技巧。它是通过研究一个个具体的创新过程，比如创新的题目是怎样确定的，创新的设想是怎样提出的，设想如何变成现实，等等，从而揭示创新的一般规律和方法。

创新的方法首先出现在富于创意的美国。1906年，美国的普林德尔在“发明的艺术”一文中，通过发明案例介绍了发明者们日常不自觉使用的各种发明方法，最早提出了对工程师进行创造力训练的建议，并以实例阐述了一些改进及创新的技巧和方法。这基本上是能找到的、最早的探索创新方法的文章。

1931年，内布拉斯加大学教授克劳福德发表了“创造思维的技术”一文，提出了列举法，并在大学讲授，这个方法至今仍然是受到广泛欢迎的方法。同年，还有一位专利审查人罗斯·曼在其为取得博士学位而完成的著作《创造发明者的心理学》中，专门写了“发明方法”一章。

1938年，被誉为“创造方法之父”的亚历克斯·奥斯本（Alex Osbom）总结出了现在非常著名的“头脑风暴法”，并取得应用的成功。为推广这种方法，他撰写了一系列著作，如《思考的方法》《所谓创造能力》《创造性想象》等，并深入到学院、社会团体和企业，组织大家学习和运用这些方法。现在，这种方法已经作为一种最常用的方法而普及全世界。

之后，先后有不同的人创造了各种各样的创新方法，到目前为止，已经达到340种之多，但常用的方法大概只有十几种。

2.4.2创新方法

在那么多的创新方法之中，我们必须有选择地进行学习。法国生理学家贝尔纳说：“良好的方法能使我们更好地发挥运用天赋的才能，而拙劣的方法则可能阻碍才能的发挥。因此，科学中难能可贵的创造性才华，由于方法拙劣可能被削弱，甚至被扼杀；而良好的方法则会增长促进这种才华。”为了便于系统学习，我们从中选取具有代表性的常用方法加以介绍。

1.头脑风暴法

所谓头脑风暴（Brain-storming），是以小组的形式，无限制的自由联想和讨论，产生新观念或激发创新设想。是由美国创造学家奥斯本于1939年首次提出的一种激发性思维的方法。其具体的运用流程如图2-3所示。

（1）头脑风暴法激发创新思维的原因

头脑风暴为什么能激发创新思维？根据奥斯本本人及其他研究者的看法，主要有以下几点。

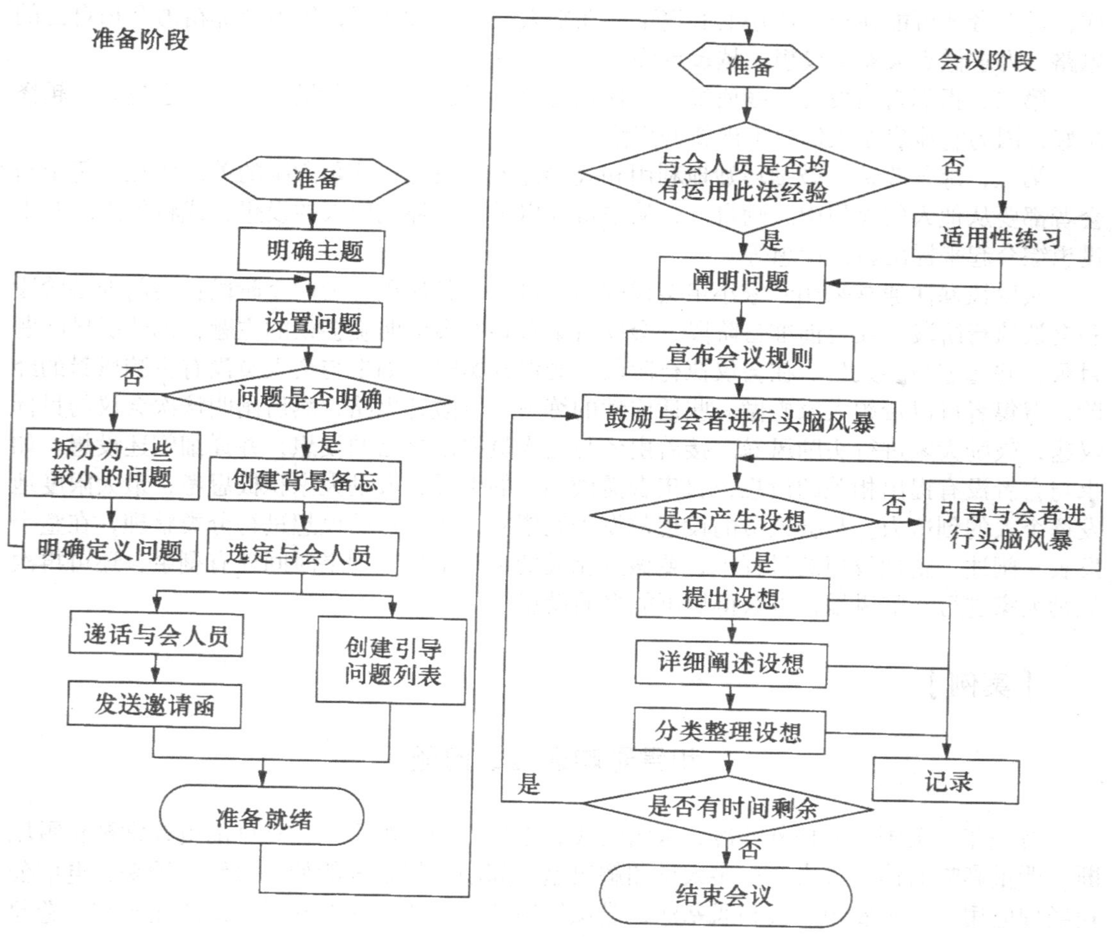

图 2-3 头脑风暴法运用流程

第一，联想反应。联想是产生新观念的基本过程。在集体讨论问题的过程中，每提出一个新的观念，都能引发他人联想，相继产生一连串的新观念，产生连锁反应，形成新观念堆，为创造性地解决问题提供了更多的可能性。

第二，热情感染。在不受任何限制的情况下，集体讨论问题能激发人的热情。人人自由发言、相互影响、相互感染，能形成热潮，突破固有观念的束缚，最大限度地发挥创造性的思维能力。

第三，竞争意识。在有竞争意识的情况下，人人争先恐后，竞相发言，不断地开动思维机器，力求有独到见解和新奇观念。心理学告诉人们，人类有争强好胜心理，在有竞争意识的情况下，人的心理活动效率可增加50%或更多。

第四，个人欲望。在集体讨论解决问题过程中，个人的欲望自由，不受任何干扰和控制，是非常重要的。头脑风暴法有一条原则，即不得批评仓促的发言，甚至不许有任何怀疑的表情、动作、神色。这就能使每个人畅所欲言，提出大量的新观念。

（2）头脑风暴法必须遵守的原则

为使与会者畅所欲言，互相启发和激励，达到较高效率，头脑风暴法必须严格遵守下列原则。

第一，推迟判断，禁止批评。对别人提出的任何想法都不能批判、不得阻拦。只有这样，与会者才可能在充分放松的心境下，在别人设想的激励下，集中全部精力开拓自己的思路。力求做到大家提设想，越多越好。

第二，提倡自由发言、畅所欲言、任意思考、任意想象、尽量发挥。主意越新、越怪越好，因为它能启发人们产生出新的想法。

第三，综合改善。鼓励巧妙地利用和改善他人的设想，这是激励的关键所在。每个与会者都要从他人的设想中激励自己，从中得到启示，或补充他人的设想，或将他人的若干设想综合起来提出新的设想等。

头脑风暴法通常采用专家小组会议的形式进行，其流程分为两个阶段：会前准备阶段和会议执行阶段。在会前准备阶段，会议召集者要在会前明确会议的主题，创建引导问题目录，并选定与会人员。在会议执行阶段，会议开始时，如果与会人员没有头脑风暴的经验，召集者可以带领大家先做一些适应性的练习，以敞开思路，然后阐明该次会议的目标议题，鼓励大家进行头脑风暴。接着由各与会人员提出自己的设想，并详细阐述设想。如果与会者没有提出相关的设想，召集者需做相应的引导，鼓励大家积极思考，最大限度地发挥个人的创造力。与会人员的设想都发表完毕后，将获得的设想进行分类整理，在整个发表、阐述、整理设想的过程中，要做好相关的记录工作。如果时间还有剩余，还可再次鼓励大家进行头脑风暴，以获得尽可能多的设想。

【案例】

积雪影响通信的问题

有一年，美国北方格外寒冷，大雪纷飞，电线上积满冰雪，大跨度的电线常被积雪压断，严重影响通信。过去，许多人试图解决这一问题，但都未能如愿以偿。后来，电信公司经理应用奥斯本发明的头脑风暴法，尝试解决这一难题。他召开了一次能让头脑“卷起风暴”的座谈会，参加会议的都是不同专业的技术人员，要求必须遵守头脑风暴法的基本原则。

按照会议规则，大家七嘴八舌地开始议论。有人提出设计一种专用的电线清雪机；有人想到用电热来化解冰雪；也有人建议用振荡技术来清除积雪；还有人提出能否带上几把大扫帚，乘坐直升机去扫电线上的积雪。对于这种“坐飞机扫雪”的设想，大家尽管心里觉得滑稽可笑，但在会上并无人提出批评。相反，有一工程师在百思不得其解时，听到“坐飞机扫雪”的想法后，大脑突然受到冲击，一种简单可行且高效率的清雪方法冒了出来。他想，每当大雪过后，出动直升机沿积雪严重的电线飞行，依靠高速旋转的螺旋桨即可将电线上的积雪迅速扇落。他马上提出“用直升机扇雪”的新设想，顿时又引起其他与会者的联想，有关用飞机除雪的主意一下子又多了七八条。不到一小时，与会的10名技术人员共提出90多条新设想。

会后，公司组织专家对设想进行分类论证。专家们认为设计专用清雪机，采用电热或电磁振荡等方法清除电线上的积雪，在技术上虽然可行，但研制费用大、周期长，一时难以见效。那种因“坐飞机扫雪”激发出来的几种设想倒是一种大胆的新方案，如果可行，将是一种既简单又高效的好办法。经过现场试验，人们发现用直升机扇雪真的能奏效，一个久悬不决的难题终于用头脑风暴法得到了巧妙地解决。

2.模仿创新法

人们学习时，总是以模仿开始。同样，人们要提高自己的创新能力，也可以先从模仿开始。模仿就是把眼前和过去的东西通过自己的头脑再造出来，是一种再造想象。通过模仿，人们能够认识事物的外部和内部特点。

模仿创新法就是一种人们通过模仿旧事物而创造出与其相类似的事物的创造方法，主要特点是通过模拟、仿制已知事物来构造未知事物。从模仿的创造性程度而言，可分为机械式模仿、启发式模仿和突破式模仿三种，如图2–4所示。

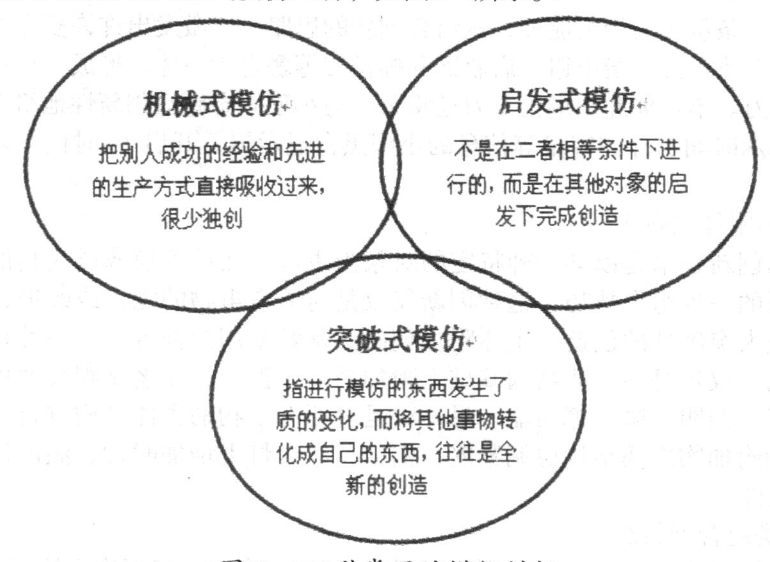

图 2–4 三种常用的模仿创新

在创新开发实践过程中，模仿一般应通过以下几种途径入手。

（1）原理性模仿。运用已知事物的运作原理，去构建新事物及其运作机制。例如，电脑就是模仿人脑设计而成的。

（2）形态性模仿。模仿已知事物的形状和特征等形态要素，形成新事物的创造性方法。例如，长沙世界之窗就是按照世界各国和我国的景观修建的。

（3）结构性模仿。模仿已知事物的结构特点，利用其结构来创造新事物的方法。例如，复式住宅来自于对双层公共汽车结构的模仿。

（4）功能性模仿。以一种事物的某种功能要求为出发点，模仿而产生其他类似的事物。例如，人们受到智能相机的启发，正准备研制出全智能操作的傻瓜电脑。

（5）仿生性模仿。以生物界事物的生存和发展的原理、功能、形状等作为参照物进行模仿创造的方法。仿生性模仿包括技术性仿生、原理性仿生、信息性仿生等。

模仿创新法是在进行创新思维时经常用到的一种方法，这种方法的运用使我们的生活产生了巨大的变化。“一切与发明创造有关的事物，都是借来的，美与形莫不如此”。

3.组合创新法

正如熊彼特所言，创新是要素的组合函数。在许多情况下，创新并不是创造出一种全新的，以前没有的东西，也并非独出心裁。只要在已有知识平台基础上，把不同的知识或要素结合起来，或者把不同功能的产品巧妙组合在一起，往往就可以成为科学技术的发明和创新。像这样将原有的某些事物联结组合在一起而产生出新事物的创新方法叫作组合创新法。

（1）优点组合创新法

优点组合创新法就是将各种优点集为一身而创造出来的新产品的方法。产品的优点和特色就是一个产品的卖点，往往一个整合了现有产品优点进行开发的新产品都备受消费者欢迎。例如，每一款iPhone都是在继承前一款iPhone的优点基础上，融合新的科技和优点，一推出便能立马引发全球“果粉”的抢购热潮。

（2）多功能组合创新法

功能组合创新是将多种功能要素，如材料、颜色、体积、作用等组合到一起的创新。追求多功能是一条重要的创新捷径，从组合创新的思路可以激发出许许多多的创新设想。例如，瑞士军刀将小刀、指甲钳、启瓶器和螺丝刀等融合为一体，形成一种小巧而具有多功能的新型军刀。不仅如此，瑞士军刀还将军刀与小型固态硬盘创新性地组合在一起，同时带有可以显示时间、存储容量等信息的小型黑白显示屏，开启了e时代军刀的电子时代之门。

（3）主体附加创新法

主体附加创新技术是以某一种特定的对象为主体，然后置换或插入其他附加事物，从而导致创新的一种组合技巧。这种创新仅仅是对原有事物的完善或改进，并不能对原有事物产生重大突破性的创造。主体附加创新法常常采用两种方式：一种是不改变主体的要素与结构，仅仅是在主体结构基础上附加功能。例如，在老年拐杖的主体结构上增加板凳、按摩、照明、防卫等功能。另一种是对原有事物的主体结构进行适当的改变，以便使主体和附加物之间结构协调紧凑。例如，在台灯上增加时钟、温度计、提示板、笔筒等附加物件。

（4）同类组合创新法

同类组合是把具有同样属性、功能、结构等事物组合在一起而构成的新事物。同类组合不需要对原有事物或技术进行较大的改动便可以取得较好的收获。例如，针对普通订书机而发明的双排订书机，大大提高了订书机的工作效率；为了博得热恋中少男少女们的欢心，市场上纷纷出现情侣装、情侣手套、情侣对戒、情侣手表等；为了迎合家庭之间的和谐与幸福，又出现了亲子装、家庭套餐、合家欢旅行等。

（5）异类组合创新法

异类组合创新法是将不同属性、功能、结构或成分的物质组合在一起而构成的新事物。如铁容易生锈腐蚀，不仅影响美观也影响质量，然而，把铁和镍、铬等一起熔化，得到不锈钢，不仅美观而且也不容易被腐蚀。美国画家海曼由于自己的粗心大意，经常找不到橡皮擦，于是将橡皮擦绑到铅笔上，他的朋友威廉看见了，觉得这样很方便，于是发明了带有橡皮擦的铅笔，深受市场欢迎。

4.奥斯本检核表法

奥斯本检核表法又称检核表法，也称“奥斯本九步检核设问创新法”，是由美国创造学家，头脑风暴法的发明人，美国BBDO广告公司创始人，奥斯本发明的。奥斯本检核表法是根据需要解决的问题或者进行创造发明的对象列出9个方面的问题，逐个对它们进行分析，从中获得解决问题的方法和创造发明的设想的方法。检核表中的各项具体内容基本采用了设问的形式。基本做法是：首先选定一个要改进的产品或方案，然后，面对一个需要改进的产品或方案，提出一系列的问题，并由此产生大量的思路，根据提出的思路，进行筛选和进一步思考、完善。这种方法，促使人们进行思考，开拓思维想象的空间、促进人们产生新设想、新方案，几乎适用于任何类型与场合的创造活动，效果比较理想，人们运用这种方法，产生了大量的创意及发明创造，因此，此法也被誉为“创造之母”。奥斯本的检核表法主要用于新产品的研制开发。

（1）奥斯本的检核表法具体内容

奥斯本创造的检核表原有7个问题，然后从9个方面对现有事物的特性进行提问。

第一，能否他用。现有的事物有无他用，保持不变能否扩大用途，稍加改变有无其他用途。

第二，能否借用。现有的事物能否借用别的经验，能否模仿别的东西，过去有无类似的发明创造创新，现有成果能否引入其他创新性设想。

第三，能否改变。现有事物能否做些改变，改变一下形状、颜色、音响、味道、式样、花色，改变一下意义、型号、模具、运动形式，改变之后，效果又将如何。

第四，能否扩大。现有事物可否扩大应用范围，能否增加使用功能，能否添加零部件，能否扩大或增加高度、强度、寿命、价值。

第五，能否缩小。现有事物能否减少、缩小或省略，某些部分，能否浓缩化，能否微型化，能否短点、轻点、压缩、分割。

第六，能否替代。现有事物能否用其他材料、元件，能否用其他原理、方法、工艺，能否用其他结构、动力、设备。

第七，能否调整。设计方案时从以下方面考虑：可否调整模式？可否调整布置、顶序？可否调整操作工序？可否调整因果关系？可否调整速度或频率？可否调整工作规范？重新安排通常会带来很多的创造性设想。

第八，能否颠倒。作用能否颠倒，位置（上下、正反）能否颠倒。

第九，能否组合。现有事物能否组合，原理能否组合、方案能否组合、功能能否组合、形状、部件能否组合。世界上任何事物都是较为初级简单的事物组合而成的，所以组合被认为是创造创新的源泉。最常见的就是智能移动电话。

（2）奥斯本的检核表法的优点

一种具有较强启发创新思维的方法，设问的形式能使作答者处于较为自然、轻松的状态，给人们可以商洽的感觉，往往对人启发较大；强制人去思考，有利于突破一些人不愿提问或不善于提问题的心理障碍，经常锻炼会使人们善于提问、思考、想象及变换思考角度；提问，尤其是提出有创见的新问题本身就是一种创新；这种方法是一种多向发散思维，从9个不同的角度，启发我们提出问题和思考问题，思路向正向、侧向、逆向发散开来，使人的思维角度、思维目标更丰富；提供了创新活动最基本的思路，可以使创新者尽快集中精力朝提示的目标方向去构想、去创造创新。从其优点可以看出，这一方法的核心是改变，以改变促改进，其作用的核心是启发联想，不必死记硬背，不必拘泥于其固有的顺序。

（3）奥斯本的检核表法的注意事项

虽然不需要拘泥于其固有顺序，但不要遗漏，要一条一条地进行检核；多检核几遍，效果会更好，会更准确地选择出所需要创新、创造、发明的方面；检核每项内容时，要尽可能地发挥自己的想象力和创新能力，产生更多的创造性设想；检核方式可根据需要，一人检核也可以，三至八人共同检核也可以。集体检核可以相互激励，产生头脑风暴，更有希望创新。

（4）实施程序

奥斯本检核表法解决问题的一般过程可概括为四个步骤。

第一，改变产品的感觉特征。

第二，应用置换的方法。

第三，寻找新途径。

第四，逆向思考与重组。

5.移植创新法

所谓移植，就是将成熟的技术或工艺应用到其他行业或生产流程中，或者将一事物的工作原理应用到另一事物中，创造出新的产品，这属于重组创新。例如，在面包制作过程中，品质松软的面包口感比品质较硬的面包更受欢迎，那是因为通过将面粉发酵，使面团变得松软多孔。这一过程被一家橡胶厂老板发现后，他将面包发泡技术移植应用到橡胶制造上，生产出松软多孔的海绵橡胶，深受消费者欢迎。海绵橡胶问世后，另一家水泥厂的老板又从中得到启发，将这一技术移植应用到水泥生产中，如法炮制出质坚而轻的"发泡水泥"，创造出一种理想的隔热、隔音新材料，广泛应用于房屋建造。

（1）原理移植创新法

这种移植方法是将某种事物的工作原理移植应用到其他事物上，只要赋予新的结构或新的材料，新的工艺就会创造出新的事物。例如，根据香水喷雾器的雾化原理，对构造、材料和加工制造条件的不同要求进行技术创造，研制出油漆喷枪、喷射注油壶、汽化器等原理相同、使用功能不同的产品。又如，对汽车内部磨损程度进行诊断的"验油"技术便来源于医学上的抽血化验，对血液中各成分进行分析来判断病情并作出诊断结论的原理，这种新技术使不必将汽车全部拆开，只需要从油箱中取出少量润滑油，然后经过光谱分析，即可从油的各种成分变化来判断设备的磨损程度。

（2）方法移植创新法

这种移植方法是将某种工作方法或技术移植到其他事物的生产和开发上，从而创造出新产品或新事物的方法。他山之石，可以攻玉，某领域、某行业或某类产品的加工制造工艺，常常也是解决其他领域、行业或别类产品制造难题的潜在妙法或绝招。例如，利用金属材料淬火方法，研制出了一种既有韧性又耐高温的弹性玻璃。又如，科学家通过蝙蝠利用发出一种频率极高的声波来分辨障碍物的距离远近，从而避开障碍向适宜方向飞去的原理，创造出了雷达。

（3）结构移植法

这种移植方法是将某一事物的结构或外形移植到另一个物体上，从而创造出一种新的结构。一般来讲，结构移植对事物的结构不做实质性的改进，直接用于其他事物的设计、改造、革新和发明上。例如，将西方建筑结构应用于东方建筑设计中，创造出中西合璧的建筑风格；将欧式家具理念移植到中国古典实木家具中，创造出具有欧式风格的中国古典家具，等等。

（4）材料移植法

这种移植方法是将物质材料不加改变，或者在原有材质上添加某种物质，或者进行处理后移植到其他的领域或事物上，创造出新的使用价值和新的功能。例如，在国内家喻户晓的上海硫磺皂和药皂，就是在原有的香皂基础上添加硫磺和中药成分而推出的产品。材料移植创新都是对物质材料的创新性应用。

（5）综合移植法

这种移植方法是将融合了众多事物的技术方法、原理、结构外形、物质材料和功能元素等，移植到一个新的创造对象上，进行综合考察，形成新的创新性成果。这种创新方法往往能创造出一种全新的事物来，或者技术上的重大突破。例如，工业机器人、宇航工程、克隆技术、海洋技术等，都是综合移植的产物。

6.逆向思维创新法

逆向思维法，即思考问题不遵循常规思路，而是反其道而行之，从常规思路的反方向探求寻找解决问题的思路。前面讲过，逆向思维常常使问题获得创造性解决。这种创新方法在于打破习惯性的思维方式，变单向思维为多向思维，看问题持怀疑的态度或批判的思维，从另一个角度来思考问题，以获得不一样的创造性的成果。

（1）结构性反转法

这种创新方法是基于事物本身的结构，从已有事物的相反结构形式去思考，探索解决问题的新思路。日本夏普公司就是突破了“烤东西，火在下方，食物在上方”的传统思维，把电热铬镍合金丝安装在食物的上方，这样的结构不仅同样达到了烤熟的目的，而且在烧烤过程中滴下的油脂不会燃烧冒烟，也解决了油脂滴到电热丝上可能导致的安全问题，以及电热丝的寿命问题。

（2）功能性反转法

这种创新方法是基于事物的使用价值和功能，从已有事物的相反功能去思考，企图另辟蹊径找到一种全新的、独特的解决问题的途径。日本索尼公司名誉董事长井深大在理发时发现从镜子里看到电视画面是反像的，由此，他设想制造反画面电视机，不仅可以供理发者观看，也可以供病人躺在病床上从天花板镜子中看，还可以提供给乒乓球训练用，等等。

（3）角度性反转法

这种创新方法基于思考的角度，即当某种技术目标或技术研究按常规思路屡攻不下时，可以变换角度，从另一个方向思考，探索技术目标或技术研究的解决办法。古时候人们一般采用堵塞来治水，而大禹却突破性地采用疏导方式来治水，获得成功；田忌赛马的故事也告诉我们，面对强大的对手，如果采用上对上、中对中、下对下的应战方式，必输无疑，田忌通过调整应战马匹的顺利，最后战胜了强大的对手。

（4）缺点逆用法

这种创新方法是巧妙地利用事物的缺点，化弊为利，变劣势为优势，创造出具有独特个性的事物。任何事物都是矛盾的统一体，但是矛盾并不是只有对立，也可以相互转化。只要全面地研究事物的各种属性及其相互关系，就可以巧妙地利用其缺点，创造出新的技术、新的事物。例如，我们提过的美国艾士隆公司的“丑陋玩具”的设计发明，就是基于这样一种思维。

7.类比创新法

类比创新法是富有创造性的创意方法，有利于人的自我突破，其核心是从异中求同，或同中见异，从而产生新知，得到创造性成果。它在人们认识世界和改造世界的活动中，起着重要的作用。历史上，许多重大的科学发现、技术发明和文学艺术创作，都是运用类比创新法的硕果。例如，在科学领域，惠更斯提出的光的波动说，就是与水的波动、声的波动类比而发现的；欧姆将其对电的研究和傅立叶关于热的研究加以类比，建立了欧姆定律。在其他科学领域里，也有类似的情况。比如医生詹纳发现“种牛痘”可以预防天花，是受到挤牛奶女工感染牛痘而不患天花的启示。仿生学的迅猛发展，更说明了类比法的重大价值。

类比创新法是根据两个或两类对象之间在某些方面的相同或相似而推出它们在其他方

面也可能相同的一种思维形式和逻辑方法。这种方法极富创造性，有利于人的自我突破，其核心是从异中求同，或同中见异，从而产生新知，取得创造性成果。它在人们认识世界和改造世界的活动中起着重要的作用。这种方法的关键是通过已知事物与未知事物之间的比较，从已知事物的属性推测未知事物也具有某种类似属性。

从广义的角度来说，世界上所有的事物之间都存在着应用类比创新法的可能性，但它一定要有一定的客观规律作为基础。根据类比的对象、方式等的不同，类比创新法大致可以分为以下几种类型。

（1）直接类比，从自然界或者人为成果中直接寻找出与创意对象相类似的东西或事物，进行类比创意。

（2）拟人类比，使创意对象“拟人化”，也称为亲身类比、自身类比或人格类比。这种类比就是创意者使自己与创意对象的某种要素认同、一致，自我进入“角色”，体现问题，产生共鸣，以获得创意。

机器人的设计主要是模拟人的动作。

工业设计，也经常应用拟人类比。著名的薄壳建筑罗马体育馆的设计，就是一个优秀例证。设计师将体育馆的屋顶与人脑头盖骨的结构、性能进行了类比：头盖骨由数块骨片组成，形薄、体轻，但却极坚固，那么体育馆的屋顶是否可做成头盖骨状呢？这种创意获得了巨大成功。于是薄壳建筑风行起来。比如，我们熟识的北京天文馆、悉尼歌剧院、意大利佛罗伦萨主教堂都属于这种薄壳建筑。

（3）幻想类比，就是将幻想中的事物与要解决的问题进行类比，由此产生新的思考问题的角度。

借用科学幻想、神话传说中的大胆想象来启发思维，在许多时候是相当有效的。

在这里要强调的是，幻想类比只是运用幻想激发想象力，它就像帮助我们过河的垫脚石，只是一个工具，幻想并不是我们马上要实现的目标。

（4）对称类比，自然界中许多事物存在着对称关系，如物理学上的正电荷与负电荷，两者除了极性相反之外，其他都相同，好像人们照镜子，镜中人与镜外人一样。换句话说，正电荷和负电荷是对称的。在创造过程中，运用对称类比，也可能获得某种创造。

（5）因果类比，两个事物之间都有某些属性，各属性之间可能存在着同一种因果关系，根据某一个事物的因果关系可能推出另一个事物的因果关系。在创造过程中，掌握了某种因果关系并进行触类旁通，有可能获得新的启发，产生新的创意。

（6）仿生类比，就是人在创意、创造活动中，常将生物的某些特性运用到创意、创造上的意思。

如模仿海豚的皮肤以减少潜水艇在水中受到的阻力；根据蝙蝠发明了雷达；模仿鸟类展翅飞翔，造出了具有机翼的飞机。同样，发现了鸟类可直接腾空起飞，不需要跑道，又发明了直升机；当发现蜻蜓的翅膀能承受超过其自重好多倍的重量时，就采用仿生类比，试制出超轻的高强度材料，用于航空、航海、车辆以及房屋建筑领域。

狗鼻子一向以灵敏著称，它能嗅出200万种物质和不同浓度的气味，嗅觉比人灵敏100万倍。现在，人以不同物质气味对紫外线的选择性吸收为信息，研制出“电子鼻”，其检测灵敏度可达狗鼻子的1000倍。

（7）综合类比，是指根据一个对象要素间的多种关系与另一对象综合相似而进行的类比推理。两个对象要素的多种关系综合相似，就意味着它们的结构相似，由结构相似可推出它们的整体特征和功能相似。

类比创新法在探求新的事物发展规律、建立事物间联系的过程中，发挥着极其特殊的作用。类比也可以说是一种不严格的推理。因为推理的不严格是它的特点之一。这个特点既是它的所长，也是它的所短。它的所长是诱发创造性思考，它可以触类旁通、启发思路；它的所短是因为科学研究和生产实践活动中需要严格的推理。

我们生存的世界是具有多样性统一和事物之间普遍存在联系的客观世界，建立在这种客观基础上的类比方法，具有联系上的广泛性的特点，也正是因为类比在逻辑上的不严格性和联系上的广泛性，才决定了类比的创造性。正如康德所指出的那样："每当理智缺乏可靠论证思路时，类比这个方法往往能指引我们前进。"

8.TRIZ理论法

TRIZ理论是一种发明问题的解决理论，由学者阿利赫舒列尔及他的同事于1946年最先提出，最初是从20万份专利中取出符合要求的4万份作为各种发明问题的最有效的解。他们从这些最有效的解中抽象出了TRIZ解决发明问题的基本方法，这些方法又可以普遍地适用于新出现的发明问题，协助人们获得这些发明问题的最有效的解。现在，国际上已经对超过250万项出色的专利进行过研究，并大大充实了TRIZ的理论和方法体系。如今TRIZ正成为许多现代企业创新的独门暗器，TRIZ可以轻易解决那些看似不可能解决的问题并形成专利，提升企业的核心竞争力，从"跟随者"快速成长为行业的技术"领跑者"，让创新就像做算术题一样轻松简单。

现代TRIZ理论法的核心思想主要体现在以下三个方面。

（1）无论是简单的产品还是复杂的技术系统，都具有相应的客观进化规律和模式。

（2）各种难题、矛盾和冲突的不断解决，是推动这种进化过程的动力。

（3）技术系统发展，其理想状态是使用尽量少的资源实现尽量多的功能。

创新从最通俗的意义上讲就是创造性地发现问题和创造性地解决问题的过程，TRIZ理论的强大作用正在于它为人们创造性地发现问题和解决问题提供了系统的理论和方法工具。TRIZ理论主要包括以下内容。

（1）创新思维方法与问题分析方法。TRIZ理论提供了如何系统分析问题的科学方法。例如，多屏幕法等；而对于复杂问题的分析，则包含了科学的问题分析建模方法，如物场分析法，它可以帮助快速确认核心问题，发现根本矛盾所在。

（2）技术系统进化法则。人们利用这些法则，可以分析产品的技术状态，并预测其未来发展趋势，开发新产品等。

（3）技术矛盾解决原理。TRIZ理论将发明创造的规律归纳成40条创新原理。

（4）创新问题标准解法。针对物场模型的不同特征，分别对应有标准的模型处理方法，包括模型的修整、转换、物质与场的添加，等等。

（5）发明问题解决算法。其应用于复杂问题或不明确的技术系统。它是一个对初始问题进行一系列变形及再定义等非计算性的逻辑过程，实现对问题逐步深入的分析，问题转化，直至问题的解决。

（6）构建知识库。基于物理、化学、几何学等工程学原理而构建的知识库，为技术创新提供丰富的参考资源。

本章小结

创新是推动科技、经济进步，促进社会发展的重要因素。火的发现，使人类脱离了茹毛饮血的野蛮时代；文字的创造，使人类将自己的智慧结晶永久传承；蒸汽机的发明，将人类从繁重的体力劳动中解放出来；计算机的诞生，给人类智慧插上了理想的翅膀。创新，引发了科学技术的高速发展，科技革命最终导致产业变革，推动了社会进步。因此，从某种意义上说，人类社会的发展史就是一部不断创新的历史。同样，创新也是中华民族寻求伟大复兴、赢得未来的关键所在。创新意识是创新型人才所必须具备的条件之一。创新意识的培养和开发是培养创新型人才的起点。创新能力是技术和各种实践活动领域中不断提供具有经济价值、社会价值、生态价值的新思想、新理论、新方法和新发明的能力，是经济竞争的核心。人人都有创造力，由于种种原因，每个人所表现出来的创造能力存在明显的差异。创造力的可开发性是创造力的一个显著的特点，它意味着创造力存在可以挖掘的潜在优势。同时，创造能力在不断地挖掘和开发中才能得以发展，产生越来越多的创造成果。创新的基本方法是创新成果形成的手段，可以利用头脑风暴法、模仿创新法、组合创新法、奥斯本检核表法、移植创新法、逆向思维创新法、类比创新法、TRIZ理论发等多种创新方法积极探索创新成果。

复习思考题

1.创新原理有哪些？
2.创新原则是什么？
3.简述创新意识包括的类型。
4.创新能力的培养途径有哪些？
5.常用的创新方法有哪些？怎样使用？

第 3 章　创新思维

创新思维（创造性思维）是创新能力的核心和基础，创新人才的发展，主要是创新思维的发展。要培养创新意识，重要的是应当培养和树立创新思维方式。因为创新思维是实现创新的内在机制和深层动力。

学习目标

通过本章学习，你将能够：

1.掌握创新思维的定义；

2.认识创新思维的特征；

3.了解培养创新思维的意义；

4.训练自己的创新思维。

3.1 创新思维的内涵及方式

人是万物之灵，思维是人类拥有的最本质的拥有特征。辩证唯物主义认为，思维就是人们对客观事物的理性认识，即在感性认识的基础上，大脑将感觉到的信息加以整理、改造，逐渐把握住事物的本质规律，产生认识过程的飞跃，进而构成判断和推理的过程。思维也是一种能力和技能，可以通过学习研究和操作来完成。思维，简单地说，就是有顺序地思考。思维是对事物的间接和概括认识。因为思维具有这两个基本特征，使人能通过思维深入到那些看不见、摸不着的东西当中去，即认识事物的本质属性及规律，所以，思维是反映事物本质属性和规律的一种高级而理性的认识活动。人之所以高于动物，就在于人有思维。

3.1.1 创新思维的概念

创新思维是指发现、发明前人和同时代人所不曾创立的理论、知识、技术、方法、实物、模型等的思维活动和思维结果。创新思维是综合运用多种思维方式于思维过程的一种思维活动。这些思维方式包括直觉、灵感、类比、想象、联想、形象思维、逻辑思维和模糊思维，等等。而且，许多非理性因素和心理过程也参与到创新思维的活动中。

创新活动通常被认为是揭示客观事物之间的关系，因而发现这些关系的活动要求创造新的概念和新的分析工具以及新的实验技术。人们通常把发现新的科学事实、新的科学理论、技术发明创新以及新的文学艺术作品创作的思维活动称为创新思维。它主要是指对客观事物之间的关系所进行的新颖独特的探索，并能创造前所未有的思维成果（如新概念、新假设、新原理和理论等）来概括、反映这些关系的思维过程。

创造性思维是与常规思维相对而言的。常规性思维是从已有的知识和经验中引申出解决问题的方案，或者运用已有的知识和经验去重复地解决前人已经解决的问题。而创造性思维不是照搬书本知识和过去的经验去解决问题，而是根据实际情况，突破理论权威以及现成的规律、方法和思维定式的束缚，以新颖方式和多维角度独立思考、首创性解决问题。创造性思维与常规性思维的区别主要有两点：一是从思维过程来看，是否有现成的规律、方法可以遵循。凡有现成的规律、方法可以遵循的思维都是常规性思维，没有现成规律、方法可以遵循的思维才是创造性思维。二是从思维结果来看，是否是前所未有的。凡思维成果不是前所未有的，都不是创造性思维，只有思维成果是前所未有的，才是创造性思维。

综上所述，创新思维是人们在创新活动过程中所具有的思维方式。它是相对于以固定、惰性的思路为特征的常规性思维而提出的，是一种高度灵活、新颖独特的思维方式。它通常是在创新动机和外在启示的激发下，充分利用人脑意识和潜意识活动能力，借助于各种具体的思维方式（包括直觉和灵感），以渐进式或突发式的形式，对已有的知识经验进行不同方向、不同程序的再组合、再创造，从而获得新颖、独特、有价值的新观念、新知识、新方法、新产品等创造性成果。

3.1.2 创新思维的基本原理

1.迁移原理

迁移原理分为原型启发、相似原理、移植原理三种类型。

（1）原型启发

原型启发是指根据自然界已存在的事物和现象的功能和结构，受到启发，产生新的思想、观念和技术。

锯子的发明：中国古代木匠鲁班发明的锯子就是典型的原型启发：一次，鲁班在爬山时，不小心被茅草划破了手，他观察发现茅草叶片边缘呈细齿状，于是，他受到叶片细齿产生锋利现象的启发，发明了木工用的锯子。鲁班也因此成为木匠的创始人。

充气轮胎的发明：英国医生邓禄普发现儿子在卵石上骑自行车，颠簸得很厉害，那时车胎还没有充气内胎，他一直担心儿子会受伤。后来他在花园中浇水，手里感到橡胶管的弹性，他从这里受到启发，便用水管制成了第一个充气轮胎。

（2）相似原理

相似就是根据两个相同或相近的事物，把其中一个事物的结构和原理应用到另一个事物上。

汽化器的发明：美国工程师杜里埃认为，为了保证内燃机有效地工作，必须使汽油和空气能均匀地混合，他一直在寻找解决这一问题的办法。当他看到妻子喷洒香水，便创造了汽化器，汽化器与喷雾器相似，这是相似原理的体现。

（3）移植原理

移植是指将某个领域的原理、方法、结构、用途等移植到另一个领域中去，从而产生新的事物和观念。它山之石，可以攻玉。移植原理就是把一个研究对象的概念、原理和方法等运用于其他研究之中。

英国医生黎斯特把这一原理直接移植到外科手术上，从而创造了手术消毒的新的工作方法，手术获得了极大的成功。依照两栖动物的生理特点，科学家发明了水陆两用交通工具。仿照人的手掌、手指，科学家又发明了挖土机。还有如剪刀、钳子、起子、木梳等，都是仿生移植的效应。

2.组合原理

组合很容易导致创造发明，甚至也能导致重大的创造发明。例如，我们常见到的多用柜、两用笔、组合文具盒等，都体现出组合原理。

美国的“阿波罗”登月计划，可谓是当代最大型的发明创造结晶之一。然而，“阿波罗”计划的负责人曾直言不讳地讲过，“阿波罗”宇宙飞船的技术没有一项是新的突破，都是采用已有的技术。问题的关键在于按照系统学的原理使各部分既精确又协调地组合起来。

3.分离原理

创造技法中的“减一减”的方法，就是基于这一原理产生的。它与组合原理是完全相反的另一个创造原理。例如，眼科专家把眼镜的镜架和镜片分离出来，发明了一种新型产品——隐形眼镜，从而缩短了镜片与眼球之间的距离，同时还起到了美容和矫正视力的双重作用。

4.还原原理

还原原理是指把创新对象的最主要功能抽出来，集中研究实现该功能的手段和方法，从中选取最佳方案。通俗地讲，还原原理就是回到根本，抓住关键。例如，打火机的发明就是还原原理的具体运用，它把最主要的功能——发火抽出来，把摩擦发火改为气体或液体燃烧，从而突破了现有火柴的框框，获得了一大进步。

5.相反原理

相反原理是指在创造发明的过程中，当运用某种方法解决不了问题时，改用相反的方法。在发明创造中，有时遇到一个不能解决的难题往往需要迂回或从其反面或从其侧向途径出发，则能顺利地解决，这就是创造的相反原理。相反原理分为功能相反、结构相反、因果相反和状态相反四种类型。

（1）功能相反

功能相反是指从已有事物的相反功能去设想和寻求解决问题的新途径，从而实现创新的思维形式。例如，德国某造纸厂，因一工人的疏忽在生产中少放了一种胶料，制成了大量不合格的纸张。肇事工人拼命想解救的办法，慌乱中把墨水洒在了桌子上，随即用那种纸来擦，结果墨水被吸得干干净净，“变废为宝”的念头在他的头脑中闪过，就这样这批纸被当作吸墨水纸全部卖了出去。后来又有人做了个带把的架子，把吸墨水纸装在上面，一个吸墨器就诞生了。

（2）结构相反

结构相反是指从已有事物的相反结构形式，去设想和寻求解决问题的新途径的思维形式。例如，第二次世界大战后，飞机设计师们把飞机的机翼由“平直机翼”改为“后掠机翼”，使飞机的飞行速度由“亚音速”提高到“超音速”。

（3）因果相反

因果相反是指颠倒已有事物的因果关系，变因为果，去发现新的现象和规律，寻找解决问题的新途径的思维形式。例如，在发明史上，奥斯特发现电能生磁，发明电磁铁；法拉第则利用相反原理提出磁能生电，从而发明发电机。

（4）状态相反

状态相反是指根据事物的某一属性（如正与负、动与静、进与退、作用与反作用等）的反转来认识事物，从而引发创新的一种思维形式。例如，圆珠笔随笔珠的磨损变小而漏油，提高了笔珠耐磨性后，笔杆耐磨问题又出现了。日本人中田"反过来"考虑这个问题：为何不把注意力放在笔芯上呢？若将笔芯的油量适当减少，使圆珠笔在磨损漏油之前，芯里的油已经用完，不就无油可漏了吗?

6.换元原理

换元是指对不能直接解决的问题采用"替代"方法，使问题得以解决或使创新思维活动深入展开。

换元分析就是要分析事物的三个基本要素——事物、特征和量值，把不相容的问题转化为相容的问题，要找出转化为相容问题的最好办法。着重研究变换规律，即如何对不相容问题中事物进行变换，使不相容的问题转化为相容问题时遵守什么法则。

7.利用原理

利用专利发明进行创新思维是指创新思维者借鉴已有成果和技术，依据他人的发明专利来启迪自己的智慧，从而实现创新的过程。

对当代大学生来说，学习和掌握他人的发明专利既是掌握和了解现有技术及其转化的最佳途径，也是学习和掌握当今科学技术发展最新动态的途径，加上自己已掌握的科学技术知识以及在这个方面进行训练，对实现借鉴、创新是有很大帮助的。

3.1.3 创新思维的特征

创新思维的基本特征主要包括以下几个方面。

1.突破性

创新思维的结果体现为创新。从创新思维的本质看，它是打破传统、常规，开辟新颖、独特的科学思路，升华知识、信念和观念，发现对象间的新联系、新规律，具有突破性的思维活动，可以说，突破性是创新思维一个最明显的特征。

首先，突破性体现为创造者突破原有的思维框架。创新思维要求人们在思考问题时，要有意识地抛开头脑中以往思考类似问题所形成的思维程序和模式，排除以往的思维程序和模式对寻求新的设想的束缚，对那些默认的假设、陈腐的观点和固化的模式提出挑战和质疑，就可能取得意想不到的成功。原有的思维框架对人们思考问题有很多好处，它能使我们省去许多摸索、试探的思考步骤，提高思考效率，但原有的思维框架也会限制人们进行创造性思考。因此，无论是思考如何解决新问题，还是思考如何解决老一套的问题，都需要人们跳出原有的思维框架，用新的思考程序和思考步骤进行新的试探、薪的尝试。

其次，突破性还体现为创造者突破已有的思维定式。思维定式可能都是在过去某一阶段的经验总结，是经过成功的经验或失败的教训验证的"正确思维"。但是当事物的内外环境变化时，仍然固守"正确的"定势思维却行不通了，它们常常对人们形成创新思维产生消极的作用。可见，不突破思维定式，就只能被原有的框架所束缚，就不可能激发出创新思维和取得新的成功。思维定式又称习惯性思维，由于思维定式的存在，常常致使我们不敢想、不敢改、不愿改，墨守成规，大大阻碍了新事物的产生和发展。

突破性还体现在超越人类既存的物质文明和精神文明成果上。从超越既存的物质文明成果看。产品的更新换代，就是科技研发人员思维上敢于去超越原有产品的结果。从超越既存的精神文明成果看，爱因斯坦突破了牛顿经典力学的静态宇宙观去思考，创立了狭义相对论。

2.敏感性

敏感性是指具有创新思维者能吸收到常规思维的人常常忽略的信息能力。它能在空间和时间里捕捉住有价值、新颖的信息。这种特性意味着，具有创新思维的人一般很快就会注意到某一件事情中存在的问题。例如，在一个人察觉到某种设备有做出一些改进的需要时，可以有能力看出这种需要。他可能会想到，去发明一种装置来改进这种设备。敏感性不仅表现在会对需要和困难特别关注，还表现在对所遇到的奇特的、不寻常的或令人困惑的事情的察觉上。

敏感性是创新思维的重要特征。这种敏感性不是因为视觉锐利或是视网膜构造特殊，而是思维起了决定性作用。正如爱因斯坦所说："你能不能观察到眼前的现象，取决于你运用什么样的理论。理论决定着你到底能够观察到什么。"创新思维的目的性、专注性是敏感性的条件。

敏感性要求关注客观事物的差异性与特殊性，关注现象与本质以及形式与内容的不一致性。人们往往对司空见惯的现象和已有的权威结论怀有盲从和迷信的心理，这种态度使人不能有所发现、有所创造。因此，敏感性是创新思维不拘泥于常规、不轻信权威，以怀疑和批判的态度对待一切事物和现象的结果。

3.灵活性

创新思维只有流畅性是不够的，如果只是在同一种类型的问题上做出众多反应，那就会形成思维定式，如说铅笔的用途，就只能说出写字、写信、写文章之类，这样就变得僵化、呆板，不能变通。灵活性是指一个人改变思维定式的容易性，即信息从一种类型转换到另一种类型的能力。一般来说，在众多的反应中，反应的类型越多，灵活性越高。灵活性不只反映思维的广度，还反映思维的维度、多样性。单一不能变通，多样才能灵活。

创新思维灵活性的主要表现：一是变通力，即能适应变化了的各种情况。变通的类型有性质变通、方向变通、时间变通、空间变通、形状变通、功能变通、蕴含变通等。变通的类型与思维的角度、维度、系统性有关。二是摆脱惯性，这表现在思维方向的变化上。意味着不要以僵化的方式去看问题。创新思维者能以不同的方式去应用信息。

4.独特性

独特性是创新思维的本质特征。有一种流行的观点："要有创新性，就要有独特性。"它是指创新思维者具有不同寻常的新奇观念，或是任何从未有过的创造性观念。独特性主要表现为：与他人不同、独具卓识。如在思路探索上、思维的方式方法上和思维的结论上，能提出新的创见，做出新的发现，实现新的突破，具有开拓性、延展性和突变性。常规性思维往往是再现式，也就是说，以过去遇到的问题为基础，从过去经验和所学的知识中寻找方法。一般人的创新思维大体是流畅性第一，灵活性次之，独特性最低。对大学生的调查表明，独特性得分高者只是少数，只占1/50左右。看来它是最重要而又最难具备的特征。

5.多向性

创新思维不受传统的单一的思想观念限制，思路开阔，从全方位提出问题，能提出较多的设想和答案，选择面宽广。思路若受阻，遇有难题，能灵活变换某种因素，从新角度去思考，调整思路，善于巧妙地转变思维方向，产生适合时宜的新办法。

6.综合性

创新思维能把大量的观察材料、事实和概念综合在一起，进行概括、整理，形成科学的概念和体系。创新思维能对占有的材料进行深入分析，把握其个性特点，再从中归纳出事物规律。

3.1.4 创新思维的意义

1.创新思维促使知识融会贯通，知识优化组合

知识是多种多样的，一个人只能掌握一定量的知识，而由于创新思维的产生使知识土壤绝不是贫瘠和单一的，这样就促使人们了解“上至天文，下至地理”多个领域，使知识的门类涉猎更广、体系化更强，同时在不断地思考和学习中，达到知识的融会贯通，知识优化组合。

2.创新思维促使企业自主创新，培养国际品牌

中国的民族品牌的树立，需要依靠自主创新，企业的产品没有创新就没有市场，企业的发展没有创新就难以维持，管理陈旧没有创新难免死气沉沉，企业可能缺乏竞争力。因此创新思维对于企业而言，尤其重要：纵观当前国际市场，民族品牌屈指可数，寥寥无几，2008年的前世界500强新鲜出炉，前50强中，没有一家中国企业。究其原因，中国企业没有自主研发和创新的能力，亦步亦趋只能甘为人后。

中国的强大，离不开民族企业的发展，民族性国际品牌树立，是一个国家综合国力、经济实力的侧面体现，因此民族品牌的树立、企业文化创新、研发创新、管理模式创新等，都离不开创新思维的支持。

3.创新思维能解放想象力，促进教育体制的完善发展

随着社会的发展，创新作用越来越显示出巨大的作用：当前中国基础教育进行“新课改”，提倡素质教育。而创新思维就是素质教育之一——创新素质的核心。而基础教育“新课改”的实行，促进学生的多方面能力发展，促使学生的自主能动性得以发挥，想象力得到激发和保护。而想象力的延伸和发展，就是创新思维的源泉，因此创新思维促进了教育体制的完善发展，而这对社会的明天、民族的未来至关重要。

4.创新思维能促进社会重视创意产业发展，督促立法体制的完善

当今行业类别宽泛，新兴行业的兴起需要创新思维，而很多艺术创作或文学创作行业同样需要创新思维。这些需要丰富的想象力、创造力进行不断创作的行业中，一个缺乏想象力、创造力的人，很难创造出激发人们思考、引起人们共鸣的好作品。

针对这些行业门类，想象力和创造力，就是评判他们是否适合此行业发展的标准。而对通过想象创造出的原创作品的推崇，会促进人们以及社会对原创作品的保护意识。这样重视创新，有意识地保护创新思维成果，也促进了尊重原创，反对剽窃的行业正气，从而激发行业的蓬勃发展，推进对此类行业知识产权保护等的立法，促进我国法律法规的完善。

【案例】

紧腿裙与可口可乐瓶

1923年的一天上午，美国某玻璃瓶厂工人路透的久别女友来看望他。这天，女友穿

着时兴的紧腿裙，实在漂亮极了。这种裙子在膝部附近变窄，凸出了人体的线条美。约会后，路透突发奇想：为何不把又沉又重的可口可乐瓶设计成这种紧腿裙的式样呢？于是，路透迅速按照裙子样式制作了一个瓶子，接着对图案设计进行专利登记，然后将这种瓶子设计带到可口可乐公司。

可口可乐公司的史密斯经理看后大为赞赏，马上与路透签订了一份合同，约定每生产12打瓶子付给路透5美分。这就是可口可乐饮料现在所用的瓶样。目前这种瓶子的生产数量已经达到760亿只，路透所得的金额，约值18亿美元之巨。路透欣赏女友漂亮的裙子，想到改变又沉又重的可口可乐瓶形状，是灵感思维使他的灵感创新思维发挥了作用。

案例分析：这个案例让我们不难理解灵感出现是有基本条件的：首先，要对研究的问题有一个长时间的思考，这种苦思冥想是灵感产生的前提。灵感的出现是对某问题的一切方面经过深入考虑之后达到的瓜熟蒂落、水到渠成的境界。其次，注意力高度集中在所要解决的问题上，甚至达到痴迷的程度。这样可以全身心投入思考，使要解决的问题时时萦绕在心。最后，灵感出现的最佳时机是在长期紧张思考之后的短暂松弛状态下出现的，可能是在散步、洗澡、钓鱼、交谈、舒适地躺在床上的时候或其他比较轻松的时刻。因为紧张后的轻松之时，大脑灵活，感受力强，最易产生联想、触发新意。

3.1.5 常用的创新思维方式

思维是人脑对客观事物本质属性和内在联系的概括和间接反映，而创新思维则是以新颖独特的思维活动去揭示客观事物本质及内在联系，并指引人们去获得对问题的新的解释，最终产生前所未有的思维成果，也称为创造性思维。创新思维给人类带来新的具有社会意义的成果，是一个人智力水平高度发展的产物。创新思维与创造性活动相关联，是多种思维活动的统一，发散思维和灵感思维在其中起决定性的作用。

1.发散思维

发散思维是指大脑在思维时呈现的一种扩散状态的思维模式，它表现为思维视野广阔，思维呈现出多维发散状，又称为“辐射思维、放射思维、扩散思维或求异思维”。美国心理学家吉尔福特在“智力结构的三维模式”中，便明确地提出了发散思维。他认为，发散思维是从给定的信息中产生信息，其着重点是从同一种来源中产生各种各样的为数众多的输出，如“一题多解”“一事多写”“一物多用”等方式。不少心理学家认为，发散思维是创新思维的最主要特征，是测定创造力的主要标志之一。

（1）发散思维的特点

第一，流畅性。其反映的是发散思维的速度和数量特征。流畅性就是观念的自由发挥，指在尽可能短的时间内生成并表达出尽可能多的思维观念以及较快地适应、消化新的思想观念。机智与流畅性密切相关。

第二，变通性。其需要借助横向类比、跨域转化、触类旁通，使发散思维沿着不同的方面和方向扩散，表现出极其丰富的多样性和多面性。变通性就是克服人们头脑中某种自己设置的僵化的思维框架，按照某一新的方向来思索问题的过程。

第三，独特性。其是发散思维的最高目标，指人们在发散思维中做出不同寻常的异于他人的新奇反应的能力。

第四，多感官性。发散思维与情感有密切关系。其不仅需要运用视觉思维和听觉思维，还要充分利用其他感官接收信息并进行加工。如果思维者能够想办法激发兴趣，产生激情，把信息感性化，赋予信息以感情色彩，会提高发散思维的速度与效果。

（2）发散思维的表现形式

顾名思义，发散思维就是向各个方面发展的思维方法，包括多种表现形式。

第一，平面思维。平面思维是指人的各种思维线条在平面上聚散交错。假设完成一个项目需要9个元素，10代表结果。那么，平面思维就是把9个元素全部找齐整合起来，然后把握各个元素之间的关系，使之互相帮助、互相促进，如图3–1所示。

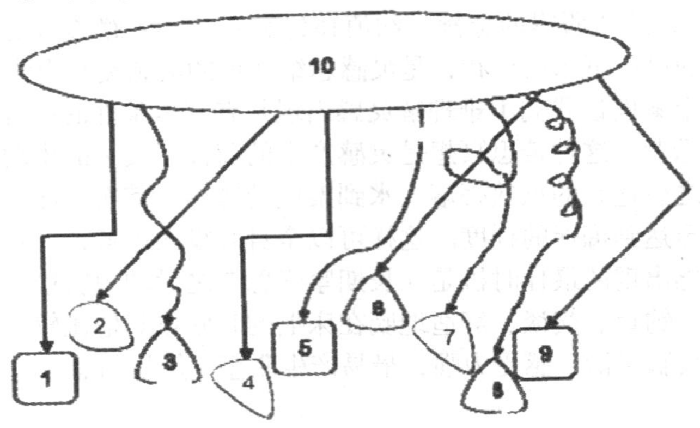

图 3–1 平面思维方式

第二，立体思维。立体思维是指跳出点、线、面的限制，有意识地从上下左右、四面八方各个方面去考虑问题，也就是要“立起来思考”。立体思维有以下几个特点：占领整个立体思维空间；具有纵向垂直、横向水平、交叉重叠的组合优势；扩大思维活动的范围，拓宽可能性。

第三，逆向思维。悖逆通常的思考方法，从相反方向思考问题的方法，也叫作逆向思维或反向思维。

因为客观世界上许多事物之间甲能产生乙，乙也能产生甲。例如，化学能能产生电能，据此意大利科学家伏特于1800年发明了伏打电池。反过来电能也能产生化学能，通过电解，英国化学家戴维于1807年发现了钾、钠、钙、镁、锶、钡、硼等七种元素。

如说话声音的高低能引起金属片相应的振动，相反金属片的振动也可以引起声音高低的变化。爱迪生在对电话的改进中，发明制造了世界上第一台留声机。

第四，侧向思维（旁通思维）。从与问题相距很远的事物中受到启示，从而解决问题的思维方式。19世纪末，法国园艺学家莫尼哀从植物的盘根错节想到水泥加固的例子。当一个人为某一问题苦苦思索时，在大脑里形成了一种优势灶，一旦受到其他事物的启发，就很容易与这个优势灶产生相联系的反映，从而解决问题。

第五，横向思维。相对于纵向思维而言的一种思维形式。纵向思维是按逻辑推理的方法直上直下的收敛性思维。而横向思维是当纵向思维受挫时，从横向寻找问题答案。正像时间是一维的，空间是多维的一样，横向思维与纵向思维则代表了一维与多维的互补。最早提出横向思维概念的是英国学者德博诺。他创立横向思维概念的目的是针对纵向思维的缺陷提出与之互补的对立的思维方法。

例如，游客有时会从帕台农神庙的古老立柱上砍下一些碎片，雅典当局对此非常关心，虽然这种行为是违法的，但是有些游客仍旧把它作为纪念品带走。当局如何才能阻止这一行动呢?

管理当局从原来维修帕台农神庙时所用的矿石场里收集了一些大理石碎片，每天把这些碎片散放在帕台农神庙的周围。游客以为他们捡起来的碎片是从古老的立柱上掉下来的，因此他们感到很满意。

第六，多路思维。多路思维是指对一个有多种答案的问题，朝着各种可能解决的方向，去扩散性思考该问题各种正确答案的思维。从不同角度、不同逻辑起点、不同思维程序考察客观事物，形成多方面、多层次、多因素、多变量的整体认识。

解决问题时不是一条路走到黑，而是从多角度、多方面思考，这是发散思维最一般的形式（逆向、侧向、横向思维是其中的特殊形式）。

例如，以“电线”为蓝本，设想它的各种用途，学生们自然地把它和“电、信号”等联系起来，作为导体；也可以把它当作绳用来捆东西、扎口袋等。但如果你把电线分成铜质、重量、体积、长度、韧性、直线、轻度等要素再去思考，你会发现电线的用途无穷无尽。例如，可加工成织针，弯曲做鱼钩，可以做成弹簧，缠绕加工制成电磁铁，铜丝熔化后可以铸铜字、铜像，变形加工可以做外文字拼图，做运算符号进行运算等。

第七，组合思维。从某一事物出发，以此为发散点，尽可能多地与另一（一些）事物联结成具有新价值（附加价值）的新事物的思维方式。

第一次大组合是牛顿组合了开普勒天体运行三定律和伽利略的物体垂直运动与水平运动规律，从而创造了经典力学，引起了以蒸汽机为标志的技术革命；第二次大组合是麦克斯韦组合了法拉第的电磁感应理论和拉格朗日、汉密尔顿的数学方法，创造了更加完备的电磁理论，因此引发了以发电机、电动机为标志的技术革命；第三次大组合是狄拉克组合了爱因斯坦的相对论和薛定鄂方程，创造了相对量子力学，引起了以原子能技术和电子计算机技术为标志的新技术革命。所以爱因斯坦说过：“……组合作用似乎是创造性思维的本质特征。”

在科学界、商业和其他行业都有大量的组合创造的实例。当然组合不是随心所欲地拼凑，而是必须遵循一定的科学规律的有机的最佳组合。

2.聚合思维

聚合思维，是从已知条件和既定目标中寻求唯一答案的一种思维方式，又称为“求同思维、收敛思维、集中思维”。具体来说，其是对发散思维提出的多种设想进行整理、分析、选择，再从中选出最有可能、最经济、最有价值的设想，加以深化和完善，使之具体化、现实化，并将其余设想中的可行部分也补充进去，最终获得一个最佳方案。聚合思维具有闭合性、方向统一、结果确定等特点，这种思维使人的思维条理化、逻辑化、严密化。数学中常用的综合法、归纳法、反证法等证明方法均属于聚合思维的范畴。

发散思维和聚合思维都是创新思维的重要组成形式，两者互相联系，密不可分。任何一个创新过程，都必然经过由发散到聚合，再由聚合到发散，多次循环往复的思维过程，直到问题的解决。

发散思维体现了“由此及彼”和“由表及里”的思维过程，而聚合思维体现了“去粗取精”和“去伪存真”的思维过程。也就是，先要“多谋”，再来“善断”。

在创新活动中，只有通过发散思维，提出种种新设想，然后才谈得上如何通过聚合思维从中挑选出好的设想，可见，创造性首先表现在发散上。当然发散和聚合是辩证统一的，都是为了达到创新和创造的目的。

概括来讲，发散思维就是海阔天空，聚合思维就是九九归一。

3.灵感思维

爱迪生曾经说过：“天才，就是一分灵感，再加上九十九分汗水。”灵感是一种在自己无法控制、创造力高度发挥的突发性心理状态下，思维迸发出的火花。当灵感产生时，人们可以突然找到过去长期思考而没有得到的解决问题的办法，发现一直没有发现的答案。

因此我们常说："灵感是一种顿悟。"灵感思维是一个过程，是灵感的产生过程，即经过大量的、艰苦的、长期的思考之后，受到某些事物的启发，或在转换环境时，突然得到某种特别的创新性设想的思维方式，正可谓"踏破铁鞋无觅处，得来全不费工夫"。它不是一种简单逻辑或非逻辑思维的活动，而是逻辑与非逻辑思维相统一的理性思维过程。具体来说，灵感思维具有以下特点。

第一，突发性。灵感往往是在出其不意的刹那间出现，使长期苦思冥想的问题突然得到解决。在时间上，它不期而至，突如其来；在效果上，突然领悟，意想不到。

第二，偶然性。灵感在什么时间可以出现，在什么地点可以出现，或在哪种条件下可以出现，都使人难以预测而带有很大的偶然性，往往给人以"有心栽花花不开，无意插柳柳成荫"之感。

第三，模糊性。灵感的产生往往是闪现式的，而且稍纵即逝，它所产生的新线索、新结果或新结论使人感到模糊不清。

灵感思维所表现出的上述特征，从根本上说都是来自于它的无意识性。

4.联想思维

（1）联想思维的概念

联想思维是指在人脑内记忆表象系统中由于某种诱因使不同表象发生联系的一种思维活动。联想思维和想象思维可以说是一对孪生姐妹，在人的思维活动中都起着基础性的作用。

联想思维是在创新过程中运用概念的语义、属性的衍生、意义的相似性来激发创新思维的方法，它是打开沉睡在头脑深处记忆的最简便和最适宜的钥匙。

（2）联想思维的类型

第一，接近联想。时间或空间上的接近都可以引起不同事物之间的联想。

科学发现方面有门捷列夫发现元素周期表对未知元素位置的判断，卢瑟福研究原子核时提出质量与质子相同的中性粒子的存在……

诗歌中时空接近的联想的佳句很多，如"春江潮水连海平，海上明月共潮升。滟滟随波千万里，何处春江无月明"。春江、潮水、大海与明月（既相远又相近）联系在一起。

第二，相似联想。从外形或性质上的、意义上的相似引起的联想，都是相似联想。例如，"春蚕到死丝方尽，蜡炬成灰泪始干""床前明月光，疑是地上霜"等。

第三，对比联想。由事物间完全对立或存在某种差异而引起的联想，就是对比联想。（相反特征的事物或相互对立的事物间所形成的联想）。文学艺术的反衬手法，就是对比联想的具体运用。比如描写岳飞和秦桧的诗句"青山有幸埋忠骨，白铁无辜铸佞臣"。

第四，因果联想。由于两个事物存在因果关系而引起的联想，就是因果联想。这种联想往往是双向的，可以由因想到果，也可以由果想到因。

第五，类比联想。类比联想就是通过对一种事物与另一种（类）事物对比，而进行创新的方法。其特点是以大量联想为基础，以不同事物间的相同、类比为纽带。根据不同的类比形式可分为多种类比法，下面大致介绍几种。

直接类比法：鱼骨—针，酒瓶—潜艇。

间接类比法：负氧离子发生器。

幻想类比法：第一台电子计算机的诞生。

因果类比法：气泡混凝土。

仿生类比法：抓斗、电子蛙眼、蜻蜓翅痣与机翼振动。

（3）联想思维的训练

①在两个没有关联的信息间，寻找各种联想，将它们联结起来。

例如，粉笔—原子弹粉笔—教师—科学知识—科学家—原子弹

A. 足球—讲台；B. 黑板—聂卫平；

C. 汽车—绘图仪；D. 油泵—台灯。

②分别在下面每题的字上加同一个字使其组成不同的词。

A. 自、察、味、触、幻、感

B. 阔、大、博、东、告、意

C. 具、教、理、士、边、家

答案：觉、广、道

【案例】

把梳子卖给和尚

一家生产梳子的公司招聘业务员，经过面试后剩下三个人，最后一道题是：谁能把梳子卖给和尚？半个月后，三个人回来了。结果是：

甲：经过努力，最终卖出了一把梳子（在跑了无数的寺院、向无数的和尚进行推销之后，碰到一个小和尚，因为头痒难耐，说服他把梳子当作一个挠痒的工具卖了出去）。

乙：卖出了十把梳子（也跑了很多寺院，但都没有推销出去，正在绝望之时，忽然发现烧香的信徒中有个女客头发有点散乱，于是对寺院的主持说，这是一种对菩萨的不敬，终于说服了两家寺院每家买了五把梳子）。

丙：卖了1 500把，并且可能会卖出更多（在跑了几个寺院之后，没有卖出一把，感到很困难，便分析怎样才能卖出去。想到寺院一方面传道布经，另一方面也需要增加经济效益，前来烧香的信徒有的不远万里，应该有一种带回点什么的愿望。于是和寺院的主持商量，在梳子上刻上各种字，如虔诚梳、发财梳……并且分成不同档次，在香客求签后分发。结果寺院在用之后反响很好，越来越多的寺院要求购买此类梳子）。

把梳子卖给和尚是很不容易的事情。因此这三个人都应该算是很优秀的销售人员。从三个人完成任务的方式上我们能学到什么东西呢？

案例分析：甲是个很勤劳的销售人员，面对困难的时候锲而不舍。最后终于圆满地完成任务，从完成任务本身来看是很严谨的。因为这把梳子的确是卖给和尚去使用了，不过是他挖掘了产品的另一个附加功能——挠痒。这不能不说也是他的聪明之处。我们做销售或者做策划的时候也是同样，是否要把我们认定的主要功能推销出去，哪一种是客户或者消费者最需要的。

乙的成绩要比甲好，在销售过程中他也做了更为大胆的尝试。那就是大胆改变了销售人群，让不可能购买的人群去购买给需要的人。买的人不一定用，用的人不一定买。这种情况是现实生活中一直存在的。那么我们是否要盯着我们确定的目标人群不放，并一直抓下去呢？并不是所有勤劳的人都会有结果的，而在于你是否能找到正确的方法。

丙的做法更让人大吃一惊，因为他创造了循环的效益。而且找到了一个崭新的市场。

但丙的做法给我最大的启发却是一个很简单的商业道理——双赢。让别人赚到钱，自己才会赚钱。

3.1.6 创新思维模式

任何创新思维过程总是指向某一具体问题的，问题是思维的起点。创新思维与问题解决有着密不可分的联系，所有的创新思维无疑都包含问题解决。创新思维模式如图3–2所示。

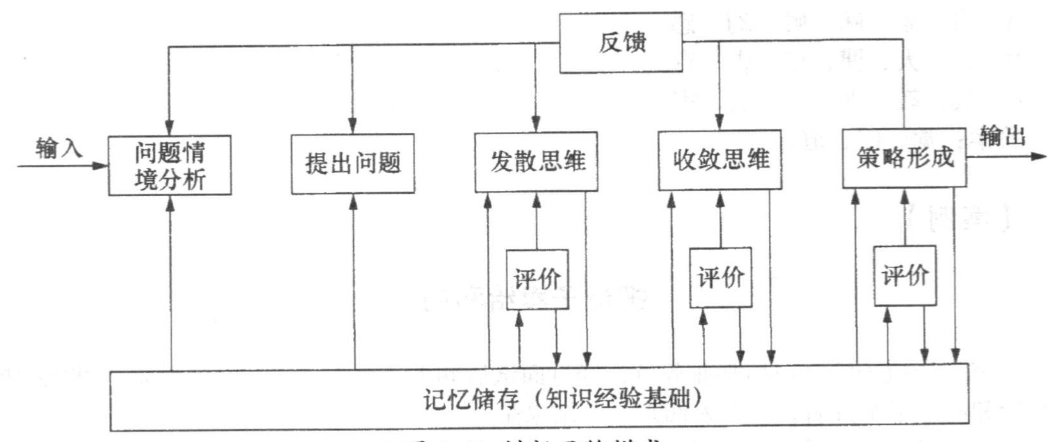

图 3–2 创新思维模式

1.问题情境分析

问题情境是创新思维的起始因素，它唤起人的认识需求。问题情境意味着人在活动中遇到了某种不理解的、未知的、令人烦忧和诧异的东西。它是在这样的情况下产生，即当人处在解决问题（任务）的情境中时，无法用已有的知识解释新的事实，或者无法用以前熟悉的方法完成已知行动，而应找到新的行动方法。创新思维过程从对问题情境的分析开始。情境的各结构因素从思维的不同方面进行探究，弄清它们之间的联系和关系。从问题情境的分析结果中可划分为已知因素、未知因素和应求因素。

2.提出问题

提出问题是创新思维的主要一步。在问题情境的分析中，须确定情境中引起困难的因素是什么。被看作是困难因素的就是问题。通过一系列不同层次的“为什么”的发问，从肤浅到深入，再到反映其实质的发问，看出问题所在即识破问题的实质，并继而用语言概述出问题来。在这个阶段不仅要确定问题的存在，还要定义这个问题到底是什么。

3.发散思维

发散思维是指利用多角度、不同的思维方向，不受限于现有知识范围，不遵循传统的固定方法，从已知信息中产生大量的变化的、独特的新信息思维方式。

发散思维，表现为思维视野开阔，思维呈现出多维发散状。例如，“一题多解”“一事多写”“一物多用”等方式，都是发散思维的表现形式。不少心理学家认为，发散思维是创造性思维最主要的特点，是测定创造力的主要标志之一。

3.2 创新思维应用

3.2.1 创新思维环境条件

创新活动的主体是人，现实中的每个人都生活在集体中，与周围环境有着千丝万缕的联系。环境对人的创新能力的形成和发展有非常重要的影响。

创新思维环境与一般的环境不同，是指影响人们进行创新思维和创新活动过程的一切外部条件，或者说是人在进行创新活动时所处的外部条件。另外，创新思维环境还应包括进行创新活动的人对外部环境的感觉、感受，即自我创新环境。

对人的创新能力影响比较大的环境因素主要有家庭、学校、工作单位等，每个人都有自己的成长过程，在不同的成长阶段，各种环境对他们的影响也是不同的。

1.家庭环境

家庭教育是培养人才的重要因素。家庭是一个人孕育创新思维能力的最早的环境，良好的家庭教育在培养人们的创新精神方面，起着学校教育和社会教育都难以起到的奠基作用。家庭教育好比植物的根苗，根苗茁壮，才能枝繁叶茂，开花结果。

2.学校环境

学校对培养学生的创新精神有着重要的作用。它是按照人的身心发展的规律组织起来的一种特殊环境，它已有目的的、经过选择的系统形式影响青少年。学校的教育活动是有明确目的的活动，又是在一定的组织与指导下进行的。学生在以学习为主的各种活动中，接受学校所施加的各种影响，从而获得知识，发展智力、创新能力和个性品质。学校的教育活动比较系统，能使学生形成比较完善的意识倾向。

3.工作环境

集体中的成员人人平等，互相激励、启发、帮助、共同进步，有利于创新设想的形成；相反，如果存在内耗，就会极大地损耗人的能量，影响创新思维能力的发挥。要有一个有竞争意识的、鼓励创新的工作环境。竞争给人以外在压力，可驱除惰性，刺激奋发向上的热情；可以诱发人们进行创新探索的意识，鼓励人们取得创新的成果。

4.社会生产力

社会生产力的发展与创造、创新成果息息相关。生产发展、生产力水平的提高为创造、创新活动提供了良好的物质条件；反过来创造、创新又促进了生产的发展、生产力的提高。

5.政治环境

政治环境作为上层建筑，对创造、创新有着十分重要的影响。政治对经济的发展既可以有巨大的推动作用，又可以有阻碍作用。而经济的发展为创造、创新活动提供了良好的物质条件，人们的创造、创新精神也能得到充分的提高。

6.国际环境

国际环境尤其是国际经济环境的风云变幻，往往会导致新思想、新事物的诞生，历史经验表明，每次经济危机往往催生重大科技创新，而重大科技成果也往往推动世界经济走向复苏与繁荣。20世纪30年代大萧条前后问世的科学发现，成为日后以电子、航空航天和核能为标志的第三次技术革命的基础。20世纪90年代兴起的互联网信息技术革命，也造就了世界经济的新一轮繁荣。美籍奥地利经济学家熊彼特对历史上三次产业革命分析后明确指出，正是技术革命带动了经济的起飞。德国经济学家格哈特·门施在《技术的僵局》一书中，利用现代统计方法对112项重要的技术创新分析后发现，重大基础性创新的高峰均接近于经济萧条期，技术创新的周期与经济繁荣周期成“逆相关”，因而认为经济萧条是激励创新的重要推动力，技术创新又将是经济发展新高潮的基础。

【小故事】

螃蟹壳是软的

如果有人问螃蟹壳是硬的还是软的，估计绝大部分人都会说当然是硬的。螃蟹壳是硬的已经是人们思想中固有的概念。如果你遇到了软壳蟹，除了惊异之外，你还会做什么？

你会打破砂锅问到底吗？

在美国，有一种食物叫作“炸软壳蟹”，是将蟹壳柔软的螃蟹油炸后直接食用的一种食物。螃蟹壳怎么会是软的呢？

许许多多的人吃过了、惊异了也就过去了，但有一个日本人却一定要问个为什么，他想知道美国螃蟹的蟹壳为什么是软的？店里的人告诉他：“其实所有的螃蟹壳都是硬的，但所有的螃蟹在蜕皮后刚刚长出新蟹壳的时候都是软的。”

这个人就是川上源一，雅马哈的第四任总裁。川上源一回到日本后，马上去走访渔民，没想到他们告诉他：“那种软壳蟹根本卖不出去，都扔了。”他一听立刻就下了订单：“我全买了！”于是，雅马哈旗下的鸟羽国际酒店的菜单上就多了一道菜“炸软壳蟹”。

当然，雅马哈的餐饮并不是最知名的，它的所有业务当中，占比重最大的依然还是乐器。

大家知道，雅马哈最早是生产风琴的，后来转向了钢琴。可以说，相对于欧美等老牌的钢琴生产国来说，它生产钢琴的时间并不是很长，但雅马哈钢琴已经达到世界一流水平。“一台伟大的钢琴能够对听众产生深厚的情感影响。雅马哈创造了这样的钢琴。他们是一个难以形容的将情感、响应和技术完美结合的产物。这就是为什么我深爱雅马哈。”国际著名的钢琴家斯维亚托斯拉夫·李奇特是这样评价雅马哈的。但是，他并不是唯一一位这样偏爱雅马哈的人。事实上，雅马哈钢琴是世界顶尖钢琴家们的选择，也被最好的学校和音乐学院所推崇。

不得不说，正是川上源一持续不断地“提出为什么”造就了雅马哈这样的成功。

“使用什么样的材质可以使钢琴的音质更好？”最初做钢琴的时候，川上就问制造钢琴的负责人。

对于专家的回答一般的人都不会再去怀疑，但川上可不是这样的。他继续不停地问下去：“你说的那种材质真的是最好的？”

“欧洲和南洋的木材哪种更适合做钢琴？”

“这些材料到底干燥几天比较好呢？”

直到把那位负责人问得说“我不知道”，他便下令：“那就去试吧！”

他们把音板、弦、不同的木材、不同的干燥时间等因素进行组合试验，一次次地改变……他们获得了几十万个数据！之后，从中寻找最佳组合——这就是雅马哈制造钢琴的方法。

这种方法的效果很快就超越了传统的依靠技术人员的经验和感觉制造钢琴的方法，而使雅马哈迅速成为世界一流品牌。

案例分析：从这个故事我们可以看出，创新者与普通人的一个最为重要的区别在于：善于看到问题，发现问题，同时善于进行深度询问，从而有效地解决问题。

有一句话说得好：事业的萌芽都源自于一个问题！

3.2.2 创新思维的具体应用

创新思维主要有以下两种应用。

1.日常的创新

创新是常规思维的一部分，因此可以用于任何需要思维的场合，无须做出任何正式或刻意的努力就可以产生。例如，那些天生具有创造性或受到激励具有创造性思维的人会不知不觉地运用创造性思维。

2.特定的创造

通常基于明确的需要。在这种情况下，个体要做出刻意的努力，运用系统方法来产生新想法，如企业管理创新、营销创新、制度创新都属于此类。

通过创新思维应用而改变世界的例子不胜枚举，如我国东汉时期的蔡伦，发明了一种简易的造纸法，这种轻便而廉价的纸淘汰了沉重的竹简，在多数场合下代替了昂贵的丝帛，打破了贵族阶层对知识的垄断，使得普通的劳动人民也能够接受教育，这项创新对中华文明的发展具有不可估量的意义。

我们已经看到了创新思维所带来的价值，但如何才能合理地运用创新思维呢？创造性思维可能是一种灵感：如果摆脱束缚，你会具有创造性；如果相信直觉，你会具有创造性；如果学会使用右脑，你会具有创造性；如果有了创造热情，你会具有创造性；如果改善精神状态，也会产生一些创造性。除此之外，通过运用缜密的工具则更有助于高效、系统地产生创造性思维。

3.3 创新思维训练

3.3.1 思维障碍及其突破

1.常见的思维障碍

心理学家认为，思维是人脑对客观事物概括的、间接的反映。从字面上理解思维的含义，思就是思考，维就是方向，思维可以理解为沿着一定方向进行思考。人的大脑思维有一个特点，就是一旦沿着一定的方向、按照一定的次序思考，久而久之，就会形成一种惯性。也就是说，这次这样解决了一个问题，下次遇到类似的问题或表面看起来相似的问题，不由自主地还是沿着上次思考的方向或次序去思考，这种情况，就称作“思维惯性”。就像物理学里的惯性一样，思维惯性也很顽固，是不容易克服的。如果对于自己长期从事的事情或日常生活中经常发生的事物产生了思维惯性，多次以这种惯性思维来对待客观事物，就形成了非常固定的思维模式，即“思维定式”。思维惯性和思维定式合起来，就称为“思维障碍”。一方面，思维障碍有着巨大好处，它使得人们的学习、生活、工作简洁和明快，社会高度有序化。另一方面，思维障碍的固定程序化等模式又阻碍科技发展，尤其是在创造活动中，思维障碍阻碍了人们创造性地解决问题，对于创新是非常不利的。常见的思维障碍主要包括以下几类。

（1）习惯性思维障碍

习惯性思维障碍又称思维定式，通俗地说就是“习惯成自然”。它是指人们沿用一种思路或固定的思维方式，去考虑同一类问题。习惯性思维几乎人皆有之，可以说是一种常见现象。但是这种思维一旦变成固定不变的“老套套”“老框框”，就会束缚人的思维、使人发现不了新的问题，想不到新的解决方法，从而构成学习、创造的心理障碍。

人的思维不仅有惯性，还有惰性，对于比较复杂的问题如果仍按照习惯性思维如法炮制，就会使人犯错误，或者面对新问题一筹莫展。要想使自己变得聪明起来、要想进行创新，就必须自觉地打破习惯性思维障碍，主动去寻求新的思维方式。突破习惯性思维，从表面看，似乎很简单，很容易操作，但人的头脑往往会因为陷入经验主义而逐渐僵化，意识不到自己已被习惯性思维所束缚。因而往往无法使用这种单纯的突破性思考方法。

（2）直线型思维障碍

直线型思维是指一种单维的、定向的、视野局限、思路狭窄、缺乏辩证性的思维方式，但同时也被认为是以最简洁的思维历程和最短的思维距离直达事物内部的最深层次的一种思维方式。由于在解决简单问题时人们只需用一就是一，二就是二，或因为A=B、B=C，所以得出结论A=C，这样直线形的思维方式就可以奏效，往往在解决复杂问题时仍用简单的非此即彼或者按顺序排列的直线的方式去思考问题。在学习中，虽然也遇到过稍微复杂的数学问题，但多数情况下是把类似的例题拿来照搬。对待需要认真分析，全面考虑的社会问题、历史问题或文学艺术方面的课题，经常是死记硬背现成的管束！

（3）权威型思维障碍

权威型思维障碍也叫权威定势，是指在思维过程中盲目迷信权威，以权威的是非为是非，缺乏独立思考能力，不敢怀疑权威的理论或观点，一切都按照权威的意见办事。权威定势对人类的发展与进步有着一定的积极意义，因为有了权威的存在，节省了人们无数重复探索的时间和精力。尊重权威当然没有什么错，但一切都按照权威的意见办事，盲目崇拜和服从权威，不敢怀疑权威的理论或观点，不敢逾越权威半步，就会严重阻碍人们创造性思维的发挥。

（4）从众型思维障碍

从众心理，就是不带头、不冒尖，一切都随大流的心理状态。当个体的信念与大众的信念发生冲突时，虽然清楚地知道自己的信念是正确的，但由于缺乏信心，或不敢违反大众的信念而主动采取与大众相同的观念。有这种心理的人，有的是为跟大伙保持一致，不被指责为“标新立异”“哗众取宠”，也有的是思想上的懒汉，认为跟着大家走错不了。在实际生活中，大多数人都可能因从众心理而陷入盲目性，明明稍加独立思考就能正确决策的事却偏偏跟着大家走弯路，这就是从众型的思维障碍。

（5）书本型思维障碍

书本是千百年来人类经验与智慧的结晶，有了书本，前人能够很方便地将自己的知识、观念等传递给下一代人，使得后人能够始终站在前人的肩膀上做事。知识的传播与传承是人类社会进化得以加速进行的重要原因，但书本在带给我们大量有益信息的同时，也会给我们带来一些麻烦。人们常说知识就是力量，但是如果不能将所学的知识灵活运用，知识并非就是力量。实际上只能认为知识是潜在的力量。要能够正确、有效地应用知识，它才能成为现实力量。不能认为谁读的书多，知识丰富，谁的力量就大，创造性思维就强。

（6）经验型思维障碍

我们生活在一个需要经验的世界中，所谓经验就是人们通过大量实践获得的知识、掌握的规律或技能。通常情况经验对于我们日常处理问题是有好处的。因为拥有了某些方面的经验，我们才能将各种各样的问题处理的井井有条。经验和习惯是宝贵的，它是我们日常生活和工作的好帮手，为我们办事带来方便。要是没有个体与群体经验的积累，人类和社会的进步是不能想象的。但经验和习惯又有局限性，它们常常会妨碍创新思考，成为创新的枷锁，因此经验需要鉴别。而我们一旦运用创造性思维，跳出框框，突破经验的局限性就会创造财富、创造奇迹。

（7）其他类型的思维障碍

以上介绍的是常见的、多数人可能出现的思维障碍，还有些思维障碍、在不同的人那里表现的严重程度也不同。例如，以自我为中心的思维障碍、自卑型思维障碍、麻木型思维障碍、偏执型思维障碍等。

第一，以自我为中心的思维障碍。在日常生活中，我们常常可以看到有些人特别固执，思考问题时以自我为中心，阻碍了创造性思维。这些人有的还是很有能力的，做出过一些成绩，但他们从此就觉得自己了不起，不知道天外还有天，能人之上还有能人。

第二，自卑型思维障碍。就是非常不自信，由于过去的失败或成绩较差，受过别人的轻视，产生了自卑心理。在这种自卑心理的支配下，不敢去做没把握的事情，即使是走到了成功的边缘，也因害怕失败而退却。

第三，麻木型思维障碍。即对生活、工作中的问题习以为常，精力不集中，思维不活跃，行为不敏捷，不能抓住机遇，对关键问题不能够及时捕捉，更不会主动寻找问题，迎接挑战。

第四，偏执型思维障碍。他们大多颇为自信，但有的是钻牛角尖，明知这条路走不通，非要往前闯，直到碰得头破血流才罢休，不知道及时转弯。喜欢与别人唱对台戏，人家说东，他偏往西，好赌气，费了好大力气，走了许多弯路还不愿回头。

不同的人在不同的情况下，思维障碍的情况也有所不同。其实，不管你遇到的思维障碍是什么？只要你能冷静客观地发现自己的思维障碍，分析它产生的原因，换一种方式去思考，有意识地去克服它，那么，这就是一个了不起的进步。因为突破思维障碍，就是创造性思维的开始。

2.突破思维障碍

思维障碍阻碍了人们的创造思维，抑制了人们的创意发展。因此，突破思维障碍是提高创造力、发展创造思维的关键。

创造思维关注从多视角出发来看待问题，是一种开放的、搜索空间很大的思维方式，鼓励人们从多种不同角度研究同一问题，观察同一现象，思考同一对象，从而有许多新发现、新创意。其实，生活中常见的“为了一件事，公说公有理，婆说婆有理，各说各的理，因为各有各的理”就是视角不同引起的。视角可分为过去视角、现在视角和未来视角，肯定视角和否定视角，纵向视角和横向视角，功利视角和道德视角等。

思维视角是指人们思维活动开始时的切入视角。切入的视角不同，会直接影响人们后续采用何种思维方式去思考问题。拓宽思维视角的途径可以简单分为三种：改变思考顺序、改变思考角度以及改变思维方式。

（1）改变思考顺序

一般情况下，人们习惯的思考方向都是正向的。顺应事物发展的方向在很多时候确实可以顺利解决问题，但客观事物的发展是千变万化的，凡事都顺着想未必能真实地反映事物的客观规律，有时一直执着于正向思考，反而找不到有效的解决办法。在这种情况下，可以尝试从相反的方向入手，巧妙地解决问题。

改变思考顺序的实质，就是借助逆向思维改变以往的思维局限。逆向思考是一种辩证思维，有时候会把事物的不利方面向有利的对立面转化，出奇制胜地解决问题。

（2）改变思考角度

看待问题的角度不同，处理问题的方式就会不同，所带来的结果也会不一样。在解决问题时，只有思路开阔，多角度、全方位地思考，才能提出更多解决问题的可能性，在众多设想方案中找出最优方案。发散思维和收敛思维都可以算是多角度解决问题的思维方式，在具体解决问题时，可以综合运用发散思维与收敛思维。

（3）改变思维方式

事物呈现给人们的是一幅普遍联系的景象，万事万物都处在联系与转化的动态过程中。因此，在解决很多问题时，如果能改变思维方式，巧妙转化，会得到许多意想不到的结果。在解决比较困难的问题时，可以将直接问题转化为间接问题，迂回式前进；在解决比较复杂的问题时，可以将复杂转化为简单，渐进式前进；在遇到未曾接触过的问题时，可以将陌生转化为熟悉，轻松解决；即使遇到了看上去不可能解决的问题，也可以将不可能转化为可能，如“南水北调”就是把“远水解不了近渴”这一不可能性事件转变成了可能。

3.3.2 创新思维训练实践

创新思维是多种思维方式的综合运用，既有逻辑思维也有非逻辑思维，既有抽象思维也有形象思维，既有发散思维也有收敛思维。其中发散思维和收敛思维对于创新思维十分重要。尤其发散思维，是开展创新活动所不可缺少的一种有效思维方式。可以说，没有发散思维就没有创新，这是心理学家、思维专家长期研究得出的结论。

发散思维也叫扩散思维、辐射思维，其特点是考虑问题时思路开阔，向四面八方扩展，是一种从不同方位、不同角度、不同层次、不同途径去联想、想象、设想，以求创造性解决问题的思考方法。实践证明，发散程度越高，创新思维的成效越大。

发散思维的方法多种多样，如侧向思维、逆向思维、变位思维等。下面介绍几种发散思维的训练方法。

1.逆向思维训练

逆向思维也叫反向思维、反转思维，其特点是改变惯常思维方向，从相反方面来认识事物、思考问题。由于这种思维突破了人们考虑问题的思维定式，因而往往能够获得惯常思维所不能取得的成效。

春秋战国时，田忌与齐威王赛马，按照惯例思维应是良马对良马，次马对次马。田忌却运用逆向思维方法，以次马与齐威王良马比赛，以良马对中马，以中马对次马。结果，田忌取得两胜一负的战绩。

古代司马光砸缸救人的故事也说明了逆向思维的作用。通常从大水缸里取物、救人，只可由缸口打捞，或者将水缸放倒，而不宜损坏水缸。当时司马光年纪小，不可能采取以上两种办法，他便急中生智，运用逆向思维想出了砸缸救出小伙伴的办法。

青岛牌啤酒在进入美国市场时主要做了两件事情：一是出资请美国广告商通过报纸、电视、电台等新闻媒体进行广告宣传；二是让美国大饭店接受这种啤酒，以扩大影响。但后一件事做起来并不容易，美国大饭店不会轻易购进这种啤酒。啤酒推销商看到了这一点，因此不上门推销，而是采取相反的做法，变卖为买。他们出资在纽约多家大饭店举办宴会，宴请社会名流。每到一家大饭店，便指名要青岛牌啤酒，如果没有，就以缺少这种酒宴会不够档次为由，取消宴会。这样，青岛啤酒不仅受到纽约许多大饭店的重视，登上了高档宴席，而且逐渐在美国啤酒市场站稳了脚跟。这种以买促卖的做法，无疑是逆向思维的创新成果。

【训练题】

（1）在一次评选“香港小姐”的决赛中，主持人提出一个测试参赛小姐思维能力的难题：“假如你必须在肖邦和希特勒两个人中间选择一个作为终身伴侣，你会选择哪一个呢？”

请思考：该小姐如何选择并对其选择做出解释。

（2）洪长兴是上海著名的羊肉店，为了保证肉的质量，该店有专门供肉基地，整羊运来，店里的职工操刀拆卸、开料。因为店堂面积小，拆羊劳动强度大，每天供肉量有限。到了冬天羊肉销售旺季，来买肉的人排成长队，供不应求，许多顾客失望而去。这不但满足不了顾客的需求，而且营业额也受到很大影响。店堂小，供肉不足，成为该店发展的瓶颈。

请思考：你能否用逆向思维为该店想出个办法，增加肉量，满足顾客的需求。

参考思路

（1）该小姐选择了希特勒。她运用逆向思维解释道：“如果嫁给希特勒，我相信我能够感化他，那么第二次世界大战就不会发生了，也不会有那么多人家破人亡。”

（2）方法是颠倒羊肉的加工程序。由洪长兴羊肉店派人到羊肉供应基地，指导基地的员工按肉店的要求将整羊拆卸，精选出肉块，再运到该店切片上市，或者将切肉机运到供应基地，按要求切成羊肉片，再运到洪长兴来出售。这样就解决了肉店面积小，羊肉片加工量不足的问题。

2.横向思维训练

横向思维也叫“侧向思维”，向思考的事物及问题的侧面伸展思维触角，以求获得新的思维成果，这是发散思维中最常使用的一种方法。

例如，中国传统的节日食品——粽子，从外形来看，大致有长方（偏方）形和四角（六棱）形两种，是否能再变换几种形状？从米料来看，主要有糯米、黄米两种，是否可以改用别的米料？从馅料来看，常见有红枣、豆沙（甜馅）和肉（咸馅），能否增加馅料的品种？解决上述问题便离不开横向思维。

【训练题】

（1）某市郊区一个著名旅游景点的附近有几个“果树村”（以种植果树为主的山村），山坡上、山沟里分布很多果林，有苹果树林、桃树林、杏树林、栗子树林。这几个“果树村”打算借旅游景点之利，开展一些能够吸引游客的活动，以增加收入。你能否运用横向思维为他们想些办法?

（2）国家男子篮球队到某城市参加比赛，该市有一家皮鞋厂，产品质量不错，但由于广告费用昂贵，该厂一直未能通过新闻媒体宣传其产品。请考虑，他们能否趁国家男篮比赛之机，策划一次少花钱，而能够借新闻媒体宣传其产品的活动。

（3）我国首次参加洛杉矶奥运会那年，广州市场汗衫积压严重，一再削价都销售不动。经营汗衫的公司能否从我国首次参加奥运会这一信息中受到启发，想出销售汗衫的办法。

参考思路

（1）可以开展两项活动：一是采摘鲜果，游客缴一定数额的活动费，按照规定到果林里采摘鲜果；二是把游客请进山村农家小院，一方面休息，另一方面可以品尝农家饭菜和了解山村农民的习俗。如果有纯净泉水，可用山泉沏茶招待游客。

（2）一种办法是，事先了解男篮队员们鞋的尺码，抢制一批优质皮鞋，待男篮来比赛时，举行一次向男篮队员们赠鞋的活动，请新闻记者采访、报道这一活动。另一种办法是，选择男篮队员最大的两个脚码，制作两双优质特大号皮鞋，刊登启事开展“皮鞋擂台赛”，欢迎人们踊跃试穿，试穿者适合脚码的皮鞋归谁，并配送一只漂亮手提包。期间通过一定渠道特邀男篮队员前来参加“擂台赛”（试穿鞋），当皮鞋被男篮队员穿走，请记者追踪采访，了解他们对皮鞋质量、样式的评价，并进行报道。

（3）广州海幢公司得知我国运动健儿将首次在奥运会亮相的信息之后，意识到一旦我们的运动员获得奖牌，将大大激发中国人民的爱国热情，如果将汗衫、背心等印上奥运会标志，投放市场，会大受欢迎。果然，当奥运会捷报频频传来之后，他们投放市场的“奥运衫”成为抢手货。

3.换位思维训练

人们在考虑问题、处理事情时，常常受所处地位、所持立场的影响，想不出解决问题的办法。但如果变换一下立场，转变一下地位，就可能产生新思路，想出有效的方法。

换位思维就是指“设身处地”思考问题，有些矛盾和问题，只要当事人能够站在对方角度设身处地进行思考，便不难解决。这种换位思考方法现在已被广泛使用，如医院急病人所急，为病人提供方便；商店从顾客需要出发，变换商品种类；厂家按照用户的要求进行产品改造。这种换位思维，有益于开阔思路，发现一些原先体悟不到、认识不清、理解不适的东西，产生新的思维成果。

【实例一】

对创业的认识

A:我想要创业。

B:你有钱吗？

A:创业不一定要有钱，可以用知识去创业，用自己在某些方面具有的独到见解去创业。

B:市场是创业的基础，虽然有独到见解是一种创业途径，但可能性太小了，有市场基础，创业才相对容易些。

A:创业不一定要以市场为基础（想以技术创业）。

B:现在的技术不是个问题（技术创新没有多大优势）。

这段话体现了A在对某种观点的认识后，没有对一般性与特殊性进行分析，技术创业的确是一条创业的路，但技术的特殊性没有到一定的程度是无法因起步早而获得相应的优势，片面地认为自己的见解具有相当的优势。

【实例二】

对管理规范的认识

A:管理方面的文档写得怎么样?

B:到年底才能写完。

A:能否先拿出不完全规范的文档试用一下，这样可以逐步过渡到规范管理，让员工更能适应规范化管理。

B:这样做是徒劳的。

这段话体现了B在实现管理中缺乏对员工的认识，总以为大家都具有与自己同等的认识，就算大家都在一个环境下工作，但每个人的认识是不同的，觉悟也不同，同样对事物接受能力也不同，不能一概而论。

【实例三】

了解员工的心态

A（老板）：员工加班后，没有加班费，这些费用跟奖金一起算。

B（员工）：年底有没有奖金还不一定呢，加班不等于给老板白干吗?

A:你可以让员工加点班呀!

C:（项目经理）：我让员工加班，我该怎么提呀？他们谁愿意加班呀?

B:让我加班，谁给我钱呀，你能给我吗?

这段话可以在有些小公司听到，老板往往以为自己是老板就可以管理自己的员工，到头来谁也不想干了。员工不干活，自然也就没有了效益，老板就没了收入，给员工的奖金或福利随之减少，如此一来，形成恶性循环。

【训练题】

（1）1999年6～7月份，北京气温居高不下，时值高考温课紧张阶段，给家庭住房紧张、环境不够安静的学生造成许多困难。当时北京一些高档宾馆上客率不高，空房挺多。如果你是宾馆经理，站在高考学生角度进行思考（换位思维），在宾馆经营方面能不能想出新的办法。

（2）北京有一路公交汽车的起点站，经常出现一种现象：旅客坐上一辆汽车，到了开车的时间，突然司机人员高喊："这辆车不开，去后面那辆。"于是乘客急忙下车往后一辆车上挤。一些老年乘客动作迟缓，很难坐到座位。乘客对此很有意见。请运用换位思维，站在乘客角度想想，应该如何提高该路公交汽车的服务质量。

参考思路

（1）北京有一家高档宾馆，为了解决高考学生的困难，专门辟出环境安静的客房，用较低价格出租给高考学生，并且安排了价廉可口的饭菜。还为家长陪读提供方便。该宾馆的这一举措，不仅获得经济效益，而且赢得了赞誉。

（2）制作一个发车的标志牌，立在即将开出的汽车旁边，让乘客一目了然。

4.求同思维训练

"求同"是指在两个以上事物中找到它们的共同之处，运用这种思维，有助于在不同事物之间找到结合点，使新结合的事物在性质、形态、功能等方面有所变化，以获得创新的效益。

最初茶杯和暖水瓶各有其功用，是两种不同的用具。现在普遍使用的不锈钢保温杯，便是将两者结合的产物，既有暖水瓶的保温功用，又是携带方便的喝水杯子。用求同思维方法，找到暖瓶与饭盒的结合点，把暖水瓶改成了广口状，成为携带饭菜的保温提桶。再如，把磁疗垫放在鞋里，做出磁疗皮鞋；把录音机和电话机相结合，制造出录音电话；把滚动带和计时器组合起来，做成跑步健身器。这些给人们工作、生活带来方便的用品，在研制过程中，求同思维的作用不可低估。尤其在仿生学研究中，求同思维具有不可代替的地位。例如，力学仿生，仿照蛋壳、乌龟壳发明了建筑的薄壳结构；化学仿生通过模拟生物酶的催化作用创造了高级催化剂。

【训练题】

（1）找出与自行车有结合点的其他事物，使自行车的构造和功用发生新的变化。

（2）某汽车轮胎厂生产一种名牌轮胎，出于公关需要，该厂准备制作一种精美、实用又能反映该厂特点的小礼品。请根据下面提供的要素，运用求同存异的思维方法，选出其中两种素材，设计出一个小礼品。素材：茶缸、烟灰缸、钢笔、工厂的厂牌、轮胎模型、厂办公楼模型、小相框。

参考思路

（1）自行车与船结合（水上自行车），与健身器材结合（自行车健身器），自行车旁安装挎斗（挎斗自行车），自行车上安装货架（载货自行车），自行车装到索道上（登高自行车，用于娱乐或体育比赛），自行车与飞行器结合（飞行自行车），自行车与太阳能结合（太阳能助动自行车，尚无产品），自行车与风扇结合（自来风自行车，夏天使用）。

（2）该厂制作的小礼品是用一个橡胶仿真小轮胎套在特制的小烟灰缸上。此外也可用橡胶仿真小轮胎当底座，插上特制钢笔，或者在两个并立的小胶轮中间插上一个小相框。

5.求异思维训练

“求异”指在相同或相似的两个以上事物中找出不同之处，这是在科研科技、产品研制、经营管理、广告宣传、文学创作等工作中能够获得新成效的一种思维方法。有些企业，为了使产品能够在竞争激烈的市场上占有一席之地，便采用“你无我有，你有我廉，你廉我精，你精我专”等生产、经营策略，制定和实施这些策略，自然离不开同中求异的创新思维方法。

【训练题】

（1）近年社会上出现很多中介服务行业，如婚姻介绍服务、房屋租赁服务、国外留学服务、职业介绍服务、大型会议服务、旅馆介绍服务、人才交流服务、技术转让中介服务等，请考虑，还可以根据社会需要成立哪些与上述服务内容不同的中介性质的公司。

（2）有家专门生产大小皮包的企业，想扩大皮包的品种，你能否运用求异思维，从功能方面提出些设想。

参考思路

（1）可以成立医药咨询服务机构。外地人到北京、上海等大城市求医购药的很多，由于人生地不熟遇到很多麻烦，这种服务机构可以给他们解决许多困难；还可以成立办公用品中介服务公司，购买电脑、打印机、传真机、复印机、碎纸机等办公用品，如果不是内行，有可能花钱多还买不到优质、可心的产品。现在有城市已成立了这种中介服务公司，开展为客户介铝或代购大型办公用品的业务。

（2）育儿包（便于携带婴儿用品），钓鱼专用包，运动员包，医生急救包，集邮包（装邮票册），化妆包，旅行便携包，写生包（装外出写生的用具），海员急救包（防水，备有救生用品），自行车挂包（供骑自行车长途锻炼用），经理包（高档提包），中小学生书包（背包），公务包（公务员及大学生用的男士、女士挎包及提包，或挎提两用包），采访包（供摄影记者用），电脑包，文具包（装办公常用的笔、本、刀、日历、计算器等）。

6.迂回思维训练

迂回思维是指在思考问题遇到障碍时，避开障碍，绕个弯子，间接求得解决问题的方法。20世纪30年代，我国老百姓习惯点“食油灯”和“蜡油灯”，外商要在中国推销煤油，遇到阻力。于是他们发动了一场“将光明送往千家万户”的活动，让每家每户可以无偿得到一盏煤油灯和两玻璃瓶煤油。老百姓体验到“洋油灯”确实比“食油灯”强，便开始买煤油点灯，于是煤油占领了中国市场。这种间接向中国推销煤油的方法便是迂回思维的成果。

【训练题】

（1）有一所美容美发职业学校开办了益群理发店，由于店址偏僻，顾客较少。他们想扩大客源，又不愿花太多钱刊登广告，请运用迂回思维给该店想些办法。

（2）某市一家民办英语培训学校，师资力量较强，培养的学生有较高的英语读、说、写的能力。他们想扩大学校在全市的影响，以增加生源，请运用迂回思维为他们出些主意。

参考思路

（1）办法之一，与该市劳动局、电视台合作，为下岗职工开办理发、美容电视讲座，由该校教师授课，并定期在益群理发店开展辅导、咨询活动。这样，该职业学校及益群理发店的影响会迅速扩大。办法之二，征得市区有关职能部门同意，在步行街和居民区设立周末义务理发服务点。每到服务日，将书写着“美容美发学校益群理发店义务理发点”的招牌立起（并标上理发店的地点和联系电话），组织理发师为行人、居民理发，同时分发介绍理发店服务项目的名片。这样坚持一段时间，该理发店的顾客将大量增加。

（2）以学校的名义，或者联合共青团市委等有关单位，选择合适的公共场所，定期举办“英语会友日”等活动，向社会开放，为英语爱好者提供练习英语的环境。让该校师生在活动中尽量展示驾驭英语的能力，以提高学校的声誉，这无疑有助于扩大生源。

7.头脑风暴式思维训练

头脑风暴就是当人们想起新观点时，就在房间里大声说出，使用这种方法时要告诉人们消除他们的拘束，任何观点都不会被评判，这样他们就能自由地大声说出任何观点，而没有感到任何不舒适。人们的观点应该建立在其他参与者的观点之上，这样做的目的是为后面的分析得到尽可能多的观点。在提出的众多观点中会有一些非常有价值的观点。在这个自由思考的环境中，头脑风暴会帮助人们产生那些突破普通思考方式的新观点。

4~5个人组成的小组聚集在一个房间里，找一个中心人物介绍头脑风暴会议的目的和概略说明规则。这个人也应该确保规则被遵循，应该积极地鼓励参加者。

比较理想的情况是，就一个无关的比较有趣的主题进行简短的热身。这会使参与者的创造热情高涨，不受拘束。当建立起适当的心情的时候，就应该开始进入正题。目的和主题建立起来后，小组中的每个人大声说出自己的观点，这些观点全部被记录下来，以便以后对他们进行分析。记录观点最通常的方法是写在大的便签纸上，使用黑板、头顶幻灯片、计算机或零散纸张也行，最好有一位秘书或专门的记录人。对于较大的小组，你可能需要2~3人，以确保所有的观点被记录下来。

【训练实例】

组长：我们的任务是砸核桃，要求多、快、好，大家有什么办法?

甲：平常在家里用牙磕，用手或榔头砸，用钳子夹，用门掩。

组长：几个核桃用这种办法行，但核桃多怎么办?

乙：应该把核桃按大小分类，各类核桃分别放在压力机上砸。

丙：可以把核桃沾上粉末一类的东西，使它们成为一样大的圆球，在压力机上砸，用不着分类（发展了乙的观念）。

丁：沾上粉末可能带磁性，在压力机上砸压后，或者在粉碎机上粉碎后，由于磁场作用，核桃壳可能脱掉，只剩下核桃仁（发展了丙的观念，并应用了物理效应）。

组长：很好！大家再想一想用什么样的力才能把核桃砸开，用什么办法才能得到这些力。

甲：应该加一个集中的挤压力。用某种东西冲击核桃，就能产生这种力，或者相反，用核桃冲击某种东西。

乙：可以用气枪往墙壁上射核桃，比如说，可以用射软木塞的儿童气枪射。

丙：当核桃落地时，可以利用地球引力产生力。

丁：核桃壳很硬，应该先用溶剂加工，使它软化、溶解……或者使它们变得很脆。经过冷冻就可以变脆。

组长：动物是怎么解决这一问题的，比如乌鸦。

甲：鸟儿用嘴啄，或者飞得高高的，把核桃扔在硬地上。我们应该把核桃装在容器里，从高处往硬的地方扔，比如说，在气球上、直升机上、电梯上往水泥板上扔，然后把摔碎的核桃捡起来（类比）。

乙：可以把核桃放在液体容器里，借助水力冲击把核桃破开（物理效应）。

组长：是否可用发现法（如认同）反向解决问题呢？

丙：应该从里面把核桃破开，把核桃钻个小孔，往里面打气加压（反向）。

丁：可以把核桃放在空气室里，往里打气加压，然后使空气室里压力锐减，内部压力就会使核桃破裂，因为内部压力不可能很快减少（发展了丙的观念）。或者可以急剧增加或减少空气室压力，这时核桃壳会承受交变负荷。

戊：我是核桃仁。从核桃壳内部，我用手脚对它施加压力，外壳就会破裂（认同）。应该不让外壳长，只让核桃仁长，就会把外壳顶破（理想结果）。为此，例如，可以照射外壳。

乙：我也是核桃。我用手抓住树枝，当成熟时就撒手掉在硬地上摔破。应该把核桃种在悬崖峭壁上，或种在陡坡上，它们掉下来就破掉。

甲：应该掘口深井，井底放一块钢板，在核桃与深井之间开几道沟槽。核桃从树上掉下来，顺着沟槽滚到井里，摔在钢板上就会摔破。

结果，仅用10分钟就收集了40多个观念，经专家组评价，从中得出参考解决方案。

8.分析列举式思维训练

可进一步划分为系统设问法、形态分析法和列举法。

（1）系统设问法

如果提问中带有“假如”“如果”“是否”这类词，就会启发思维，促使想象。系统设问法正是根据这样的思路提出的创造发明技法。

系统设问法针对事物的9个方面，系统地列举出问题，然后逐一加以研究、讨论，多方面进行扩展，从而使人们萌生出许多新的设想。这9个方面分别如下：

第一，转化。有无其他用途？有无新的使用方式？如何改进已有的使用方式？

第二，借用。能否借用别的经验？有无与过去相似的东西？能否模仿些什么？

第三，改变。能否做出某些改变？可否通过旋转、弯曲、扭转、回转的办法加以改变？功能、颜色、运行、味道、形式、轮廓可否改变？有无其他可能的改变？

第四，放大。能否增加什么？时间、频率、强度、质量、尺寸、附加价值、材料能否增加？

第五，缩小。能否减少什么？再小点？浓缩？微型化？再低些？再短些？再轻些？省略？精简？能否分割化小？

第六，代替。能否取而代之？比如，其他材料、其他成分、其他配置、其他方法、其他制造工艺、其他能源、其他过程、其他场所、其他颜色、音响、照明？

第七，调整。可否调整顺序、排列、速度、条件、模式、配置？调整为其他的型号、其他设计方案、其他程序、其他工作状态？可否调换原因与效果？

第八，颠倒。可否变换正负？颠倒方位？可否调换相对元件位置？可否前后颠倒？可否上下颠倒？反向有何作用？

第九，组合。可否在这件物品上加上别的东西？可否推出混合物、合金新品种、新配套？可否把零件、部件、连接件重新组合？目的能否组合？重要特征能否组合？创造设想能否综合？

（2）形态分析法

形态分析法是一种系统搜索和程式化求解的创新技法。因素和形态是形态分析中的两个基本概念。形态分析是对创造对象进行因素分解和形态综合的过程，在这一过程中，发散思维和收敛思维起着重要作用。形态分析操作程序：因素分析—形态分析—方案综合—方案评选。

第一，因素分析。就是要确定研究对象的最基本构成因素。分析时，要使各因素满足三个要求：一是在逻辑上彼此独立；二是在本质上是重要的；三是在数量上是全面的。

第二，形态分析。形态分析即按照研究对象对因素所要求的功能属性，列出多因素可能的全部形态（或技术手段）。用矩阵的形式列出全部形态是通用的方式。

第三，评选。由于系统综合所得的可行方案数量往往很大，所以要进行评选，以找出最佳的可行方案。

（3）列举法

主要包括属性列举法、缺点列举法和希望点列举法。

第一，属性列举法。属性列举法也称为特征列举法。概括地说，属性列举法是一种通过列举来分析特征，应用类比、移植、替代、抽象的方法变换特征获得发明目标的方法。属性列举法操作程序：确定对象—列出特征—分析特征—提出设想。

列出特征。就是应用分析、分解及分类的方法，将研究对象的特征逐项一一列出。逐项特征是指名词性特征（包括结构、材料、整体及部分组成、制造工艺的名称）、动词性特征（包括产品的主要功能及辅助、附属性功能）、形容词性特征（包括大小、颜色、形状、图案、明亮程度、冷热、软硬、虚实等）。

分析特征。分析特征就是从需要出发，对列出的特征进行分析、抽象，并与其他物品进行对比，寻求功能与特征的替代，用替代的方法对原特征进行改造，在分析时尤其应抓住动词性特征提出设想，就是应用综合原理将原特征与新特征进行综合，提出新设想。

确定对象。在使用时应注意所确定的研究对象应十分具体。若研究的是产品，应是具体的某一型号的产品；若研究的是问题，应是具体的哪一个问题。抽象的研究得不到应有的效果。所研究的题目宜小不宜大，对于较为庞大、复杂的物体应先将它拆为若干小的部分，分别应用属性列举法进行研究，然后再综合考虑。列举属性时越细越好。

第二，缺点列举法。缺点列举就是直接从人们的需要出发，去“挑毛病”。工厂的产品、市场的商品，一般都不可能是十全十美的，总会有这样那样的缺点，强调缺点就是强调问题，这样会激励人们去革新和创造。

第三，希望点列举法。希望点列举法是通过列举研究对象被希望的特征，从而发现发明目标的方法。所谓希望就是现实中所没有的，它必须由想象产生。这些想象，有些是由人们的需要引起的，还有些是由人们在与其他物品类比中产生的，但它都反映了人们对新事物及新产品的向往与追求。

由于列举的希望点与人们的需要相符，更能适应市场。列举希望时尤其要打破定势对于希望点列举法用得到的一些“荒唐”意见，应该用创造学的观点进行评价，不要轻易放弃。

【训练题】

笔的新产品设想

（1）发明课题——笔。

（2）应用属性列举法列举笔的特征。

名词性特征：钢笔、铅笔、圆珠笔、毛笔、画笔、眉笔、眼线笔、蜡笔、粉笔、红笔、蓝笔、木头、铅芯、墨水、石膏、垫圈、塑料、笔囊、笔杆、笔尖、笔芯等。

动词性特征：拿、写、画、涂、描、扒、滚、拧、挤、刻、握、吸水等。

形容词性特征：红的、蓝的、绿的、黄的、金的、轻便的、精致的等。

（3）应用希望点列举法与缺点列举法对以上特征进行分析。

①可将钢笔与铅笔、钢笔与圆珠笔、毛笔与钢笔、画笔与铅笔、铅笔与蜡笔、眉笔与眼线笔、粉笔与蜡笔等进行组合，形成多功能笔。

②一些钢笔尖质量不好，容易把纸划破。摔在地上尖易断，一只笔尖只能写一种字形，粗细不可变。笔尖歪了不易校正。钢笔写完字不易修改。希望钢笔有不同的尖，能同时满足绘画需要。

③钢笔需经常灌水。笔刚灌水后写字浅，使用一段时间后字迹变深；墨水灌多了，钢笔漏水，墨水不易携带；希望有一种不用灌水的钢笔，或者能应用固体墨水的钢笔。

④钢笔的造型单一，握笔处太硬，经常使用，手易起茧。塑料杆脆，放在桌上易滚动，跌落地上易摔裂。笔帽卡不美观，女同志夏季穿裙子无口袋，钢笔携带不便。

⑤希望钢笔能兼有尺的功能，或者具有照明、报时、收放音、称、美容等多种功能。

⑥希望笔的外观采用各种造型，手镯式笔、戒指笔、项链笔、胸花笔、十二属相笔、情侣笔、麦穗笔、根雕笔、袋鼠笔等。

（4）提出新产品设想。

①设计一种软尖笔，不怕摔。

②设计一种能写各种变色字迹的笔。

③研制一种不易蒸发的固体墨水，封于笔内，吸入少量自来水后便可书写。

④设计几种组合笔。例如，书写笔，可将毛笔、钢笔、圆珠笔、铅笔进行组合；又如绘画笔，可将毛笔、油画笔、铅笔进行组合；再如化妆笔，可将眉笔、眼线笔、唇笔进行组合。

⑤设计一种能当发卡或胸花、领带夹、钥匙链、项链等装饰品的装饰笔。

⑤设计一种具有照明或收录、放音、报时、测量血压、测量心脏、计量、计时、计温等多功能笔。

⑦改进笔杆的材料与造型，使书写更轻松，笔杆不易跌落。

⑧设计一种纪念专用的礼品笔，如纪念自家父母等，纪念某一古人、某一事件或生日、婚礼、节日、赠亲友的笔。

⑨设计一种带音乐及能放出清新空气或香气的笔。

⑩设计一种带灯、计算器、收录音的多功能笔。

（5）提出综合性方案。

设计一种具有清香气味，带有能做领带夹的笔帽卡，异形笔杆并带有小灯、计算器、收录音功能的钢笔。

（6）将上述设想中的关键部件列出。

①对功能的分析。

（a）为儿童们设计动画片中双尖造型的带香气、带音乐或带计时的塑料杆笔。

（b）为庆祝“六一”赠送礼品用的软尖、整体式可变型、具有收音功能的塑料笔。

（c）同时适用于冬、夏两季，出水流畅，又不漏水，适用于高低温及高低压情况下的带灯、带尺的工程用笔。

（d）能摆于室内，带各种装饰性插座的密封式、一次性使用的结构极简的异形笔。

（e）专供教师改作业、编辑人员改稿件使用的粗型、软尖、带灯与放大镜可计时的软杆笔。

（f）专供医生及化验、测试人员使用的能测温、能计时、能标日期及当日温度、湿度、带空气清洁剂的软杆笔。

（g）专供运动员使用的一种软型或套尖式小巧的一次性使用、整体式带香味的笔。

②对包装的分析。

（a）简易的锡光纸加绸带的各色包装。

（b）可当作家庭室内小摆设的各种动物、人物。雕塑形塑料或瓷制的带音乐、能存入香料的包装。

（c）可以当作儿童玩具或摆设的颜色鲜艳、动画人物造型，能自动开关、带音响的塑料包装。

（d）长方形的具有仿古图案、单色的古朴竹刻包装。

（e）华丽的、带荧光的、带香气的、嵌有珠宝的织锦缎制的软包式包装。

（f）长方形、仿珠宝盒式的带音乐、能自动开闭的高档包装。

（7）进一步完善，并可提出系列产品设想。

①综合（5）、（6）可得如下设想：

（a）为儿童设计的双尖的、笔帽及帽卡为各种动画人物造型的、带香气、带音乐、带计时的、色泽鲜艳、应用动画人物造型能自动开闭的硬盒包装的软杆笔。

（b）帽卡牢靠，握持舒适，同时适用于冬、夏两季，出水流畅，又不漏水，并适合低温高温、低压高压的带灯、带尺，采用长方形能自动开闭的及各种显示功能的单色现代金属盒包装的笔。

（c）供医生使用的以花式领带卡或帽卡、能测温、计时、计湿，能清新空气的异型杆软笔。

②其他设想不再一一列出，下面以设想儿童笔为例说明。

（a）如考虑时间因素，则可设想春天用的笔、夏天用的笔、秋天用的笔、生日礼品笔、六一礼品笔、圣诞礼物笔、一次性笔、生辰纪念笔等。

（c）如考虑人物系列，可设想古代名人系列、现代英雄系列、童话人物系列、少数民族系列等。其中任一项仍可展开，如白雪公主和七个小矮人套笔、三国人物套笔、水浒人物套笔等。

③综合（6）、（7）结合形态分析法，设想如下：

（a）在（5）提出初步设想的基础上，应用形态分析中选择要素的方法，选择出设想产品的要素。

（b）将每一要素作为魔球的中心，做出魔球图。

（c）由于形态分析中的组合过于机械。可改为从每个魔球上逐一选择信息，进行综合，即可得到更完善的产品设想。

（d）将新产品设想系列化。

（8）应用焦点法做第三次展开，可进一步完善设想。

这一步可以接着（7）所得到结果继续下去，也可以返回（1）或（5）进行，最后将所得结果与（7）所得结果进行综合，提出进一步的设想。具体说明如下：

①选择焦点：多功能笔。

②选择参考物：香蕉。

③列举参考物的特征，并由此进行联想。

（a）带香味：兰花香、茉莉香、玫瑰香、苹果香+梨香、桃香。

（b）味道：甜的、酸的、苦的、辣的，咸的。

（c）带皮的：皮革、皮毛、果皮、核桃皮。

（d）形状：长的、短的、方的、圆的、圆锥的、三角的、各种花的造型。

（e）颜色：黄色、红色、蓝色、绿色、五彩的。

（f）软的：糖、棉花、布、泡沫塑料、水。

（g）能吃的：饼干、馒头、鸡蛋、橘子、柿子、西瓜、萝卜、葡萄、杏、豆角、枣、药。

④提出笔的设想：

（a）玫瑰香型、玫瑰造型、折叠笔或玫瑰香嵌套式可用做头饰与胸饰的笔。

（b）可套于指尖的指套型软笔。

（c）糖果与水果外观笔。

（d）能装急救药的笔形外观药盒。

⑤将上述结果与（7）所得综合，可提出如下产品设想：

（a）花支笔。供女孩子或女同志使用的可用做头饰、胸饰或服饰的折叠式或嵌套式的各种花枝造型，并带各种香气的可换杆芯的软杆水笔。包装可采取透明塑料简易包装。

（b）卡通式动画笔。为儿童使用的双尖、笔帽或笔卡为各种动画人物造型的、带香气的、带音乐的、带计时的系列套笔。包装可选用相适应的动画人物造型，并能自动开闭的硬盒或采用透明塑料简装。这种笔的各部分之间制成卡通式可互换。

（c）野外作业笔（工作笔）。适用于在特殊环境中的工作人员。这种笔帽卡牢靠，握持舒适，适用于高低温、高低压工作等特殊情况，带照明、带刻度（或卷尺）的水笔。它的包装可采用能自动开闭并有各种测量显示功能的单色金属包装。

（d）医务工作者专用笔。供医生、护士们使用的以花式领带卡或胸饰为帽卡的，能测温、计时、计温，能清新空气，具有一些急救功能的异形杆医务专用笔。

（e）各种不同颜色的、能表示各种不同笔迹的指套笔。

当设想列出后，还应制出每一种类产品的详细设计方案及外观设计图。

本章小结

创新创业的成功，离不开创新者或创业者的创新思维。创新思维就是以创新的意识、开放的心态和突破各种思维定式的束缚进行思考，并产生创新成果的思维，它具有自己的特征，也有许多类别，创造性思维的活动过程有一定的规律性。可以根据创业者的创业动机对这个群体进行分类，他们身上独特的素质有助于创业的成功。人的思维一旦沿着一定的方向，按照一定次序思考，久而久之，就会形成一种惯性，就会阻碍新观念、新想法的构想，成为创造性解决问题的障碍。所以，要具备创新能力，必须首先冲破“思维枷锁”。 教育让我们掌握了许多知识，但教育的目的是发展和培养我们的思维和创造力，创新思维的训练是必要的。创新思维的训练在某种意义上就是对发散思维能力的提高。发散思维是培养创造性目标，提出别人认为不可能达到的目标，并实现它思维能力的根本。

复习思考题

1.如何培养创新思维？

2.妨碍人们进行思维创新的一个主要障碍是什么？

3.请同学们谈谈如何将一个5元钱的苹果卖到50万元甚至500万元的价格。

第 4 章　创业及创业精神

创业是一场充满变数和风险的博弈，其间必然会遭遇诸多挫折和坎坷。尤其是在这个竞争激烈且极具颠覆性的时代，初创型企业在创业资源极度匮乏的情况下，面对成熟管理型企业的猛烈炮火，其成长和发展境况可谓是举步维艰，在夹缝中求生存。

并不是所有人都适合创业，创业能否取得成功，在一定程度上取决于创业者身上的一些特质，比如，创业思维、性格、商业嗅觉、事业心、心理素质以及学习能力等。创业会对大学生产生深远的影响，因此创业者首先要对自己有一个系统、全面的认识，客观地评估自己，认清社会环境，想清楚，准备好，再出发。

学习目标

通过本章学习，你将能够：

1.理解创业的内涵；

2.认识对大学生人生发展的意义；

3.了解创业精神及起培育方法。

4.1 创业认知

人类的历史可以说是一部创业史。从原始社会的刀耕火种，到封建时代的四大发明；从工业革命用机器生产取代手工劳动，到知识经济时代科学成为第一生产力，人类始终没有停止过创业的脚步。创业活动的产生是历史的必然，是不以人们的意志为转移的客观规律，不论你愿不愿意，都有可能自觉不自觉地，或迟或早地走上创业之路。

在中国，“学而优则仕”的时代已经过去。轰轰烈烈的创业活动，先后经历了五个不同的发展阶段，其间掀起了四次创业高潮，而每一次创业高潮的到来都使中国人的创业水平登上一个新的台阶，从而把创业活动推向新的阶段。第一次是原始积累阶段，也称个体户阶段；第二次是正式起步阶段，也称“头班车”阶段；第三次是曲折前进阶段；第四次是迅猛发展阶段，也称“末班车”阶段；第五次是走向成熟阶段。就在中国处于第五次创业阶段的时候，一个以大学生为主体的新的创业群体在中国悄然兴起。1999年7月29日，由四名大学生创办的校园企业——视美乐公司在清华大学挂牌。他们以自己研制的“多媒体超大屏幕高清晰度投影电视技术”入股，争取到上海第一百货公司的5 000万元风险投资。由此为起点，引发了一场空前的中国大学生创业热潮。

4.1.1创业的概念

罗伯特·荣斯戴特（RobertC. Ronstadt）曾这样定义创业："创业是一个创造增长的财富的动态过程。财富是由这样一些人创造的，他们承担资产价值、时间承诺或提供产品或服务的风险。他们的产品或服务未必是新的或唯一的，但其价值是由企业家通过获得必要的技能与资源并进行配置来注入的。"

斯蒂文森（H.Stevenson）强调了创业的过程："创业是一个人——不管是独立的还是在一个组织内部——追踪和捕获机会的过程，这一过程与其当时控制的资源无关。"斯蒂文森进一步指出：有三个方面对创业是特别重要的，即察觉机会、追逐机会的意愿及获得成功的信心和可能性。在国内，有学者在自己的著作中对创业是这样定义的："创业是一个发现和捕获机会并由此创造出新颖的产品、服务或实现其潜在价值的过程。"创业必须要贡献出时间和付出努力（心理与生理），承担相应的财务的、精神的和社会的风险，并获得金钱的回报、个人的满足和独立自主。从以上创业概念上看，主要强调了四个方面：

（1）创业是创造的过程。创业创造出某种有价值的新事物。这种新事物必须是有价值的，不仅对创业家本身，而且对其开发的某些目标对象也是有价值的。这里所说的目标对象因行业或所创造事物的不同而不同。

（2）创业需要贡献出必要的时间，付出极大的努力。要完成整个创业过程，要创造新的有价值的事物，就需要大量的时间，而要获得成功，没有极大的努力是不可能的。

（3）承担必然存在的风险。创业的风险可能有多种形式，依赖于创业的领域，但是通常的风险一般说来是财务上的、精神方面的、社会方面的及家庭方面的等。

（4）给予创业家以创业报酬。作为一个创业家，最重要的回报可能是其由此获得的独立自主，及随之而来的个人满足。对于追求利润的创业家，金钱的回报无疑是最重要的，对很多的创业者乃至旁观者，其实都把金钱的回报视为成功与否的一种尺度。

对于真正的创业者，创业的过程充满了激动、艰辛、痛苦、忧郁、苦闷和徘徊，以及坚定、坚持不懈的努力，并由渐进的成功而带来的无穷的欢乐与分享不尽的幸福。

让我们用青春与智慧，创造我们的事业！

4.1.2创业的类型

创业按照不同的标准，可以有不同的分类。了解创业类型可以使创业者结合自身条件，进行决策比较，选择最适合的创业类型。了解创业类型可以说是创业准备的第一步。

1.机会型和生存型

从创业动机的角度出发，创业基本分为机会型创业和生存型创业两种类型。

所谓机会型创业，就是指创业者把创业作为其职业生涯的一种选择，看到有比目前工作机会更好的创业机会而选择创业。

机会型创业最典型、最成功的例子就是比尔·盖茨，他发现互联网的发展机会而决定辍学创办了微软。1976年11月26日，还在上大学的盖茨和同学艾伦注册了"微软"商标。

他们曾一度考虑将公司名称定为"艾伦和盖茨公司"，但后来决定改为"Microsoft"。当时艾伦23岁，盖茨21岁。1977年1月，盖茨从哈佛大学辍学，然后前往美国新墨西哥州阿尔伯克基市。在那儿，他找到了一份为罗伯茨编写程序的工作，工资标准是每小时10美元。

MITS总部位于阿尔伯克基，盖茨也把微软总部设在此地。1979年1月1日，盖茨把微软总部迁往华盛顿州贝莱佛（Bellevue）市。1980年8月28日，盖茨与IBM签订合同，同意为IBM的PC机开发操作系统。随后他以5万美元价格购买了一款名QDOS的操作系统，对其稍加改进后. 将该产品更名为DOS，然后将其授权给IBM使用。1982年，在上市销售的第一年期间，盖茨向50家硬件制造商授权使用MS-DOS操作系统。1983年11月10日，Windows操作系统首次登台亮相。该产品是MS-DOS操作系统的演进版，并提供了图形用户界面。1995年7月17日，盖茨荣登《福布斯》全球亿万富翁排行榜榜首，个人财富为129亿美元，盖茨时年39岁。微软当年销售收入为59亿美元，员工量为17801人。1996年6月，盖茨第二次成为《连线》杂志封面人物。画面是盖茨裹着浴袍，只是该画面已被Photoshop软件处理过。1996年12月，微软股价创下新高，同比上涨88%。从账面收入看，盖茨当年每天收入高达3000万美元。

而生存型创业是指创业者把创业作为其自身生存和发展不得不做的选择，因为其他选择不是没有就是不满意，创业者必须依靠创业为自己的生存和发展谋求出路。

中国20世纪90年代的“下岗潮”中的下岗工人创业就是属于这类。下岗职工问题最早出现于90年代初期，当时还不叫下岗，有的地方叫“停薪留职”，有的地方叫“厂内待业”，有的叫“放长假”“两不找”等。90年代中后期，下岗职工问题作为一种社会经济现象开始凸显，并且引起社会各方面普通的广泛关注。下岗职工问题集中在这个时期出现，是中国经济发展多年积累的深层次矛盾的综合反映。出现职工大量下岗的现象，是计划经济向市场经济转轨过程中的必然反映，是中国经济发展多年积累的诸多深层次矛盾的综合结果，也是在现有国情下，改革和发展过程中不可逾越的阶段。没有这个过程，国有企业就无法摆脱困难，更无法建立现代企业制度。从长远看，随着改革深入、科技进步和经济结构的调整，劳动力的相应调整与流动也会经常发生，这也是不以人的意志为转移的客观现实。下岗分流虽然会给部分职工带来暂时的困难，但从根本上说，这是前进中的问题，将有利于经济发展和社会全面进步。

2.独立型和合伙型

从创业者的数量来看，创业类型可以分为独立型创业和合伙型创业。

独立型创业是指创业者独立创办企业或组织，如大多数的个体工商户、个人独资企业等。合伙型创业是指创业者和他人合作，或有团队共同创办企业或组织，如同学或朋友之间合作创办一个有限责任公司。

2013年上映的国产电影《中国合伙人》就是介绍合伙型创业者的故事，受到了社会广泛的关注与热议。电影《中国合伙人》是由香港导演陈可辛执导，黄晓明、邓超、佟大为主演，讲述由20世纪80年代至21世纪初，大时代下三个年轻人从学生年代相遇、相识，拥有同样的梦想至一起打拼事业，共同创办英语培训学校，最后功成名就实现梦想的励志故事。该片浓缩了一代创业者的成长历程，具有一定的时代意义。

3.传统技能型、高新技术型和知识服务型

如果从创业者所选择的创业项目领域和内容的不同来看，创业可以分为传统技术型创业、高新技术型创业和知识服务型创业三种类型。

所谓传统技术性创业就是采用传统的技术和工艺进行创业。例如，酿酒、饮食、工艺美术、服装等劳动密集型领域等创业项目。高新技术型创业则是借助带有前沿性、研发型等新技术、新产品进行的创业。例如，互联网软件开发、生物制药工程等就是典型的高新技术型创业。而知识服务型创业是随着经济高速发展，第三产业蓬勃发展而迅速兴起的一种创业类型，此类创业者为社会提供知识、信息服务的创业活动，如律师事务所、会计事务所、管理咨询公司、私人教育机构等。

其中，知识服务型创业已经成为最近来创业的发展主流。而被誉为“中国民办教育第一人”的俞敏洪则是知识服务型创业最成功的案例。1991年，俞敏洪从北大辞职，进入民办教育领域，1993年创办北京新东方学校，现任新东方教育集团董事长、中国青年企业家协会副会长、中华全国青年联合会委员等职。被媒体评为最具升值潜力的十大企业新星之一，20世纪影响中国的25位企业家之一。

4.依附型和独创型

如果考虑创业风险等因素，创业可以分为依附型创业和独立型创业两类。

依附型创业一般有两种情况。一是依附于大企业或产业链而生存，如配套服务型企业；二是加盟连锁，使用特许经营权，充分利用主品牌优势和成熟的经营模式，以减少创业企业的经营风险。这类情况多出现于餐饮和服装行业，如肯德基、麦当劳、耐克、阿迪达斯等。

而独立型创业就是指创业者通过提供有创造性等产品或服务，来弥补市场需求等空白。

在中国，最成功的独立型创业案例是马云创办的阿里巴巴集团旗下的网络购物平台——淘宝网，它的创办填补了中国电子商务平台的空白。其创始人马云也被称为中国商业领域的“十八大盗”。在福布斯中文网发布的2014中国富豪榜中，马云以195亿美元身家名列第一。

4.1.3创业的动因

当你有了自己创业的想法的时候，你应该仔细地想一下，自己为什么要创业？也就是需要思索创业的动机与原因。明确了自己创业的动因，并且经分析认定自己的创业动因是正确的，那么，这将有利于你在创业的过程中，树立信心、坚定信念、克服创业中的困难，从而取得创业的成功。那么，创业动因有哪些呢？我们就一般的角度来探讨。

比尔·盖茨当年如果向任何一家银行申请创业基金，去启动微软公司的创建的话，估计银行会微笑着把他打发走，但意想不到的是，微软公司已经成为今天的世界巨头公司。

海尔的前身，是一家濒临倒闭的街道小厂，想不到今天已经成为在世界享有盛誉的跨国公司。

不惑之年的柳传志在“憋得不行”的驱使下，走向了创业的道路，虽说历经艰辛，但今天的业绩是何等辉煌！

这样的例子数不胜数，这些向往自由和成功的人们，这些渴望振奋和激励的创业者，支撑起了我们这个社会。

投入独立经营是你迈出的正确的一步——只要这一步是你深思熟虑后的决定，只要你坚定不移地朝着既定的目标努力。

做一个自由人，独立经营，独立决策。没有上司来对你指手画脚，告诉你什么是对的，什么是错的，应该怎么做等。你不必再为“我究竟是在为什么、为谁而工作？”这样的问题而困惑。夺取人类行动自由的雇佣制度正是现代的奴隶制。在喧嚣动荡的现代经济生活中，公司职员这一身份给人带来的安全感已经一再被证明只是一个危险的错觉。与此相反，在独立经营中充满了新的机遇和前景。今天，为了在激烈的国际竞争中站稳脚跟，现代机构和国民经济需要体制灵活、善于创新、乐于承担风险的小企业进入各种年轻而富有活力的市场，而这恰恰是独立经营的特点所在。

独立经营将带给你无穷的快乐，因为这意味着自由，正如阿尔贝特·施魏茨尔的诗句：

我怎会甘于庸碌，
打破常规的束缚是我神圣的权利，
只要我能做到。
赐予我机会和挑战吧，安稳与舒适并不使我心驰神往。
不愿做个循规蹈矩的人，不愿唯唯诺诺麻木不仁。
我渴望遭遇惊涛骇浪，
历经千难万险，哪怕折戟沉沙，
也要为争取成功的欢乐而冲浪。
一点小钱，
怎能买动我高贵的意志。
面对生活的挑战，我将大步向前，
安逸的生活怎值得留恋，
乌托邦似的宁静只能使我昏昏欲睡。
我更向往成功，向往振奋和激动。
舒适的生活，怎能让我出卖自由，
怜悯的施舍更买不走人的尊严。
我已学会，独立思考，自由地行动，
面对这个世界，我要大声宣布，
这，是我的杰作。

创业将给你带来无穷的快乐，同时也将伴随着许多的烦恼，但这样做是值得的，因为这意味着自由。正如阿尔贝特·施魏茨尔在诗中大声宣布的一样，这意味着你放弃了稳妥而一成不变的生活，选择了机遇，去创造机会，并把握机会。也许你将一夜无眠、绞尽脑汁，只为按时把货物交到用户手中。此时，请你捧起阿尔贝特·施魏茨尔的诗歌，他誓做一个自决、自立的人生宣言会给你新的勇气。当然，这样的选择也与困难和风险紧密相连。所以，应该说明，创业成功并非轻而易举，需要勤奋、刻苦、努力！

当然，你辛勤的工作的成果也只属于你一个人。在今后的日子里，你知道你在为什么而奋斗，不是为几个天知道叫什么名字的机构组织。在那里，你只能盲目地去适应某一制度，没有决策的权力，无法施展自己的聪明才智。从今以后，你只为你自己工作！

尽情享受“成功的振奋和激动”，勇敢地去接受创业的挑战！你将成功地塑造一个独立的自我。有志者，事竟成！

就创业动机而言，伊查克·爱迪思在他的名著中这样写道：“如果创业者创办企业就是为了追求投资回报，那就如同圣经中的先知是为了想升入天堂而说出预言，或母亲想要生个当医生的女儿才要孩子一样。先知并不想下地狱，母亲并不想孩子一事无成，创业者也不想破产。但投资回报率（ROI）只是一个限制条件，而不是决定因素。尽管没有投资回报率最终会让企业破产，但投资回报并不能催生一个企业。”“那些一门心思扎在钱眼里或只想着投资回报率的创业者很可能大失所望，可能在企业产生盈利之前他就已经退出角逐了。你不可能总指望财源滚滚。创业的主张要变成可操作的内容，在这一过程中，就难免失误，也就是说很可能就要赔钱。那些只顾追求金钱的人常会觉得备受打击，直到最终找到满足市场需求的正确答案。对他们而言，即便当时没有利润也在所不惜，养育一个孩子就是要求你去照料他，有病没病都一样，生活中并不是什么时候都只有微笑。”爱迪思的思想非常具有哲理性，这种观点与老子的《道德经》中的“无为”思想有某种相同之处。墨西哥商业银行的创始人有一次在聚会上提到，他的夫人都不理解他为什么要去开银行。他曾说：“创业就像是年轻时进入梦乡，一觉醒来已经老了。”创业需要的是全神贯注、全力以赴；创业不仅仅是索取回报，还需要对新创企业承担责任与义务。

1.做自己喜欢的事情

每个人对生活和工作都有自己的理解和追求，可是就目前以及相当长的时间里，对很多人来说，在一个公司里做一般甚至高级员工，虽然有较高的薪资或比较舒适的办公环境以及较好的福利，但是，必须按照公司统一的战略规划及统一的步调进行日复一日、年复一年的那份工作，无论您是否喜欢这样做或做这份工作，为了生活你不能失去这份工作，那么，你就必须服从公司的所有工作安排。有时，可能你非常不情愿，但是也不得不去做。因为，你是被雇佣者，而非老板。

而自己创办公司基本上就可以选择自己喜爱的事业去开创，按照自己喜欢的方式（当然必须按照市场规律与法律法规等）去做自己喜欢的事情。在自己创办的企业里为自己而工作，做自己喜欢的事情，去实现自己的人生理想与抱负，是大多数创业者的创业理由。

关于创业原因，张朝阳说：“重视自我，自我内心的感受重于一切，这是我创业的根本原因。在麻省理工学院博士毕业后，当时最热门的是到华尔街做分析员，待遇优厚。但我的内心告诉我，我应该尽快地发挥自己的特长——来自中国，这样我有了自己的第一份工作：麻省与中国关系的官员。当我感觉到自己的事业在中国时，我回国了，当看到Internet的机遇时，我感觉我应该创业了。”

2.做自己能够做的事情

一般来说，从小学到大学，或更高的学历，当完成学业后，很多人到已有的公司从事与所学的专业相符合的工作。但是，有的人在择业上，由于其他的原因而不能够从事自己所能够做的工作，或者说，公司分给自己的工作，自己即便是非常努力也做不好，而公司又没有或不提供自己能够做的工作，这时，会有很多人在无可忍受的情况下，走上了自己创业的道路，去从事自己能够做的事情。有这样一位朋友，高考时按照班主任和父母的意见报考大学化学系，但是，他入学后，发现自己不喜欢化学，逐渐对化学失去了兴趣，而对人文社会、经济与管理的知识非常感兴趣，有时间便去其他系听课、学习。毕业后，分到了一个化学研究所从事化学研究工作，由于没有太大的兴趣，工作令人十分不满意。后来，他到了另一个课题组，负责开拓市场的工作，热情非常高，业绩也很突出。再后来，他便毅然辞职，去创办自己的公司。他曾说：“创办公司，就是去做自己能够做的事，做自己愿意做的事。”他认为自己不适合化学研究，而比较适合做商务工作。

晁月1986年大学毕业后，被分配到大连的一所大学里教书，由于是基础部的课，不受学生重视，加之本人学历不高，也没有科研课题，所以，实感无趣。便想报考研究生，结果两次都没有考中。从此认定自己不具备做学问的天分，便调离学校来到了一家进出口公司做业务员。工作两年，虽然认识了一些客户，也熟悉了商务，但业绩平平。一次不慎，业务出了一点事故，受到老总的严厉指责。他一肚子委屈地回到自己家，思前想后，认定自己难以成为好的职员，想调离这家公司，到哪里去呢？时值1992年5月，正值创业高潮，他想了一个晚上，第二天辞职了，自己创办了公司，主营中草药。……1998年，他已经成为亿万富翁。

3.认定了一个好的机会

无论是有意的还是无意的，在你的研究或工作中，当你发现了自己认为很好的市场机会时，一般来说，都会非常兴奋，为自己的伟大、聪明、远见卓识而兴奋不已。这时，你可能会产生创业的冲动而走向创业，这样的例子在古今中外是非常多的。一些高科技企业的创业，常常是在这样的情况下起步的。对于认定的机会，也许是好的市场机会，也许是好的技术机会。好的创意最好是来自市场与技术的结合。

认定市场需要并不意味着你一定要发明一种新产品，有时候，更好或更经济的做法是提供一种价格更公道或服务更完善的产品。美国密歇根中小企业发展中心的瑞恩·豪尔认为："你的行业知识可以为你提供一种战略优势来确认市场，并从中获益。比如说，假设你是一位农产品经销商，你想到了一种新的销售方法。你知道消费者都会喜欢食用无农药和其他化学添加剂的果菜食品，即使是价格贵一些都不在乎。这就是健康食品正在世界各地以前所未有的速度蔓延开来的原因。你还想到可以把纯天然的全麦食品打包出售，每5公斤或10公斤一包，通过零售商店或以邮购方式来进行销售。"辛辛那提大学的查克·马修教授称这为"机会认知"，即在市场上能发现一种清晰的、但并未被别人发现的需求。凡是成功的创业家都必须有远见，也就是要看到别人看不到的东西。当一种新产品被引入市场时，我们经常可以听到有人用不屑的语气说："他们怎么会做这种东西？"是的，关键的一点是他们做了，因为他们看到了市场上的部分需求。即使是具备理想的条件，确定一块市场阵地只是开办自己公司的第一步，在确认市场需求后，你还需要计算好你能不能从中盈利，这些需求能不能够支撑一个企业。

4.为了家庭与个人的经济状况而改变

这样的原因也是在创业者中常见的创业理由。由于在公司里工作的薪资不是很高，难以维持家庭的生活开销或提高家庭的生活质量，他们经过分析后发现，要想改变命运或现实的生活，必须走自己创业之路，让自己的能力得以尽情地发挥，并获取最大的经济回报。大多数出身贫寒、收入微薄的创业者，其最初的创业原因就是要改变自己的生活境地，改变经济状况。

5.失业或下岗

失业或下岗常常是很多人自己创业的最常见的原因。失业的原因尽管很多，但对于失业者来说，需要考虑新的就业。在面对就业压力和生活压力的情况下，很多人可能会痛下决心，开始了自己的创业之路，大有大做的、小有小做的。中国刚刚改革开放时的创业者就有很多是待业者或刚刚从农村回城但没有就业机会的下乡知青。20世纪90年代，国有企业的调整和转制，使得大批国有企业职工下岗，从而使一部分有头脑的人走上了自主创业的道路。

6.才能得不到发挥

我们中的许多人最需要的就是独立。美国圣母大学有位企业研究专家杰佛里·A·伯奈尔，在从教之前，经营自己的汽车配件公司长达24年之久，他说："我们许多人内心深处都有一种非常强烈的需要，要做自己的事情，为自己犯错误，并在学习中不断提高，这些人在经营自己公司时成功的可能性都非常大，他们喜欢以自己的眼光去看待事物，渴望彻底地控制自己的命运。"

1982年春，从辽宁中医学院毕业的姜伟，就职于辽宁中医研究所。姜伟工作努力，敢于承担责任与风险。在1986年研究所实施科研承包时，姜伟挑起了研究室主任的担子，在一无资金、二无设备的条件下，姜伟领导大家开发一些当时人们所说的“短、平、快”的项目，很快就打开了局面，并取得了非常良好的成果。初显才能的姜伟开始受到人们的重视。但是，姜伟切身体会了研究所的层层机构、道道批文束缚了自己的手脚，他感到重重压力。姜伟感到不能再这样下去了，他要干一番自己的事业。于是，1986年10月，当时已经担任了研究所副所长的姜伟辞去公职，开始了自己的创业之路。姜伟说：“我下海，一不是生活所迫，二不是职业所迫，但一个青年知识分子，应该寻找一个更适合自己、适合社会、适合最大程度实现自我价值的一条道路。每个人都应该去寻找能利用自己的才能去创造财富的机会。”

7.获得大的经济利益

为人打工只能赚到极其有限的薪酬，是不会富裕发达起来的，很少有人通过为别人工作而富有起来。自己经营一家企业至少提供了赚更多钱的机会，至于是否富裕起来，取决于是否将企业做成功。如果企业发展很好，作为创业者的收入、相比打工角色的额外收益要求等都是可以实现的。大企业都是由小企业发展起来的。如果新创的小企业发展起来了，创业者就会考虑使企业公开上市而增加企业价值，或通过出售而获得大量利润后成功隐退。贾君出生于贫穷的黑龙江农村，从小失去父亲，是年迈的老母省吃俭用将其带大，并供其读完大学的。大学毕业后的贾君分配到大连的一家研究所工作，虽然工作性质很好，但收入很低，只能够维持自己的生活，虽然省吃俭用，一年下来，也攒不下几个钱，根本谈不上去买营养补品回家孝敬年迈的母亲。3年后，经人介绍他与另一位家境也不富裕的女大学生结婚成家，生活更加紧张。婚后两人感情虽然很好，但是却常常为钱的问题而吵架。1994年，贾君为了改变贫穷，辞去研究所工程师的职务，依靠自己所拥有的技术，与别人共同创立了公司。第一年没有赚到钱；第二年开始赚钱但也仅仅赚一点小钱，但已经比在研究所工作收入高了；到了第三年，回报可就丰厚了……大概是第三年底，已经买了大房子的贾君又买了小汽车，也把老母亲从乡下接来……

是什么激励着人们去创业的呢？仅仅是为了金钱吗？英国一家研究机构对英国800家盈利小企业做了一项“关于是什么激励他们创业”的调查，结果显示：98%的回答者将“个人获得成功的满足感”列为第一重要推动力，其中70%的人认为是非常重要的因素；88%的人将“按自己方式做事”以及87%的人将“做长远规划的自由”列为重要或非常重要。仅有15%的人认为“给后代留下点什么”是非常重要的。货币收益也是重要的推动力，但是在创业者心目中并非最重要的。如果仅仅认定创业者的创业就是为了金钱的话，很显然是幼稚的，缺少对创业家的了解。

4.1.4创业的基本要素

1.创业者

人们一般都认为创业一定要冒极大的风险。的确，在高科技和一些新兴的领域，失败率较高。然而，对于大多数创业而言，并不存在很多危言耸听的风险，但又为什么会有许多创业失败者呢？德鲁克认为：“事实上，因为少数所谓的‘创业家’的无知，缺乏管理方法、违反管理规律，从而给创业精神的发挥蒙上风险的色彩，高技术创业家尤其如此。”现代风险资本的奠基人——乔治·多里奥认为：“宁可考虑向有二流主意的一流人物投资，决不向有一流主意的二流人物投资。”确实，不是一个拥有技术的科学家或工程师就能够创业成功。创业，不仅需要好的技术，更需要其他素质与能力。因此，创业者的素质与能力是创业成功的第一要素。

2.资本

《三国演义》中的刘备，虽有大志，但无资本。一次，在荆州与刘表闲谈，刘备叹曰："备往常身不离鞍，髀肉皆散；今久不骑，髀里肉生。日月蹉跎，老将至矣，而功业不建，是以悲耳！"表曰："吾闻贤弟在许昌，与曹操青梅煮酒，共论英雄；贤弟尽举当世名士，操皆不许，而独曰：'天下英雄，唯使君与操耳。'以曹操之权力，犹不敢居吾弟之先，何虑功业不建乎？"玄德答曰："备若有基本，天下碌碌之辈，诚不足虑也。"可见，要想创业，除了具备创业家的素质和选择合适的技术项目外，还需要具有一定的资金。否则，也只是空谈而已。从创业的角度，创业资本是创业的关键要素。中国台湾一家企业咨询公司总结了近一千家创业失败的原因，创业资金的匮乏是重要原因。正如人云：不是有钱就有了一切，但是，没有钱什么事也做不成。

3.技术

对于创业者来说，在创业准备的时候，确实需要认真地考虑："我要做什么？我能够做什么？"什么是技术？技术是将知识运用到实践中的手段、途径、工具或方法。企业之所以存在，是因为社会的需要，企业能够满足社会的"需要"。创业者就是要寻找能够满足社会需要的技术，并将技术付诸应用，去不断地满足社会的需要。对于社会需要的技术，并不完全等同于科学家眼中的科学技术，社会需要的技术既是建立在科学基础上的技术，又必须是能够满足社会实际需要的技术。因此，仅就技术水平上的高技术，并不一定能够创业成功。如果选择的技术虽然符合实际，在创业之初，显得非常火爆，但这样的已趋于普适的技术，很快就会度过技术的生命周期。因此，技术的选择，比较合适的是选择成长阶段的技术。对于创业者来说，还不能够考虑追求科学与技术上的卓越。因此，应该以市场需要为选择技术的中心，像日本学者说的那样："要开发能够卖得出去的产品。"既不要太超前于市场的技术，也不要落后于市场的技术。比较适宜的选择是：在市场中已经显现出应用前景，但还没有应用；或是技术在市场上刚刚出现，即技术只需超前于市场半步！很多的创业者凭着一项技术而创造出一番大的事业。

4.市场

企业的存在是因为能够满足市场的需求。如果没有市场需求，那么，新创的企业就没有生存的价值，自然也就不能生存。在竞争激烈的市场环境下，创业者如果不能开拓好市场并管理好市场，即便拥有最好的技术或比较雄厚的资金，也可能导致创业夭折。当然，一个优秀的创业者，是肯定能够开拓市场并管理好市场的。很多人总在期待市场高潮的到来，但是，对于创业者更需要坚持的是"创造市场"的理念。

对于创业，还有很多的因素，但就基本的要素而言，创业者更应特别关心以上四个关键因素。

4.1.5创业的路径

创业的路径是指创业具体实现的形式，创业路径的选择主要依据是创业者所掌握的创业资源，不同的创业形式对创业资源的要求不同。企业的创业一般分为个人自创、家族创业、合伙创业、收购企业创业和特许经营等形式。

1.个人自创

个人自创是指创业者动用个人的资源进行创业，以个人的各种资产承担风险的创业形式。这样的一种创业形式便于操作，产权明晰，但是相应的创业资源有限，而且承受风险的能力有限。

2.家族创业

家族创业是指家族整体进行创业。家族创业的优点是创业资本、人力资源、关系资源、信息资源、管理资源和把握市场的能力大大增强。而这种创业形式的缺点在于家族是依据血缘关系组成的集团，而家族内各个成员的人员素质和思想往往不统一，明晰产权的难度大，易受多种非经济因素影响等。所以家族创业的风险不仅来自创业本身，而且还来自家族内部的关系和谐程度和家族成员的整体素质状况。继承创业在很大程度上也可以归为家族创业的一种变形的表现形式。

3.合伙创业

合伙创业是指创业者以设立合伙企业的形式进行创业，这种创业行为往往能够聚集志同道合的创业者，从而在创业资本、人力资源、关系资源、信息资源、管理资源和把握市场的能力等方面达到和家族企业同样的效果，同时合伙人在平均个人素质和价值取向方面往往有较高的相似度。但是由于合伙创业的基础建立在各个创业者的信用和能力素质上，所以合伙创业受到创业者团队的能力、稳定性、合作意愿和凝聚力等团队基础的影响较大，诸多风险也来自于这些方面。

4.收购企业创业

收购企业创业是指通过收购一个企业或该企业的一个部分从而进入一个新的经营领域或扩大所拥有的创业资源，这样的一种创业方式为创业特别是已经设立的企业的扩张提供了一种很好的途径。但是从战略上看，该方式要特别注意的是，要保证企业总体经营的一贯性和业务的相对集中，不恰当的收购往往使创业陷入危险的境地，所以收购之前必须对于相关的各种风险做出较深入的分析和评估。

5.特许经营

特许经营既是创业者扩大企业规模的一种有效方式，又是创业者创业的一条路径。

创业者既可以作为特许经营的特许权的特许方，又可以作为特许经营权的受许方。创业者如果作为受许方受让了特许经营权，创业者在市场销售中就可以得到特许方的培训和支持，可以使用已经建立了知名度的商标。创业者如果作为特许经营权的特许方授予别的经营主体特许经营权，就可以通过让其他人使用自己的商标、生产流程、产品、服务等来扩大企业的规模。特许经营实际上是通过对产权的分割使用来运用产权，所以在特许经营中最重要的是对于特许经营权相关的权益的界定要明晰，否则将蕴含着较大风险。

4.1.6创业的模式

中国的创业环境在近几年得到长足的改善，并已成为世界上创业活动最为活跃的地区之一，但目前这些由商业推动及政府推动的创业促进模式，对发达地区和大中城市的高科技机会型创业活动的支持较多，对那些处于广大不发达地区，占中国创业90%的“夫妻店”“小生产”等生存型创业所处的创业环境影响不大。要实现中国社会的充分就业，必须对生存型创业群体进行必要的职业培训、技术培训、市场信息服务等政策支持。

而机会型创业者能比生存型创业者获得更多的贷款资金和政府支持，说到机会型创业，可以分为如下几种类型。

1.复制型创业

在现有经营模式基础上进行简单复制的创业。

如某人原先担任某家电公司部门主管，后来他自行离职，创建了一家与原家电公司相似的新家电公司，且新组建公司的经营风格与离职前那家公司也基本相同。

现实中，这种复制型企业的例子特别多，且由于前期生产经营经验的累积，而使得新组建公司成功的可能性很高。这种类型的创业模式，创新贡献较低，也缺乏创业精神的内涵，并不是创业管理研究的主流。

创业者个人命运的改变不大，所从事的仍旧是原先熟悉的工作，但他的确不断地在为市场创造新的价值，为消费者带来实惠。

很多创业者通过这种模式完成了第一桶金积累，还有个人管理运营经验的积累，为进行更高水平的机会型创业奠定了基础。

2.模仿型创业

模仿型创业是创业者跳出自己过去的经验范围，模仿国外或其他行业的模式进行创业。有的模仿型创业一开始技术创新的成分并不算太高，仅仅是引入已经在其他地区获得成功的商业模式到自己的区域或行业运营，这种方式一旦成功对创业者本身命运的改变还是很大的。

如某一汽车4S店经理辞职后，组建团队模仿别人成立一家O2O（Online To Offline），指线下商务机会与互联网结合）汽车后处理网络公司，有可能拿到大额的风险投资。

相对来说，这种创业具有较高的不确定性，学习过程较长，经营失败的可能性也比较大。如果是那些具备创新精神的创业者，只要能够快速学习成长，注意把握市场进入契机，创业成功的可能性也比较大。

3.开创型创业

开创型创业将极大地改变创业者个人命运，创业者将从事一项全新的产品经营，个人前途的不确定性也很大，同时，由于是创造新价值的活动，将面临较高的失败可能性。

一旦成功，创业者有可能改变一个行业的格局，乃至对人类生活产生巨大的影响，因此这种创业预期回报也很高，对那些充满创新精神的人来说仍富有诱惑力。

风险投资也特别偏好追逐这样的创业者，这样的创业者也许是创业精神最好的代言人。

但是它需要创业者有高超的能力、适当的创业时机、合理的创业方案、科学的创业管理才可能获得成功。

4.1.7创业的注意事项

1.积极利用现有资源

不少在职人员都选择了与工作密切相关的领域进行创业，工作中积累的经验和资源是最宝贵的创业财富，要善于利用这些资源。

切不可乱用资源，在职创业人员不能将个人生意与单位生意混淆，更不能因个人利益益而损害公司的利益，否则不仅要冒道德上的风险，甚至可能会受到法律的制裁。

2.寻找合作伙伴

一些上班族具备投资资金或有一定的业务渠道，但苦于分身无术，因此会选择合作经营的创业方式。这种方式虽能够分担兼职创业人员的压力，但要慎重选择合作伙伴，首先要志同道合，其次要相互信任。

此外，和合作伙伴之间的责、权、利一定要分清，最好形成书面文字，有合作双方和见证人的签字，以免发生纠纷时空口无凭。

3.细致准备必不可少

创业是一项庞大的工程，涉及融资、选址、营销等诸多方面，因此在职人员创业前，一定要进行细致的准备。

通过各种渠道增强创业所需的基础知识；根据自己的实际情况选择合适的创业项目，为创业开一个好头；撰写一份详细的商业策划书，包括市场机会评估、赢利模式分析、开业危机应对等，并摸清市场情况，知己知彼，打有准备之仗。

4.尽量利用相关政策

政府部门会颁布一些鼓励创业的政策，是对大学生创业的鼓励和支持，创业时一定要注意充分利用这些政策，如免税优惠、在某地注册企业可享受比其他地区更优惠的税率等。这些政策可大大减少创业初期的成本，同时也有效降低创业风险。

5.经商之道，以计为首

商业经营活动，从表面上来看好像是一种仅仅同物质打交道的经营活动。但是，透过现象看本质，如今的商业经营活动实质上已经变成了一种智力角逐，是一场“斗智斗勇”的“智力游戏”，是人与人之间的谋略大比试。正如古代军事家所说的“用兵之道”一样，经商之道也应该“以计为首”。面对激烈的市场竞争，创业者一定要找准自己的立足点和切入点，只有这样才能站稳脚跟、生存下来、谋取利益、发展壮大。因此，必须首先考虑如何运用自己的商业智慧制定全面系统的、可执行的、可操作的和切实有效的经营策略和实施方案，以便确保每战必捷，战无不胜。

6.决策问题

当创业者的决策失误时，不要对失误过于在意。创业者在创业过程中可能会因为疏忽等原因造成不良后果，如发错货导致失去客户等。作为创业者，要具备承受不良后果的心态和气度，对于出现的失误，不要过于敏感。接受事实，并从中吸取教训。

7.不要被胜利冲昏头脑

如果创业者依靠自己的好创意、合适的时机、良好的业务关系等取得了一定的成绩，这时切记，不要被阶段性的胜利冲昏头脑，在之后的业务中依然应保持谨慎的态度，特别是在资金投入、运营管理等方面。

4.1.8创业的思维误区

1.行业饱和，竞争加剧，全民都创业，哪能创成业

走进“创业时代”，越来越多的人加入创业大军，有些人是为了实现自身价值，有些人是为了提高生活水平，而有些人仅仅是因为找不到适合的工作。就在这种人人皆可创业的环境下，致使行业饱和，竞争加剧，这也对创业者的素质提出了越来越高的要求。

经济的快速持续增长，为创业者提供了大量机会，创业者的发展空间很广；而与此相应的，竞争程度加剧，对创业者的创业精神和创新能力也提出了更高的要求。有人认为在这样激烈的竞争中，已没有较好的创业机会和发展空间，而笔者认为，当前，科技、生活等方方面面都发生着剧烈的变化，更有政府和金融机构为创业者提供资金和技术支持，发展环境在优化，创业外因已经具备，创业者要做的是抓住机遇，对市场进行研究和细分，

找到自身生存发展之路，在创业中实现自我价值和社会价值。

2.别人怎么干，我就怎么干

大多数创业者都没有自主创业的实践和经验。无论是生存型创业，还是机会型创业，创业者常常不知道选择什么项目、怎么创业。于是，一些急于求成的创业者认为，复制别人的创业经验和方法，这是一条捷径。可这么做的结果，往往是人家创业成功，自己创业却失败。原因在于，创业是组合劳动、知识、技术、管理、资本等生产要素，进行创造性的生产活动。任何一个创业者，选择任何一种创业项目，最重要的是明确自己的优势，即自己熟悉的、有资源的、具备销售渠道和管理能力的行业。

3.创业如同赌博，创业者就是赌博者

有些人创业热情很高，创业冲动很强，可就是创业之路不顺畅。原因是这类创业者缺乏理智，认为创业就是一种赌博，凭的就是运气。投资某一个项目，不是进行周密的市场调查和预测，而是凭一时兴起。其实，很多成功的创业者会预期风险，并且通过各种方式分担风险、避免或最小化风险来左右成功优势的倾斜方向。他们常常把风险降低到可接受、可消化的范围，那时，他们才肯付出时间和资源，而不会承担更多的、不必要的风险。

4.跟着成功的大企业走不会有错

有些创业企业为了实现快捷发展、做大做强的目标，往往不从自身规模小和创办时间短的实际出发，盲目套用大公司的成功经验，认为选择这一路径不会有错，完全按照大公司的模式来打造自己。成立了过多的部门和科室，机构臃肿、决策缓慢、执行力不强，反而失去了小企业自身的优势。

5.拥有足够资金，创业一定不会失败

创业只要有资金就不愁发大财，这是很多创业者的认知。应当承认，资金是创业成功非常重要的条件，但是，拥有足够的资金就一定能成功创业吗？现实情况表明，如果企业创业初期资金过于充分，常常会给企业管理者和员工造成安乐感，而随意的、缺乏约束的、冲动的花费通常会给企业带来严重的问题。钱对于创业者而言是一把双刃剑，只有被适当地掌握，才能发挥其应有的作用。而现在决定创业成功的关键因素更多的是创业者的个人素质。

6.一口吃成胖子，一两年就指望企业做大做强

许多创业者都想在短期内取得很大的成功，想让自己的企业快速发展。但是，创业不是赌博，创业企业都是由小到大逐步成长的。几乎没有一家新企业可以在少于3～4年的时间里打牢基础。欲速则不达，企业的成功和发展，无一不是靠扎实务实、诚信诚实壮大起来的。

7.单枪匹马创业

大量创业事例告诉我们，独自创业的人员通常只能维持生计，要想单枪匹马地发展一家高潜力的企业是极其困难的。最成功的创业者通常是组建自己的团队，与同事、顾问、投资者、重要顾客、关键供应商等都要保持有效的工作关系。有的人创建企业，总想完全拥有整个公司的所有权和控制权，这种想法只会限制企业的成长。走出“单枪匹马”，一要有开阔的眼界，二要有广阔的胸怀。创业者应多寻求与人合作的机会，也只有如此才能吸收更多的创业资源和人才，走出自身认知的局限性，发挥每个人的所长，为企业的发展提供更多的思路和更大的空间。

8.贪多

很多创业者在创业初期一味贪多，所经营的项目多甚至跨行业，认为这样的投资方式涉及面广，且比较保险。殊不知投资战线拉长并不等于回报就多，因为受到资金、技术、管理等要素的制约，可能会分散精力，而精力不集中正是创业的大忌。小而专、小而新、小而特是创业者的理智选择。小项目、小产品通过产业集聚，照样可以做大做强，创业者一定要精力集中，瞄准一个目标，对其进行深入地分析、开发和经营，全力以赴，做深、做透，相信会取得不错的成绩。

9.创业者必须是年轻人

年轻人更具备创业的优势，年轻就是资本，有冲劲儿、有活力，显然这些都有助于创业的成功，但年龄绝不是创业的障碍。创立高潜力企业的创业者，其平均年龄是35岁左右，不过六十几岁才开始创办企业的创业者为数也不少。关键是要掌握相关的技术、经验、关系网，它们非常有助于识别和捕捉商机。创业没有年龄界限，只有创业者的素质高低。创业不分早晚，创业成功不取决于年龄。

4.2 创业与大学生人生发展

4.2.1 创业对大学生的意义

（1）创业可以充分发挥个人才能。许多上班族感到厌倦，积极性不高，重要原因之一是个人的创业得不到肯定，个人的才能无法充分发挥，在工作中缺乏成就感；而创业则完全可以摆脱原有的种种羁绊，充分施展自己的才华，发挥最大潜能，提高个人价值。

（2）创业可以积累财富，拥有自主人生。成功创业能够改变工薪阶层的窘困，可以为寻找出路的大学生另辟蹊径。无论出于何种动机和意愿，开创一份完全属于自己的事业，都既能满足自我需求、实现自我价值，又能为社会提供一系列的就业机会，终究是一件造福当下甚至惠及未来的好事情。不仅如此，这还可以使自己摆脱上班的约束，使自己的人生价值得到更完美的体现。

（3）创业可以享受过程，激励人生。在创业过程中，创业者可以感受到无穷的变化，遇到无数的挑战和机遇，这本身就是令人兴奋的。重要的是，在这个过程中，创业者可以不断积累经验，为日后的成功和长足发展奠定根基。创业还能够使个人有足够多的机会和力量回馈社会、造福一方，从而获得极强的成就感。创业更能使人做自己喜欢的事，并从中获得乐趣，能够激励自己不懈怠、不骄傲，一路踏实走下去。

总之，创业是实现人生价值、获得自身全面发展的有效途径。

4.2.2 创业能力对大学生职业生涯发展的作用

现在这个时代是一个创业的时代，改革开放为有志于创业的人们开辟了道路，提供了良好的环境，召唤每一个人投身于创业的潮流之中。创业对于国家、社会、个人尤其是大学生群体有着十分重要的意义，是实现人生理想和价值、获得自身全面发展的有效途径。

创业能力，本质上就是企业的经营管理能力。从管理学理论来看，创业能力按照由高到低分为四个等级，即操作与协调能力、执行与指挥能力、企划与计划能力、决策与控制能力。创业者要能够胜任各个能级的岗位的工作。因此，创业的过程，就是培养创业能力的过程。因此，创业能力的培养和提高，对个人职业发展有重要的意义。

（1）创业能力的提高有利于确定职业发展目标。培育和提升创业能力使大学生能够从职业生涯规划的层面上更加深入地了解创业的内涵，把创业作为一种可能的职业选择来看待，在创业选择时更加理性。创业能力的提高是一个不断发展的过程，有什么样的创业能力，就可规划什么样的职业发展目标。创业能力发展到一个新层次，职业发展目标就可以发展到一个更新的层次。

（2）创业能力的提高有利于实现职业发展目标。在创业能力培育过程中，大学生能通过了解商业运作的基本规律和过程，掌握一定的创业技能和市场分析方法，更加深入地理解市场需求和职业环境，为未来的职业选择提供方向和正确引导，从而增强职业生涯规划的科学性和可行性。当职业生涯发展目标越明确，需要的创业能力就越强。没有创业能力的提高，职业发展就变成无源之水、无本之木，个人的理想就无法实现。

（3）创业能力的提高是职业发展的基础。就业是实现职业发展的第一步，这是大学生职业规划的基本选择。就业意味要选择职业，有了职业，才可能进一步发展事业和创业。创业能力的培育有效增强了大学生重要的职业素质，包括机会识别能力、团队合作能力、沟通能力、创新能力、管理能力、资源获取与整合能力等，从而提高了大学生毕业后的职场适应能力和竞争力，有助于提升个体职业生涯发展空间的高度和广度。有了创业能力的提高，才可能从容选择理想的职业，为个人职业发展奠定基础。

创业能力的提高已不仅仅局限在自主创业上，更具有广义上的开创事业、开拓事业、创新业绩等含义，其内涵体现了开拓创新、创业能力和综合素质的提升与发展，而这些素质对于社会各个领域的就职岗位十分重要，对个人职业生涯发展更起着积极作用。

【案例】

创业点亮人生

每天一早，农十三师红星二场的大学毕业生刘文就会像往常一样早早来到养殖场，在晨曦中开始一天的辛勤劳作——收拾温棚、清理猪舍、配制饲料。这个2002年放弃固定工作自主创业的大学生，现在已拥有一个年出栏900头猪的现代化养猪场和一个四位一体的塑料大棚。经过七年艰辛创业，刘文在农十三师养殖行业中脱颖而出，实现着自己的人生价值。

1997年，刘文从塔里木大学畜牧专业毕业后，来到新疆家禽畜种总场从事鸡苗销售和技术服务工作。由于妻子在农十三师红星二场教书，1999年，他通过人才交流来到哈密市鸵鸟有限责任公司任技术科科长。2002年，29岁的刘文不顾家人反对，毅然辞去工作，来到红星二场六连创业。放弃有优厚收入的稳定工作，借钱养猪，这个举动不仅让社会上很多人不理解，他的家人也想不通。刘文的父母觉得儿子上了这么多年学，去当猪倌太可惜了。

家里人虽说不理解，可对刘文办猪场还是给予了最大支持。凭借 5 年在畜牧行业销售与服务的经验，刘文选择了门槛较高、投资大、市场风险较低的养猪业。他筹款 8 万元建起第一栋猪舍，从乌鲁木齐市一公司引入 16 头当时最好的品种法系长白、大白、新关系杜洛克种猪和50头三元杂优仔猪。经精心饲喂，这50头育肥猪个个膘肥体壮。眼看着就要投入市场销售，哈密生猪市场突变，猪肉价格猛跌，50头肥猪净赔6000多元。这对事业刚起步又债务缠身的刘文来说是个不小的打击。看着亲手建起的猪舍和圈里的15头怀胎的母猪，回想自己的人生目标，刘文义无反顾地选择了继续干下去。家人无私的关爱和妻子的鼓励给了他无穷的动力。

刘文付出了极大的艰辛，七年中，他没有真正休息过一天。寒来暑往，他在猪舍度过了无数个不眠之夜。刘文最终能在众多的养猪户中脱颖而出，靠的就是科技。他在种群选择上舍得投入，引进料肉比较高、生产性能好的优秀种猪群，同时紧盯市场，在行业低谷时整顿猪群、建设圈舍，在行业高峰时全力以赴经营。在生产中，他精细养殖，饲料自配，猪舍保持清洁干净、消毒彻底，投料定时定量。为了不断提高养殖水平，他结识了许多业内人士，不断向他人学习。对于自己的养殖技术，他从不保密，团场和周边乡村许多养殖同行到他这里学习、引种，他都尽心教授。

刘文经营的养猪场像滚雪球似的壮大起来，由最初的一栋猪舍发展到现在的四栋。

他每年的收益可观，2007年，他赢利20余万元；2008年，遭遇金融危机，他仍出栏600多头猪。2008年，刘文被农十三师授予“青年创业致富带头人”称号，他的创业事迹在青年中引起强烈反响。

目前，刘文正踌躇满志地规划着近期发展目标：近两三年内，把养猪规模扩大到2000头；利用猪粪，在猪场周围种红枣树；以后再在哈密市开肉店，产、供、销一体，畜牧、园艺齐发展。

4.2.3大学生创业的方向

创业主要是由在校大学生和大学毕业生群体组成。现今大学生创业问题越来越受到社会各界的密切关注，因为大学生属于高级知识人群，并且经过多年的教育往往背负着社会和家庭的种种期望。在现今社会经济不断发展就业形势却不容乐观的情况下，大学生创业也自然成为大学生就业之外的新兴的现象。

根据人力资源和社会保障部的统计，2012至2014年的就业状况不是很理想。所以许多大学生都选择参加《全国青年创新商业人才培养工程》来实现就业。同时，国家也推出了一系列的创业扶持政策，比如青年创业引领计划公益扶持基金、中小微企业扶持基金等。

方向一：高科技领域

身处高新科技前沿阵地的大学生，在这一领域创业有着近水楼台先得月的优势，“易得方舟”“视美乐”等大学生创业企业的成功，就是得益于创业者的技术优势。但并非所有的大学生都适合在高科技领域创业，一般来说，技术功底深厚、学科成绩优秀的大学生才有成功的把握。有意在这一领域创业的大学生，可积极参加各类创业大赛，获得脱颖而出的机会，同时吸引风险投资。

推荐商机：电子商务、软件开发、网页制作、网络服务、手机游戏开发等。

方向二：智力服务领域

智力是大学生创业的资本，在智力服务领域创业，大学生游刃有余。例如，家教领域就非常适合大学生创业，一方面，这是大学生勤工俭学的传统渠道，积累了丰富的经验；另一方面，大学生能够充分利用高校教育资源，更容易赚到“第一桶金”。此类智力服务创业项目成本较低，一张桌子、一部电话就可开业。

推荐商机：家教、家教中介、设计工作室、翻译事务所等。

方向三：连锁加盟领域

统计数据显示，在相同的经营领域，个人创业的成功率低于20%，有的则高达80%。

对创业资源十分有限的大学生来说，借助连锁加盟的品牌、技术、营销、设备优势，可以较少的投资、较低的门槛实现自主创业。但连锁加盟并非“零风险”，在市场鱼龙混杂的现状下，大学生涉世不深，在选择加盟项目时更应注意规避风险。一般来说，大学生创业者资金实力较弱，适合选择启动资金不多、人手配备要求不高的加盟项目，从小本经营开始为宜；此外，最好选择运营时间在5年以上、拥有10家以上加盟店的成熟品牌。

推荐商机：动漫店、快餐业、家政服务、校园小型超市、数码速印站等。

方向四：开店

大学生开店，一方面可充分利用高校的学生顾客资源；另一方面由于熟悉同龄人的消费习惯，因此入门较为容易。正由于走“学生路线”，因此要靠物美价廉来吸引顾客。此外，由于大学生资金有限，不可能选择热闹地段的店面，因此推广工作尤为重要，需要经常在校园里张贴广告或和社团联办活动，才能广为人知。

推荐商机：高校内部或周边地区的动漫店、餐厅、酸辣粉店、咖啡屋、美发屋、文具店、书店等。

方向五：技术创业

大学生毕业后，在学校学习的课程很难应用到实际工作中。毕业后学习一门技术，可以让大学生很快融入社会。有一技之长进可开店创业，退可打工积累资本。好酒不怕巷子深，所以有一技之长的大学生在开店创业的时候，可以避开热闹地段节省大量的门面租金，把更多的创业资金用到经营活动中去。

推荐商机：弹棉花店、裁缝店、修车行等。

【案例】

大学生创业卖菜，手机下单后直接从农场送货

新鲜的蔬菜在哪里种的，是否放心，只需在手机上一查就能溯源，直接通过手机下单就能享受新鲜的农场蔬菜配送。近日，来渝参加“泛海扬帆——重庆大学生创业行动”座谈会的中国西部人才开发基金会理事长魏礼群一行来到沙坪坝、璧山，参观了这一行动资助的两个项目，并鼓励创业者们继续创新，早日成长为优秀企业家。

大学生瞄准绿色农产品市场在位于璧山区城郊的“东方锄禾”农场内，创业者吴书柱正带着他的大学生团队忙碌着。平整田坎、开翻土壤，这些大学生们干得非常熟练。

“我们团队现在已经有17名大学生了。”吴书柱介绍，他从2010年开始创办重庆蜀都蔬菜种植专业合作社，从当初菜市场的一间30多平方米的陋室、5个人的团队，发展到目前吸纳大学生17名、社员1000余名的规模，业务也涉及生态家庭农场基地、蔬菜物流配送、蔬菜社区连锁专卖店等，能为重庆大学城12所高校食堂供应新鲜蔬菜。随后，他们又成立了重庆三原则农业开发有限公司和蜀都科技商贸有限公司，现在已经形成了“东方锄禾”这一蔬菜品牌。

吴书柱说，他来自农村，立志要通过搞农业带动家乡建设，在餐饮企业打过工的他看准了绿色农产品很有市场。当时大学城正在建设，想到那里学校集中，每个学校都有

食堂，蔬菜的供应量很大，很有前景。于是他便计划在璧山搞蔬菜合作社，用“公司+农户”的形式，将农产品直接供应各大食堂。

买菜可溯源，物流可监控

不过，大学生做农业可并不容易。“最开始农户们都不信任我们，觉得我们一帮年轻人，不会搞农业，以为是骗子。”吴书柱说，一连40多户，只有一个人认他们。为了赢得大家的信任，他们帮农户送化肥、种子，讲解科学种植技术、如何维权等，慢慢地，农户开始信任他们。在短短三个月的时间里，合作社就发展了新堰、河边、狮子等15个地方，大小种植户近1000户，种植面积达到了35000多亩。

如何把蔬菜销售出去也是一大难题。2010年11月，因为农户跟风种植多，有5000吨蔬菜在地里无人买，吴书柱只有和团队成员分头联系商贩、食堂，还是不行，最后求助媒体才卖了出去。参加了第三期“泛海扬帆”的培训后，吴书柱得到培训老师的指导，让懂农业但不懂商业的他们学习到了不少知识。

现在，他们调整了定位，开始了50亩示范基地的建设，利用“追踪农业”来一步步完成品牌效应。“现在我们建设了‘我的菜，我做主’手机3G农产品产销平台。”吴书柱介绍，农场基地全程监控、数据备档，物流配送可远程监控，消费者只需在手机上一点，就可实现在线监控和下单，让蔬菜直接从农场送到消费者手中，安全放心。

目前，他们正在进行社区连锁店的建设，争取能在年内完成15家社区直营店，打造自己的品牌。

小老板要打造创业交流平台

“我是在‘泛海扬帆’的支持下成长起来的，我也希望打造一个创业交流平台，让更多怀揣创业梦的大学生能交流，并实现自己的梦想。”作为首期创业比赛的冠军，卢硕已成为营业额达500万元的小老板。卢硕毕业于川美视觉传达专业，和几位同学创办了风格艺术工作室，从事视觉设计，在2011年首期“泛海扬帆”行动中，带领团队赢得了5万元资助。活动结束后，陶然居总裁严琦成为他的创业导师，不仅大方将公司旗下10多个项目的商标设计任务交给了卢硕，还主动帮忙打广告，拉来其他项目。仅3年时间，工作室营业额就从原本的10万元上涨到200多万元。

工作室走上正轨，卢硕又思考起进军新领域：“大学城有10多所高校，20多万名师生。要是能做餐饮，打造一个吃饭、聚会的好地方，肯定有市场。”对于这个想法，严琦很支持，一口气投资60万元，帮助他建起“青果小巷里”餐厅。“不仅是做餐饮，还要做文化，做品牌。”卢硕憧憬着，未来，能培育出青果里书吧、青果里健身房乃至青果里社区等品牌，吸引更多学子入股，将青果里品牌推广至外地大学城。

4.3 创业精神

4.3.1相关概念

哈佛大学商学院对创业精神的定义是：“创业精神就是一个人不以当前有限的资源为基础而追求商机的精神。”从这个角度上来讲，创业精神代表着一种突破资源限制，通过创新来把握机会、创造价值的行为，而不是简单地体现在创造新企业上。因此，创业精神可以简单地概括为：“没有资源创造资源，没有条件创造条件，用有限的资源去创造更大的资源。”

创业的道路是坎坷的，选择了创业就是选择了面对更多困难、迎接更多挑战，而创业精神就体现在战胜困难与挑战的过程。虽然创业常常是以开创新公司的方式产生，但创业精神不一定只存在于新企业。一些成熟的组织，包括政府、事业单位等机构，只要有比较旺盛的创新活动和风气，该组织也同样具备创业精神。

创业精神类似一种能够持续创新成长的生命力，一般可区分为个体的创业精神及组织的创业精神。个体的创业精神，是指在个人意愿引导下，从事创新活动，进而创造一个新事业；而组织的创业精神则是在一个组织内部，以群体力量追求共同意愿，从事组织创新活动，进而开创组织的新面貌。

企业家创业精神的外在表现，可以从创新、冒险、务实、自主精神等方面来描述。

1.创新精神

创新精神是创业精神的核心。创新精神之所以成为创业精神的核心，归根结底是由创业活动的开拓性所决定的。由于创业是一种创造性的活动，本身就是对现实的超越，就是一种创新，因此，创业离不开创新，创新是创业的源泉。美国著名管理学大师德鲁克认为，“创业就是要标新立异，打破已有的秩序，按照新的要求重新组织。”因为“理论、价值以及所有人类的思维和双手创造出来的东西都会老化、僵死。我们需要的是一个创业的社会，在这个社会中，创新和创业精神是正常的、稳定的和持续的。正如管理已成为所有现代机构的特有机制，成为组织社会的主体职能一样，创新和创业精神也必须成为维持我们组织、经济和社会之生存所不可或缺的活动”。具体到精神领域，创业则意味着要树立将变革视为正常的、有益的现象的精神，树立一种寻找变革、适应变革，并将变革当作开创事业的机会的精神，树立一种赋予资源以新的价值的创造性的行为能力。

创业的本质是创新，创新就意味着突破。这样的突破可能是产品创新，如苹果手机；可能是技术创新，如英特尔的芯片；可能是商业模式创新，如亚马逊的网络图书销售。如果忽视创业背后所蕴藏的创新、社会责任感等创业精神本质要义，将金钱作为创业的全部，那么这种企业肯定是长不大的。

【小资料】

硅谷精神

上帝说：“要有风”，于是就有了风；上帝说：“要有光”，于是就有了光——像神一般地创造从来都是人类最伟大的梦想。而硅谷无疑是距离这个梦想最近的地方。鼓励冒险、刺激创新、容忍失败、减少束缚的氛围形成了硅谷独特的文化。这就是创新。企业在创新中实现梦想，人在创新中实现价值。

创新像基因，植根于每一个硅谷人的身体；创新像空气，滋养着每一个硅谷人的生命。

如果说好莱坞的餐厅侍者的菜单下面可能就放着他的剧本，那么硅谷的一个管道工修完下水道，跟他的客户谈的就是微软和网景两种浏览器的优劣。如果说好莱坞追梦人的抽屉里是各种手稿，那么硅谷人的脑海里就是创业计划。如果说代理人是在好莱坞大行其道，为演艺明星度身定做角色，那么风险投资家就是在硅谷叱咤风云，为新创公司提供整体服务。

硅谷是无数创新思维和灵感的聚集与扩大——当你天天呼吸着别人的更新、更快、更大胆的想法时，你的眼光自然在变宽，你的灵性自然被点燃，你的想象力和创造力自然在增值。

著名经济记者John Micklethwait和AdrianWooldridge在一篇论文里归纳出硅谷最成功的10条“文化簇集”：

第一，能者在上的公司信仰。年龄和经验没有用，肤色和背景无所谓。

第二，对失败的极度宽容。在欧洲，破产被看成羞耻；在一些国家，破产者不能再开公司。而在硅谷，“It is OK to fail”（败又何妨）。

第三，对“背叛”的宽容。员工的流动不受谴责，是一种完全正常的行为。

第四，合作。即使昨天是你死我活的对头，明天也有合作的机会。

第五，嗜好冒险。不仅在创业上如此，生活中也寻求蹦极、高空跳伞等刺激，以激活自己。

第六，赚钱之后，不做“守财奴”，再投资到创业环境中去。

第七，热衷改变。敢于自己吃自己，自我淘汰搏昔日的辉煌和模式。

第八，对产品而不是金钱的痴迷。硅谷人以宗教般的虔诚心态追求技术，希望能够以技术推动世界进步。

第九，机会的慷慨分布。谁都不用嫉妒谁。每个人都有自己的机会。

第十，分享财富的强烈倾向。从认股权到给员工健康检查，免费午餐、晚餐，为家属办幼儿园，提供优厚的退休金，至少在公司内部，财富被分享而不是独食。

如果再加一条的话，那应该是勤奋工作。在硅谷几乎每个人都没有固定的上下班时间，一天工作十二三个小时是家常便饭，十五六个小时也不鲜见。在和时间赛跑的过程中，睡眠是所有创业者的奢侈品。杨致远与斐罗创办雅虎之初，晚上经常睡在办公桌下，一只睡袋加一条毯子，在这样的硅谷时代中，作为个体，他们中的每一个未必是为使命而生，为使命而来；但作为群体，他们却似乎承担着人类的某种使命，闪耀着人类精神的光芒。这就是硅谷的精神，它已成为我们这个时代的特征，并引导着社会发展的未来走向。

2.冒险精神

冒险倾向指个人在不确定的情况下把握机会的方向。米顿曾把创业者看成是喜欢冒险的人，认为他们在任何时候都准备寻找并管理杂乱无章的情境，正因为他们能够避免风险，因此他们常常为接受风险做好准备。任何一项创业活动都不可能自始至终保持一帆风顺，特别是在知识经济时代的今天，创业者必须具有较强的风险意识，对于具备扎实的知识基础但缺乏经营经验的大学生们来说，面对机会能否冒险并果断做出决策是决定他们走上创业的关键第一步。

创业是充满风险的，这也是将创业投资的资金称为“风险资金”的原因。有研究指出，企业经营者为追求成功就必须承担合理、计算过的风险，所追求的利润越高，风险则越大，更有甚者必须冒着失败的风险以追求预期利润。Hensel认为，经营者成功的要素之一是要有创意地承担风险，即愿意承担合理的、估计过的风险。

赫尔·博斯利发现潜在的创业企业家比那些不想创业的人具有更高的发现倾向。陈·格林尼克里克在进行创业企业家自我效能量表调研时，发现风险倾向与创业企业家有正相关的关系。帕利希·佰吉提出创业企业家之所以具有更高的风险倾向的可能原因是，创业企业家对市场形势的判断更为积极肯定，把它们看作是“机会”，而不是“风险”，而非创业企业家则看不出“风险”中孕育的潜在“机会”。

3.务实精神

务实精神是创业精神的归宿。务实精神是中华民族自古以来就普遍重视和提倡的一种精神，它包括多重含义，要求人们办实事、求实效、实事求是，以至达到名与实相符。创业就是要创立一番事业，它是一种实实在在的实践活动，需要扎扎实实地付出艰苦的努力。要使创业的意识、创业的目标，知识、才能和品德有所体现，实现其价值，必须靠脚踏实地、创造性地劳动。没有这种务实的劳动，人就无法确定创业的精神与社会需要之间的价值关系，就无法使创业的理念变成现实，使创业的计划变成财富，也无法实现其创业的根本价值。

4.自主精神

个人主动性这个概念最早是由国际应用心理学会主席弗里斯教授在20世纪90年代提出的，是指个体采取积极和自发的方式，通过克服各种障碍与挫折来完成工作目标和任务的行为方式。有研究表明，个人主动性水平高者能充分利用挑战和机会甚至能在这些基础上进行创造，能积极参与一个正在飞速发展的世界。个人主动性可以作为协调人类资源管理系统和组织绩效的一个因素，个人主动性水平高者更易投入到新工作的创新上。弗里斯认为，相对非创业者来说，创业者在个人主动性上的得分更高并更能克服困难。库普等人还发现个人主动性与创业的成败有一定的关系。

自主精神是创业精神的基础。如果对创业实践做具体的分析，就会发现它除了具有实践活动的普遍特征外，还具有高于一般的实践活动的特征，在人的自觉能动性方面，它特别突出了人的自主精神，即自由创造、自主创业、自立自强的精神。创业精神的强弱，取决于人们自主创业的意愿，这种意愿也就是人的创业需要、创业动机，以及由此升华而成的创业理想，它构成了人们的创业意识。创业意识从本质上说就是一种自强自立的精神，它是人们创业的内在动力，是创业精神的基础内容。需要越强烈，动机越纯正，理想越切合实际，信念越坚定，创业精神就越持久、越稳定，有了这种持续稳定的精神支持，创业活动才会持之以恒，愈挫愈奋。

【小资料】

惠普车库法则（HP's Rules of the Garage）

惠普公司之所以成为伟大企业，其基因就是他们的创业精神—HP的“车库法则”。

相信你能改变世界；

快速工作，别锁上工具箱，随时待命；

了解何时该独立自主，何时该团队合作；

与同仁分享你的工具与想法，信任他们；

不玩政治，杜绝官僚作风（这在车库里本就很可笑）；

客户是评价你工作好坏的唯一标准；

激进的创见不一定是馊主意；

创造不同的工作方法；

每天都要有贡献，如果你没有贡献，就别离开车库；

相信团队合作可以万事皆成；

发明创新。

4.3.2培育创业精神的方法

1.创业榜样示范创业精神

上海第一财经主持人在崔艳在2009年4月5日采访“德丰杰全球创业投资基金”创始人汤姆·威尔斯时，他提问：“您认为创业者可以培养吗？汤姆·威尔斯给予了肯定的回答：“创业是可以学习的。”

每一个创业者在创业初期，都应该对已经创业成功或者没有成功的人做尽可能多地了解，但这种学习不要对自己的创业形成束缚。因为人们所学会的每一件事都是实践的结果，而每一个创业者在创业历程中，都不可避免地犯过错误，任何一位企业家都会牢记自己和其他创业者经历了怎样的磨难才取得了今天的成功，其中最典型的就是汽车大王亨利·福特曾经破产过四次！

但是，创业实践证明：学习别人成功的经验，可以使人更快成功；汲取别人失败的教训，可以使人不复制失败。就像家长从小就告诫孩子不要用手去摸太热的东西一样，实际上如果没有家长的教诲，这个世界上不知要多出多少被烫伤的故事。

2.创业环境培育创业精神

首先，经受竞争环境的考验。不良的创业心理品质往往表现为自卑胆怯，它往往来源于成功经验的缺乏。当今社会充满竞争和挑战，需要大学生大胆展示自己，充分发展自己，努力把握各种创业的机会。这就要有敢想、敢做、敢闯、敢冒险的心理品质，这些心理品质只能从行动中来、从竞争中来、从实践中来。因此，大学生应积极参与竞争，不要坐等机会的来临，只要有机会就大胆地去争取，多从事几种职业、多参与几次竞争是好事并非坏事，通过竞争积累成功的经验，通过竞争取得自信的快乐，通过竞争战胜孤僻、害羞、怯懦等心理障碍。

其次，经受不利环境的磨砺。生活比别人苦点、工作比别人累点、环境比别人差点这也是一种磨炼创业心理品质的方法。环境在给人施加压力的同时，也为人准备了一份智慧和才能，人们最出色的事业往往是在承受巨大压力下取得的。

3.创业实践磨炼创业精神

良好创业心理品质的形成重在实践训练，积极的实践能带来及时的反馈和成就感，也能带来节节成功的喜悦；切切实实地投入到创业实践中去，定能磨炼出坚强的创业心理品质。

（1）学校要构建创业实践基地，为大学生提供创业实践的便利，如创业见习基地、创业实习基地和创业园等，实现产、学、研一体化。

（2）社会要为学生提供更多的创业岗位供学生选择，如勤工俭学岗位、社区服务岗位等，使其经受创业实践熔炉的考验。

（3）学生自己课余主动参与创业实践，从小商品推销到饭店洗盘子，从为人打工到自己开店，熟悉各种职业特点和自己的能力特点，积累创业经验，增长创业才干，减少将来创业的盲目性。

只有经受创业实践的锻炼，创业目标才会更加明晰，创业信念才会更加强烈，才会形成好的创业者心理素质。

本章小结

我国现在正不断地涌现一个又一个的创业浪潮，创业精神高涨，千百万个中小型企业如雨后春笋般不断滋生、发展和壮大。虽然大量的小企业不断被淘汰出局，但有更多的创业者在推动着新的创业浪潮。正是在这种生生不息的创业浪潮中，一部分经受了考验、富有发展前途的企业逐步成长为大型支柱性企业，成为经济发展的巨大推动力。可以说，当今的中国，是创业者大展宏图、实现自己创业梦想的时代，如果你选择了成为一名创业者，充分准备好创业的能力条件，那么不论你的年龄大小、学历高低，也不论你的出身背景如何，都有机会获得成功。正如杰弗里·蒂蒙斯在《创业思维》中所述的："我们正处在一场静悄悄的大变革中——它是全世界人类创造力和创业精神的胜利。我相信它对21世纪的影响将等同或超过19世纪和20世纪的工业革命。"

复习思考题

（1）简述创业的概念，举一些成功者的创业例子？
（2）创业的类型和创业的模式有哪些？
（3）创业能力对个人职业生涯的发展有什么样的积极作用？
（4）简述创业精神的相关概念，以及培育创业精神的方法途径？

第 5 章　创业者

创业的行为是在市场经济条件下应运而生的。企业的创建者可以是个人，也可以是团队。其通常是一些有着共同志愿和价值观的人，因怀着对梦想的渴望而走到一起，形成最初的创业团队。他们通过对资源和生产要素的重新组合，来开发自己的产品或服务，满足市场上人们的某种需求，这时，企业就诞生了。

学习目标

通过本章学习，你将能够：

1.了解和掌握创业者应具备的心理素质和能力；

2.激发自己的创业兴趣，树立正确的创业观；

3.学会如何组建创业团队。

5.1 创业者的基本素质

孔子曰：凡事预则立，不预则废。自从创业者决定要开始创业那一刻起，就应该为创业做准备了。首先必须静下心来，认真思考一下如何去做？从哪里开始做？也许此前从未想过，但是在决心创业时必须认真思考下面几个问题，为今后的创业历程做好心理和思想上的准备。

5.1.1 创业与自我认识

1.你是谁

开始创业前，创业者首先必须确定自己目前的实际状况：我的处境如何？我的缺点在什么地方？我的优点在哪里？总之，必须“认识自己”。给自己画一张自画像：你了解你自己吗？你知道你的处境如何吗？

（1）人贵有自知之明

古人云：知人者智，知己者明。每个人都应该正确认识自己，每个人都有自己的长处和短处，人无完人。尺有所短，寸有所长，只有真正了解自己的优点和缺点，知道自己适合做什么，才能扬长避短，充分发挥自己的潜能。

（2）扬长避短是成功的捷径

每个人都有其优势所在，而自己最大的成长空间就在其最强的领域。只要善于发现、发挥优势，必能技压群雄、脱颖而出。

（3）人无完人，认识自己的长处

世界上每个行业都有其自身的规律和特点，而任何人也不可能是万事俱能的完人。创业者面对形形色色的行业选择，有擅长的，也有不擅长的，但总会有最适合自己的。认识自己，就是为了清醒地找到自己的长处和短处。

（4）有自信才会有成功

人的一生所达到的高度，不会超过自己自信可以达到的高度。如果拿破仑认为他的部队攀不过阿尔卑斯山，那么他的部队就永远也不可能攀过阿尔卑斯山。创业者必须有坚定的信心，才可以达到梦想的目标。

自信是创业者走向成功必备的心态。“自信者不疑人，人亦信之；自疑者不信人，人亦疑之。”对自己创业的能力和企业的未来充满信心，别人也会相信你，愿意和你走到一起，共同奋斗。一个不自信的创业者，是不会给别人带来信心的。

（5）找到优势就找到了信心

美国盖洛普公司前董事长唐纳德·克里夫顿（Donald O. Clifton）博士说过：“在成功心理学看来，判断一个人是否成功，最主要看他能否最大限度地发挥自己的优势。”每个人自我价值的实现都来源于对自身价值的认定，而人的自信来源于自己的优势。可见，正确地认识自己，在人的一生中有多么重要。找到了自己的优势，就找到了自己的信心。

2.你要成为谁

未来的我应该是怎样的？作为企业家我应该具备哪些素质？我发展了哪些品格？除此之外，创业者需要确定自己的发展目标，确定在未来应该具备的能力。

（1）找出你的偶像

一个人能够成为什么人，是因为他相信自己能成为什么人。如果相信自己能行，那就一定能行。《诗经》曰：“高山仰止，景行行止。虽不能至，心向往之。”应该说，在每个人的心里都有自己所向往的东西和自己所崇拜的人，那么，你自问：你最崇拜谁？你将来要成为谁？人们说：榜样的力量是无穷的。你崇拜谁，喜欢谁，就会自然而然地去学习他的一切，关注他的一切。榜样可以给你一种激情，而模仿和学习，就是你成为他的开始。就像学习书法和绘画一样，都是从描红临摹开始最初学习的。

（2）创业需要对成功有饥饿感

成功还需要一点饥饿感，一点渴望。就像一群人中第一个闻到饭香的，一定是最饿的那个人；一群人中最成功的，一定是最想改变自己命运的那个人。因此，只有当人渴望成功时，才可以得到成功。

创业者唯有找到自己的人生目标，找到自己最希望成为的人，并且由内心深处生发一种要成为偶像的激情，才会焕发出自身的活力。唯有渴望创业成功的激情不绝，在变幻莫测的创业历程中保持清晰的方向，才会充满活力地成就创业梦想。

（3）物以类聚，人以群分

和什么人聚在一起，就会成为什么人。创业者如果想要创业成功，那就要多与成功的企业家为伍，而不要与失败者、悲观者为伍。如果身边没有成功企业家或者创业导师，那可以多去阅读成功企业家写的书，在书中与他们的灵魂相交，他们平和的心态和世界观、价值观以及对待失败和挫折的乐观淡定，都会在潜移默化中影响你、感染你。

（4）近朱者赤，近墨者黑

“近朱者赤，近墨者黑”常常被人们用来比喻接近好人可以使人变好，接近坏人可以使人变坏。创业者要想成为谁，就要向谁靠近，久而久之，在潜移默化之中就会被同化。

3.如何拉近你与心中目标的距离

（1）用成功者的心态处事

如果一个创业者立志要成为一个优秀的企业家，那么就要用一个企业家的心态、思维模式和眼光来学习、观察、分析处理身边的人和事，并且要用企业家的标准要求自己，从思维方式到心态，都要向他们学习，就好像已经成为成功的企业家一样。

（2）做好迎接挑战的准备

成功从来就不是一蹴而就的。创业者一旦已经明确了创业的目标是什么，那么不管这个目标多么难以达到，也要认为自己已经拥有了，只不过正在取得的路上。如果拥有了这样的心态，就会进入一个可以最有效帮助创业者实现愿望的状态，从而逐步接近目标。

（3）机会永远靠自己创造

从来就没有救世主，一切都要靠自己的努力。创业者只有把现在的自己和目标的自己比较一下，看看差距在哪里？差距有多大？把这些差距变成动力，一天天、一点点地缩短与目标的距离，最终就能实现创业的愿望，只要坚持不懈地努力，就一定可以成为成功的企业家。

4.创业前的心理准备

（1）创业过程需要忍耐

生物学家路易斯·巴斯德（Louis Pasteur）说过："告诉你使我达到目标的奥秘吧，我唯一的力量就是我的坚持精神。"没有人可以随随便便成功，没有一个人的成功是一帆风顺的。创业初期的独立和自由是和寂寞紧密相连的，但是当创业成功者遇到挫折时，总是充满信心地忍耐和等待事业光明的到来。

（2）遇到挫折需要信心

创业历程也与四季一样，既有高峰低谷，也有暖春寒冬。记得一位诗人说过："冬天到了，春天还会远吗？"成功的创业者在战胜各种困难和坎坷的过程中，总是用"天将降大任于斯人也，必先苦其心志，劳其筋骨"来鼓励自己坚持下去，于是，心智得到了提高，品格受到了考验，意志也更加坚定，在克服和战胜困难的过程中成就了完美而成功的事业。

（3）成功需要毅力和坚持

如果立志命运从创业开始改变，就要咬定目标不放松，矢志不渝地付出努力，这样就一定会得到回报。有思路才会有出路，有作为才会有地位。人首先必须敢想，其次必须敢做，人生才会改变，理想才会实现。如果没有播种，就永远也不会有收获的果实。

（4）成功需要胆识和魄力

所有成功的企业家，并不是因为具有天生的才能而成功，而是因为具有过人的勇气、坚定的信念、执着的精神、不屈不挠的意志，才会在历经风雨之后，取得创业的成功。一个创业者想要成功，应该具备胆识和魄力。

5.1.2创业者及创业动机

创业者一词由法国经济学家坎蒂隆（Cantillon）于1755年首次引入经济学。1800年，法国经济学家萨伊（Say）首次给出了创业者的定义，他将创业者描述为将经济资源从生产率较低的区域转移到生产率较高区域的人，并认为创业者是经济活动过程中的代理人。著名经济学家熊彼特（1934）则认为创业者应为创新者。

在欧美学术界和企业界，创业者被定义为组织、管理一个生意或企业并承担其风险的人。创业者的对应英文单词是entrepreneur。Entrepreneur有两个基本含义：一是指企业家，即在现有企业中负责经营和决策的领导人；二是指创始人，通常理解为即将创办新企业或者是刚刚创办新企业的领导人。

香港创业学院院长张世平认为，创业者是一种主导劳动方式的领导人，是一种无中生有的创业现象，是一种需要具有使命、荣誉、责任能力的人，是一种组织、运用服务、技术、器物作业的人，是一种具有思考、推理、判断的人，是一种能使人追随并在追随的过程中获得利益的人，是一种具有完全权利能力和行为能力的人。

成为创业者的原因很多。一些人被独立和自由所吸引，能“做属于自己的事”，“能做自己的决定”，并能使你最大限度地掌控工作环境，这比在大公司遵规守纪的日子——不管是想象的还是现实中的要更有吸引力。有些人的职业生涯可能到达了顶峰——发现晋升之路上有不可逾越的障碍，或者认识到不能如其所愿平步青云。因此就产生了创业的想法。另一部分人相信建立一家公司能带来不断涌现的机遇。还有一部分人认为创业是为了拥有柔性多变的生活。当然，创业还可能带来大量的资金回报。迄今为止，很多人都在不同性质的工作实践中审视着这个世界。不少人不但打工也自己创业。雇员与创业者的区别曾经很清晰，但他们也有共同点——都在组织中工作并共同创造着一个创业的环境。

近20年来，经济的迅速发展令传统雇佣制与创业的界限变得模糊。当今社会最有价值的东西包括：信手拈来的知识和技能、有意义的工作、在职学习机会，以及建立无论在虚拟世界还是在现实团队中都有效的沟通网络和沟通渠道。很多人都在沿着缥缈甚至是曲折的职业道路前行。管理自己的企业与为他人工作的差别已愈加模糊。拥有你自己的企业也许是你一生的追求或仅仅是你职业生涯中的一小段。有一些人——被叫作系列创业者——在自己的职业生涯过程中创立、发展并出售多个公司。无论在什么情况下，为了成功，你都必须修炼出一套适应生存的技能、制订出合适的战略计划和拥有自己的经营团队，以增加你的生存概率。

创业的途径有许多。“不同类型的创业途径在广阔的范围交叉变化”，雷·斯迈勒——企业发展基金会的前主任这样说。他写了本书叫《大胆的梦想》，总结了三种类型的创业者：热情驱动型创业者、生活型创业者和成长型创业者。

（1）热情驱动型创业者，梦想有机会成为自己的老板，但他们还没有从自己当前的职业转换到无常变化的创业中来。创业研究协会是一个由保罗·雷诺兹博士和波士顿百森大学领导的，且由私人赞助的公共机构，创业研究会的一项研究成果显示，在美国，任何时候都有700万成人正在尝试着创业。

（2）生活型创业者，指创建了一个适合个人境况和生活方式的企业的人。他们创业的基本目的是养家糊口。常以“小生意”或“小零售铺”为业的生活类型创业者对社会的安定是具有实质性意义的。此类基于家庭的企业大约有一半从事从咨询到平面设计的服务行业；剩下的主要从事销售行业（17%）；技术及管理支持（15%）；修理行业（11%）；艺术工作（5%）。

（3）成长型创业者，有着将企业做大做强的能力和愿望。在美国，他们的公司是美国经济体系中动力十足的工作岗位发生器。位于马萨诸塞州剑桥市Cognetics公司的戴维·伯奇将这些企业称为创业圈中的“瞪羚”，目前它们正在逐渐增多。据统计，在美国约有30万创业型公司有50多名雇员并以每年超过20%的速度增长。Entrepreneur of theYear institute的2100个会员企业总收入达到1550亿美元，创造的就业岗位有130万个。此外，这些企业还能每年新增约15万个就业岗位。

热情驱动型创业者有个通病——当他们创业时都没有考虑企业将来要干什么。生活型创业者须充分考虑创业的优劣势。如果你的目标是雇佣20~30个员工，为自己和家庭创造一个舒适的生活状态并保持公司的控制权，那么追求生活型创业道路就最适合你了。但这样会使公司的筹资方式受到限制。这种企业经营方式排除了当流动资金紧张时出售部分企业所有权以缓解经营压力的可能。生活型企业使投资者不能通过卖出企业所有权收回其资金。如果在早起阶段创业者没有诚实阐述自己生活型的创业目标，那么当投资人意识到没有“退出”游戏的可能时，创业者将会与他们产生一系列不愉快的冲突。

另外，成长型创业者不太容易受到控制欲和生活方式的左右，他们意识到为了快速发展，必须卖掉公司的一部分所有权来提高资金的流动率。这些企业的投资者会踊跃投资，并得到相应程度的企业控制权。创业者与投资者充满热情，他们都有意成就一家有价值的企业，然后，要么卖给另一家企业，要么上市以赚取收益。创业者为了企业成长与创造财富也愿意出售对企业的控制权。

还有另一种创业。当一家生活型企业并未接受外部投资却成长得相当迅速时，这种企业是生活型企业与高速增长权益融资型企业的混合体。我们叫它们“自助成长型”公司。

在大部分情况下，创业者并没有这种创业方式的计划。他们也许只想开办一家生活型企业，在经营中获得乐趣，并利用销售收入维持企业的发展。或者他们可能处在一个没有或很少能获得融资的行业，或他们的业务与产业知识和投资者利益不匹配。

如果产生了创业动机，创业者在决策时应仔细考虑到底是生活方式和控制欲在左右他的决定，还是企业的成长带来的未来的预期、财富或者可能带来的名誉激起了他的斗志。

明确创业动机对创业者而言是很重要的，因为在这两个截然不同的方式之间前行是件很难的事。

【案例】

不甘平庸走上创业路大学生猪倌念出“淘金经”

在大学生就业难的社会现实下，如何冲出重围干出一番作为，是不少大学生面临的难题。有这样一位大学生，“跳出龙门”后又回到家乡，考取了村官，还当起了猪倌，走出了一条致富的好门路。近日，《东方今报》记者来到焦作市武陟县嘉应关乡二铺营村，向这个猪倌金志武“取经”，探寻他致富路上的百味体验。

◆不甘平庸走上创业路

2004年，从焦作师专毕业后，金志武像其他大学生一样，投简历，找工作，学习汉语言文学专业的他当时在老家武陟县育杰学校当起语文老师。“工作平淡枯燥，薪水待遇也不好，年轻人做两年就没心劲了。”金志武回忆说，年轻气盛的他不甘平庸，于是开始另觅出路。

这时，一个做饲料加工的朋友给了他启发：“农村土地资源丰富，养殖场建得比较多，家家户户都有鸡有猪，家畜养殖很有前景。”2006年，金志武毅然辞掉工作，从朋友的饲料厂里进来饲料，挨家挨户去卖：“朋友厂里的饲料可以给我优惠，也可以赊账，我就没有后顾之忧了。到农户家时也尽量给农户优惠。”就这样，勤劳本分的金志武受到了村里农户的认可，饲料卖得非常好。2006年年终，金志武的销售业绩在厂里数一数二，拿到了年终大红包。

◆在困境中发现商机

可就在此时，一场突如其来的猪瘟把金志武摔回了现实。2006年春节前后，“蓝耳病”泛滥，几乎一夜之间，村里的猪都消失了，猪价也跌到“冰点”，农户损失惨重，没人再敢养猪。养猪行业的萧条导致饲料滞销，而金志武的仓库里还存着20多吨饲料，原本是为春节期间备用，现在却成了没有用的废料。金志武找到厂家，可他的朋友也正好辞职，厂家拒绝退货。

看着堆放的饲料就这样打水漂，金志武很不甘心。这时，一个大胆的想法在他脑子里打转：“如果我自己养猪，建个小型猪场，饲料就有用了。”但这个想法遭到了家人的反对：“万一猪生病了，不就什么都没了！”金志武也有顾虑，但并没有就此放弃。

经过仔细考察他发现，养猪是个不错的商机，那时受猪瘟的影响，几乎没有农户养猪，幼猪的价格也降到最低，100元就能买到3个幼猪，这样不仅成本低，将来肯定有市场，而且国家也开始实施母猪补贴等各种优惠政策。

“如果不干，就真的什么都没有了，如果去干，或许还有希望！”说干就干，金志武顶着压力，开始了自己的养猪事业。

5.1.3 创业者特质

零点集团董事长袁岳认为，创业者最重要的资本是心理资本，要敢于冒险、不安分、有坚持性、沉得住。2002年11月的一期《哈佛商业评论》在《你能成为创业者吗》一文中，提炼出了测试人们是否具有创业潜质的“pH试纸”。该文通过五个问题来了解创业者的特质：你能否灵活地运用规则；你能否和强大的竞争对手竞争；你是否有耐心从小事做起；你是否愿意迅速调整战略；你是否善于达成交易。创业者需要具备成就动机、自信、执着、高情商、冒险精神这五大特质，这些特质是多年生活中沉淀下来的，对创业行为有着深远影响。

1.成就动机

所谓成就动机，是个体追求自认为重要、有价值的工作，并使之达到完美状态的动机，即一种以高标准要求自己，力求成功取得目标的内在动力。创业者是不甘于平庸的一个群体，他们具备很高的成就动机，并且勇于接受挑战和考验，希望创造出一番事业。美国哈佛大学教授戴维·麦克利兰提出的成就动机理论认为高成就需求者有三个特点：喜欢设立具有适度挑战性的目标，不喜欢凭运气获得的成功，不喜欢接受那些在他们看来特别容易或特别困难的工作任务；在选择目标时会回避过分的难度；喜欢能给予反馈的任务。大学生创业者可以在学习和工作过程中逐渐建立和激发自己的成就动机，选择有挑战但不是太难、同时能获得积极反馈的任务来做（如SIFE、挑战杯之类的活动）。

2.自信

产生自信心是指不断地超越自己，产生一种来源于内心深处的最强大力量的过程。成就事业就要有自信，有了自信才能产生勇气和毅力，困难才有可能被战胜，目标才可能达到。但是自信决非自负，更非痴妄，自信唯有建筑在诚实和自强不息的基础之上才有意义。大学生创业者需要建立对自己的信心和对创业成功的信心，这两种信心需要在不断完成任务的过程中得以强化。心理学有很多方法和技巧可以让人更加自信，但归根到底自信是源自实力，而不是简单的成功学激励，只有自己的知识和能力达到了一定水平才是真实的自信，因此，需要在不断取得进步的过程中一点一点构建。

3.执着

正如比尔·盖茨所说，巨大的成功靠的不是力量而是韧性，社会竞争常常是持久力的竞争，创业的成功是大浪淘沙的结果，“剩者为王”，唯有有恒心和毅力的成功者才会笑到最后。新东方教育科技集团董事徐小平说：“创业的过程，漫长而艰苦，充满了风险和各种各样的地雷，所以你要蹚过去，靠的不是对财富的渴望，靠的是对自己心中梦想的执着。”曾国藩“屡败屡战”的故事说明了执着的品质对于成功的意义。屡败屡战说的是一个过程，成败还没有定论，这就是一种执着的精神。执着的品质是当代大学生群体比较缺乏的，20世纪80年代以后相对安逸的家庭环境，以及一直在校园中学习，年轻一代很少经历挫折和大风大浪。为此，有志于创业的大学生要有意识培养自己执着的品质，可以从任何小事做起，坚持做较长的一段时间，如坚持每天写一篇日记，每天读50页书，每天锻炼30分钟等任务，既达成了计划的目标，又培养了自己执着的精神。

4.高情商

“情商之父”丹尼尔·戈尔曼（Daniel goleman）认为，一个人的成功，智商（IQ）的作用只占20%，其余80%是情商（EQ）的因素。情商包括五个方面：了解自我、自我管理、自我激励、认识他人情绪、人际关系能力。情商和领导力有比较大的关联，提高情商有助于领导水平的提高。大学生创业可以从五个方面来提高自己的情商：了解自我，知道自己是个什么样的人，最好请别人给你客观的反馈；控制情绪，遇到任何事情先冷静思考，用深呼吸或数数来避免情绪爆发，明白情绪化无助于解决问题；换位思考，改变以自我为中心的思维，从对方的角度来思考和理解别人的想法；保持积极上进的心态，克服悲观情绪的困扰；学习和掌握沟通技巧，训练表达能力。

5.冒险

只要从事创业活动，就必然会有风险，且事业的范围和规模越大，取得成就越大，风险也越大，需要承受风险的心理负担也就越大。创业家都是冒险家，他们对选定的事业和瞄准的目标敢作敢为，冒着承受失败的风险起步，对事业总是表现出一种积极的心理状态，不断地寻找新的起点并及时付诸行动，表现出自信、果断、大胆，以及面对未知世界的坦然、对挫折失败的宽容。敢作敢为不是盲目冲动、任意妄为，不是凭感觉冲动冒进，而是建立在对主客观条件科学分析的基础上。创业者要具备评估风险程度的能力，具有驾驭风险的有效方法和策略。“赌徒式”的冒险家虽然有可能侥幸成功，但一般情况下并不可取，成功的创业者总是事先对成功的可能性和失败的风险进行分析规划，选择那些成功可能性更大的目标和路径。

此外，创业者需要有良好的身体素质来做基础，零点集团的董事长袁岳认为，创业并不是有智慧就可以了，创业在本质上是拼身体、拼心理、拼耐力与拼人脉。他同时也认为，大学生创业的首要条件就是创业的大学生身体要超级好，能做到天天出操，再去创业。创业和早上出操有什么关系？袁岳是这么回答的：“如果你因为老师没有要求你做到天天出操就不这样做，那么创业也不是老师要求的。连天天坚持出操都做不到的人，要干每天都出摊的创业更是纸上谈兵。”此外，创业是一件非常辛苦的事情，“没有好身体，不仅自己会死得很快，连创立的企业也会死得很快”。一般创业者都要经受超过常人的工作负荷和心理负担，如履薄冰地经营企业，身体素质的好坏就决定了创业能够走多远。我们经常会听到一些企业家年纪不大就突然去世了，也时常会听到一些高科技行业的精英英年早逝，这都是沉重的代价。大学生创业者在读书期间是锻炼身体的最好时期，有时间也有良好的设施环境去锻炼。每个创业者都可以培养自己对某项或几项运动的兴趣爱好，还能在锻炼过程中拓展人脉、学会团队合作和提升领导力。国内知名企业家很多都重视体育锻炼，如柳传志坚持长跑；几经商海沉浮的史玉柱在浙江大学读书时就经常环绕西湖跑步，大学里锻炼出来的身体和心理素质支撑了他人生的起伏；台湾经营之神王永庆也非常热衷于跑步，甚至在八十多岁高龄还坚持跑步锻炼。

【案例】

俞敏洪的“打开水精神”

在北大当学生的时候，我一直比较具备为同学服务的精神。我这个人成绩一直不怎么样，但从小就热爱劳动，我希望通过勤奋的劳动来引起老师和同学的注意，所以我从小学一年级就一直打扫教室卫生。到了北大以后，我养成了一个良好的习惯，每天为宿舍打扫卫生，这一打扫就打扫了4年。所以我们宿舍从来没排过卫生值日表。另外，我每天都拎着宿舍的水壶去给同学打水，把它当作一种体育锻炼。大家看我打水习惯了，最后还产生这样一种情况，有时我忘了打水，同学就说“俞敏洪怎么还不去打水”。但是我并不觉得打水是一件多么吃亏的事情。因为大家都是同学，互相帮助是理所当然的。同学们一定认为我这件事情白做了。又过了十年，到了1995年年底的时候，新东方做到了一定规模，我希望找合作者，结果就跑到了美国和加拿大去寻找我的那些同学，他们在大学的时候都是我的榜样，包括王强老师等人。我为了诱惑他们回来，还带了一大把美元，每天在美国非常大方地花钱，想让他们知道在中国也能花钱。我想大概这样就能让他们回来。后来他们回来了，但是给了我一个十分意外的理由。他们说：“俞敏洪，我们回去是冲着你过去为我们打了4年水。”他们说：“我们知道，你有这样的一种精神，所以你有饭吃肯定不会给我们粥喝，所以让我们一起回中国，共同干新东方吧。”才有了新东方的今天。

5.1.4创业者需要具备的基本素质

创业基本素质包括创业意识、创业心理品质、创业能力和创业知识结构四大要素。

1.创业意识

想要取得创业的成功，创业者必须具有创业的意识，对市场进行长期细致的观察和思考。创业的成功是思想上长期准备的结果，没有强烈的创业意识，也不易克服创业道路上的各种困难。创业意识是创业者必备的创业素质之一，是指在创业实践活动中对创业者起动力作用的个性倾向，包括创业的需要、动机、兴趣、信念和世界观等心理成分。需要是人的行为的内驱力，创业动力源于人的需要，并且在很大程度上源于人的自我实现的高级需要，主要包括事业心、竞争精神和创业动机。一个没有事业心的人，就不会有创业行为，也不会有创业能力。创业意识集中表现了创业素质中的社会性质，支配着创业者对创业活动的态度和行为，是创业素质的重要组成部分，是大学生创业素质的基础，是学生对其今后人生道路的一种预期和判断，是对创业的认同。因此，创业意识的树立，就成了创业者在创业中必须具有的、十分宝贵的内在要素，主要包括创新意识、商业意识、竞争意识、风险意识、知识更新意识等。

2.创业心理品质

无数创业者的创业实践表明，创业历程艰难险阻，波折重重，要实现自己的人生价值，实现创业成功，离不开良好的创业素质，尤其是良好的创业心理品质。创业心理品质是指在创业过程中对人的心理行为起调节作用的个人特性，它与气质、性格关系密切，其核心是情感和意志。气质反映一个人的心理素质，在一定程度上影响着创业的成功。为此，创业者应当考虑自己的特点及创业事迹，使气质与职业之间合理匹配，扬长避短，充分发挥自己的气质优势，促进创业的成功。

性格是后天形成的，当环境条件和自我认识水平发生变化时，人的性格就会发生变化。情感是人对客观事物的态度体验，是和人的社会需要相联系的一种比较复杂而又稳定的态度体验。情感对人的行为活动具有支配作用，当创业者在创业实践活动中遇到不顺心的事情时，要主动调节自己的情感，避免急躁心绪，保持积极的心态；当遇到顺境时，也应该注意不要被胜利冲昏头脑，要保持清醒，学会控制自己的情绪，善于调节自己的心态。

意志是人自觉而有意识地确立自己的目的并且支配与调节其行为，以实现这一目的的心理过程。良好的意志品质表现在：能够独立做出决定、采取行动，不屈服于周围的压力和干扰，一旦确定目标后，能够坚持不懈地为实现目标而努力工作；面对重要的抉择，果断理智，既不优柔寡断，也不冲动；在需要的时候善于及时有效地约束自己的行为，控制自己的情绪。

3.创业能力

强烈的创业意识是创业活动中的源泉和动力，而创业能力则是创业者能否获取创业成功的保证。创业能力是一种特殊能力，除了具有能力的一般含义外，还有自己的独特内涵。从创业能力的形成来看，它不是通过遗传得到的，也不是靠单纯的专业学习获得的，而是在后天的学习培养和社会实践双重作用下逐步养成的。创业能力包括学习能力、创新能力、职业能力、交际能力、领导能力、把握商机能力、经营管理能力、决策能力、组建团队能力等。

（1）学习能力

学习能力是获取知识的能力，包括对知识的接受、转化与应用。创业初期的产品也许还处于雏形，从一项成果的试验成功到作为成熟的产品推向市场，是一个不断开发、摸索的过程，对于创业者本身也是一个学习的过程。而企业发展到一定阶段，技术产品的更新换代尤为迫切。初期的创业者，尤其是学生创业者不可能自己坐在宽敞的办公室里，高薪聘用一大批技术人员进行技术开发，自主创业的大学生将在很长时期内同时充当“管理人”和“技术人”的双重角色。

（2）创新能力

创新是创业者发掘机会、将机会转化成市场概念的过程，创新能力是创业者必备的素质能力。创业者需要不断训练自己的创新思维，越早开始越好。日本管理大师大前研一还在麦肯锡咨询公司工作时，就用每天上班坐电车的时间来思考电车上的十几条广告，思考有什么更好的广告语，要是自己来做这个广告会怎么做等，他就是这样训练出卓越的创新思维能力和思考习惯的。

（3）职业能力

职业能力即专业技术能力，是创业者掌握和运用专业知识进行专业生产的能力。创业者应具备的专业能力主要体现在三方面：创办企业中主要职业岗位的必备从业能力；接受和理解与所办企业经营方向有关的新技术的能力；把环保、能源、质量、安全、经济、劳动等知识和法律、法规运用于本行业实际的能力。而要具有专业技术能力，专业基础知识必须过关，重点专业课程要过关，关键技术要过关，职业技能要过关。专业技术能力的形成具有很强的实践性。许多专业知识和专业技巧要在实践中摸索，逐步提高和完善。创业者要重视创业过程中积累专业技术方面的经验和职业技能训练，对于书本上介绍过的知识和经验在加深理解的基础上予以提高、拓宽；对于书本上没有介绍过的知识和经验要探索，在探索的过程中要详细记录，认真分析，进行总结、归纳，上升为理论，形成自己的经验特色，积累起来。只有这样，专业技术能力才会不断提高。这就要求创业者在创办自己的第一个企业时，应该从自己熟悉的行业中选择项目。当然，创业者也可借助他人特别是雇员的知识技能来办好自己的企业，但在创办自己的第一个企业时，如果能从自己熟知的领域入手，就能避免许多“外行领导内行”的尴尬，大大提高创业的成功率，比尔·盖茨多次说道：“把我们顶尖的20个人才挖走，那么我告诉你，微软会变成一家无足轻重的公司。”这足以证明专业技术能力在企业生存和发展中的作用。

（4）交际能力

人际交往能力是创业者不可或缺的能力之一。人们常说，一个人能否成功，不在于你知道什么，而在于你认识谁。斯坦福研究中心一份调查报告的结论更能证明人际交往对成功的重要性：一个人的成功，12.5%依赖于其掌握的知识，87.5%依赖其人际关系网。人际交往能力强的人，可以在关系网络中穿梭自如，解决别人难以解决的问题，大大提高工作效率，也能与周围的伙伴愉快地合作，从而产生强大的凝聚力。创业者需要深刻理解商业社会人际关系的核心原则是互利双赢，人际关系稳固的根基则是信誉，这是人际关系可持续发展的基本保障。大学生创业者需要从进入大学校园开始，就有意识提升自己的人际交往能力，除了多参加社团与社会实践活动以外，还有一些操练的方法，如每周结交一个陌生人，并且有意识地不断提高结交的质量，逐步拓展人脉关系。

（5）领导能力

创业者需要具备和谐的领导力。领导能力可以理解为一系列行为的组合，这些行为将会激励人们主动追随领导者，而不是简单地服从。在所有组织、各个层次中我们都可以看到领导力，这是事业有序经营的核心。创业团队一定要有一个灵魂人物，他（她）可以指引方向、凝聚人心和协调团队成员。创业型企业初期的管理通常是不规范的，需要创业团队不计较个人得失的付出，这就需要领袖人物来引领和激励大家共同前行，众志成城克服创业过程中的种种困难。大学生创业者需要在学校和工作中有意识地训练自己的领导能力，逐渐建立自己的影响力，也就是建立别人对你的依赖，让别人愿意追随你，为构建创业团队打基础。

大学生首先要成为一名杰出的追随者，然后向领导者学习领导之道，最后自己在模仿中学习，成为优秀的领导者。美国社会心理学家罗伯特·西奥迪尼（Robert B. Cialdini）在《影响力》中提出了建立影响力的六大核心原理：互惠、承诺、社会认同、喜好、权威和短缺。例如，史玉柱对人义气，虽然因为巨人大厦等原因使公司元气大伤，但是作为老板的史玉柱待人忠厚，关键人才、核心员工始终跟着他，愿意跟着他，愿意跟他一起创造和等待下一个辉煌，于是他们卧薪尝胆、同甘共苦，终于创造出了重新崛起的奇迹。

（6）把握商机能力

能够满足一种需要或是能够增加满足的需要都可能是商机，它只会在某一个特定的阶段出现，稍纵即逝。在信息化时代进行创业，必须重视商机的把握，合适的机遇能够赢得发展的机会，贻误时机则有可能使企业蒙受巨大的损失，因此把握商机能力十分重要。

（7）经营管理能力

经营管理能力是为实现一定的经济目标，对所从事的经济活动实施计划、组织、指挥、监督和调节的能力，是一种人、财、物、时、空的合理组合，是科学运筹和优化配置的心理能量的实现，直接关系到创业活动的效率和成败。

（8）决策能力

在一定意义上，管理过程就是不断发现问题、解决问题的过程。为此，管理人员必须具备较强的解决问题的能力，要能够敏锐地发现问题之所在，迅速提出解决问题的各种措施和途径，善于讲求方式方法和处理技巧，使得问题得到及时、妥善的解决。在解决问题的过程中，决策能力具有至关重要的作用。现代管理中的管理人员特别是高层管理人员面临的非程序性、非规范化问题越来越多，在没有先例可循的情况下，管理人员必须具有较强的决策能力，要善于在全面收集、整理信息的基础上，准确判断，大胆决断，从各种备选方案中果断地选择最优方案，并将决策方案付诸实施。

（9）组建团队的能力

一项针对创业者能力的研究报告指出，组建团队与管理团队是成功创业者需要具备的主要能力之一。一个企业需要"主内"管理、"主外"公关、耐心"总管"、宏观"领袖"、技术研发、市场开拓等方方面面的人才。工作分工不同，需要不同个性的人，需要创业者既能选拔出恰当的人选，又能把不同个性的人凝聚在一起，组成一个创业团队，各显其能，各尽其能，以满腔的热情积极投入到创业中来。

【案例】

取舍

某家橡胶公司的营业部张经理，就今后公司的策略征求赵科长和李科长的意见。赵科长主张要积极扩大公司的规模，李科长则认为要踏实经营。张经理又是个敦厚、"凡事以和为贵"的上司。

对新销售政策的推行，赵科长的积极策略和李科长的慎重策略是互相对立的，张经理也没有在二者中做任何选择，对他们的建议都说："喔！很好。"赵科长和李科长也都认定经理支持自己的想法，于是两种截然不同的政策就在各地分店、营业所、代理店开始实施了。

结果，营销人员乱了阵脚，各自行动不一，备受顾客批评。张经理认为，赵科长和李科长两人的能力不相上下，各有一番道理，所以他不想以决胜负的方式去伤害其中任何一个人。即便如此，张经理还是必须在这二者中做一个选择。而对意见未被采纳的人，也可以详细说明自己的想法。

如果张经理采取赵科长的积极策略，李科长可能会有所不满。相反地，如果李科长的意见被接受，赵科长可能会很沮丧。但是，在难以取舍的情况下，还是要有一个决定最好，否则像张经理这种优柔寡断的态度，会严重地影响整个公司的营运。上司常会有左右为难的困扰，尤其当双方各有优缺点时，更是陷入两难的局面。如果能清楚地做取舍，就不会有这样的问题了。

案例分析：以这家橡胶公司来说，因为张经理知道赵科长和李科长的个性截然不同，平常两个人的立场总是互相对立，所以才很难下决定。

其实，往往在这个时候，上司更应该站在中间的立场去做判断。抛弃私情和同情，冷静地思考，再做出明确的结论。虽然做出决定后，还是会有一些问题发生，但如果因此而犹豫不决的话，问题一定会更大。

4.创业知识结构

创业者的知识素质对创业起着举足轻重的作用。在知识大爆炸、竞争日益激烈的今天，单凭热情、勇气、经验或只有单一专业知识，要想成功创业是很困难的。创业者要进行创造性思维，要做出正确决策，必须掌握广博知识，具有一专多能合理的知识结构。

知识结构是指一个人经过专门学习培训后所拥有的知识体系的构成情况与结合方式。所谓合理的知识结构，就是既有精深的专门知识，又有广博的知识面，具有适应发展实际需要的最合理、最优化的知识体系。合理的知识结构是实现创业目标的必要条件，是个人事业发展的基础。

大学生创业者必须具备行业知识、商业知识和综合知识这三类知识，行业知识是选择创业机会的基础，掌握商业知识能够知道企业的经营管理，综合知识则是建立良好社会关系的基础。

（1）行业知识

大学生创业者必须对所要进入的行业有相当深入的了解，这是寻找和把握创业机会的关键。在你准备创业的时候，有必要全面了解行业的发展历程、现状、前沿趋势与竞争格局，透彻理解市场需求的情况，尤其要从顾客角度来理解行业知识，进而了解行业内的成功案例，熟悉相关的产品服务以及技术知识。

创业者可以通过四种方式来学习行业知识：①阅读行业内有影响力的著作和杂志；②向行业内知名的专家和企业家学习，阅读他们的博客和发表的文章；③到行业知名网站上了解最新资讯，借鉴别人的成功经验，虚心向前辈请教；④结交行业内人士，通过行业活动或俱乐部等方式接触业内人士，向内行学习经验和探讨疑难问题。互联网上有着非常丰富的相关资讯，大学生对网络的熟练运用，为他们研究和学习行业知识提供了良好的基础。

（2）商业知识

创业团队有必要掌握市场营销、财务管理、法律、决策、谈判与商务礼仪等涉及商务方面的基本知识，这是经营管理中需要掌握的技能。大学生创业者学习商业知识的方法主要是从书本中学习，其次是从实践中学习和向成功企业家学习。

一些人（尤其是技术型的创业者）轻视商业知识的用处，一些过于强调实践的人则错误地认为书本理论不实用，以为实践才是最好的学习方式。事实上，间接经验远比直接经验重要，关键是要学到货真价实的知识和理论，最优秀的创业者和管理者正是那些善于学习理论的人，他们从科学的理论中得到指导自己创业的方法和工具。有一些很出色的商业刊物，推荐给创业者们：《哈佛商业评论》是全球商业领域顶尖的思想宝库；《商学院》《中国企业家》《世界经理人》《创业家》《销售与市场》等特色杂志也值得阅读。

（3）综合知识

毋庸置疑，国内应试教育的制度环境和文化在客观上造成大学生的知识面受到很大局限，以至于很多大学生在走上职业生涯之后相当一段时间难以与社会里的人进行顺畅沟通，因为大学生对生活中的沟通话题了解太少或者过于僵化，而这些话题知识是学校里不曾教的，需要大学生自己敏锐地发现、感悟和学习。

在商务交往中有一个现象，人与人之间的非正式沟通比正式沟通花的时间还要长，大约占到了70%的比重，话题知识的掌握就直接决定了这大部分时间的沟通效果。创业者们有必要对一些沟通话题有兴趣，并且要“有涵养”，如子女教育、健康、投资理财、历史文化、休闲旅游、汽车、体育运动、时尚科技等。综合知识的学习需要日积月累，大学生可以从自己最感兴趣的内容入手拓展综合知识。

5.1.5大学生创业素质的提高途径

1.未雨绸缪，做好创业思想准备

凡事预则立，不预则废。大学生创业必须牢固树立投身创业的理想和志向，未雨绸缪，认真做好创业的各项准备；否则，在真正开始甩开膀子大干一场的时候，很容易被现实的困难、挫折吓倒；有创业志向的大学生在校期间就要树立创业的志向，有意识地培养创业的意志品质；大学生创业者要将创业理想和实际学习曰标有机结合，不怕困难和挫折，严于律己，顺利完成学业；积极参加各种社会实践活动，在确定目标、制订计划、选择方法、执行计划和开始行动的整个实践活动中，锻炼意志品质；加强意志的自我锻炼，注意培养和提高自我认识、自我监督、自我评价和自我鼓励的能力；积极参加体育锻炼，在锻炼身体的过程中磨砺自身坚强的意志。

2.寓学于行，提高创业素质水平

创业之难，有目共睹；创业成功，难上加难。大学生要想取得创业成功，不光要做好思想准备，还要自觉培养商业意识，潜心钻研相关商业知识。特别要在创业实践中敏锐观察，科学分析，探求事物发展规律，去伪存真，把握事物本质；要自觉培养自身的信息处理能力，善于收集和利用信息，摸清市场运行的基本规律，积极主动寻求和创造商业机会；纵深挖掘智慧潜能，激发企业活力，自觉形成立足现在、着眼未来的战略理念。因此，大学生创业者在锻炼和培养自己的创业才能时，绝不能仅仅让自己从成功的方面去寻求提高的捷径，而必须在多方面打好扎实的基础，既要通过理论学习增长理论知识，也要通过创业实践增强职业技能，更要通过创业的竞争和自我否定增长才能，以求得创业才能的全面提高，努力做到寓学于行，知行合一。具体来说，要从以下几个方面着手。

（1）参与大学社团得到实践锻炼

学校社团的每一项活动，从策划到最后实施是一个综合过程。参与全局，体验全局，可锻炼组织、协作、资源利用等能力。这是锻炼综合能力最基本的途径之一。

（2）利用大学课余和寒暑假打工

现代社会为大学生提供的打工机会很多，通过打工可充分锻炼自己的综合能力。市场调研、销售、组织、人力资源管理、财务管理、物流管理等岗位所需的各方面能力都可以在打工的过程中或多或少地得到锻炼，加上相关书籍的对照学习，积累经验是完全可能的。大学生打工的实际工作往往都是繁琐的或者重复性强的工作，但不能小看这些工作。例如，做销售，在此过程中，大学生可以观察消费者的消费能力、消费观点、对公司产品及市场相关产品的评价等，掌握市场消息、预测市场需求、洞察市场空白，以市场指导生产。如果担任市场销售的学生团队领导，还可以借机向公司相关销售人员讨教经验，申请到生产现场参观等。担任学生领导，可以带领学生充分发挥团队协作能力，超额完成任务，积累人员管理、物流管理、财务管理等方面的实践基础经验。日后，从事相关的项目创业，在市场方面便有了对照和参考。在其岗位的打工实践中，同样可以通过简单的工作综合积累相关经验。

（3）参与学校的科研项目获取实践经验

参与学校科研项目的同学，有更多接触项目导师的机会。项目导师跟社会的接触往往很紧密，在导师那里能学到很多实践经验，参与科研项目，能通过实验充分锻炼动手能力，找出创业金点子，锻炼策划能力。

（4）毕业后在企业实际锻炼

企业就是个实际创业团队。在这个团队里，锻炼能力，积累经验都是可取的。但在企业里，要想独立创业，还需要善于发现全新的创业金点子，或从所在企业市场空白处找到创业契机，或自己组建的团队高于所在企业的团队，那么独立创业才会有成功的把握。

“眼高手低、纸上谈兵”是一些急于创业的同学的通病。经验不足，缺乏从职业角度整合资源、实行管理的能力，是大学生创业失败的一个重要原因。因此，要做成一个项目，没有实践经验就不可盲目尝试，没有必要在人生独立之初就体验重大失败。

3.坚持不懈，科学调整创业心态

人生难得几回搏。创业之路充满荆棘，成功和失败并存，大学生创业者要有面临创业顺境时的忧患意识，更要有面临创业逆境时的抗压能力。在整个创业过程中大学生创业者一般都会经历以下几个阶段：首先，不甘学习、生活和发展现状—建立创业发展规划目标—组织创业团队—为实现目标奋斗；其次，不考虑任何物质利益的尝试—挫败—失败—再尝试—局部成功；最后，成功点逐步增多—成功从量的积累到阶段性的飞跃—最终走向成功。伴随创业的发展历程，大学生创业者的心态也将发生变化：最初的兴趣、特长和爱好—目标和热情—团队工作的乐趣—梦想和理想化的前景激励；接下来是挫败、怀疑和信心的反复摧残和重建；最后是重新评估和对目标、自身的再认识—责任—新的乐趣和兴奋点。为此，大学生创业者要坚信“天生我材必有用”，增强创业自信心；在创业实践中科学调整心态，增强面对企业逆境时的思维反应能力和抗挫抗压的能力。正所谓“长风破浪会有时，直挂云帆济沧海”。

【案例】

“单身派”成就创业

“同学，你是单身吗？”

“你愿意穿一件印有‘单身’标志文字的T恤吗？”

2009年3月，小杨正在某大学校园里拿着厚厚一叠调查问卷向周围同学问着这些奇怪的问题。他是为了正在酝酿的创业大计——“光棍T恤”做市场调查。

“情侣产品能够流行，为什么单身的不能？”小杨萌生了创立“单身派”的想法。他找来几个经常在外做兼职、有些“经济实力”的同学在4月份行动起来，投入几千元钱，找到一家小工厂代工，生产500件T恤。这些T恤一律采用简单的白色，然后在上面添加一些具有“单身”标志的文字。最初的设计由小杨自己包办，设计很简单，胸前是醒目的“天涯光棍”字样，喻意“天涯无际，象征自由”，靠左胸位置是“单身派”的拼音缩写，均价25元一件。

首批T恤上市后，立刻受到同学们的青睐，大家都觉得很新奇，价格也不贵，很多同学不仅自己穿，还买了送人，最奇怪的是竟然有一些情侣也来凑热闹，买来“光棍丁恤”张扬自己的个性。

试水成功给了小杨很大的信心，颇有品牌意识的他找到成都当地工商部门，注册了“单身派”商标。在他的光棍T恤产品里，蕴涵着“一等光棍”，以才子佳人居多，他们是主观上的单身贵族，不是找不到，而是不想找；“二等光棍”是之前心高气傲，现在凡心已动，只差缘分；“三等光棍”是缘分未到，只得等待；“四等光棍”是在观望徘徊……还有诸如受感情伤害、暂时不想找的，“看破红尘”不想“脱光”的，乐于穿梭在“花鸟丛中”的光棍等寓意。

比如针对想找另一半没找到的，小杨和其团队将这类人归纳为无奈型的“其实不想光，其实我想找”，于是在T恤上会对应印着“光混之路有多远走多远”；受过伤害不想找的，被总结是“其实内心的渴望没人知道”，相应文字有“无情却似有情”；那些乐天派的光棍们，则有“我来自1111年11月11日”等揶揄字词。

小杨成功了，他的单身T恤销售很好，销售收入颇丰。

点评：小杨自创单身服饰品牌，组建大学生创业团队，销售自己设计的光棍T恤，开始了创业之旅。在学校读书期间他就坚持倡导“励志照亮人生，创业改变命运”！用名人名言不断激励自己。创业的灵魂是创新，对于大学生创业者更要有关于放弃和勇于投入的魄力，有审时度势的眼光。在目前几乎各个行业的创业者都感觉到竞争激烈、“同质化竞争”严重、生意难做的情况下，小杨和他的团队另辟蹊径，看到了市场的需求和机会，并有着自己独特的商业模式，以奇制胜，寻找到自己的“蓝海”，从而避开激烈的竞争，取得了很好的利润和发展。

5.2 创业团队的组建

5.2.1 创业团队概述

1.创业团队的概念

团队是指拥有共同目标并且具有不同能力的一群人有意识的协调行为或力的系统，是一种应用广泛、灵活的组织形式。常见的团队形式有教练式团队、顾问式团队及伙伴式团队：教练式团队中，团队的领导相对组员具有较丰富的经验、资历以及突出的专业技能，能对组员的技能发展有清晰的思路，能提供专业的培训、指导。这种情况下，教练一般不参与具体的执行活动，只是作为一个观察者、管理者，主动对组员的表现给予点评和善意意见，并提供针对性的训练。顾问式团队中顾问与教练同样具有丰富的经验、资历以及突出的专业技能，不同的是顾问的角色离团队更远，组员在有问题需要帮助的时候才去寻找顾问咨询、解决问题。这种方式适合较大数量的、不确定是否存在问题的团队。伙伴式团队中分工比较明确，并且崇尚一种平等、合作的氛围。即使是管理人员与普通的一线员工也是如此。这种模式适合比较成熟的团队，团队有规范的流程（不成文的共识亦可），成员都能清楚自己的责任并有能力完成自己的工作。

创业团队是由少数具有技能互补的创业者组成，他们为了实现共同的创业目标、为达成高品质的结果而努力。大学生创业团队，是一个具有创新意识、拥有共同目标、有着不同专业知识背景的协作共同体。因此，创业阶段的团队应该是以上几种模式的混合。简言之，核心成员之间采用伙伴式团队比较合适，这个依靠的是默契和信赖。

（1）团队形成的3个条件

在旧的观念中，组织以职务为中心，以职务功能划分部门，各部门相互独立，缺乏横向联系。而新观念则主张将部门和部门之间的断层联系起来，反对部门内部的职务中心论，强调成员的合作性。

作为团队，必须满足下面3个条件。

第一，自主性。成员能自主运作，不用逢事就向管理者请示。成员向管理者寻求帮助的次数越多，组织的自主性越差。

第二，思考性。管理者下达意见，给出主张，是管理者在动脑筋，而被管理者则没有思考性。员工普遍具有独立的思考性是团队形成的必要条件。管理者过多地独自决策容易抹杀公司员工的思考性。

第三，合作性。俗话说“众人拾柴火焰高”，成员要善于和周围人合作。

（2）团队形成的5个意识

为了团队目标的达成，成功的团队应该形成5种思想意识，即目标意识、集体意识、服务意识、竞争意识和危机意识。

第一，目标意识。强调目标到人，团队中每个人必须有明确的目标；强调个人目标与团队目标相结合，除完成项目任务外，每个人还必须有明确的自身发展目标，并将自己的发展目标和团队大目标有效地结合起来；强调各成员的责任心，按要求达到目标需要的每个团队成员的高度责任心。

第二，集体意识。要求形成集体成功观，将个人的成功融入集体的成功之中。只有团队成功，才谈得上个人成功，而团队的失败会使所有的努力付诸东流。此外，还要求形成有效的沟通文化，使团队中所有成员可以及时有效地沟通，相互理解。当团队中出现意见分歧时，分歧双方的基本态度应该是说服对方而非强制对方。裁决两种不同意见的唯一标准，是看哪一种意见更有利于推动团队活动的正常进行。

第三，服务意识。服务有面向客户的服务和面向团队内部的服务。团队成员应追求客户满意这一目标，而非技术高难、业界一流等指标，团队成员面向客户的态度可以决定团队目标的成败；团队成员还需具有面向团队内部的服务，只有具有完备的服务意识，才有精诚团结的可能。

第四，竞争意识。引入竞争机制，形成人人都努力向前的团队氛围，使贡献大、责任大的成员得到丰厚的报酬，形成良好的导向。

第五，危机意识。看到人与人之间的差距，意识到环境的压力，感受到行业、市场的危机。居安思危，让团队和个人始终保持这种危机感，团队成员要清醒地认识到，竞争对手正在虎视眈眈地盯着我们，等着我们犯错误。只有在这种状态下，团队才能维系其团结，长久地立于不败之地。

（3）团队形成的5个要素

创业团队需要具备5个重要的因素，称为5P。

第一，目标（Purpose）。创业团队应该有一个既定的共同目标，为团队成员导航，知道要向何处去。目标在创业企业的管理中以企业的愿景、战略的形式体现。可以说，团队没有目标就没有存在的价值。

第二，人员（People）。人员是构成创业团队最核心的力量。团队应充分调动创业者的各种资源和能力，将人力资源进一步转化为人力资本。

第三，定位（Place）。首先是创业团队的定位，创业团队在企业中处于什么位置，由谁选择和决定团队的成员，创业团队最终应对谁负责，创业团队采取什么方式激励下属；其次是个体创业者的定位，作为成员在创业团队中扮演什么角色，是制订计划还是具体实施或评估等。

第四，权力（Power）。创业团队当中领导人的权力大小与其团队的发展阶段和创业实体所在行业相关。一般来说，在发展的初期阶段，领导权相对比较集中，创业团队越成熟，领导者所拥有的权力相应越小。

第五，计划（Plan）。计划有两层含义：一是目标的最终实现，需要一系列具体的行动方案，可以把计划理解成达到目标的具体程序；二是按计划进行可以保证创业团队顺利完成进度。只有在计划的操作下创业团队才会一步一步地贴近目标，最终实现目标。

2.创业团队对创业的重要性

团队创业与个体创业相比具有多方面的优势。

（1）集体合作的结果优于个人成果的加总。

（2）由于人们信息的掌握不完全，个人无法发挥最大的潜能，而团队间的信息共享能有效解决这一问题。

（3）团队比个人更具有创造性。

此外，团队还能充分协调成员间的关系。团队的主要价值在于人们能够相互配合，贡献各自的力量，从而提高整个团队的工作效率。

创业团队对创业成功起着举足轻重的作用，是新企业通向成功的桥梁。

（1）机会识别能力较强

创业团队能够获得更为科学的机会评价标准，具有更大的可能性认知创业机会的必要信息，也利于实现对机会的共同认知。

（2）机会开发能力较强

创业团队可以比较不同的开发方案，从而避免失误，团队成员利用社会联系可以有效获得机会开发所需的资源，团队成员的经验积累可以增加开发成功的可能性。

（3）机会利用能力较强

创业机会的利用有两种方式：一是自己利用，二是出售。创业团队在自己利用机会方面有优势，具体表现在：在思考重大决策和企业战略的时间上有保证；团队成员共商创业大计，避免个人臆断，确保创业方案稳定。

3.创业团队的类型

创业团队并非一模一样，也不是一成不变的。依据创业团队的地位平等性和成员间依赖性的强弱，创业团队可以划分为不同类型，包括风铃形创业团队、环形创业团队、星形创业团队以及散点形创业团队。

（1）风铃形创业团队

风铃形创业团队是指存在一个“领袖”式的主导人物，但成员相互间的独立性较强的团队。团队中的“领袖”往往是掌握了较强的技术或较好的创意之后，寻找合伙人加入该创业团队的人。而在选择合伙人的时候，“领袖”会根据自己的判断选择适合的人作为自己的“支持者”。风铃形创业团队的特点如下。

①“领袖”的话语权较大。

②做决策速度较快。

③权力集中，导致决策失败的可能性增加。

④在“领袖”和“支持者”的意见不统一时，“支持者”较为被动；但是，如果“支

持者”离开团队，这种冲突对团队的影响相对较小。

⑤不易形成权力重叠。

⑥寻找团队目标的速度较快。

⑦团队的执行力非常强。

（2）环形创业团队

环形创业团队是由怀揣着共同的目标且相互依赖的成员组成的团队。这种创业团队没有一个明确的领导，而且它的形成常常是经过成员的共同协商后，将创业理念厘清，最终组合在一起的。对于初创企业而言，每一个“伙伴”都要找准自己在团队中的定位，并尽到自己作为“协作者”的职责。环形创业团队的特点如下。

①团队中各个成员的话语权较平等，没有特定的“领袖”。

②在做决策的时候，往往是大家相互讨论，因而做决策的速度较慢。

③做出错误决策的可能性较小。

④在各“协作者”的意见不统一时，成员倾向于采用协商的态度来解决冲突；不过，一旦冲突升级，有成员离开团队，那么将对整个团队的结构产生很大的影响。

⑤由于团队成员的平等性，团队当中容易形成权力重叠。

⑥寻找团队目标的速度较慢。

⑦团队的执行力较强。

（3）星形创业团队

星形创业团队集合了领导和成员的相互依赖两种特点。这种类型的创业团队中存在一个核心人物，他并不像“领袖”那样有着绝对的权威，而是在做决策的时候要充分地考虑团队成员的意见。另外，团队成员之间是相互依赖的，成员的地位也是平等的。因此，核心人物更多的是负责协调和统筹等内部管理工作。星形创业团队的特点如下。

①核心人物的选择多数是由团队成员投票决定的，所以具有令人信服的领导地位。

②由于核心人物的存在，团队做决策的速度较快。

③由于核心人物考虑成员的意见，决策失误的可能性较小。

④当核心人物和普通成员发生意见冲突的时候，普通成员较为被动；且冲突升级的时候，普通成员可能会离队。

⑤不易形成权力重叠。

⑥寻找团队目标的速度比较快。

⑦团队的执行力非常强。

（4）散点形创业团队

散点形创业团队是指团队中不存在权威的领导，同时成员之间相互独立，工作中并不相互依赖的团队。由于缺乏上述两种特点，这种创业团队的内部存在较严格的规则以约束和聚合团队成员。这种类型的创业团队往往出现在创业初期，而且团队中仅仅有一个模糊的创业目标。也就是说，这种团队提出的创业概念是笼统的、有待讨论的。随着理念日渐清晰，散点形创业团队往往会向其他类型发展。一个创业团队如果一直保持着松散的状态，对企业的长期发展是很不利的。散点形创业团队的特点如下。

①各成员的话语权较为平等。

②团队做决策的速度较慢。

③做出错误决策的可能性较小。

④成员之间发生意见冲突的时候，往往会平等讨论，通过协商解决问题。

⑤有可能形成权力重叠。
⑥寻找团队目标的速度较慢。
⑦团队的执行力较弱。

5.2.2 创业团队的特征

1.创业团队与一般群体的差别

团队与群体的根本差别在于：团队中成员所做的贡献是互补的，而群体中成员之间的工作在很大程度上是互换的。这具体表现在以下几个方面。

（1）团队成员对团队目标完成情况一起承担责任，同时承担个人责任，而群体的成员只承担个人责任。

（2）团队的绩效评估以团队整体表现为依据，而群体的绩效评估以个人表现为依据。

（3）团队的目标实现需要成员间彼此协调且相互依存，而群体的目标实现却不需要成员间的相互依存。此外，团队较群体在信息共享、角色定位、参与决策等方面也进了一步。

因此，团队是群体的特殊形态，是一个为了实现某一目标而由相互协调、相互依赖并共同承担责任的由个体组成的正式群体。

2.创业团队与一般团队的差异

（1）团队的目的不同，初创时期的创业团队建设的目的在于成功地创办新企业，随着企业成长，创业团队可能会发生成员的变化。新组建的高管团队是创业团队的延续，其目的在于发展原来的企业或者开拓新的事业领域。然而，一般团队的组建只是为了解决某类或者某种特定问题。

（2）团队成员的职位层级不同。创业团队的成员往往处在企业的高层管理者位置，对企业重大问题产生影响，甚至关系到企业的存亡。而一般团队的成员往往是由一群能解决特定问题的专家组成，其绝大多数也并不处于企业高层位置。

（3）团队成员的权益分享不同。创业团队成员往往拥有公司股份，以便团队成员负有更大的责任，而一般团队未必要求成员拥有股份。

（4）团队关注的视角不同。创业团队成员关注的往往是企业全局性的、战略性的决策问题，而一般团队成员只关注战术性或者执行层面的问题。

（5）成员对团队的组织承诺不同。创业团队成员对公司有一种浓厚的情感，其连续性承诺（由于成员对组织投入而产生的一种机会成本，足以产生让成员不离开组织的倾向）、情感性承诺（个体对组织的认同感）和规范性承诺（个人受社会规范影响而不离开组织的倾向）都较高，而一般团队其成员的组织承诺并不高。

3.创业团队的具体特征

一个良性运转的高绩效团队必然具备一些显著的特征，而正是由于这些特征，一个组织才能称为团队或高绩效团队。

（1）目标清晰

高效的团队对要达到的目标有清楚的了解，并坚信这一日标包含着重大的意义和价值。而且，这种目标的重要性还激励着团队成员把个人目标升华到团队目标中去。

（2）技能互补

高效的团队是由一群有能力的人组成的。他们具备实现理想目标所必需的技术和能力，而且相互之间有良好合作的个性品质，从而能够出色完成任务。

（3）沟通良好

成员之间通过畅通的渠道交换信息，相互之间能迅速、准确地了解一致的想法和情感。管理层与团队成员之间的信息反馈，也有助于管理者指导团队成员，消除误解。

（4）承诺一致

团队成员对群体具有认同感，把自己属于该群体的身份看作是自我的一个实现。因此，有经验显示，承诺一致的表现是对团队目标的奉献精神，愿意为实现目标而调动和发挥自己的最大潜能。

（5）恰当领导

高绩效团队领导者往往担任的是教练和后盾的角色，他们对团队提供指导和支持，但并不试图去控制它；他们会激发团队成员的自信心，帮助他们更充分地了解自己的潜能。

（6）相互信任

团队成员之间相互作用、直接接触，彼此相互影响，形成一种默契、关心和信赖，不论何时，不论需要怎样的支持，成员之间都相互给予，彼此协作，共同完成团队的目标。

5.2.3 创业团队的建立

组建创业团队，首先应考虑创业计划实施过程中所需人员应具备的知识与能力，从而按照实际需要组织能够担当各种职能的团队成员。

1.创业团队的组建原则

组建创业团队一般要遵循下面的原则：树立正确的团队理念，确立明确的团队发展目标，建立责、权、利相统一的团队管理机制。

（1）人数合理

一般而言，创业团队的人数控制在3～5人为宜。刚开始创业的时候，往往会碰到很多意料不到的问题，人少了，团队的群体效应没发挥出来；人多了，团队思想不容易统一。人数合理，便于领导与任务分工协调的有效开展，保证各项工作完成的速度和质量，提高办事效率，占据有利的市场地位。

（2）技能互补

团队应包括的基本人才有：管理型人才，负责团队工作调配与应急事务处理等；营销型人才，负责创业计划书的起草修正及市场调研推广等；技术型人才，负责创业项目研发、技术支持和专业服务等。创业团队基本构架如图5-1所示。

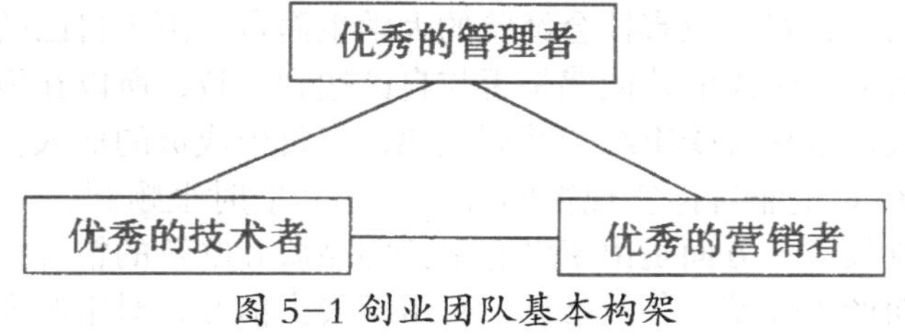

图 5-1 创业团队基本构架

（3）目标统一

目标在团队组建过程中具有特殊的价值。首先，目标是一种有效的激励因素。既能帮助团队成员看清未来发展方向，又能激励创业团队勇于克服困难，取得胜利。其次，目标是一种有效的协调因素。《孙子兵法》曰："上下同欲者，胜。"团队中各种角色的个性、能力有所不同，只有目标真正一致、齐心协力的创业团队才会取得最终的胜利与成功。

2.创业团队的人员选择

创业团队必须在创业前慎重选择成员。

（1）加入目的

团队成员基于哪个层次需要的目的而加入团队，对其在组织中的行为方式起着决定性作用。因此，在组建团队时，要选择那些有志于创业、关注企业未来发展、目标远大的合作伙伴。

（2）知识结构

在一支创业团队中，成员的知识结构越合理，创业的成功概率越大。纯粹由技术人员组成的创业团队容易形成技术为王、产品为主的状况，从而使产品的研发和生产与市场脱节；全部由市场营销人员组成的创业团队则会缺乏对技术的领悟力和敏感性，容易迷失发展方向。因此，创业团队在成员选择上一定要充分注意人员的知识结构，兼容技术开发、企业管理、市场营销等不同方面。

（3）兴趣爱好

创业团队在形成时，往往会被美好的创业前景所吸引，而忽略成员的个性特征。创业初期，大家同甘苦、共患难，怀着满腔的创业热情而工作，团队成员在性格上的差异和处理问题的不同态度就容易被掩盖。一旦企业发展到某个阶段的时候，由于个性冲突而导致的矛盾就会激化，使创业团队出现裂痕。所以，在选择创业伙伴时应该仔细判断，慎重选择。

（4）价值观念

创业团队成员的价值观念和道德品质决定了企业文化的形成。企业文化的源头是企业创始人自身价值观念的体现。创业团队形成之前，成员之间必须通过深入交流和充分的了解。只有价值观相近的人在一起组成的团队，企业才能发展得更好。

3.创业者的误区

大学生在组建创业团队进行创业过程中，在团队价值的认识方面，创业者往往有很多误区，主要表现在以下几个方面。

（1）团队的组织认同差异化问题

大学生创业团队主要合作伙伴的来源是同学、亲属、年龄相仿的朋友群体，而大学生具有的特质是：高学习能力、低社会能力、个性化较强、具有叛逆性、储备较多理论性知识、缺乏实践性经验、缺少资金和人脉等。所以对企业的宏观把握较少，在组建团队时，缺乏对合作人的价值观判断。由于大学生对创业的渴望程度较高，具有较高的急迫感，当遇到有意向的合作人时，对于没有社会经验的大学生而言，由于自己的朋友圈常年比较单纯稳定，很难判别对方对组织的认同感是否与自己达到一致，所以在组建团队时，比较盲目而从。虽然团队成员容易接受组织的共同意愿，但每个成员的加入目标都不尽相同。一个普遍的现象是起初对企业目标实现很明确，在起步期时很顺利，一旦企业进入艰难期时，就会有人打退堂鼓。一方面是由于没有坚持的品质和吃苦的精神，另一方面会由于对组织未来的发展方向产生分歧，各执己见，对组织失去信心，对组织人员产生怀疑。组织的不认同产生的分歧会导致组织最终的分裂，这就成为创业过程中远方的绊脚石。

（2）互补型人才的缺失

大学生在创业团队建设初期，总希望找自己志同道合的，但是对"志同道合"的理解却出现一定的偏差。大部分创业者寻找的组织人员是与自己性格方面相近的人，而不与和自己有差异的人一起组建。这是大学生创业者对相近与差异的认知程度不同，志同道合是共同目标方向相同而非所有方面相同。这里尤其强调的是性格方面，看问题的角度需要多元化，如果一致那很难发现企业未来所面临的问题。所谓的矛盾应该是意见的差异化而最终达到统一，而不是一味地一致。所以在管理层方面，谨慎小心的人负责基层制度的管理，具有野心胆大的人负责战略方向的规划。这是互补型人才，二者合作时才能发挥最大效应，如果都是单一人才，那很难顾及缺失的方面。在专业方面也应该是互补型人才战略，术业有专攻，技术性人员是很难兼顾管理型职位的。

（3）不科学的管理

由于大学生的社交群体比较单纯，而企业中人际关系比较复杂，在管理时缺少经验。沟通是一个重要的过程，管理时没有一个良好的沟通作为桥梁，也会导致组织逐渐出现分歧化。然而对于刚毕业的大学生群体，缺乏沟通技巧是管理出现难题的重要因素，什么时候沟通，怎样的方式沟通，谁去沟通这些都是往往忽略考虑的。所以在制定很多制度时导致顾及不周，奖惩不公，执行力的弱化，且容易导致组织队员之间的矛盾激化。

（4）企业文化的缺失

对于刚刚成立的企业，企业文化往往是许多创业者忽略的因素，一味地去搞生产搞销售，把企业当成工厂，把员工当成机器。而没有形成一个精神上的家园，没有一个企业自己除了经营业务之外的差异化形象。没有清晰的企业价值观，没有让员工感受到企业带给员工情感上的归属感和认同感。这样会导致员工的流失和懈怠，注重企业文化的建设并不是一个空壳。然而在激烈的竞争环境下，创业者往往被现实化了，成了金钱的奴隶。缺乏让员工有一个舒适的工作环境和与企业一致的价值观，情感上产生依赖，而失去企业的强大竞争力。

（5）创业不“创新”

许多大学生都想创业，在国家大力支持下拥有很好的便利条件，所以大批热血青年开始创业。然而很多成活率低的创业项目基本都是没有创新点的，是一味地去做一个模仿者，有自己的竞争力。在看到未来比较火的市场就跟风去创业，导致失败。在高壁垒的市场下没有竞争力是无法在市场中取得一席之位的，所以只有“胆”没有“识”是不行的，“识”即指看到市场空隙，自己产品差异化的突出，自己具有竞争力的体现。

（6）人力资源调配问题

在创业初期，为了壮大自己企业实力和夯实企业的控制权力，创建团队时不免会加入一些自己的“关系”同伴，这里包括自己的亲属、朋友。有的是为了拉拢资金，有的是在重要岗位安排“自己人”会感觉放心，有的也是亲戚朋友的委托想谋得一职等。对于这些人，大学生创业在需求的同时又不得不接受，也很难拒绝。然而这些人的加入，组织者对其考核会放松警惕，甚至不考核。导致该“关系”人员与组织目标脱节，尤其在一些重要岗位的设置上单纯的信任，使企业的效益下降。而且在管理过程中出现阻碍，重人情而轻制度，对组织中其他成员也产生不良影响。容易使组织中分成党派，合作能力下降，效率也同时降低，给企业带来负效应。

4.组建创业团队的模式

创业团队投资是一种创业性投资活动。创业团队投资由于投资时机、投资对象选择以及资本额的大小、对投资收益的期望值等原因而具有较高的风险，因而对于这类投资活动采取何种组织形式，对于投资本身及其成效具有重要影响。一般而言，创业团队在创业投资时可采用的组织形式主要有公司制、合伙制两种。

（1）公司制

创业投资采用公司制形式，即设立有限责任公司或股份有限公司，运用公司的运作机制及形式进行创业投资。采用公司制的优势主要体现在以下几个方面：一是能有效集中资金进行投资活动；二是公司以自有资本进行投资有利于控制风险；三是对于投资收益公司可以根据自身发展，作必要扣除和提留后再进行分配；四是随着公司的快速发展，可以申请对公司进行改制上市，使投资者的股份可以公开转让而以套现资金用于循环投资。有限责任公司是由两个以上的创业投资者共同出资，每个投资者以其认缴的出资额对公司承担有限责任，公司以其全部资产对其债务承担责任的企业法人。股份有限公司是指全部资本由等额股份构成并通过发行股票筹集资本，股东以其认购的股份对公司承担责任，公司以其全部资产对公司债务承担责任的企业法人。一般非家族成员的创业者采用公司制的比较多。

（2）合伙制

合伙制是指依法在中国境内设立的由各合伙人订立合伙协议，共同出资、合伙经营、共享收益、共担风险，并对合伙企业债务承担无限连带责任的营利性的经营组织。创业团队投资采取合伙制，有利于将创业投资中的激励机制与约束机制有机结合起来。合伙人执行合伙企业事务，有全体合伙人共同执行合伙企业事务、委托一名或数名合伙人执行合伙企业事务两种形式。全体合伙人共同执行合伙企业事务是指按照合伙协议的约定，各个合伙人都直接参与经营、处理合伙企业的事务，对外代表合伙企业。委托一名或数名合伙人执行合伙企业事务是指由合伙协议约定或全体合伙人决定一名或数名合伙人执行合伙企业事务，对外代表合伙企业。

5.创业团队创建的过程

创业团队的组建是一个相当复杂的过程，不同类型的创业项目所需的团队不一样，创建步骤也不完全相同。一般创业团队的组建过程如以下六个步骤所示。在创业初期，尤其是大学生创业的过程中，创业团队的组建存在各式各样的情况，可能是先有了团队之后才去创业，也可能是一个人先有了创业的想法然后再组建创业团队等。因此，在创业初期，团队的组建不一定完全遵照这一一般过程；但是，在创业团队逐渐完善和成熟的过程中，大都遵循了这样的过程。也就是说，创业团队组建的起点可能不同，但是到头来遵循的过程还是大体相同的。

（1）明确创业目标

创业团队的总目标就是通过完成创业阶段的技术、市场、规划、组织、管理等各项工作，实现企业的从无到有、从起步到成熟。总目标确定之后，为了推动团队最终实现创业目标，再将总目标加以分解，设定若干可行的、阶段性的子目标。

（2）制订创业计划

在确定了总目标以及阶段性子目标之后，紧接着就要研究如何实现这些目标，这就需要制订周密的创业计划。创业计划是在对创业目标进行具体分解的基础上，以团队为整体来考虑的计划。创业计划确定了在不同的创业阶段需要完成的阶段性任务，通过逐步实现这些阶段性目标，最终实现创业目标。

（3）招募合适的人员

招募合适的人员是创业团队组建最关键的一步。关于创业团队成员的招募，主要应考虑两个方面：一是考虑互补性，即考虑其能否与其他成员在能力或技术上形成互补。这种互补性既有助于强化团队成员之间的彼此合作，又能保证整个团队的战斗力，更好地发挥团队的作用。一般而言，创业团队至少需要管理、技术和营销三个方面的人才。只有这三个方面的人才形成良好的沟通协作关系后，创业团队才可能实现稳定高效。二是考虑适度规模，适度的团队规模是保证团队高效运转的重要条件。团队成员太少则无法实现团队的功能和优势；而过多又可能会产生交流障碍，很可能使团队分裂成许多较小的团体，进而大大削弱团队的凝聚力。

【案例】

招不到优秀的员工是因为投入不够

小米公司合伙人的故事非常精彩：公司除7个创始人以外都没有职位，实行超扁平化管理，合伙人各自负责一个业务板块，互不干涉。高效的协作让小米公司的合伙人制度成为人们竞相模仿的对象。

团队是小米公司成功的核心原因：一群聪明人一起共事。雷军为了挖到“聪明人”，不惜一切代价。“如果你招不到人才，实际上是因为你投入的精力不够多。”雷军说，早期他每天都要花费一半以上的时间用来招募人才。对前100名员工，每名员工入职，他都亲自见面并沟通。当时招募优秀的硬件工程师尤其困难。有一次，一个非常资深和出色的硬件工程师被请来小米公司面试，他没有创业的决心，对小米公司的前途也有些怀疑。几个合伙人轮流和他交流，整整12个小时，打动了他。最后这名工程师说：“好吧，我已经体力不支了，还是答应你们算了！”

（4）职权划分

为了保证团队成员执行创业计划、顺利开展各项工作，必须预先在团队内部进行职权划分。创业团队的职权划分就是根据执行创业计划的需要，具体确定每个团队成员所要担负的职责以及相应享有的权限。团队成员之间的职权划分必须明确，既要避免职权的重叠和交叉，也要避免无人承担而造成工作上的疏漏。此外，由于还处于创业过程中，面临的创业环境又是动态、复杂的，会不断出现新的问题，团队成员可能不断更换，因此，创业团队成员的职权也应根据需要不断地进行调整。

（5）构建创业团队制度体系

创业团队制度体系体现了创业团队对成员的控制和激励能力，主要包括团队的各种约束制度和激励制度。一方面，创业团队通过各种约束制度（主要包括纪律条例、组织条例、财务条例、保密条例等），指导其成员避免做出不利于团队发展的行为，对其行为进行有效的约束，保证团队的稳定秩序；另一方面，创业团队要想实现高效运作，要有有效的激励机制（主要包括利益分配方案、奖惩制度、考核标准、激励措施等），使团队成员能看到随着创业目标的实现，其自身利益将会得到怎样的改变，从而达到充分调动成员的积极性、最大限度发挥团队成员作用的目的。要实现有效的激励，必须把成员的收益模式界定清楚，尤其是关于股权、奖惩等与团队成员的利益密切相关的事宜。需要注意的是，创业团队的制度体系应以规范化的书面形式确定下来，以免带来不必要的混乱。

（6）团队的调整融合

完美组合的创业团队并非自创业一开始就能建立起来的，很多是在企业创立一定时间以后，随着企业的发展而逐步形成的。随着团队的运作，团队组建时在人员匹配、制度设计、职权划分等方面的不合理之处会逐渐暴露出来，这时就需要对团队进行调整融合。由于问题的暴露需要一个过程，因此，团队的调整融合也应是一个动态持续的过程。在完成了前面的工作步骤之后，团队的调整融合工作专门针对运行中出现的问题，不断地对前面的步骤进行调整，直至满足实践需要为止。在进行团队调整融合的过程中，最为重要的是要保证团队成员间经常进行有效的沟通与协调，培养和强化团队精神，提升团队士气。

【案例】

一个创业企业的产生、成长和失败

张某是一个在2000年下岗的国有企业职工，下岗后她自强不息，开办了“四季园餐饮公司”。在当地，以前几乎没有人提供类似的业务。刚开始时，张某的经营比较顺利，凭借自己的辛勤劳动，她的公司顺利地进入了市场，并获得了良好的质量信誉，企业的规模也从原有的几个人扩大到十几个人。一时间，张某成为艰苦创业、带领下岗女工自谋职业的典型人物，被地方政府和新闻媒体广泛报道，餐饮营业额也在增加。但是，问题也在这时出现。随着规模扩大，张某开始申请银行贷款购置一些新的设备、租赁更大的工作场地，并开始走连锁餐饮的路线，雇佣更多的下岗女工，最多时达到100多人。由于职工都缺乏管理经验和市场推销经验，张某只能包揽几乎所有的管理工作和市场开拓业务。随之企业的产品成本核算和产品销售出现问题，企业无法准确核算产品成本。如果提高销售价格，产品就无法销售出去；如果保持较低价格，则企业就处于亏损状态。而此时，张某仍还有很强的利他主义思想，她不愿意使工人受到第二次失业的打击。最后的结果可想而知：企业因无法偿还银行的债务而破产。

点评：张某充分利用自身的技能，瞄准服务业市场的空白，创业初期取得了成功，在规模扩大后，张某一味追求利他和社会责任，没有结构合理的优秀创业团队，管理和市场营销工作依靠自己一个人的力量，难以适应企业发展规模，最终企业以破产而告终，令人惋惜。

5.2.4创业团队的管理技巧和策略

1.建立信任

信任，作为高素质团队的起点，能制约和推动团队的发展。团队能不能飞跃，首先看在团队中团队成员间能不能建立起相互的信任。

信任是合作的基础。对于一个团队而言，团队成员是相互信赖的，且团队合作往往是建立在信任而非利益的基础上。尤其在现今的工业社会中，虽然信任与合作正朝着一体化的方向发展，但是合作是以相互信任为前提的，没有信任，就难以产生合作的基础。可以说，信任是一个高效团队成功的关键因素。信任即彼此独立，有效率，有吸引力，共同承担责任，相互鼓励和信任。现实中，团队的失败大多也被归纳为内部缺乏信任，团队成员对领导的不信任是团队失败的主要原因。

信任也需要相互监督。信任无疑能提高组织成员的积极性、满意度，有效地提升组织创新、生存能力，然而，信任也有成本，一旦信任被利用了，高得可怕的信任成本便显示出极强的破坏力，因为没有约束的信任将伴随着风险。

【案例】

不离不弃的创业团队

外界常常用“沉浮”“动荡”来形容对史玉柱团队的印象，但谁也不能否认其“嫡系”十分稳固。陈国、费拥军、刘伟和程晨被称为史玉柱的“四个火枪手”，史玉柱在一次创业初期，身边人很长一段时间没领到一分钱工资，但这四人始终不离不弃，一直追随左右。

据刘伟的介绍，尽管经历了巨人公司数年的停业，但脑白金分公司的经理有一半都是最初跟随史玉柱起家的人马，这些人在脑白金已工作六七年，而脑白金和征途的多数副总更是早在1992～1994年期间便是巨人公司的员工。

人们的疑惑在于，史玉柱这位出身于技术而又近乎偏执的独裁者，何以在“巨人”倒下之时，整个团队二十余人几乎都没有离开他，却追随他蛰伏了数年而后东山再起？从最早的计算机产品到保健品，再到现在的网游，几乎是同一帮人马在策划运作。究竟是什么原因使这批人才聚集在这个“鬼”才身边呢？

作为史玉柱“新嫡系”的征途项目负责人纪学锋，是史玉柱成立征途公司时挖来的第一批网游骨干之一，他的看法是“公司各方面都很开明、公平，只要有实力，就会有机会。

在管理上不会拘泥于太多的规则，大家做事的时候拼命做、事则不拘泥于细节，整个过程能够让人实现个人价值。很多企业包括外企规则管理，都把人管得太死”。巨人大厦失败后，对于怎样维系团队的奋斗向上、保证企业的向前发展，史玉柱的做法是：不定目标，缜密论证，步步推进，一咬到底。这一习惯贯穿着征途两年多的发展轨迹。

脑白金2001年销量突破了13亿，史玉柱随即授权大学时睡在他上铺、时任上海健特总经理的陈国打理日常事务。翌年，陈国发生车祸。据知情人士透露，当时史玉柱正在兰州开会，连夜飞回上海，赶到医院时陈国已奄奄一息。和巨人的倒掉相比，这件事对于史玉柱的打击同样巨大，公司把所有业务全都停掉，专门处理陈国的后事。史玉柱在后来回忆时表示，那是一种“断臂之痛”。从此，史玉柱对车要求很高，“以坐SUV为主，另外加了一条规定，干部离开上海禁止自己驾车”，他和公司高层每年清明都要去给陈国扫墓。

史玉柱没有在陈国去世后重新接管脑白金，而是将担子交给了文秘出身的刘伟。“刘伟做上海健特副总，她分管的那一块，花钱就是比别人少很多。”史玉柱说，“跟了我十几年，没在经济上犯过一回错，我自然非常相信她。”刘伟表示，自己虽然能叫出这300多个县、市、省办事处经理的名字，但具体管理还需要史玉柱提供思想和方法。

史玉柱力求让每一个员工明白，评价业绩“最终凭的是功劳而不是苦劳”。公司只有一个考核标准，就是量化的结果。正是以结果论英雄，他才练就了一个强有力的队伍。他用人的一个原则是“坚决不用空降兵，只提拔内部系统培养的人”。他认定的理由是，内部人员毕竟对企业文化的理解和传承更到位，并且执行力相对更有保障．对于一个商业模式定型、管理到位的企业来说，执行的保障比创造的超越更为重要。从这个角度来讲，史玉柱是个典型且极端的实用主义者。

在检讨巨人集团失败的教训时，史玉柱曾表示，原来公司董事会是个空壳，决策就是由自己一人说了算，认识到了“决策权过度集中危险很大”。

今天，这位自诩为"著名的失败者"的成功者似乎已经洗心革面，他说："独裁专断是不会了，现在不管有什么不同想法，我都会充分尊重手下人的意见。"

由此，他成立了七人投资委员会，任何一个项目，只要赞成票不过半数就一定放弃，否决率高达2/3。

2.合理授权

管理学专家彼特·史坦普说过，成功的企业领导不仅是控权高手，更是授权高手。

随着团队的建设和发展，领导者要通过合理授权，让团队成员分担责任，使团队成员更多地参与项目的决策过程，允许个人或小组以自己的更灵活的方式开展工作。其目标和意义如下。

（1）通过灵活授权，显示领导者对团队成员的信任，也给团队成员学习与成长的空间。

这种信任可以奠定团队信任的基础，也是团队精神存在于领导者与团队之间的体现。

（2）合理授权有利于充分发挥团队队员的积极性和创造性。每个人都有实现自我价值的愿望。每一项工作的成功，不仅是领导管理的成功，更是所有实现自我价值的团队成员的成功。

（3）合理授权有利于及时决策。一方面，团队成员在自己授权范围内可根据内外部环境的变化及时决策；另一方面，通过灵活授权，领导者逐渐将工作重点转向关键点控制、目标控制和过程控制。

3.积极沟通、善于倾听

沟通是信息交流的重要手段，它就像一座桥梁，连接着不同的人、不同的文化和不同的理念。良好、有效的沟通能让交流的双方充分理解，达成共识。美国著名未来学家奈斯比特曾指出"未来竞争是管理的竞争，竞争的焦点在每一个社会组织内部成员之间及其外部组织的有效沟通上"。

团队成员之间的有效沟通是任何团队管理艺术的精髓。倾听是这个世界上最美的行为。

团队成员之间需要沟通、交流、协作共事，善不善于倾听，不仅体现着一个人的道德修养，而且还关系到能否与他人建立一种正常、和谐的人际关系。

请记住，倾听是一首歌，是团结之歌、友爱之歌、和谐之歌。

4.考核管理、赏罚分明

绩效考核是现代组织不可或缺的管理工具之一，它是一种周期性检查与评估团队成员工作表现的管理系统。有效的绩效考核，不仅能确定每位团队成员对组织的贡献或不足，还可以在整体上为组织的人力资源管理提供客观地评估资料，为公平合理地付酬劳给团队成员提供客观依据，从而提升团队成员的工作绩效。

坚持赏罚分明的原则意味着在涉及团队成员的个人利益时要坚持公平、公正和公开的分配原则，该奖赏的要奖赏，该惩罚的时候要惩罚。在涉及惩罚团队成员的问题时经常会碰到这样一种情况。

创业初期，创业团队的成员大多是同学、朋友等熟人，但是创业团队经过一段时间的运作之后会发现团队的运作并没有想象中的那样顺利，可能会产生有的人或许不能认同企业的经营理念，或许有的人想"自立门户"，或许有的人工作时心不在焉，想逃避责任，或许有的人做事情根本就不称职等情况。因此，经过一段时间的磨合之后，创业团队都要经过一个痛苦的"洗牌"过程，而对团队成员最严厉的惩罚恐怕就是将他"踢出"这个团队了。这种情况并非是团队的创立者希望看到的，很多情况下碍于情面，将某些团队成员"踢出"队可能更是一种左右为难的选择。事实上，即使对于最富经验的职业经理人，他们最怕的事情就是解雇员工。

请记住，对于创业企业，在创业初期碰到这种问题要有果断换人和"洗牌"的勇气。

5.共同学习

进入21世纪，随着科技的进步和知识更新速度的加快，无论是哪一种类型的团队，要想成为一支能够打硬仗、素质过人的高效能团队，归根结底还是要"打铁还须自身硬"，团队成员需要不断地给自己充电学习，弥补知识与技能上的不足。

要让团队成员在组织内通过团队学习，实现知识共享。实现个人学习向团队学习的飞跃，首先要实现每个人获得的新知识都能快捷地与团队其他成员分享。知识不会因为传播而减少，交流和分享却能使整个团队的集体智慧增加。尤其在知识经济时代，团队竞争就是学习速度的竞争。个人学习的成果，若不经团队学习的过程，就只是个人知识的增长，无法形成团队整体的学习力和竞争优势；相反，个人通过团队学习，实现成员的知识共享，就能快速提高团队的知识总量和集体智慧，增强企业竞争力。

本章小结

创业是一项颇具挑战性的事业，不仅对专业知识要求很高，而且对人的综合素质要求也很高，尤其是创业素质。创业素质是对创业者成功创业的基础和前提，大学生只有具备了一定的创业素质，才有可能成功创业。创业团队是由少数性格、资源、技能互补的创业者组成的团队。共同创业有利于分散创业的失败风险，通过团队成员之间的技能互补可提高驾驭环境不确定性的能力，从而降低新创企业的经营失败风险。更为重要的是，共同创业具有更强的资源整合能力，能同时从多个融资渠道获取创业资金等资源，保证创业企业的成功。创业团队一般具备四个重要的组成要素：明确的目标、结构合理的成员、合理的创业团队定位、科学的职责权限。

复习思考题

1.结合自身实际，请谈谈如何提高自己的创业素质。

2.以一个成功的创业案例为例说明其体现了创业者的哪些创业素质。

3.试述创业团队的重要性。

4.优秀的创业团队管理的策略包含哪些？

第 6 章 创业机会

“生活中处处充满着美，只是缺少发现美的眼睛。”创业的机会同样也是如此。在当今信息爆炸的时代，如何更迅速地识别身边的创业机会，是我们当代大学生需要关注的一个重要问题。特别是现在国家提倡“互联网+”，这不仅给传统企业转型指明了道路，更使O2O企业如雨后春笋般纷纷破土而出，伴随着互联网成长的新一代大学生要顺应时代的发展，响应国家“全民创业，万众创新”的号召，把握住时代的先机。

学习目标

通过本章学习，你将能够：
1.理解创业机会的概念及特征；
2.学会发现生活中的创业机会；
3.掌握创业机会的评价方法。

6.1 创业机会的概念及特征

6.1.1创业机会概述

创业机会来源于具有商业价值的创意，其表现为特定的组合关系。

在一个完全自由的市场体系中，创业机会的出现往往是因为创业者准备进入的行业和市场上存在着缝隙，这是商业环境的变化、市场体制不协调或不健全、技术的落后或领先、信息的不对称以及市场中其他各种因素影响的结果。对创业者而言，创业机会能否有效把握，依赖于创业者能否准确识别和充分利用这些市场缝隙。市场越不完善，相关知识和信息的缺口、不对称或不协调就越大，商业机会就越多，创业机会也越多。

1.创业机会的含义

创业机会主要是指具有较强吸引力的、较为持久的有利于创业的商业机会，创业者据此可以为客户提供有价值的产品或服务，并同时使创业者自身获益。

2.创业机会的特征

（1）潜在的营利性

营利性是创业机会存在的基础。创业者追逐创业机会的根本目的是基于创业机会组建企业，进而获得财富。如果创业机会不具有营利性，机会也就不是创业机会了。同时，创业机会的营利性是潜在的。对于这种潜在营利性的理解尤其需要创业者拥有一定的知识和技能，同时也需要相关领域的实际经验。因此，这也对创业机会的评价和识别造成一定的难度。很多创业机会看起来似乎具备较大的盈利可能性，但是经过仔细推敲之后却发现是虚假的信号。因此，在创业机会的识别和评价方面，需要创业者投入更多精力。

（2）创业机会需要具体的商业行为来实现

现实中，富有价值的创业机会具有很强的时效性，如果没有及时地把握住，一旦时过境迁，由于条件所限，原有市场就将不复存在，或者已经有其他创业者抢先一步占据市场先机，原先具有巨大价值的创业机会也会沦为无价值的市场信息。将创业机会商业化，还取决于许多客观条件，特别是创业者所面临的创业环境和其拥有的资源状况。因此，在创业机会的识别和开发上，创业者应当做好准备。

（3）创业机会的潜在价值能够不断开发和提升

创业机会的潜在价值依赖于创业者的开发活动，也就是说创业机会并非是被发现，而是被“创造”出来的。创业机会的最初形态很可能仅仅是一些散乱的信息组合，只有创业者以及创业过程的各类利益相关者积极地参与到机会识别中来，不断磨合各自的想法，创业机会的基本盈利模式才能够逐步形成，并且最终成为正式的企业。因此，创业机会的潜在价值具备很强的不确定性，它会随着创业者的具体经营措施和战略规划的变化而发生变动。如果创业者的战略方案与创业机会的特征得到良好的匹配，创业机会的价值就能够得到很大的提升，创业活动也能够获得较好的效果。如果相关战略规划与创业机会特征不匹配，甚至产生严重的失误，那么即使创业机会潜在价值很大，也无法得到有效机会，甚至造成创业失败。

（4）创业机会的核心特征表现为具有商业价值的创意

从某种意义上说，创业机会是创意的一个“子集”。创业机会可以满足创意的诸多特征：来源广泛；具有较强的创新性；未来的发展带有很大的不确定性。但是，创业机会拥有大多数创意所不具备的一个重要特征——能满足顾客的某些需求，因而具有商业价值。这一特征使有价值的创业机会得以从众多创意中脱颖而出，成为创业者关注的焦点。有商业价值的创意有两个特性：有用性及可行性。换句话说，漫无目的或是异想天开、天马行空的创意点子对创业是没有什么帮助的。

因此，从众多创意中寻找值得关注的机会，是创业者选择创业生涯、实施创业战略的第一步。而创业机会具有吸引力强、持久、适时的特性，它根植于可以为顾客或用户创造或增加价值的产品或服务中。

6.1.2创业机会的来源

创业机会的出现往往是因为环境的变动，市场的不协调或混乱，信息的滞后、领先或缺口以及各种各样的其他因素影响的。也就是说，在一个自由的企业系统中，当行业和市场中存在变化着的环境、混乱、混沌、矛盾、落后与领先、知识和信息的鸿沟以及各种各样其他真空时，创业机会就产生了，如技术革新、消费者偏好的变化、法律政策的调整等。一般来说，创业机会有以下五大来源。

1.问题

创业的根本目的是满足顾客需求。而顾客需求在没有满足前就是问题。寻找创业机会的一个重要途径是善于去发现和体会自己和他人在需求方面的问题或生活中的难处。比如，上海有一位大学毕业生发现远在郊区的本校师生往返市区交通十分不便，便创办了一家客运公司，这就是把问题转化为创业机会的成功案例。

2.变化

创业的机会大都产生于不断变化的市场环境，环境变化了，市场需求、市场结构必然发生变化。著名管理大师彼得·德鲁克（Peter F. Drucker）将创业者定义为那些能“寻找变化，并积极反应，把它当作机会充分利用起来的人”。这种变化主要来自于产业结构的变动、消费结构升级、城市化加速、人口思想观念的变化、政府政策的变化、人口结构的变化、居民收入水平的提高、全球化趋势等诸方面。比如，现在越来越多的人选择网上购物，这带动了快递业等诸多创业机会。

3.创造发明

创造发明提供了新产品、新服务，更好地满足顾客需求，同时也带来了创业机会。比如，随着电脑的诞生，电脑维修、软件开发、电脑操作的培训、图文制作、信息服务、网上开店等创业机会随之而来。

【小资料】

商业天才迈克尔·戴尔

迈克尔·戴尔（Michael Dell）1965年出生，现任戴尔公司首席执行官，是全世界公认的年轻首富。20年前，没有人把戴尔和他的戴尔公司放在眼里。可是今天，计算机业芯片大王英特尔的董事长葛鲁夫会主动约他共进晚餐，目的是向他讲解英特尔处理器的未来。而大名鼎鼎的比尔·盖茨会坐专机前来拜访，与他讨论戴尔公司刚刚萌芽的服务器生意以及公司网址的所有事情。

1984年，戴尔既不懂技术，也没有雄厚的资本，更缺少阅历和经验，19岁的他只是个学生物的大学一年级学生。后来，他辍学办公司，搞计算机直销。戴尔说：“在戴尔公司历史上，有8年的发展速度是80%，有6年的发展速度是60%，近两年的发展速度是45%。我们曾经在一年内从180亿美元一下增长到260亿美元。”今天的戴尔公司打败了惠普、IBM，并紧逼康柏公司。自从1988年公司上市以来，戴尔公司的总销售额已由1.59亿美元跃升为2000年的217亿美元，年均增长率约54%。2000年《财富》杂志将戴尔评为世界上40岁以下最富有的富翁。这位1999年才34岁的亿万富翁身价已达214亿美元。那么这位赚钱天才赚钱的秘密武器是什么？

戴尔当初投资1000美元从事个人计算机生意，获得了成功。如果他今天手中握有1000美元，他又会投资哪个方向呢？戴尔说：“我会在中国互联网方面进行投资。”其实，戴尔公司现在已经开始对互联网工具进行投资，这些互联网工具是为ISP和ASP提供服务的。“我们能帮助任何一家想到网上做贸易的公司，包括咨询和服务。”另外，戴尔公司每天在网上的销售额为3000万美元，约占公司总收入的40%，现在它利用互联网做生意的业绩在全球仅次于网络第一大厂商——思科公司。目前，戴尔公司已在44个国家用21种语言建立了公司网站，其市值从当初的8500万美元达到今天的1272亿美元。

4.竞争

如果能弥补竞争对手的缺陷和不足，这也将成为不可多得的创业机会。看看自己周围的公司，能比他们更快、更可靠、更便宜地提供产品或服务吗？能做得更好吗？若能，也许就找到了机会。

【小资料】

戴尔独特的经营模式

戴尔说："戴尔真正努力的方向是追求'零库存运行模式'和为客户'量体裁衣，定做电脑，由于我们是按订单和客户的要求定做电脑，使我们的库存一年可周转15次。相比之下，其他竞争对手，其周转次数还不到戴尔公司的一半。""在戴尔公司发展的15年中，戴尔推动公司集中做的只有两项重要工作：通过一整套为客户量身定做的综合软件、硬件的流程使戴尔公司及其客户降低了成本；通过个性化，使戴尔公司可以为客户提供更高层次的服务。""通过戴尔直线订购模式，与那些通过缓慢的间接渠道的公司相比，戴尔公司以更快的速度完成了最新相关技术的应用，而戴尔公司的6天存货制使其比其他竞争对手保持了低成本，再加上按客户意愿来做电脑，使戴尔公司的发展既有速度，也很有利润。""我们使用互联网来降低我们的成本，并把销售服务放到网络上，我们每个星期的网上销售额是3000万美元。我们的对手正面临着两难的处境，但是他们不能解决这个两难问题。"

5.新知识、新技术的产生

知识经济的一个重要特征，就是信息爆炸，技术不断更新换代，这些都蕴藏着大量的商机。

6.1.3创业机会的发掘方式

（1）经由分析特殊事件来发掘创业机会。例如，美国一家高炉炼钢厂因为资金不足，不得不购置一座迷你型钢炉，而后竟然出现后者的获利率要高于前者的意外结果。再经分析，才发现美国钢品市场结构已产生变化，因此，这家钢厂就将往后的投资重点放在能快速反应市场需求的迷你炼钢技术上。

（2）经由分析矛盾现象来发掘创业机会。例如，金融机构提供的服务与产品大多只针对专业投资大户，但占有市场七成资金的一般投资大众未受到应有的重视。这样的矛盾，显示提供一般大众投资服务的产品市场必将极具潜力。

（3）经由分析作业程序来发掘创业机会。例如，在全球生产与运筹体系流程中，就可以发掘极多的信息服务与软件开发的创业机会。

（4）经由分析产业与市场结构变迁的趋势来发掘创业机会。例如，在国营事业民营化与公共部门产业开放市场自由竞争的趋势中，我们可以在交通、电信、能源产业中发掘极多的创业机会。在政府刚推出的知识经济方案中，也可以寻得许多新的创业机会。

（5）经由分析人口统计资料的变化趋势来发掘创业机会。例如，单亲家庭快速增加、妇女就业盼风潮、老年化社会的现象、教育程度的变化、青少年国际观的扩展等必然提供许多新的市场机会。

（6）经由价值观与认知的变化来发掘创业机会。例如，人们对于饮食需求认知的改变，造就了有机食品市场等新兴行业的兴起。

（7）由新知识的产生来发掘创业机会。例如，当人类基因图像获得完全解决，可以预期必然在生物科技与医疗服务等领域带来极多的新事业机会。

虽然大量的创业机会可以经由系统的研究来发掘，不过，最好的点子还是来自于创业者的长期观察与生活体验。

6.1.4创业机会的类型

1.以创业机会的来源角度划分

（1）技术机会

由科学技术或生产技术进步带来的创业机会。通常，技术上的任何变化，或既有技术的新组合，都可能给创业者带来某种创业机会，前提条件是创业者能够把握并了解这些新的技术，并能够将技术应用于某个领域，产生新的价值。历史上每次划时代的创新成果往往都是通过创业进入市场，进而催生出一个或若干庞大的产业部门为社会带来巨额财富。如1946年制造出来的第一台计算机使IBM和英特尔成了IT业的霸主；个人PC机诞生于1981年，催生了微软、苹果等世界领先企业。

（2）市场机会

由市场变化产生的创业机会。一般而论，主要有以下五类情况：市场上出现了与经济发展阶段有关的新需求；当期市场供给缺陷产生的新的创业机会；先进国家（或地区）产业转移带来的市场机会；国外市场出现的新动向为国内新兴市场带来较大的创业机会；从中外比较中寻找差距，差距中往往隐含着某种商机。

（3）产业链机会

与企业息息相关的各个环节的变化带来的创业机会。这些环节包括上游的供应商、下游的分销商和终端的用户。供应商如果在原材上有所变化或为企业提供更加新型的替代材料，这不失为企业产品开发的一种创业机会。分销商知道用户和市场的需求和新的变化，所以他们对产品的看法可以帮助创业者研发出新的受市场欢迎的产品。用户是产业链的终端，一切生产经营活动都是以用户为导向进行的。因此，用户那些未被满足的需求便是创业机会的一种重要来源。

（4）政策机会

政府政策的变化所赐予创业者的创业机会。政府的政策不仅包括政府管制，同样也包括政府政策支持，这两方面都包含着巨大的创业机会。随着经济发展、社会变革、科技进步等，政府必然也要不断调整自己的政策。政府是一双有形的手，不断地引导创业活动的方向。在政府政策的推动和引导下，创业机会便应运而生。例如，我国政府对养老政策的支持，使民间资本纷纷进入养老产业，推动养老产业的不断发展。

2.以目的—手段关系的明确程度划分

（1）识别型机会

当市场中的目的—手段关系十分明显，如市场明显供不应求，或根本无法满足需求时，创业者可通过目的—手段关系的有效连接来辨识机会。目标市场明确，且具备满足目标市场的能力（方法、资源、设备、技术等），扩大生产或进入已有行业，填补市场需求即可。

（2）发现型机会

当目的或手段任意一方的状况未知，需要创业者去进行机会发掘。比如，美国人切斯特·卡尔逊1938年就成功地试制出了第一个静电复印图像，当他向包括IBM和通用电气在内的20多家公司推荐复印技术时，被婉言拒绝，这些大企业根本不相信在已经拥有碳素复写纸的市场上，笨重复杂的复印机能创造更多的价值，直到1948年，哈罗德公司（今天的施乐公司）才正式向市场推出复印机产品。

（3）创造型机会

当目的和手段皆不明朗，因此需要创业者要比他人更具先见之明，才能创造出有价值的市场机会。这种机会开发难度大，对创业者的各方面能力要求较高，但往往能为创业者带来巨额利润。

3.以创业机会的表现划分

（1）隐性机会

现有的产品种类未能满足人们的需求，在产品开发上尚存在一些不是很明显的、实际又存在的、尚未被人们意识到的潜在市场需求，这种潜在的市场需求就是隐性机会。隐性机会不容易被人们发现和识别，搜索和识别难度较大，因此，需要创业者具有敏锐的观察力和丰富的行业经验。另外，隐性机会是通过识别信号而来的，创业者要能在变化的因素中捕捉信号，将信号抽象为创意再转变为机会。一般而言，能识别、抓住，并利用这种机会的创业者较少，因而机会效益高。

（2）显性机会

市场上存在明显而又没有被满足的现实需求，就是显性机会。显性机会很容易被识别和发现，但这种机会如果很快消失的话，它也有可能是一种陷阱。判断这种机会，要看这种显性机会是否具有持续性、长久性和排他性。显性机会由于显而易见、容易识别，抓住并利用这种机会的创业者比较多，因而难以取得机会效益，即先于他人进入市场而取得的竞争优势和超额利润。如果实现显性机会的资源、能力和环境等各项条件都具备的话，那就是天赐良机。

（3）突发机会

由市场上的突发变化带来的机会，就是突发机会。这种机会往往是意外发生的，出现之前没有任何征兆，但是这种机会往往也是转瞬即逝的，也比较难以把握。淘宝的成功便来源于马云2003年在“非典”时期对突发机会的把握，一跃成为中国第一大C2C购物网站。真正能把握突发机会的人较少，它需要创业者具备敏锐的洞察力，能当机立断，一旦把握这种机会便可以化“危”为“机”，逆转形势，获得极大的超额利润。

4.以经营领域的不同划分

（1）行业性机会

在企业所处的现有行业或经营领域中出现的机会，称为行业机会。一般来讲，很多企业会将行业机会作为寻找和利用的重点，因为它能充分利用行业已有的经验和资源，识别的难度较低，但往往也会带来行业内的激烈竞争，从而失去或减弱机会效益。行业性机会由于其易发现、易识别和易利用，因此，带来的收益也较小，如果做得不够好，还容易招致在位厂商的排挤。

（2）边缘性机会

在不同行业之间的交叉与结合部出现的机会，称为边缘性机会。行业间的边缘地带一般是现有企业容易忽略的地方，在这些区域消费者的需求难以得到充分的满足，甚至还会产生一些新的消费需求。这类商业机会大都比较隐蔽，进入壁垒也比较小，因此带来机会效益的可能性也大。但寻找和识别边缘性市场机会的难度较大，需要创业者具有广博的知识面、丰富的想象力和旺盛持久的创新精神。

5.以机会出现的时间划分

（1）当前机会

在当前的市场环境中出现的未被满足的需求，称为当前市场机会。当前机会在市场中已经存在，因此创业者只需直接在市场中进行搜索即可获得。但是当前机会由于可识别度较高，很容易被搜索和利用，可进入的人较多，带来的机会收益较少。

（2）未来机会

随着环境的变化和时间的转移，在未来的市场上可能出现的需求称为未来机会。未来机会是在当前机会基础之上发展起来的，这类机会在当前的市场上仅仅表现为一部分人消费意向或少数人的需求，但是随着时间的推移，其有可能成为大多数的需求。由于未来变化的不确定性，因此未来机会本身也隐含了一定的风险，然而，风险越大所带来的收益越丰厚。对于创业者来讲，如果能够寻求到并正确评价未来市场机会，提前开发产品/服务，并在机会到来时迅速将其推向市场，最易于取得行业领先地位和竞争优势。

6.2 识别与评价创业机会

6.2.1影响机会识别的关键因素

创业机会的识别实质是创业者对创业信息进行搜集、处理和利用的过程。因此，创业机会识别的两大核心要素就是创业者自身因素和创业信息。

1.创业者自身因素

创业者自身的因素包括警觉性、经验、认知能力和社会关系网络资源等。

（1）警觉性

警觉性对机会发现具有关键性影响。作为创业者，总是自发地关注他人忽略的市场环境变化，对机会存在的潜在性保持着敏感、警惕以及洞察力，一旦发现创业机会就会采取相应行动并努力获取利润。由于认知上的偏差和价值观的差异，不同的创业者对于机会可能带来的初始价值判断不同，所以要求创业者在机会识别的过程中要有高度的警觉性和洞察力。可以说，正是管理者对机会的警觉发现使得非均衡的市场过程逐渐趋向于均衡，管理者在由非均衡的市场向均衡市场转变过程中能够发现利于自己发展的机会。

（2）先前经验

先前经验是创业者通过先前的工作经历、受教育情况和创业经历，对市场、技术、产品的认识和经验积累。先前经验是识别机会的认知基础，在机会识别过程中起很重要的作用。个体先前工作经验中所积累的顾客问题知识、市场服务方式知识、市场知识造就了创业者的“知识走廊”，导致管理者在面对同样的机会信息时，解读出的往往是与其先前知识密切关联的机会。创业者所掌握的有关市场、产品、资源等有价值信息，强化了其发现商业机会的能力；有创业经历的创业者则因体验过机会发现过程，积累了洞察信息、发现机会的隐性知识，有助于强化其对机会信息的警觉性，从而更容易识别到新的创业机会。

（3）认知能力

机会识别是一个动态的过程，而机会认知是机会识别的首个步骤，机会认知就是感知和认识到机会。认知过程是产生创意、激发创造力、识别机会的基础。Shane认为商业机会的发现取决于两个必要条件：第一，个体获取承载创业机会的信息；第二，个体合理解读这些信息并识别其中蕴含的价值。机会认知就是感知和认识到机会，就是合理解读信息并识别出其中蕴含价值的过程。创业认知能力结构通常是由商机、资源、组织、管理、风险和利益等一系列相关因素的结构化知识所组成。创业者的创业认知能力结构一旦建立，又成为其学习新创业知识和感知市场信息的极为重要的能量或基础，从而促进创业者的创业警觉性，使其更能敏锐感知到市场的变化，并迅速洞察这种变化所带来的商业价值[1]。

（4）社会关系网络

社会关系网络不仅提供了孕育创意的土壤，其深度和广度也影响着机会的识别。社会关系网络是人们在长期的社会交往中积累的“人脉”，“人脉”会提供许多重要的机会信息和资源，这些信息和资源有助于创业者发现更多的创业机会。张玉利等认为，社会交往面广、交往对象趋于多样化与高社会地位个体之间关系密切的创业者更容易发现创新性更强的机会。而创业者先前经验调节着上述影响机制，相对于经验匮乏的创业者而言，经验丰富的创业者更容易从高密度的网络结构中发现创新性更强的机会[2]。创业者社会网络的多样性、强度和密度都会对机会识别产生重要的影响。尤其是社会关系网络中的弱关系，是创业机会信息的主要来源之一，也是影响机会识别的关键因素。

2.创业信息

信息是创业机会识别的重要因素，包括市场信息、技术信息、行业信息和政策法规信息。

（1）市场信息

市场信息是一种重要的经济信息，其隐藏着大量的创业机会。市场信息包括有关市场商品营销的各类信息，如商品的销售情况、商品的市场规模、商品的增长速度、产品的开发状况、消费者购买情况、企业的口碑等，也包括一些与生产和服务相关的各种信息、情报、数据、资料等。创业者必须要善于搜集、分析和挖掘有效的市场信息，识别出市场信息中所隐藏的创业机会。

（2）技术信息

技术的进步或关键技术的突破可以带来重大的创业机会。技术的进步可以影响企业的产品、服务、生产技术、生产原料、生产的设备、制造工艺、营销手段、产品开发技术等方面。

较高科技含量的产品具有较大的吸引力，能带来丰厚的机会收益，也可以为创业者带来有利的竞争优势。因此，创业者应该对所涉及行业的技术变化趋势有所了解和把握，搜集有关信息，并进行实时跟踪，将新技术用于改进生产，或开发一种全新的产品，或应用于一个全新的领域，从而创造出较高的市场价值。

（3）行业信息

行业信息是对创业者所在行业的现在与未来发展趋势的反映。创业者应该搜索和把握所在行业的全部信息，包括供应商的信息、竞争对手的信息、潜在进入者的信息、替代品的信息，等等。创业者应该综合考虑行业各方面的信息，结合自身的资源、能力、专业等

[1]李时春，常建坤.创新与创业管理：理论·实践·技能（第4版）［M］.南京：南京大学出版社，2014，第108页。

[2]张玉利，杨俊，任兵.社会资本、先前经验与创业机会——一个交互效应模型及其启示［J］.管理世界，2008（7）.

条件发挥优势，尽量扬长避短，把握机会，抢占市场先机，博取市场竞争优势，取得机收益。

（4）政策法规信息

政策法规信息是创业的外部支撑条件，创业者应该密切关注国家或地方政府的政策和相关法规变化。政策法规可以为创业者提供一个良好的创业环境和条件，如果国家大力支持某一行业或产业的发展，那么对于创业者来讲就是一个良好的创业机会。

6.2.2 识别创业机会

创业机会识别是创业领域的关键问题之一。从创业过程角度来说，它是创业的起点。创业过程就是围绕着机会进行识别、开发、利用的过程。识别正确的创业机会是创业者应当具备的重要技能。许多好的商业机会并不是突然出现的，而是对于“一个有准备的头脑”的一种“回报”。在机会识别阶段，创业者需要弄清楚机会在哪里和怎样去寻找。

1.识别创业机会的一般过程

创业者从成千上万繁杂的创意中选择了他心目中的创业机会，随之不断持续开发这一机会，使之成为真正的企业，直至最终收获成功。在这一过程中，机会的潜在预期价值及创业者的自身能力得到反复的权衡，创业者对创业机会的战略定位也越来越明确。这一过程被称为机会的识别过程。创业者采用种种手段来识别市场机会，这是一个思考和探索互动反复，并将创意进行转变的过程。以下为初选创业项目时的几种方法。

（1）做你最擅长的事

俗话说：“万事开头难。”西方也有一句谚语：“良好的开端等于成功的一半。”比尔·盖茨曾经说过：“做你自己最擅长的事。”人们在做自己擅长的事时，自信心和勇气最强，因此成功率最高。

创业者最擅长的事，也就是最有可能干好的事。擅长，就是跟别人竞争时具有的优势。只有加大自己的专长，成为专家，才会和别人拉开距离，在竞争中脱颖而出。比尔·盖茨就是一个典型的代表人物。

（2）做你最喜欢的事

只有在做自己最喜欢的事时，人们才会废寝忘食、不知疲倦。这种乐在其中的感觉，会叫人乐此不疲。爱迪生一天平均有18个小时待在实验室里，当他的家人劝他休息时，他说：“我没有在工作，我一直在玩。”所以，爱迪生的成功是因为他做了自己最喜欢的事。

（3）做你最熟悉的事

在做同样生意的人群里，如果只有一个人赚钱的话，一定是那个最熟悉该生意的人；同样在这个群体里，如果只有一个人赔钱的话，一定是那个最不谙此道的人。这就是民间商人常说的“不熟不做”的道理。“春江水暖鸭先知”，是因为鸭子经常在水里玩耍，它最熟悉一年四季的水温，所以春天到来时，它会第一个感觉到。

（4）做你最有人脉关系的事

①合伙创业，团队作战。人们都说“一个好汉三个帮”“孤木不成林”，创业成功，也同样离不开他人的帮助。著名成功学大师卡耐基说过：“成功靠的是15%的专业知识和85%的人际关系。”反过来说，在人们最喜欢、最擅长、最熟悉的行业里，朋友也会越多，共同的爱好和志趣会使创业者在创业初期很快找到志同道合的新朋友，从而建立起对创业有利的人脉关系。

②善于用人，增加助力。“登高而招，臂非加长也，而见者远；顺风而呼，声非知疾也，而闻者彰；圣人性非异也，善假于物也。”善假于物，就是善于利用其他人和物，整合现有的资源。合作就像一部机器，机器需要不同的零件。一个优秀的合作团队，不仅能够给创业者的能力发挥创造良好的条件，而且还会产生合作双方彼此都不曾拥有的新力。

③整合资源，寻求共赢。现代企业管理中的领头人，已经不再是以前的个人英雄，而是一个团队合作的协调高手。创业成功既需要个人的努力，也需要搭建一个资源整合平台，在这个协调整合过程中，需要把市场信息、人际关系和个人职业技能综合起来。如果这三项合起来，感觉总分不错，就可以列为初选的创业项目。

（5）收购现有企业

收购是指用现款、股票、债券或其他资产购买一家公司的股票或资产以获得对目标公司本身或其资产实际控制权的行为，被收购企业仍然保持其原有的独立法人资格。

①收购的误区。通常人们都把创业简单地理解为一定要亲手创立一家企业，并从小做大。其实，收购现成的企业（并购经营成功的企业、收购待起死回生的企业），购买他人智能（知识产权收购、特许经营）等，将经营已经稳定或有一定规模的企业注入创新元素，以适应新的市场需求，也是一种创业。

②收购的优点。收购现有企业可以减少对企业基础的创建时间和开办成本，被收购企业往往在商誉、产品、客户、广告促销等方面具备一定条件，稍加改变就可以掌控。近年来，很多创业者就是通过收购积累的。这对于资金少又期望快速拥有自己企业的创业者来说，不失为一条捷径。

③收购企业的缺点。收购价值的评估是非常重要的环节，有时还需要做好企业报表审核、企业债权债务调查、销售业绩评估和无形资产价值估算等。同时，有的企业原有的管理制度和企业结构不甚合理，收购后需要进行改造和重新设计，如果是和员工一起收购过来的，还需要对员工进行再培训。

④收购的程序和关键。一般来说，收购一家企业需要经过确认目标、考察与评估、交易谈判、签订合同这样4个过程。关键点就在于收购前的调查与分析、对未来的预测、收购企业财产法律责任认定等，不要误收购有违法劣迹、债权债务理不清的企业。

总的来说，对于资金少却期望迅速创业的创业者来说，收购现有企业是一个可行的方法。上海的沈晓琪就是在8年前收购了一家企业，并且对其改造后再出让而赚得第一桶金的。因此，收购后也可以卖出，不一定非要自己经营。

（6）特许经营和连锁经营

一般来说，特许经营和连锁经营是两种不同的营销模式。特许经营的核心是特许权的转让，需要特许人和受许人一对一签订特许合同而形成。特许经营是指签约后，受许人可有偿使用其名称、商标、专有技术、产品及运作管理经验等从事经营活动。经营的各个分店之间是独立的。而连锁经营的核心是同一资本拥有，经营的是同类商品和服务，由同一总部集中管理领导。总部对分店拥有所有权，对分店经营中的具体事务有决定权；分店需上缴总部一定的利润，分店经理实际上是总部的一员，完全按总部要求行事。

2.创业者应识别的创业机会

好的创业机会必然具有特定的市场定位，专注于满足顾客需求，同时能为顾客带来增值的效果。创业需要机会，机会要靠发现。要想寻找到合适的创业机会，创业者应识别以下创业机会。

（1）现有市场机会

对创业者来说，在现有的市场中发现创业机会，是很自然和较经济的选择。一方面，它与我们的生活息息相关，能真实地感觉到市场机会的存在；另一方面，由于总有尚未全部满足的需求，在现有市场中创业，能减少机会的搜寻成本，降低创业风险，有利于成功创业。现有的创业机会存在于不完全竞争下的市场空隙、规模经济下的市场空间、企业集群下的市场空缺等。

①不完全竞争下的市场空隙

不完全竞争理论或不完全市场理论认为，企业之间或者产业内部的不完全竞争状态，导致市场存在各种现实需求，大企业不可能完全满足市场需求，必然使中小企业具有市场生存空间；中小企业与大企业互补，满足市场上不同的需求。大中小企业在竞争中生存，市场对产品差异化的需求是大中小企业并存的理由，细分市场以及系列化生产使得小企业的存在更有价值。

②规模经济下的市场空间

规模经济理论认为，无论任何行业都存在企业的最佳规模或者最适度规模的问题，超越这个规模，必然带来效率低下和管理成本的提升。产业不同，企业所需要的最经济、最优成本的规模也不同，企业从事的不同行业决定了企业的最佳规模，大小企业最终要适应这一规律，发展适合自身的产业。

③企业集群下的市场空缺

企业集群主要指地方企业集群，是一组在地理上靠近的相互联系的公司和关联的结构，它们同处在一个特定的产业领域，由于具有共性和互补性而联系在一起。集群内中小企业彼此间发展高效的竞争与合作关系，形成高度灵活专业化的生产协作网络，具有极强的内生发展动力，依靠不竭的创新能力保持地方产业的竞争优势。

（2）潜在的市场机会

潜在的创业机会来自于新科技应用和人们需求的多样化等。成功的创业者能敏锐地感知社会大众的需求变化，并能够从中捕捉市场机会。新科技应用可能改变人们的工作和生活方式，出现新的市场机会。通信技术的发展，使人们在家里办公成为可能；互联网的出现，改变了人们工作、生活、交友的方式；网络游戏的出现，使成千上万的人痴迷其中，乐此不疲；网上购物、网络教育的快速发展，使信息的获取和共享日益重要。

需求的多样化源自于人的本性，人类的欲望是很难得到满足的。在细分市场里，可以发掘尚未满足的潜在市场机会。一方面，根据消费潮流的变化，捕捉可能出现的市场机会；另一方面，根据消费者的心理，通过产品和服务的创新，引导需求并满足需求，从而创造一个全新的市场。

（3）衍生的市场机会

衍生的市场机会来自于经济活动的多样化和产业结构的调整等方面。

①经济活动的多样化为创业拓展了新途径

一方面，第三产业的发展为中小企业提供了非常多的成长点，现代社会人们对信息情报、咨询、文化教育、金融、服务、修理、运输、娱乐等行业提出了更多更高的需求，从而使社会经济活动中的第三产业日益发展。由于第三产业一般不需要大规模的设备投资，它的发展为中小企业的经营和发展提供了广阔的空间。另一方面，社会需求的易变性、高级化、多样化和个性化，使产品向优质化、多品种、小批量、更新快等方面发展，也有力地刺激了中小企业的发展。

②产业结构的调整与国企改革为创业提供了新契机

随着国企改革的推进，民营中小企业除了涉足制造业、商贸餐饮服务业、房地产等传统业务领域外，将逐步介入中介服务、生物医药、大型制造等有更多创业机会的领域。

（4）目前市场机会与未来市场机会

目前市场机会是那些在目前环境变化中出现的机会，未来市场机会是通过市场研究和预测分析它将在未来某一时期内实现的市场机会。若创业者提前预测到某种机会会出现，就可以在这种市场机会到来前早做准备，从而获得领先优势。

（5）全面市场机会与局部市场机会

全面市场机会是指在大范围市场出现的未满足的需求，在大市场中寻找和发掘局部或细分市场机会，见缝插针，拾遗补缺，创业者就可以集中优势资源投入目标市场，有利于增强主动性，减少盲目性，增加成功的可能。局部市场机会则是在一个局部范围或细分市场出现的未满足的需求。

3.创业机会识别的方法

（1）趋势观察法

趋势观察即通过对环境的分析把握机会产生的规律，识别并抓住机会。环境的分析最能反映趋势的变化，包括政治环境、经济环境、技术环境、社会环境以及创业者所在进入的行业环境和市场环境等。通过环境的观察，尤其是对环境变化的观察，并分析这些变化，把握环境发展的规律，从规律中发现趋势的征兆。

趋势征兆的发现需要一定的判断能力。有些创业者比另一些创业者更擅长对趋势征兆做出判断，因为他们具有丰富的先前经验、高度的警觉性、良好的社会关系网络资源、较好的认知能力，他们更善于发现趋势的征兆并解释他们。还有一个途径是从独立调查公司购买定制化的预测和市场分析。这可以使创业者有更多的参考，在一些复杂环境中，这种方法更有参考价值。

（2）问题发现法

问题发现法指从问题中识别机会的存在，并找到解决方法。现实中，我们会遇到许多问题，如何注意问题以及评论问题，可以看出我们有没有商业意识和商业创意。所以有人说“每个问题都是一个被精巧掩饰的机会”。大多数真正推动创业成功的问题都是创业者亲身经历中遇到的具体问题，感同身受才会有一种创造性地解决问题的冲动。而具有创业意识的人解决这个问题的同时会将其商业化，让更多的人享受解决方案得到的好处，同时也可以为创业者自己带来更多的利益。当年莱纳和博萨克希望能通过邮件互通感情，保持联络，但是他们所在的学院属于不同的网络，所以他们发明了路由器，由此建立思科公司。

创业者如果缺乏先前经验，可以从别人存在的问题以及对问题的解决中受到启发。这样可以节约成本，缩短机会识别时间。新事物的出现往往是问题最多的阶段，那么，创业者便可以找出新兴趋势中存在的问题，并将问题转化为机会。例如，随着互联网的发展，网络病毒开始泛滥，特别是恶意插件无孔不入，所以奇虎360公司发现了这一问题，并积极开发出360安全卫士以解决这些问题，获得市场认可。

（3）市场研究法

市场是创业者进行创新创业的目的地，包含了各种创业机会和资源。对市场的研究即对市场信息的搜集、分析，研究现有市场的规模、行业发展情况和产品的定价策略等，找出市场发展的规律和趋势，挖掘潜在的市场需求，搜索创业机会，识别并利用机会，顺利进入市场。

在创业初期，信息对创业者是非常重要的，创业者对信息的拥有数量和质量，决定了创业者对创业机会识别的准确程度，进而影响创业者的创业成功概率。但是，市场规模是巨大的，市场环境是复杂的，市场的变化是莫测的，其充斥着各种信息和不确定因素，因此对可获得的市场信息要进行评估、甄别和筛选。

4.创业机会识别的技巧与策略

创新创业来源众多，机会众多，但并非所有的创业机会都适合创业。因为创业者的个人特质、专业背景、创业经历以及市场规模、成熟度、行业发展前景、技术等因素，都会影响创业者对创业机会的选择。提高创业者识别有潜在价值的创业机会的能力，有助于提升创业者的创业成功率。

（1）持续学习

知识是创业机会识别的基础。创业机会的识别很大程度上依赖于创业者所拥有的知识，创业者所拥有的创业知识或机会识别知识越丰富，就越有可能先于别人识别出具有潜在价值的创业机会。因此，不断学习、边工作边学习的持续学习精神有助于创业者的积累，提高其创业机会的识别能力。

（2）创造知识间的联系

知识是孤立、分散、静态的存在，它不会主动告诉你创业机会在哪里，何时会出现，未来的结果是什么。因此，当创业者获得知识后，应该积极地将这些孤立、分散的知识联系起来，形成一个相互联系的知识系统。知识结构的内在联系越多，其中的信息就越容易结合起来并发展成新模式，系统的知识比孤立、分散的知识更有利于创业机会的识别。

（3）拓宽信息渠道

信息是创业者创业机会识别的基础，创业者所拥有的信息越多，就越有可能在机会刚刚出现时就发现它们。创业者的信息来源多种多样，如书本、互联网、社交网络等。信息渠道越宽阔，信息搜集越便利，信息获取越容易。但是，创业者需要注意的是有关创业机会的信息应该适度，避免信息过量或者信息过少。信息过量会增加创业者创业机会识别的成本，信息过少又不利于创业者对创业机会的识别。

（4）训练实践智能

一个优秀的创业者还需要具有解决日常生活中各种问题的能力，这些能力可以帮助创业者识别创业机会，我们称为实践智能。实践智能并不是生来就有的，也不是固定不变的，创业者可以通过后天的训练培养得到。提高实践智能最好的办法就是，不要接受按思维定式想出来的问题解决方案，而是用创造性思维意识和创新的方法技巧，从多种角度看待问题思考解决方案。这样可以提高创业者的实践智能，进而提高创业者识别创业机会的能力。

6.2.3 创业机会评价

所有的创业行为都来自绝佳的创业机会，创业团队与投资者均对创业前景有极高的期待，创业家更是对创业机会在未来所能带来的丰厚利润满怀信心。不过我们都知道，几乎九成以上的创业梦想最后都会落空。事实上，新创业获得成功的概率大约不到1%。

成功与失败之间，除了不可控制的机会因素之外，显然有许多创业机会在刚开始的时候，就可能已经注定失败的命运。创业本身就是一种高风险行为，即使失败也可能成为下一次创业成功的基础。

不过一些先天条件不好，市场进入时机不对，或者具有致命瑕疵的创业构想，创业者如果能先以比较客观的方式进行评估，那么许多悲剧式的结局就不至于一再发生，创业成功的概率也可以大幅提升。因此，创业者需要借助“机会选择漏斗”，经过一层又一层筛选，在众多机会中筛选出真正适合自己的创业机会。

1.创业机会评价的特殊性

尽管创业机会评价已经构建了不少定性、定量的评价体系和模型，但机会的识别与把握却依然一半是科学、一半是艺术，这是因为创业机会评价具有多方面的特殊性。

（1）机会信息的不对称性

创业者在创业机会的解读上通常面临信息的不对称。一方面，好的创业机会本身需要具备的知识、信息、资源、社会关系网络等，要求创业者具有丰富的工作经验和社会阅历、广博的知识结构和广泛的社会关系网络，但创业者往往由于知识结构、工作经验、个人特质和资源禀赋方面的差异和局限性，必然影响对特定创业机会评价的准确性。

（2）创业环境的不确定性

随着经济全球化、信息化和科学技术的迅猛发展，今天的创业者面临的是一个更加复杂、多变的、不确定的市场环境，而且往往机会创造价值的潜力越大、科技含量越高，环境不确定性就越大，信息也就越不完全，创业者就越难做出全面、准确的评价。当然，环境的不确定性并非只有消极作用，它会提供开创新事业的诸多机会，创业正是对环境不确定性的回应，而且这种应对结果往往进一步催生大量新的不确定性机会。

（3）创业者的有限理性

有限理性的概念最初是由阿罗提出的，他认为有限理性就是人的行为“既是有意识的理性，但这种理性又是有限的”。

首先，有限理性与创业环境的不确定性密切相关。人们对环境的预测能力和认识能力是有限的，人不可能无所不知。

其次，创业者个人特质尤其是性格特征、认知因素、职业兴趣存在根大差异，即便是面对同一机会，不同的创业者也会表现出不同的看法和评价。

再次，由于受到情境的影响，在很大程度上创业者的创业警觉性往往依靠以往的经验直观推断或偏见的方式。

最后，在复杂情境下，一个人不可能获得所有的信息来做出合理的决定，人们只具有有限的理性。此时，创业者的冒险精神、创造力起着关键性作用。

（4）多种其他因素的影响

创业机会识别与评价还受到创业者性别、创业团队、地域差异等多种因素的影响。

可见，对创业机会的识别与评价因人而异、因地而异、因环境而异。创业者在机会评价过程中，必须客观分析个人特质、职业兴趣和能力特长，考虑是否与相应的机会特征相匹配，依托自身的优势，通过选择、整合、创造满足需求的方式，从而使得有价值的创意成为可能的创业机会。

2.评估创业机会的内容

人们一旦产生想法和发现机会就需要对其进行筛选和评估。这很重要，而且并不容易。对创业机会是否做了评估工作，将成为决定创业者赚钱还是亏本、成功还是失败的条件。而且，即使做了评估工作，也不能够保证成功，因为这还和其他很多因素有关。但不可否认它的确在降低风险和减少失败方面起到了很重要的作用。评估创业机会可以从以下几个方面入手。

（1）行业和市场

一个关键的问题就是创业想法是否有市场。这个市场是由有购买力及愿意并能够购买你的产品或服务的消费者组成的。因此，满足消费者的需求还要考虑合适的价格、地点和时间。

另外要考虑的一个重要问题是市场的大小（消费者对产品和服务的需求量）和行业的增长速度。理想的情况是有一个巨大并快速增长的市场，在这样的情况下，哪怕只是占有一个小的市场份额也会有一个很大的销售量。想要成为创业者就需要收集这类信息。一些潜在的创业者认为这项工作太难，他们会安慰自己说：市场数据（市场的大小、特征、竞争者等）经常和真正潜在的商业机会背道而驰，不能真实地反映商机。但是换句话说，如果市场数据很容易获得，并能很清晰地反映潜在的情况，那么就可能会有很多的创业者进入市场，相应的机会就会减少、变小了。也可以获取一些公开发表的信息来源（也叫作次要信息），包括图书馆、商会、投资促进中心、政府部门、大学、外国大使馆、互联网、报纸等。除了上述来源之外，通过经常与人们交流也是可以收集到信息的（也叫初级调查），如来自消费者和供应商的信息。如果准备这样收集信息的话，就需要设计一个调查的方法和渠道。

（2）“机会窗”的大小

机会经常被称为一个“窗户”。也就是说，它是真实存在的，但它不是永远都敞开的。随着时间的推移，市场以不同的速度在增长，市场变得更大，确定市场的难度就更大，因此时机的选择很重要。

另一个问题就是要了解窗户打开的时间长度，能否在窗户关闭之前把握和抓住机会。

（3）创业者的个人目标和能力

对于任何投资创业的人，是否愿意承担风险是一个重要的问题。个人的动机是成功创业者的本质特征。因此，除非一个人真的想要创办一个企业，否则他（她）是不愿意承担风险的。

相关的另一个问题就是潜在的创业者是否具备创业必需的能力（包括知识、技能和特质）。如不具备，他们是否能够学习并提高这些能力。许多小企业的管理者都是基于他们的能力才创办企业的。将上述问题结合在一起，就变成一个基本的问题——创业所要求必须具备的条件和创业者本身具备的条件是否一致或相符。这不仅对于创业成功十分重要，也关系到创业者的幸福和快乐。

（4）团队管理

在许多风险投资尤其是涉及大量资金、高风险、成熟的市场、激烈的竞争等特点的投资中，管理团队是一个衡量投资吸引力的重要标尺。该团队在相同或相关行业和市场中的技能和经验通常决定了企业的成败。这就解释了风险投资者（为企业提供资金的人）非常强调管理因素的原因，他们经常说，与其投资一个产品或服务优异但管理不善的企业，不如投资一个产品或服务一般但管理好的企业。

（5）竞争

一个能吸引人的机会必须具备某些竞争优势。例如，在与市场中同类产品相比成本更低或质量更好。另外，进入市场的壁垒问题——需要大量的资金投入、保护（例如，专利权）、合同优势（例如，一个市场或一个供应商的专营权利）等，是决定投资或不投资的重要因素。换句话说，如果一个企业不能避免潜在竞争者进入市场，或者企业本身有很多进入市场的壁垒，那么这个机会几乎就没有吸引力了。

（6）资金、技术和其他必需的资源

掌握可用的资金、技术和其他必需的资源将决定是否可以利用某个机会。一般的规则是，如果某个想法、产品或服务在某个地区有一定的市场，条件越难被满足，企业也就越有吸引力。举个例子，销售一个突破性的专利产品并不能保证能够成功，但是它的确形成了强大的竞争优势。

（7）环境

企业的外部环境对于机会的吸引力有着深远的影响。我们谈及的环境不仅仅指的是自然环境（自然环境越来越重要了），而且还包括政治、经济、地理、法律等社会环境。政治的不稳定性，致使在很多国家的商业机会不具有吸引力——特别是当需要很高的投资并且投资回收期又很长。类似的还有通货膨胀、外汇汇率波动或司法系统不健全等都不利于吸引投资，哪怕回报率很高。缺乏可用的基础设施和服务（例如，道路、水电供应、通信、运输、学校、医院）也会影响一些地区的商业机会的吸引力。

（8）可行性研究和创业计划

讨论和调查上述因素的过程就是经常提到的可行性研究。投资者和贷款人都要求考虑到以上相关问题并以创业计划书的形式展现出来。一个市场论证严密、文字表述清晰、内容简洁有效的创业计划书也在评估的范围内。

3.创业机会的评价准则

Stevenson（1998）指出了充分评价创业机会所需要考虑的几个重要问题：①机会空间的大小，存在的时间跨度和随时间成长的速度；②潜在的利润是否足够弥补资本、时间和机会成本的投资，能否带来满意的收益；③机会是否开辟了额外的扩张、多样化或综合的创业机会选择；④在有可能的障碍面前，收益是否会持久；⑤产品或服务是否真正满足了真实的需求。可见，创业机会的评估应该是全方位考量，一般来说，包含以下六个方面。

（1）创业机会的市场评估

市场基础评估。可由市场定位是否明确、顾客需求分析是否清晰、顾客接触途径是否流畅、产品线是否可以持续衍生等判断创业机会可能创造的市场价值。

市场结构评估。可以从进入障碍、上游厂商、顾客、渠道商的谈判力量、替代性竞争产品的威胁以及市场内部竞争的激烈程度等方面评估。市场结构评估可以判断创业企业未来的市场地位以及可能的竞争方向。

市场规模评估。一般而言，市场规模越大，进入障碍越低，市场竞争激烈程度也会越低。此外还要评估市场成熟度。成熟市场纵然市场规模很大，但由于利润缺乏上升空间，因此通常不值得投入。反之，成长中的市场通常充满商机，只要进入时机正确，必然会有获利的空间。

市场时机评估。对于一个具有市场潜力的创业机会，应尽量在市场需求即将大幅成长之际进入市场。

市场占有率评估。一般而言，要成为市场领导者需要拥有20%以上的市场占有率。当评估的市场占有率低于5%时，说明产品市场竞争力不高，削弱创业活动的价值。尤其在高科技产业内，创业产品只有拥有能够成为市场前几名的能力，才比较具有被投资的价值。

产品成本结构评估。成本结构可以反映创业前景的好坏。由物料与人工成本所占比重、变动成本与固定成本的比例、达到规模经济的产量大小等，可以判断创业机会能够创造附加价值的幅度以及未来可能的获利空间。

【案例】

雅诗兰黛的细分市场

目前在美国销售量最好的4个香水品牌都来自雅诗兰黛香水公司，最好的10种化妆品中有7种是雅诗兰黛的产品，10个最畅销的护肤品中也有8个是雅诗兰黛的品牌。

为什么很少有化妆需求的消费者没有不知道雅诗兰黛的？这是因为雅诗兰黛公司把它的顾客群体（就是目标市场）根据不同的品位、不同年龄、不同性别进行了市场细分，根据不同的偏好生产不同的产品，然后再分别满足每个细分市场的需求。

（2）创业机会的效益评估

效益评估准则包括以下四个方面。

①合理的税后净利。一般而言，具有吸引力的创业机会，至少需要能够创造15%以上的税后净利。如果创业预期的税后净利是在5%以下，那么这就不是个很好的投资机会。

②达到损益平衡所需的时间。合理的损益平衡时间应该在2年之内达到，如果3年还达不到，恐怕就不是个值得投入的创业机会了。当然，有的创业机会确实需要经过比较长的耕耘时间，通过前期投入，创造进入障碍，保证后期的持续获利，这样的情况可将前期投入视为投资，才能容忍较长的损益平衡时间。

③投资回报率。考虑到创业面临的各种风险，合理的投资回报率应该在25%以上，而15%以下的投资回报率是不值得考虑的创业机会。

④资本需求。资本需求量较低的创业机会，投资者一般会比较欢迎，资本额过高其实并不利于创业成功，甚至还会带来稀释投资回报率的负面效果。通常，知识越密集的创业机会，对资金的需求量越低，投资回报反而会越高。因此，在创业开始的时候，不要募集太多资金，最好通过盈余积累的方式来创造资金，而比较低的资本额，将有利于提高每股盈余，并且还可以进一步提高未来上市的价格。

（3）创业团队评估

团队组合评估。由专业和能力互补成员组成的创业团队，并且有紧密的组织内聚力和共同价值观，是创业成功的重要保证。因此不可忽视创业团队组合情况以及团队整体能力发挥方面的评估。

经验与专业背景评估。创业者与他的团队成员对于所要投入产业的相关经验与了解程度会影响创业活动的成功概率。一般可以由产业内专家对于创业团队成员的背景经验与专业能力进行评价来获得这项信息。

人格评估。创业机会与具有良好声誉，重视诚信、正直、无私、公平等基本处事原则的创业者的结合对创业活动的成败具有重要影响。许多很好的创业机会往往因为内部争权夺利而功败垂成，这也突显领导者人格特质对于创业成功的重要性。

合作机制评估。一个好的合作机制要求创业者与他的团队成员在各项经营管理与技术专业工作上，能够以理性客观的态度，坦诚面对各项问题，不刻意欺骗客户与投资者，不逃避事实，不否认自己的不足，并且创业团队成员也知道应该如何做才能克服自己的缺失。

（4）创业者评估

与个人目标契合度评估。创业过程中遭遇的困难与风险极大，因此创业者的创业动机与他愿意为创业活动付出的代价程度相关。创业机会与个人目标的契合程度越高，创业者投入意愿与风险承受意愿也越大，创业目标最后获得实现的概率也相对较高。因此，一个具有吸引力的创业机会应能充分与创业者个人目标相契合。

机会成本评估。创业者为了实现创业机会需要放弃什么？可以从中获得什么？得失的评价如何？经由机会成本的客观判断，才可得知创业机会是否对于个人生涯发展具有吸引力。

失败承受力评估。理性的创业者必须设定承认失败的底线，以便保留东山再起的机会。通常铤而走险与成王败寇的创业机会不是好的创业机会。

个人偏好评估。考虑创业内容与进行方式是否符合创业者对工作地点、生活习惯、个人嗜好等的需求。每个人的风险承受度不一样，还要评估创业者的风险承受度。一般而言，风险承受度太高或太低均不利于创业活动开展。风险承受度太低会使决策过于保守，而风险承受度太高也会做出孤注一掷的举动。还要评估创业团队的耐压性与负荷承受度。负荷承受度与创业团队成员愿意为创业投入工作量的多寡以及愿意忍受的辛苦程度密切相关。一般来说，负荷承受度较低的创业团队成功概率也较低。

（5）竞争评估

成本竞争力评估。一个好的创业机会具有能够从物料成本、制造成本、营销成本等多方面持续降低成本来创造竞争优势的空间。

市场控制力评估。对于市场的产品价格、客户、渠道、零件价格的控制力，攸关企业的竞争优势。如果创业活动对于关键零件来源与价格缺乏控制力，对于经销渠道与经销商也缺乏控制力，同时订单几乎完全依赖少数客户，那么创业面临的经营风险一定很高，持续获利也会非常困难。

进入壁垒评估。进入壁垒高的市场，创业机会实现难度较高。同样的，实施创业机会也可能通过专利、核心能力、规模经济、商誉、高品质低成本、掌握稀有资源、掌握渠道、快速创新缩短生命周期等方式制造进入壁垒。具有吸引力的创业机会进入的应该是一个壁垒还不太高的新市场，但进去以后就需要具备制造进入壁垒的能力，用来保护自身的市场利益。

（6）特色评估

一个具有吸引力的创业机会通常都具有某些特色，而这些特色往往能够成为创业未来成功的重要原因。可以从以下方面评估创业机会的特色。

整合效率特色。创业者、创业团队、创业机会、创业资源四者间是否能够形成良好的搭配组合，使人、资源与机会之间的整合效率达到最佳。

团队运作特色。创业团队的专业能力、产业经验、道德意识、管理能力、决策能力等能否成为成功实施创业机会的有力保障。

差异化特色。包括向顾客提供差异化服务、合理但有差异的定价策略等。

柔性特色。成熟企业决策缓慢，而新创企业的内部决策速度与弹性相对较快，能够迅速适应市场变化，具备良好的柔性。此外，在实现创业机会时，当实际情况与设想不同时，需要调整创业活动计划。如果创业活动计划对较大幅度调整有较高承受力，则可视为与创业机会相关的创业活动具有较强柔性。

技术特色。创业机会相关的技术领先程度、技术专利、技术授权、技术联盟关系等都可能成为创造优势的特色。

市场运营特色。包括选择恰当市场时机实现创业机会、密切注意市场变化对实现创业机会的影响、开拓恰当的销售渠道保证创业机会最终实现商业化利益等。

4.创业机会评价的技巧和策略

常规的市场研究方法不一定完全适用于创业机会评价，尤其是对原创性创业机会的评价。初次创业者应该记住的关键内容如下。

（1）问卷调查

如果条件许可，可以在目标市场中，针对未来的顾客群做一个问卷调查。把未来的产品或服务进行一个描述，在问卷中，调查顾客对它的反应，通过这个调查，可以确定这个项目是否可行。

（2）商机评估

如果创业项目经过商机评估的结果不够完美，发现市场或竞争情况并不是十分理想，或者在顾客调查时发现经营设想并不被大家看好，这并不意味着不可以创业，而是意味着需要重新设计一个新的创业项目。

（3）求教咨询

多跟有经验的成功创业者交流，他们可以凭借在创业过程中对企业管理的经验来为同样是创业的人提供信息、提出建议。一位成功的企业家会给予系统实用的建议，把创业者逐步引向成功之路。

（4）独特创意

记住这个重要的经营准则：以市场需求为导向，了解竞争对手的优势和劣势。对项目所在的行业要了如指掌，才能在同类产品中脱颖而出，做出特色。产品只有与众不同，企业在市场上才可以立足。

（5）分析对手

以市场需求为导向的经营战略包括：首先对顾客的需求和竞争对手的情况做一次深入的分析；其次推出符合市场需求的服务或产品。

（6）确立目标

只有商品或者服务被市场看好时，人们才会来购买它，钱才会滚滚而来，有了钱才可以扩大业务。“确立自己可达到的目标，然后去实现这些目标！”现代市场，是需求决定产品而不是产品决定需求。

6.3 筛选与把握创业机会

创业是发现市场需求，寻找市场机会，通过投资经营企业满足这种需求的活动。创业活动的显著特点是机会导向，创业往往是从发现、把握、利用某个或某些商业机会开始。创业活动的机会导向表现为创造价值，创业意味着要向顾客提供有价值的产品和服务，透过产品和服务使消费者的需求得到实质性的满足。创业活动的机会导向决定了创业活动必须突出速度，并做到超前行动；创业活动是在资源不足的情况下把握机会，创业者必须创造性地整合资源。创业的实质是创新和变革，没有创新的创业活动就难以生存和发展。如何选择与把握创业机会并成功创业，是创业者亟待解决的问题。

6.3.1 认识创业环境

创业环境是人们创业的外部条件，由综合因素构成。良好的创业环境，对创业企业的成长和发展具有推动和促进作用；反之，则限制和阻碍其发展。因此，大学生创业时，应重视对创业环境的研究，有效地应付各种外部环境的变化，充分把握由环境所提出的挑战和环境所提供的创业时机。

1.创业环境的概念

创业环境是指创业者周围的境况，是在创业者创立企业的整个过程中，围绕着创业企业生存和发展变化，对其产生影响或制约创业企业发展的一系列外部因素及其所组成的有机整体，是创业者及其企业产生、生存和发展的基础，是创业活动的基本条件。创业环境是指那些与创业活动相关联的因素的集合，包括宏观环境、中观环境和微观环境。

（1）宏观环境

宏观环境又称一般环境，是指影响一切行业和企业的各种宏观力量。不同行业和企业根据自身特点和经营需要，以宏观环境因素所作分析的具体内容会有差异，但一般都涉及政治（Political）、经济（Economic）、技术（Technological）、社会（Social）这四大类因素。因此，在战略研究中，宏观环境分析通常被称为PEST分析。

（2）中观环境

中观环境又称行业环境，是指提供同一类产品（或服务）或提供具有可替代性产品（或服务）的企业群，行业分析的内容包括行业的生命周期阶段、行业的进入与退出障碍、行业的需求及竞争状况、行业主导技术的发展趋势及行业的发展前景。

（3）微观环境

微观环境是指企业的顾客、竞争者、营销渠道和有关公众等对企业营销活动有直接影响的各种因素。创业环境的微观因素是决定企业生存和发展的基本环境因素，除了企业能够直接控制的内容环节之外，还包括企业生产的产品或服务的性质、特点，以及他们在国民经济中所起作用的不同而形成的行业。这是企业生存与发展的具体环境，创业者应特别重视对创业环境的微观因素分析，要分析研究市场、行业等。

2.创业环境的影响作用

（1）对创业机会的影响

创业机会受环境因素的影响和制约，较简单的文化与较发达的文化相比，这种制约作用表现得更为明显与突出，且会使之成为决定性的因素。例如，美国的IT高新技术产业密集区——硅谷，由于其优越的地区环境条件、以斯坦福大学为代表所形成的先进科学技术与文化环境，吸引了一大批高新技术公司及其职工，使IT高新技术产业迅速发展起来，成为世界瞩目的IT高新技术发祥地。但是，把握创业环境和创业机会之间的关系，不能只进行表象分析，而要用科学的发展观来衡量和透视，并进行深层次的分析，充分地研究和考量创业环境可能出现的多种情况及在不同状态下对创业机会的影响。

（2）对产业布局的影响

产业发展的布局包括优先领域确定、重点产业的选择、重点发展地区的布局。既要考虑各地区的地理环境、人文环境，又要考虑技术环境、经济环境等，正确的布局是这些因素的综合反映。创业者应针对创业环境，重视分析其对产业布局的影响。

（3）对技术扩散方向和梯度转移的影响

在社会经济发展的过程中，区位的发展是不平衡的，由此将产生不同的经济梯度。高梯度地区有强大的科技力量、发达的交通、完备的基础设施和协作条件、雄厚的资本和集中的市场，创业环境优越。低梯度的地区可通过各种各样的经济联系，从高梯度地区的发展中得到一定的利益，促使梯度发生转移，从而使创业环境得到改善。因此，不同的经济梯度给予创业企业不同的创业环境，但是现存的梯度秩序是可以改变的。对经济区域而言，一旦发展到一定阶段，就会产生经济起飞，之后就具备自我发展能力，能不断积累有利因素，从而提高自己的梯度层次。

3.大学生创业环境分析

在大学生就业形势日益严峻的社会背景下，采取有效措施，为大学生创业营造良好的环境，对促进大学生创业并带动其就业具有十分重要的作用。

（1）宏观环境分析

第一，政府金融政策支持。现在一些地方政府解决这一问题的通常方法是专项资金扶持和贴息贷款。通过这种途径在短期内扶持多数创业人。政府为大学生自主创业提供各方面的保障，主要可以采用经济、行政以及法律的手段。例如，简化不必要程序；建立创业教育培训中心免费为大学生提供项目风险评估和指导；尽快落实国家相关针对大学生创业的税收减免的优惠政策；大学生创办的企业被认定为青年就业见习基地的，就可享受市有关补贴等。

第二，创业培训。政府部门除在资金上支持大学生创业外，还通过学校等教育机构对大学生进行创业培训。培训内容包括申请贷款程序，创业者应具备的心理素质，基本的金融知识等。通过系列培训，使创业大学生能坚持理想，贯彻计划，取得最终的成功。学校环境方面，如，学校政策鼓励支持，形成创业的文化；在学校建立配套科技园，加强创业教育，通过创业实践或比赛等多种形式，培养大学生创业能力。同时向大学生适度开放校内市场，以利于大学生创业实践，搭建创业服务平台。我们学校的市场营销专业的实训基地就给学生提供了一个自主创业的平台，给学生一个门面，让学生自己去经营、去管理。

第三，宽容失败。对于大学生创业失败的，审查机构审查其非人为故意造成的，可以免除其所贷资金的利息，并可相应放长其还贷期限。对于希望重新创业并提交可行计划的，仍可在其未还清所欠贷款的情况下，再次提供其无担保贷款。以此营造宽容失败、鼓励创业的社会环境。大学生毕竟很年轻，即使失败了，在心理上他们也能有一定的心理承受能力，家人也会理解和包容他们。

（2）微观环境分析

第一，制订计划书。比如，要在市区开一个卖牛仔裤的店，开店之前要制订一份计划书。制订营销计划时要将各个环节相互联系构成一个完整的内部环境，各个环节的分工是否科学，协作是否和谐，目标是否一致，都会影响营销决策和营销方案的实施。

第二，顾客。顾客群的不同直接影响价格的定位，所以人流量是在创业前最看重的一点。服装的主要的客户人群非常广泛，不论男女，60岁以下的人群和青年都适合，目标是让每一个进来的顾客都可以找到自己喜欢的牛仔裤。

第三，店址。大多数学生选店址会选一些比较熟悉的环境。例如，将店址选在大学附近，或者是交通比较便利的地区。

第四，选货以及进货。选货要掌握当地市场行情：出现哪些新品种，销售趋势如何，存量多少，价格涨势如何，购买力状况如何？进货时，首先到市场上转一转、看一看、比一比、问一问、算一算、想一想，以后再着手落实进货。少进试销，然后再适量进货。因为是新店开张所以款式一定要多，给顾客的选择余地大。

第五，供应商。供应商是指为企业及其竞争者提供生产经营所需资源的企业或个人，包括提供原材料、设备、能源、劳务和其他用品等。因为大学生的资金比较匮乏，没有很大的进货量，所以供应商的选择应当适合自己的店面大小。

第六，产品价格定位。大学生的产品一开始没有经验也没有固定顾客，要吸引顾客就只有将产品的定价降低，比别人获得更多的竞争力。

（3）创业条件

家庭是创业者早期接受启蒙教育和健康成长的摇篮。每个创业者的家庭条件都因人而异，无论家庭条件好还是家庭条件差一些，对创业者来说都是可以利用的有利因素。有的家庭条件相对好一些，如家庭主要成员在社会上具有一定的地位或影响，使创业者早期便能结识一些有利于创业者将来从事创业活动的关键人物。也有的家庭是继承并在不断从事或扩大家庭传统的创业项目，多年的经营，为创业者提供了大量的经营项目和经营经验，加之生产或经营技术的传统垄断性，使创业者在创业活动中往往容易成功。也有一些创业者家庭条件很一般，有的甚至较差，但这并没有影响创业者的自信心和其创业活动。自古至今仍有许多创业者，他们克服了重重困难，通过自身的艰苦努力而逐步实现了自己的理想和抱负。

6.3.2适合大学生的创业项目

国内的学者和创业者普遍认为，中国的创业机会非常多，很多留学海外的人员以及外企高级管理人员也正是被这一点所吸引而在国内走上创业道路。

实际上，中国丰富的创业机会，是有深刻的社会经济结构因素所支撑的。中国人口多，贫富悬殊大，众多产业还处在初级发展阶段或者在寻求转型发展，人们多方面的基本需求远未得到满足，而且需求越来越呈现出多样化等，这些为创业者提供了无限可能。

对于想创业的大学生来说，最好是依托自身的优势，以此起步，进而逐渐提高创业活动的层次。大学生创业者了解年轻人市场，有较强的信息搜集能力和丰富的创意等，都能帮助大学生创业者找到适合自己的创业机会。这里主要总结出大学生创业的七种典型的商业机会。

1.满足大学生学习和生活需求的产品和服务

大学生创业者对于学生市场的需求是最为了解的，这是多数大学生开始创业时首先考虑到的方向。创业者可以通过回顾自己在大学生活中遇到的问题或不满的地方，也可以通过访谈在校大学生，了解大学生的各种重要需求，然后从中挑选出最适合自身资源的创业机会。做校园代理是大学生常见的创业方式，如考研、考证、旅游、手机卡等大学生常用的产品，这些业务的成本和风险都低。

2.特色零售店或服务项目

零售和服务行业的进入门槛不高，对资金、技术和团队的要求较低，服务的对象又非常的广泛，随着消费需求的持续变化，商业机会层出不穷，每年都会有新的模式和新的企业迅速崛起，这一行业适合于多数大学生进行创业。零售和服务行业最需要的就是商业模式和服务的创新，创业者把自己的独特创意融入其中，就有可能开创出新的零售模式或特色服务项目。在长沙市太平街有一个特色小店，该店主要销售年轻人喜欢的各种个性化小玩意，尤其是店里的特色服务项目——蜗牛慢递，非常有创意。蜗牛慢递的特色在于客户可以任选送到的时间，内容可以是任何东西（甚至可以是无形产品），慢递的东西都加入了创意或特色。

3.网上开店或网络服务

当代大学生对于互联网非常熟悉，互联网上的创业机会也异常丰富。最普通的网上创业就是开网店，在淘宝网上注册账户卖自有产品或代销，浙江省的义乌工商学院就经常鼓励甚至要求学生开网店进行网上创业。网上开店的秘诀在于透彻理解网上购物行为，合理规划产品的品类，高水平地展示产品，积极管理客户评价等方面来提高网店的利润。大学生还可以创造出特色的网络服务，以低成本实现客户价值。例如，财客在线就是通过满足年轻人理财记账的需要而成功的，通过会员付费和广告收入来盈利。

4.处于同质商品阶段的小产品的品牌化经营

成熟行业给大学生的创业机会比较少，毕竟行业格局已经形成，只有一些零散型的产业才有创业的机会，如那些处于商品化阶段的日常用品或农产品。这些小产品的行业内竞争层次很低，同质化的产品相同的价格很难做大企业和打造品牌，企业的利润也很微薄。创业者需要转换经营思路，进行品牌化运作，将产品的档次提升，甚至加入一些创意元素。创业者可以从杯子、镜子、梳子、玩具等日用品以及农产品中选择创业项目，将小产品打造出特色品牌，就像梁伯强的指甲剪品牌——非常小器。这类创业的进入门槛比较低，风险也不高，需要大学生以高端化或回归自然的品牌运作来从小产品中开发出大市场。

5.提供个性化的产品或服务

现代消费者对于产品或服务的个性化程度要求越来越高，收入水平的提高和市场需求的多样化为个性产品或服务的需求提供了坚实的购买基础。当代消费者对个性化产品或服务的需求更高、更敏感，而这类产品的创业成功关键在于准确和快速掌握市场需求的能力，这为大学生开展个性化产品或服务的创业提供了天然的优势。创业者需要把握的除了基于个性化需求的定位，还需要从商业模式上进行创新，在提供个性化服务的同时寻求规模化经营，并保持较低的成本。个性化的创新机会有可能通过将其他行业的特点引入新行业中，满足客户的多重需求，甚至开发出全新的市场，形成新的商业模式。

通过引入个性化的元素使传统产业释放巨大活力，Zara可以说是一个非常卓越的成功案例。

6.开发具有技术含量的新产品

大学生创业者（尤其是理工科专业的研究生和博士生）可以开发出新产品，以创新技术作为创业的关键资源，组建公司来生产和销售创新产品（或提供技术服务）；新产品的开发是很难靠某个人就能成功的，它需要一个团队来协作开发，一般以导师为核心的研究团队有可能开发出更高技术含量的新产品。创业者如果自身无法开发新产品，那么就要寻找可以合作创业的新产品开发者，这需要创业者与研发人员的能力互补。这种创业可以获得政府相关机构的大力支持，尤其是与政府产业扶持政策相关的战略性新兴产业和其他重点产业更是有可能成为政府关注与扶持的典型创业项目。

7.国外最新成功模式的移植

发达国家的经济与技术走在我国的前面，它们曾经历过的商业机会也很可能在今天的中国出现。这需要用历史的眼光来看待经济和技术的发展，找出不同经济阶段的典型商业形态，从而借鉴发达国家成功把握这些机会的商业成功经验。

携程网创始人之一的季琦说过："中国式的创新更多是继承式的创新，在借鉴欧美发达国家商业模式的情况下，结合中国具体情况，进行改造式创新和应用。因为人类的物质、精神需求和享受，总是从低级到高级，从简单到复杂。欧美的服务业已经先于我们发展，已经经过了客户的需求选择，中国的服务业也大体会遵循他们的发展轨迹。因此，在服务行业，继承欧美的成熟商业模型特别有价值；研究他们成长的轨迹和成败的原因，对于我们这些后来者也非常有益。”在高科技领域（尤其是互联网），这一滞后发展模式更加明显，美国等先进国家最先开发出新技术和新商业模式，国内创业者迅速跟进，在模仿中进行再创新。

国内目前知名的互联网公司大多是从美国借鉴或模仿过来的，如当当网是从亚马逊网站得到启发的，腾讯是直接模仿MSN发家的，淘宝网则从e-Bay借鉴而来。2011年广受关注的团购网站也是发源于美国，拉手网、团宝网、美团网等迅速崛起的团购网站都是模仿美国网络团购业的领导者Groupon公司。

6.3.3个人与创业机会的匹配

判断创业机会是否适合自己，还在于机会特征与创业者自身特质的匹配。

1.失败是成功之母

无数成功的企业家在成功之前都和大多数人一样平凡，唯一与众不同的是他们具有天生的乐观主义精神、坚定的自信和顽强的毅力。困难也曾光顾过他们最初的创业，但最后都被他们踩在了脚下。

2.认真审视自己

首先要了解创业过程中必须要经历的几个阶段，然后衡量自己的性格、爱好、特点，看是否适合创业，是否适合做这个项目。

（1）是否为创业做好了心理准备？创业开始的头三年，也称为企业的初创期，这时期不仅要有实现创业梦想的强烈欲望，还要能忍受创业初期的寂寞。要知道不论多么好的项目，都要经历一个潜伏期才会盈利，所以必须做好忍耐的心理准备。创业时期的自由和自我决策，是与寂寞紧密相连的。要有危机意识，时刻准备承受困难和坎坷，要有坚忍的心理素质，不轻易喜怒，保持平和心态。

（2）是否为创业做好了知识准备？创业是一个漫长的实践过程，创业之初的创业者一定是一个多面手。企业是否具有核心技术是企业生存的关键，企业的盈利模式要不断进行调整，因为一旦踏上创业的征程，就好比创业的帆船已经起航，必须用坚强的毅力坚持下去，并且为了企业生存要不断学习。是否会分析市场？是否懂得企业管理？是否会策划营销策略？是否看得懂财务报表？都是创业者应该掌握的知识。创业其实也是一个不断学习、不断提高的过程。干中学，学中干，不断提高自己的知识水平。

（3）是否为创业做好了能力准备？创业也是分阶段的，不同的时期对经营者有不同的要求。当事业取得阶段性的成功时，一定要清醒。企业的经营成果说明了创业者经营能力的成功。美国最新的研究证明，成活 10 年的企业，才可以算是创业成功的企业。因为一个企业要建立自己相对稳定的盈利模式，需要对市场进行长时间的研究和适应。是否具有团队协调能力？是否会识人、用人？是否善于发现和了解市场？这些能力其实很大成分是创业者在创业过程中日积月累的一种直觉。因此，只要有勇气和信心，能力就会慢慢提高。

3.创业成功与否取决于创业者

有资料表明：在新办企业开业后的第二年，约有50%的企业会倒下；到了第三年，存活下来的企业只有30%；到了第八年，存活的企业仅有3%。分析近年来青年创业的案例，可以得出这样的结论：创业成功者大都是意志坚定、不屈不挠、不甘落后、自强不息的人；创业失败的，大多是对创业过程中出现的困难和坎坷估计不足，在市场变化、家庭变化以及意外事件来临时，不能很好地调整自己的心态，放弃了继续创业的决心。

4.不断学习，不断调整

所谓自身条件评估，就是要思考一下是否为创业做好了心理和生理的准备？是否做好了资金和场地的准备？是否做好了应对失败和成功的准备？是否具备了管理一个企业的基本技能？如果在评估中发现自己哪些素质还有欠缺，就要注意在创业中不断学习提高，以适应创业的需要。

6.3.4把握创业机会

创业者不仅要善于发现机会，评估机会，更需要正确把握并果敢行动，将机会变成现实的结果，这样才有可能在最恰当的时候出击，获得成功。把握、利用创业机会，应注意以下几点。

1.着眼于问题把握机会

机会并不意味着无须代价就能获得，许多成功的企业都是从解决问题起步的。所谓问题，就是现实与理想的差距。比如，顾客需求在没有满足之前就是问题，而设法满足这一需求，就抓住了市场机会。美国“牛仔大王”李维斯的故事多年来为人津津乐道。19世纪50年代，李维斯像许多年轻人一样，带着发财梦前往美国西部淘金，途中一条大河拦住了去路，李维斯设法租船，做起了摆渡生意，结果赚了不少钱。在矿场，李维斯发现由于采矿出汗多，饮用水紧张，于是，别人采矿他卖水，又赚了不少钱。李维斯还发现，由于跪地采矿，许多淘金者裤子的膝盖部分容易磨破，而矿区有许多被人丢掉的帆布帐篷，他就把这些旧帐篷收集起来洗干净，做成裤子销售，“牛仔裤”就这样诞生了。李维斯将问题当作机会，最终实现了他的财富梦想。

2.利用变化把握机会

变化中常常蕴藏着无限商机，许多创业机会产生于不断变化的市场环境。环境变化将带来产业结构的调整、消费结构的升级、思想观念的转变、政府政策的变化、居民收入水平的提高，等等；人们透过这些变化，就会发现新的机会。在国营事业民营化的过程中，创业者可以在交通、电信、能源等产业中发掘创业机会。私人轿车拥有量的不断增加，将产生汽车销售、修理、配件、清洁、装潢、二手车交易和陪驾等诸多创业机会。任何变化都能激发新的创业机会，需要创业者凭着自己敏锐的嗅觉去发现和创造。许多很好的商业机会并不是突然出现的，而是对“先知先觉者”的一种回报。聪明的创业者往往选择在最佳时机进入市场，当市场需求爆发时，他已经做好准备等着接单。

3.跟踪技术创新把握机会

世界产业发展的历史告诉我们，几乎每一个新兴产业的形成和发展，都是技术创新的结果。产业的变更或产品的替代，既满足了顾客需求，同时也带来了前所未有的创业机会。比如，电脑诞生后，软件开发、电脑维修、图文制作、信息服务和网上开店等创业机会随之而来。任何产品的市场都有其生命周期，产品会不断趋于饱和达到成熟直至走向衰退，最终被新产品所替代，创业者如果能够跟踪产业发展和产品替代的步伐，通过技术创新则能够不断寻求新的发展机会。

4.在市场夹缝中把握机会

创业机会存在于为顾客创造价值的产品或服务中，而顾客的需求是有差异的。创业者要善于找出顾客的特殊需要，盯住顾客的个性需要并认真研究其需求特征，这样就可能发现和把握商机。时下，创业者热衷于开发所谓的高科技领域等热门课题，但创业机会并不只属于“高科技领域”，在金融、保健、饮食、流通这些所谓的“低科技领域”也有机会。随着打火机的普及，火柴慢慢退出了人们的视线。而创业者沈子凯却在这个逐渐被人淡忘的老物件里找到了新商机，他创造的“纯真年代”艺术火柴红遍大江南北。还有为数不少的创业者追求向行业内的最佳企业看齐，试图通过模仿快速取得成功。结果使得产品和服务没有差异，众多企业为争夺现有的客户和资源展开激烈竞争，企业面临困境。所以，创业者要克服从众心理和传统习惯思维的束缚，寻找市场空白点或市场缝隙，从行业或市场在矛盾发展中形成的空白地带把握机会。

5.弥补对手缺陷把握机会

很多创业机会是缘于竞争对手的失误而“意外”获得的，如果能及时抓住竞争对手策略中的漏洞而大做文章，或者能比竞争对手更快、更可靠、更便宜地提供产品或服务，也许就找到了机会。为此，创业者应追踪、分析和评价竞争对手的产品和服务，找出现有产品存在的缺陷. 有针对性地提出改进产方法，形成创意，并开发具有潜力的新产品或新功能，就能够出其不意，成功创业。

6.捕捉政策变化把握机会

中国市场受政策影响很大，新政策出台往往引发新商机，如果创业者善于研究和利用政策，就能抓住商机站在潮头。2006年国家出台了新的汽车产业政策，鼓励个人、集体和外资投资建设停车场。停车场日益增多的同时，对停车场建设中的智能门禁考勤系统、停车场系统、通道管理系统等的需求也随之增多，专门供应停车场所需的软硬件设备就成为一个重要商机。事实上，从政策中寻找商机并不仅仅表现在政策条文所规定的表面，随着社会分工的不断细化和专业化，政策变化所提供的商机还可以延伸，创业者可以从产业链在上下游的延伸中寻找商机。

本章小结

创业机会指具有商业价值的创意，变现为特定的组合关系。这种关系是能带来新价值创造的“目的—手段关系”。其中，所谓“目的”指的是创业者计划服务的市场或要满足的需求，表现为最终产品或服务；所谓“手段”指的是服务市场或满足需求的方式，表现为用于供给市场最终产品或服务的价值创造活动要素、流程和系统。正确识别创新创业机会是创新与创业管理的关键。成功的创业者就是及时识别创业机会，利用创业机会获得成功的人。作为一个创业者要了解创业机会识别的影响因素，掌握创业机会识别与评价的方法，努力提高创业机会识别与评价的技巧，提高创业成功率。

复习思考题

1.什么是创业机会？创业机会的特征有哪些？
2.创业机会的来源有哪些？如何识别创业机会？
3.如何筛选和把握创业机会？

第 7 章　创业实务知识

青年是创业的生力军，广大青年特别是大学生要树立不等不靠、自强自立的创业意识，树立正确的成才观和就业观，客观定位，增强信心，理性选择自己的人生道路，主动到最需要人才的地方和领域去艰苦创业，在实现自我价值的同时，为社会做出贡献。对大学生创业意识和热情要积极正确引导，提倡“理性创业”，加强国家鼓励大学生创业优惠政策在基层的落实。大学生要不断加强学习，积极参加不同形式的职业技能培训和创业实践，牢固掌握就业创业技巧，用先进理念、实用技术、科学管理，不断提高在创业浪潮中搏击的能力，在自主创业的实践中实现自己的人生理想。

学习目标

通过本章学习，你将能够：

1.理解创业集合的价值和作用；

2.学习创业计划书编写的详细内容；

3.了解创办企业的融资渠道；

4.了解创业风险的内涵以及识别和评估创业风险。

7.1 制订创业计划书

创业需要激情，但是仅仅有激情是不够的，创业不是一个感性认知和美好愿望的产物，而是一个逻辑程序和严密思考的结果。在中国古老哲学中，“凡事预则立，不预则废”是对创业最好的注解。在构思变成现实之前，创业者必须要制定计划，这是开启创业之门的关键钥匙，是通往成功创业道路上不可或缺的一步。

7.1.1创业计划概述

1.创业计划的概念

创业计划书是一份由创业者准备的全方位的项目计划，它从企业的内部人员、制度、管理以及企业的产品、营销、市场等各方面对即将展开的商业项目进行可行性分析，同时提出经营前三年内所有短期和长期的决策制定方针以及描述创办一个新的风险企业所有相关的外部及内部要素。因此，创业计划书有时也叫行动计划或行动图，即回答这样的问题：我们现在在哪里？我们将要去哪里？我们如何到达那里？潜在的投资者、供应商、甚至顾客都会对创业计划书提出他们的要求。

创业计划书是对企业或者拟建造企业进行宣传和包装的元件，也为企业未来的经营管理提供必要的分析基础和衡量标准，成为企业战略策划与执行等经营活动的蓝图与指南。另外，它也对风险投资商、银行、客户和供应商宣传企业及经营方式，在实际操作中，其主要意图是递交给投资人，以便他们能对企业或项目做出好的评价，从而使企业获得融资。

2.创业计划的作用

创业计划是创业的行动导向和路线图，既为创业者行动提供指导和规划，也为创业者与外界沟通提供基本依据。

（1）创业计划明确创业目标

有些创意听起来很好，但当把其所有细节都按照商业开发的模式想一遍，认真分析的时候，就发现这个项目并不是可行的创业项目。进行创业计划的过程，就是帮助创业者明确创业目标，理清创业思路的过程。

创业计划本质上是创业者对自身经营情况和能力的综合总结和展望，是企业全方位战略定位和战术执行能力的体现。

（2）创业计划体现创业行动

一项比较完善的创业计划，可以成为创业者的创业指南或行动大纲。创业计划与创业本身一样，是一个复杂的系统工程，它是企业对自身现状及未来发展战略全面思索和定位的过程。创业计划能反映创业者对项目的认识及取得成功的概率，它能展示出创业者的核心竞争力；最低限度反映创业者如何创造自己的竞争优势，如何在市场中脱颖而出，如何争取较大的市场份额，如何发展和扩张，种种“如何”会构成创业计划的说服力。若只有远景目标、期望而忽视“如何”，则创业计划便成为“宣传口号”而已。

（3）创业计划募集外部资源

作为企业融资的必备条件，创业计划就如同上市公司的招股说明书，是一份对项目进行陈述和剖析、便于投资商对投资对象进行全面了解和初步考察的文件。好的创业计划不仅能吸引投资者，更能吸引高素质的创业伙伴。

（4）创业计划降低犯错概率

美国每年有300多万家新企业出现，但是这些新的企业失败率高得惊人，有30%的独立小公司在经营的头两年倒闭。而导致如此高的失败率的一个重要原因就是“未能做好计划”，很多创业者实际上并没有做好充分的准备工作就开始一项新的事业。他们没有分析自己的实力、弱点和劣势。对于一个初创企业，创业计划可以更好地帮助你分析目标客户，规划市场范畴，形成定价策略，并对竞争性的环境做出界定，在其中开展业务以求成功。

3.创业计划的特征

由于创业者的目标、创业思路、创业方式以及创业所处领域的不同，创业计划各有不同，这不仅仅表现在内容上，而且也反映在结构和侧重点上。但是，一份好的创业计划书有以下的共同点。

（1）循序渐进

创业计划书的编写一般至少要经历三个阶段，每个阶段要经过多次修改才能完成。第一个阶段是全面收集撰写计划书所需要的资料和信息，形成创业计划书的概要；第二个阶段是在第一个阶段的基础上，结合自身的特点和类型，撰写创业计划书的初稿，形成带有创业企业特色的独特的创业计划书；第三个阶段是在第二个阶段的基础上，不断润色和修改，形成正式的创业计划书。

（2）一目了然

创业计划书的撰写应该主题突出、观点明确。计划书着重描述关键问题，明确阐述，不拖泥带水，字里行间一目了然，使人读后印象深刻。清楚、简洁，不要出现不必要的分析、描述或者其他文字。让读者看后能知晓创业者所做的市场调研和市场的预期容量；为什么创业项目会获得市场接受；为什么创业项目和创业团队值得投资。

（3）通俗易懂

创业计划书的撰写应该避免使用太过专业的术语。专业术语往往只有技术人员才能理解，因此，专业术语的使用会增加阅读的困难，人为缩小了受众的范围。为了能使创业计划书的读者容易理解创业计划书的内涵，创业计划书的撰写必须使用通俗的语言，简单明了。在创业计划书中必须使用专业术语的地方也需要注解解释清楚。

（4）严谨周密，令人信服

虽然创业计划没有统一的模式，但是创业计划书必须有自我完整的格式，才能相对完整清晰地陈述必要的内容，使创业计划书具有信服力。撰写过程中一定要避免主题不明、结构松散、格式混乱等不够专业的表现。一般情况下，创业计划书的撰写需要考虑三个视角：第一是创业者的视角，创业者比其他人更能理解新创企业的目标和价值；第二是市场的视角，创业者必须从用户的角度来看待企业的产品，现实中创业者撰写创业计划常犯的一个错误是过于强调技术，而对市场考虑不足；第三是投资者的视角，投资者关注创业计划的市场计划和财务计划等关键信息，这些是其评估风险和收益的主要信息来源。但这些信息创业者不能为了迎合投资偏好而夸大事实，否则反而会使投资者感到不可信。另外，创业计划也应体现撰写团队的专业素养，不能出现常识性错误。

4.创业计划的基本步骤

从根本上讲，准备创业计划是一个展望项目的未来前景，细致探索其中的合理思路，确认实施项目所需的各种必要资源，再寻求所需支持的过程。需要注意的是，并非任何创业计划都要完全包括上述的全部内容。创业内容不同，相互之间差异也就很大，只能根据各自风险创业的性质和特点、创业方案的听众特点以及各个团队的独立判断来设计方案内容和结构。

（1）第一阶段：经验学习

下面是美国麻省理工学院斯隆管理学院在创业计划大赛中积累的取胜诀窍。

①建一个包括技术人才和管理人才在内的具有综合性技能的团队；组建起来的团队成员每人都能力十足，堪称创业家，同时又能灵活、协调、有效地工作，这是胜出团队的经验总结。

②开发出一种盈利模式，而不仅仅是一项发明。“仅仅说明你的产品或服务的性质还不够，还要清楚地阐明谁、为什么、在哪里、什么时候、如何这些关键问题。技术方面的东西不论如何具体，都不能取代清楚明确的市场营销方案。”这是优胜者的经验之谈。“你这是一件技术发明，而不是一种盈利模式”，评审专家在淘汰一项创意时如是说。

③从各方面人士那里获取忠告，不论他们是同学、教师，还是竞争对手或家庭成员。

④分析顾客：他们在寻找什么？

⑤分析竞争对手：你有什么他们不及的长处？

⑥展示自己有能力获得一种持续的、有竞争力的优势，如能够设立市场进入障碍，或是拥有自主知识产权，使得对手们无法夺取自己的市场。“千万记住告诉评审专家们，哪

些人是你的顾客，他们如何能够从你的产品或服务中得到好处”，评审专家这样说道。

⑦写作的文字要直接、中肯，记住评审专家们会认真阅读提交的文字。“要花费足够的时间和精力来撰写创业方案提要和创业方案全文，要竭尽全力、严肃认真地对待。”

⑧制定的创业方案和时间安排时一定要实事求是、有根有据，注意避免好高骛远、不着边际。

⑨不要刻意在技术方面、质量方面和价格方面展开竞争。

⑩评审专家们就如潜在投资者，能够吸引他们的是创业者如何分析出一大片市场空间，他们喜欢的是潜力巨大、增长快速的业务。“如果你正在学到的是如何创造一项业务，那你就已获胜了。”

（2）第二阶段：创业构思

创业中的一些新奇想法需要经过可行性分析，只有通过市场需求评价以及商机评估等才能真正成为创业商机。因此，创业者需要对所谓的“金点子”进行甄别，确定创业目标，初步形成创业构思。

成功的创业者应该认真思考以下问题。

①市场机遇与开发谋略：社会面临什么问题？你准备以什么产品或服务来解决这个（些）问题？你的产品或服务的潜在销售额有多大？如何创造这些销售额？你的首批顾客何在？

②产品与服务构思：你的产品或服务如何能够针对真正的顾客需要，帮助解决他们面临的实际问题？你将如何销售自己的产品或服务？你的收入来自何处？要认真撰写构思的产品或服务的简介，以便向潜在顾客展示。

③竞争优势：谁将是你的竞争对手？你的产品或服务与竞争对手相比，在使用价值、生产成本、外观设计、环境和谐、上市时间、战略联盟、技术创新、同类兼容等方面有何长处？

④经营团队：如果团队已组织好，要详细说明各人在其中承担何种角色以及在这种角色方面已经具有的背景。如果团队仍未组织好，可以说明构成经营班子所需的人才与技能。

然后，认真思考和回答下述问题：所说的业务是否具有高速增长的潜力？所说的业务能否抵御竞争对手的竞争？所说的业务需要多少前期投资？所说的业务需要多长时间才能推向市场？所说的业务是否具有成为该市场领先者的潜力？所说业务的创意目前阶段开发得如何？经营这项业务的团队队员的素质水平与技能互补如何？凭什么说此项业务在今后五年能够茁壮成长？

（3）第三阶段：市场调研

市场调研是运用科学的方法，有目的、有计划地收集、整理和分析创业信息和资料。没有深入透彻的市场调查就不能准确把握市场的脉搏，无法了解适宜环境并满足客户需求的商机。市场调研的具体执行是一项繁杂的工作，需要创业者亲身体验，站在消费者角度思考和分析客户需求，可以通过问卷调查、企业网站的在线调查、随访或团队中一线销售人员直接面对市场和消费者获取市场信息等方式进行，是创业过程中不可或缺的部分。

①顾客调研

在进行市场调研的时候，千万记住要花些时间同实际上的潜在顾客接触，而通常情况下获得有关信息的最快办法，就是向知情者请教。可以采用采访和调查的方式去接触潜在的顾客、供应商和竞争对手，这是最为有效、快速和可靠的办法。

至少找到三个构思的产品或服务的潜在顾客，而且这三者之中至少有一个是未来的产品或服务的分销商。只有借助这种分销商，我们才能将自己的产品或服务推向目标市场。要设计调查问卷，并对这些潜在顾客提问；要将这种问卷和答案、调查的结果保存下来，以便作为实地工作的证据备查；要将对顾客调查的结果分析做成一份1～2页的提要；要重视数据计量，如现有顾客数量、他们愿意为产品或服务付给的价格、产品或服务给这些顾客带来的经济价值等；还要搜集的信息数据包括顾客购买此类产品的时间周期、谁在决定是否购买、如何防范别人模仿自己的产品或服务、为什么自己的产品或服务对于目标市场中的消费者或是用户具有应用意义等。

②竞争对手调研

要找出自己的竞争对手，分析该行业竞争的各个方面。在分销产品或服务方面，会面临什么样的难题？是否有可能结成战略联盟？哪些可能成为自己的盟友？将这些问题及其答案写成一份1～2页的提要。

（4）第四阶段：计划起草

一份出色的计划书，就像是一张藏宝图，指引人们获得宝贵的信息，帮助创业者得到更多的扶持和帮助，在创业的道路上旗开得胜。

计划书必须要让人了解创业者建立的是怎么样得企业，已经获得了什么样的成绩，它提供的是何种产品或者服务，为客户带来什么样的便利，而创造这个产品或者提供服务的又是什么样的一些人，他们组建了一个什么样的团队，他们面临着什么样的挑战和竞争，如何进一步发展这个企业，还需要多少资金支持；如果顺利获得融资，他们将如何安排资金走向并实现企业的发展规划等。

（5）第五阶段：审核更新计划

完成一份创业计划并不意味着一劳永逸，在实际操作过程中，由于环境、市场的变动要经常对计划进行检查更新，确保计划的时效性、真实性和完备性，以备不时之需。

【案例】

创业不是吹泡泡

南京某大学餐饮管理专业大二学生小陈将目标瞄准了星巴克、Casta等咖啡店连锁企业，召开新闻发布会时，他声称融资300万，开办“唐力咖啡”连锁店。从此小陈“一鸣惊人”，成为年仅21岁的“老总”。

小陈的经济意识强、创业动力足，在南京读书不过一年半时间，却一直没有停止创业。在新生军训时，学校只发了衣服，没配鞋子，他立即从外面购进鞋子向新生推销。大一暑假，小陈到酒吧实习，直接接触了餐饮行业。他卖过图书，做过食品派送。在向同学们派送饮料与食品的过程中，他发现了巨大的商机：南京仙林地区有12万名大学生，如果他的咖啡店在大学周围开设，据他推断，如果有18%的学生选择到他的店里购买饮料与咖啡，他就会占有一定的市场份额。于是，他设法进行融资，创立产业。

小陈的创业蓝图的确宏伟，他将自己的创业计划分为三步。第一步：创业阶段，达到仙林大学城18%的市场份额，并在南京市有较强的知名度；第二步：立业阶段，达到仙林大学城80%的市场份额，并成功扩展到餐饮、娱乐、电子商务等行业；第三步：走出南京，在其他地区拥有自己的产业，五年内要成功上市。

半年后，小陈再次“出名”。可是这次出名不是因为他的公司业绩和创业成果，而是他吹出来的创业泡泡的破灭和他自己的身陷囹圄。然而小陈在拘留所里仍然认为自己的创业不是诈骗。

5.创业计划的问题和困难

（1）知识限制

创业需要企业注册、管理、市场营销与资金融通等多方面的丰富知识。如果对目标市场和竞争对手情况了解甚少，在缺少相应知识储备的情况下，创业者在残酷的市场竞争中将处于劣势：创业需要创业者在实际操作中把自己的知识与所创事业有机结合起来，但是很多创业者眼高手低，当创业计划转变为实际操作时，才发现自己根本不具备解决问题的能力，这样的创业无异于纸上谈兵。同时，在撰写创业计划书时，许多创业者无法把自己的创意准确而清晰地表达出来，缺少个性化的信息传递方法，或者采用的数据经不起推敲，没有说服力。

（2）经验缺乏

经验是从多次实践中得到的知识或技能。创业需要有管理经验、对市场开拓的经验、营销方面的经验等。大学生有理想、有抱负，但容易眼高手低，很多人没有任何实际经营经验，在这种情况下，本着“摸着石头过河”的战略方针开始创业之路，其过程中的一个个小问题如果没办法及时有效地解决，很容易变成一颗颗“炸弹”，一旦爆发，也就宣告该次创业失败。

（3）心态问题

创业者空有创业激情，心理准备不足。从创业失败的情况看，许多创业者热情很高，但缺乏吃苦耐劳和坚持不懈的精神。尤其大学生创业群体受年龄及阅历等方面的限制，对创业风险没有清醒的认识，缺乏对可能遭遇到风险和失败的必要准备，并且，在创业时如果缺乏前期市场调研和论证，只是凭自己的兴趣和想象来决定投资方向，结果注定失败。创业首先要有风险意识，要能承受住风险和失败，其次还要有责任感，要对公司、员工、投资者负责。另外务实精神也必不可少，创业者必须踏实做事。

（4）创新能力薄弱

创新能力，也称为创新力，是运用知识和理论，在科学、艺术、技术和各种实践活动领域中不断提供具有经济价值、社会价值、生态价值的新思想、新理论、新方法和新发明的能力。创新能力是企业竞争的核心力，创新能力并不意味着要斥巨资开发出划时代的新技术。大学生创业企业既没有这样的资源条件，更没有时间。大学生在创业过程中，一方面由于风险比较大，不具备进行产品（服务）技术创新的条件；另一方面，缺少专业性人才对产品（服务）进行升级换代的研究，同时缺少资金使得企业用于创新和研发的经费很少，导致企业创新能力薄弱。

（5）资金问题

资金是企业经济活动的第一推动力，是经营企业的本钱。大学生要想凭借自己的技术或创意获得应有的回报，就必须解决好资金的筹措问题。万事开头难，如果资金不足，那么创业就更难。目前，大学生创业缺资金少经验是普遍存在的问题，表现为急于得到资金，给小钱让大股份，贱卖技术或创意。另外也表现为对风险投资不负责任，“烧”别人的钱圆自己的梦。

除此之外，社会的大环境也让大学生创业感到有些艰难。创业所需的各种服务比如律师事务所制度、会计师事务所制度等还不完善。

7.1.2创业计划书

创业计划书是创业的行动导向和路线图，既为创业者行动提供指导和规划，也为创业者与外界沟通、寻求帮助提供基本依据，因而对于创业成功具有十分重要的作用。

1.创业计划的执行摘要

执行摘要，也称为执行总结。是创业计划浓缩之精华，反映创业计划书的全貌，是全部计划书的核心之处。执行摘要虽然在创业计划的最前面，但在动笔写摘要之前，创业者要先完成创业计划书的主体部分，然后在反复阅读主体部分的基础上，提炼出整个计划书的精华，再开始写摘要。执行摘要一般是2页，最多3页。摘要无须涵盖所有创业计划中涉及的内容，但要确保每一个关键问题都应该提到。凝练的创业计划执行摘要应涵盖以下8个关键点。

（1）项目独特性

首先概括公司的亮点。通常，可以直接、简练地说公司拟要解决某个重大问题的方案或产品。在第一段，创业者可提到一些使人印象深刻的名字，比如公司的知名顾问、已合作过的大公司、有名的投资公司等。

（2）问题和解决方案

用简要的话来介绍公司的产品和服务，以及它解决了用户的什么问题。企业给客户提供什么样的产品或服务来解决这个问题，软件、硬件、服务还是综合的。陈述产品（或服务）的价值定位、创意价值的合理性存在。这部分应用通俗的语言，不要用缩写或技术用语。

（3）面临的机会

通过描述公司所处行业、行业细分、巨大的市场规模、成长性和驱动因素，以及美好前景，来展示自己的市场机会。创业者最好能在一个环境良好并能有一定增长的市场中占有较大份额，而不是在一个超大的成熟市场中占有较小的份额。

（4）面临的问题

创业者需要清楚地描述当前或者是将会出现的某个重大问题。通过解决问题来提高利润、降低成本、加快速度、扩张市场范围、消除低效及提高效率等。

（5）企业的竞争优势

无论如何，你都有竞争对手。至少，你是在跟你的目标客户当前使用的产品或服务提供商在竞争，创业者必须明确自己真实的竞争优势，并写出与创业者本身直接竞争者的竞争方案。

（6）企业的商业模式

清晰地描述企业的商业模式——怎样赚钱？需要阐述公司在产业链、价值链上的位置，合作伙伴是谁，他们为什么要跟你的公司合作，如果已经有了收入，有多少，如果现在没有，什么时候会有。

（7）展示创业团队

你的团队为什么能成功？是通过创业者和核心管理团队的能力。不要只是简单地把每个团队成员的简历攒在一起，而应该解释每个团队成员的背景、角色、经历为何有利于公司发展，以及如何互补。

（8）预测财务回报

可以用一个表格来展示公司的历史财务状况和未来的财务预测。这个财务预测需要展示3～5年的，这样才能看到企业持续的发展趋势。注意数据不能离谱。

2.创业计划书的编写

创业计划书作为创业者自身必须诉诸纸面的创业规划书，首先要依据其具体对象不同而有所不同；写给投资者看的显然不同于拿到银行贷款用的，审核对象不同，其角度和重点必须有所不同。一般来说，需要按照创业计划书的内容要求，明确各方面的问题。

（1）计划摘要

在创业计划书中，计划摘要是创业者根据整个创业计划所提炼出来的最后一部分内容，但又是放在最前面、提供给审核者首先要看的内容，是对整个创业计划的高度概括，是浓缩了的创业计划书的精华。为此，撰写计划摘要，文字上要尽量简洁生动，内容上要简明扼要，力求以最少的文字表达最多的和最重要的信息，使读者能够在最短时间内，一目了然地把握创业者及创业计划的基本情况。计划摘要一般包括以下内容：公司介绍、主要产品和业务范围、市场概貌、营销策略、销售计划、生产管理计划、管理者及其组织、财务计划、资金需求状况等。最后，还要介绍一下创业者自己的背景、经历、经验和特长等。企业家的素质对企业往往起关键性的作用。在这里，企业家应尽量突出自己的优点并表示自己强烈的进取精神，以给投资者留下一个好印象。

（2）事业描述

在创业计划书中，需要回答如下一系列问题。

①创业进入的是什么行业？

②该行业目前是出于萌芽、成长、成熟或衰退中的哪个阶段？

③所从事的事业是新创的，还是沿袭既有的？

④是运用独资方式，还是合伙或公司的方式？

⑤获利和成长的根据是什么？

⑥开业要不要配合节庆？

⑦营业时间有多长，是否有季节性？

（3）产品或服务

在创业计划书中，创业者应提供所有与产品或服务相关的细节，这些问题包括以下几个方面。

①产品或服务目前处于什么样的发展阶段？

②它的独特性怎样？

③企业分销产品或提供服务的方法是什么？

④谁会使用企业的产品？为什么？

⑤产品的生产成本是多少？售价是多少？

⑥企业发展新的现代化产品的计划是什么？

这些问题，是创业者必须弄清楚的问题，如果要吸引他人投资，当然也必须向投资者说明这些问题。产品及其属性的定义对创业者来说可能是非常明确的，但其他人却不一定清楚它们的含义。为此，在创业计划书中，创业者应尽可能用简单的词语来描述每件事。

（4）市场

创业计划书要提供企业对目标市场的深入分析和理解。要细致分析经济、地理、职业以及心理等因素对消费者选择购买本企业产品这一行为的影响，以及各个因素所起的作用。

创业计划书中还应包括一个主要的营销计划，计划中应列出本企业打算开展广告、促销以及公共关系活动的地区，明确每一项活动的预算和收益。创业计划书中还应简述一下企业的销售战略；企业是使用外面的销售代表还是使用内部职员？企业是使用转卖商、分销商还是特许商？企业将提供何种类型的销售培训？此外，创业计划书还应特别关注一下销售中的细节问题。

（5）地点

一般公司对地点的选择可能影响并不大，但是如果要开店，店面位置就很重要。“酒香不怕巷子深”强调的实际上是产品质量的重要性，并不是说地点在哪儿并不重要。地点不仅仅影响生意的好坏，甚至可以影响到生意的成败。

（6）竞争

在创业计划书中，创业者应细致分析竞争对手的情况。

①竞争对手都是谁？

②他们的产品是如何工作的？

③竞争对手的产品与本企业的产品相比，有哪些相同点和不同点？

④竞争对手所采用的营销策略是什么？

要明确每个竞争者的销售额，毛利润、收入以及市场份额，然后再讨论本企业相对于每个竞争者所具有的竞争优势，要向投资者展示，顾客偏爱本企业的原因是本企业的产品质量好、送货迅速、定位适中、价格合适等，创业计划书要使它的读者相信，本企业不仅是行业中的有力竞争者，而且将来还会是确定行业标准的领先者。在创业计划书中，企业家还应阐明竞争者给本企业带来的风险以及本企业所采取的对策。

（7）管理

把一个思想转化为一个成功的风险企业，其关键的因素就是要有一支强有力的管理队伍。这支队伍的成员必须有较高的专业技术知识、管理才能和多年工作经验，要给投资者这样一种感觉：“看，这支队伍里都有谁！如果这个公司是一支足球队的话，他们就会一直杀入世界杯决赛！”管理者的职能就是计划、组织、控制和指导公司实现目标的行动。在创业计划书中，应首先描述一下整个管理队伍及其职责，然后再分别介绍每位管理人员的特殊才能、特点和造诣，细致描述每个管理者将对公司所做的贡献。创业计划书中还应明确管理目标以及组织机构图。

（8）人事

要考虑现在、半年内、未来3年内的人才需求；还要考虑引进哪些专业技术人员；有专业技术的人在哪里，可否引入；是需要全职还是非全职的人力；薪水是月薪还是年薪；所需提供的员工福利有哪些；是不是有加班费，有没有培训费用；这些人事成本共需要多少。这一切，也都需要在创业计划书中予以说明。

（9）风险

经营企业总是有风险的，必须考虑清楚，除了竞争上的风险，还会有其他什么风险以及风险来临时如何应对。

（10）成长与发展

创业计划应是永续经营的，所以在规划时要有长远打算，要预期企业未来前景：下一步要怎么样，3年后要怎么样，5年以后要怎么样。

（11）财务计划

财务计划需要花费较多的时间和精力，编制财务报表，专业性较强。在财务计划中，通常要回答以下问题.

①产品在每个（会计）期间发出量有多少?

②什么时候开始产品线的扩张?

③单位产品的生产费用是多少?

④单位产品的定价是多少?

⑤使用什么分销渠道，所预期的成本和利润是多少?

⑥需要雇用哪几种类型的人员，雇用何时开始，工资预算是多少?

在计划书的财务计划中还应提供的资料有创业计划书的条件假设、预期的资产负债表、预期的损益表、现金收支分析、资金的来源与使用分析。

【案例】

校园创业计划书

一、校园创业环境介绍

随着社会经济和文化的发展，人们生活节奏的加快，人们的生活环境、生活方式都发生了很大的变化。兼职已经成为一种时尚，学生兼职的市场非常广阔!

学生兼职是学生减轻自己经济负担的需要、学以致用的需要、学生了解社会的需要、提高学生综合素质的需要、增加社会经历的需要、为走向工作岗位打基础的需要。

团体消费已经悄然走进人们的生活，已经开始流行。这是社会发展的需要，同时也是一种必然。团体消费涉及人们生活的方方面面，团体消费使人们节约金钱，节约时间，用尽量小的投入获得最大的消费实惠，学生团体消费就更有市场，学生是纯消费者，品牌意识和品牌忠诚度非常高，学生消费也走在社会的最前沿。团体消费是个性、品牌、实惠的最佳消费方式。

二、校园创业宗旨

着力于高校市场的开发，建立校园兼职平台、学生实践平台、校园商业平台，服务学生，服务高校。

三、创业主题

关系学生成长：让学生参与社会实践，认识社会，了解社会，边学习边实践，学以致用，提高学生的综合素质，校园市场由学生自己开发、自己经营、自己维护。

四、创业目标

占领高校消费终端市场以及以高校为中心的周边消费市场，打造高校创业的品牌联合舰队。

五、市场需求点

（1）学生减轻自己经济负担的需要。

（2）学生参加社会实践，提高自己综合素质的需要。

（3）学生个性消费、品牌消费、实惠消费、安全消费的需要。

（4）高校提高学生就业的需要。

（5）响应鼓励大学生创业的需要。

（6）学校搞好管理的需要。

（7）商家要求打开校园市场的需要。

（8）社会经济发展趋势的需要。

六、项目商业潜力

此项目的长远目标是占领高校消费终端市场，以及以高校为中心的终端消费市场，其商业前景不可估量。

1.高校市场

（1）2013年高校总人数、人均消费、消费总额。

（2）2014年高校总人数、人均消费、消费总额。

（3）2015年高校总人数、人均消费、消费总额。

2.中小学市场

3.社区终端消费市场

（1）2013年，小区终端消费额实现8886.8亿元。

（2）2014年，小区终端消费额突破10000亿元大关。

（3）2015年，小区终端消费额将实现12000亿元惊人的数据。

七、项目创业的盈利点

1.网络在线广告收益

包括图片广告、文字广告、商家介绍、重点推荐、美食、住宿、新店开业等项目。

自己开发的产品，总部所接的大型广告或产品。同时，可以与本地众多的广告公司、报纸、媒体、知名网络合作，赚取广告分成利润。

2.视频广告收益

新店开业、新售楼宇、协助店主或商家进行广告宣传，将其制作成视频放到网上进行展播，300元／视频（个）：

$$年收益=300\times10\times10=30000元$$

3.为商家分销的收益

本项目是中国最大的以校园为门户的创业项目，由于它的受众为最直接的消费终端，对整个市场主体（学生、老师、商家）的影响和诚信度极高，所以容易被众多的企业、商家、连锁机构看重。因此，校园市场创业是学生消费品，老师等消费群体的消费品生产和销售的企业、商家、连锁机构最好的销售基地。可以与企业、商家、连锁机构构成行销，销售提成按10%计算：

$$年收益=100万\times10\%=10万$$

4.其他收益

业务推广收益、游戏推广收益、总部广告分成收益等。

八、创业计划介绍

（1）所需投入2000元／年，1200元购买网站，800元技术指导和业务开发费用。独立经营，利益独占。

（2）一个学校只开通一个网站，只提供一个机会。

（3）每个学校的盈利完全归校园创业者享有。

（4）创业者如何操作？

可以用一句话来说，各个学校的创业人除经营自己的网站，管理自己的团队与总部配合之外，其他一切工作，如技术、服务器、维护开发等都由总部来完成。

九、对创业者的要求

不管创业者是谁，从事什么职业，学生、公司职员、待业人员都不要紧，即使不懂技术，没有创业经验，这些都没有任何关系（我们会进行指导和培训）。但是，创业者要有创业的热情和激情，必须要能每天上网，并不断地更新自己网站的数据，开展自己的业务，维护自己和客户的关系。

相信自己，敢于挑战自己，同时需要永不言败的勇气和精神！

3.创业计划书编写应注意的问题

创业计划书编写的目的是为创业融资、宣传提供依据，同时作为创业实施的规划方案。因此，创业计划书的编写除尽可能地展现创业项目的前景及收益水平外，还要展现出创业项目的可实现性。

（1）简洁完整，突出重点

一篇好的创业计划书需要对创业的目的、过程、预期结果进行描述，让读者如投资者和政府人员能了解创业的具体过程，同时也要兼顾简洁而注重实效的特点，突出重点，显示出独特优势及竞争力，引起投资者和政府人员的兴趣。

（2）语言通畅，表述精确

文字朴实，不需要用华丽的辞藻对计划书进行过度美化，而是要能让阅读者准确获知计划书表述的内容即可。应尽量采用图标描述，形象直观地进行财务分析；使用战略、市场分析、营销策略、创业团队的管理学术语，尽可能地做到规范化、科学化，保持计划书中的目录、摘要、图表、数据和附录等具有逻辑性、连贯性和前后一致性，体现创业者的专业素养。

（3）数据翔实，尊重事实

计划书中的数据应基于前期认真的市场调研和分析，而财务预测等也应由财务专业人士协助完成，不能随便拼凑数字或者凭借感觉猜测，以致过分夸大事实，高估市场需求和创业成功率，忽视竞争威胁和重大风险，这样会使投资者产生不信任感，造成可信度低。

（4）保护产权，以防泄密

知识产权是企业的核心竞争力，是企业的生命，保护知识产权至关重要。创业者要及时将核心的技术申请发明专利，周边技术申请实用新型专利，把最核心的技术用发明专利保护起来，同时最大限度地建立对竞争对手的优势壁垒；在编写计划书时应该注意不要将核心技术过于详细地描述，在无法避免详细描述或必须展示核心技术产品时，应提前和阅读计划书的投资者等签署保密协议，以防商业机密泄露造成不可挽回的损失。

（5）团队合作，优势互补

计划书中要详细介绍创业团队中核心人物的技术和能力以及团队成员间的优势互补，这对于创业能否获得投资者的青睐有很重要的作用。很多投资者很大程度上投资的是人才，因为最终所有的创业项目都需要人来进行操作，没有实力的团队无法实现创业项目，因此他们重视创业者的技术能力、创业团队的人员构成和团队中核心人物的能力证明，如掌握的技术、专利发明、工作经历、以往具体的成功案例等，这些都会让投资者看到团队的战斗力，给予他们更多的信心。

7.2 筹集创业资本

创业者必须学会运用资金，企业是一个投入产出系统，物流伴随着资金流，资金流出现停滞，企业就难以生存。

7.2.1 创业资本的概念及特征

1.创业资本的概念

创业资本通常又被称作创业投资或风险投资。创业资本的投资活动已经发展和演化成为形式多样、机制复杂的投资行为。有关创业资本的定义主要有以下几种。

美国创业投资协会把创业资本定义为由专业人员连同管理经验一起投入到新兴的迅速发展的具有对经济做出重要贡献的潜力的企业的资金。在这个定义中，创业资本的投资对象即被投资企业是新兴产业并具有高成长性的企业。在资本注入企业的同时，也将注入新的经营管理方式。这种投资的收益可能颇丰，但风险也较大。

英国创业投资协会对创业资本的定义是，凡是对未上市企业进行的权益性投资，都可称作创业资本的投资。这种投资的特征是：企业是未上市企业，企业具有潜在成长性，投资期限是中长期的，是一种权益投资。

欧洲创业投资协会认为，创业资本是私人权益资本的一部分。它是面对种子期、成立初期和扩张期企业进行的权益性投资，包括内部管理层收购和外部管理层买入。

综上所述，我们认为，创业资本是指专业投资机构对于未来具有较高成长性的企业所进行的流动性较小的权益性投资。这种投资原则上属于无担保的、高风险的并与管理相结合的投资行为。

2.创业资本的特征

具体来说，创业资本必须满足以下几方面的特征。

（1）创业投资是对未来具有高成长性企业的投资

创业资本在本质上追求的是在不远的将来看得见、摸得着的现实经济利益，它并不是只关注社会效益的科研基金。具有高成长性的企业可能曾经有高科技产业背景，但二者是不同的。

（2）创业投资是一种高风险、高收益的投资

创业投资往往扶持的是自认为未来可能具有高成长性的中小企业。这样的投资具有主观判断失误率高、经营不确定性大和投资回报周期长的高风险特点。首先，这种风险来自于创业资本决策者的主观判断失误。其次，从产品研发到批量生产，再到市场营销与同行竞争，每一个环节稍有不慎就会前功尽弃。再次，因投资回报周期较长，宏观经济若有变化，也会使多年的努力化为泡影，如先后上市的互联网企业，其结局可能大相径庭。最后，由于创业投资的对象一般都是小规模的创新企业，这些企业缺少固定资产或现金，创业企业家拥有的仅仅是目前还难以为社会所接受的无形资产。所以，一方面创业投资无法获取担保抵押，使得该项投资成为一种无担保的投资行为，一旦投资失败，也就一无所获。从各国创业投资发展的历程来看，这类投资失败的概率也是很高的。

另一方面，创业投资一旦成功，其投资回报率也较高。正因为创业资本投资的高回报率，使得从事创业投资的人们不畏艰险。

（3）创业投资是一种流动性较小的权益性投资

创业投资的流动性较小是由这种投资自身的性质所决定的。它不是融资，而是一种权益性投资，只有被投资企业的产品或服务有了一定的起色，当转让或出售投资股权有利可图时，才会发生新的资本流动；而在这之前出现的转让或出售都意味着这一次投资的失败。

（4）创业投资是一种投资与管理相结合的投资

通常创业资本投向企业后，创业投资机构将自始至终参与企业的经营管理并随时向企业提供咨询，甚至在必要的情况下，解雇原先的创业企业家，取而代之以他们认为合格的经理人。英国创业投资协会提供的资料显示，所有的早期投资受益企业均认为，创业投资公司除了资金投入以外，还对企业具有重要的贡献。他们认为创业投资公司在提高企业经营效率方面确实具有优势，因为创业投资公司具有在公司财务、公司战略和市场信息等方面的专长。

7.2.2 企业融资基础

1.企业融资的概念

从狭义上讲，融资是一个企业的资金筹集的行为与过程。也就是公司根据自身的生产经营状况、资金拥有的状况以及公司未来经营发展的需要，通过科学的预测和决策，采用一定的方式，从一定的渠道向公司的投资者和债权人去筹集资金、组织资金的供应，以保证公司正常生产需要、经营管理活动需要的理财行为。公司筹集资金的动机应该遵循一定的原则，通过一定的渠道和一定的方式去进行。从广义上讲，融资也叫金融，就是货币资金的融通，当事人通过各种方式到金融市场上筹措或贷放资金的行为。

2.企业融资的方式

企业融资分为内部融资和外部融资。

内部融资是企业依靠其内部积累进行的融资，具体包括三种形式：资本金、折旧基金转化为重置投资和留存收益转化为新增投资。内部融资对企业资本的形成具有原始性、自主性、低成本性和抗风险性等特点。相对于外部融资，它可以减少信息不对称问题及与此有关的激励问题，节约交易费用，降低融资成本，增强企业剩余控制权。但是，内部融资能力及其增长要受到企业的盈利能力、净资产规模和未来收益预期等方面的制约。在内部融资方面，中小企业存在自有资金不足、自我积累有限的问题。

随着技术的进步和生产规模的扩大，单纯依靠内部融资已经很难满足企业的资金需求。外部融资即吸收其他经济主体的储蓄，使之转化为自己投资的过程。外部融资又分为直接融资和间接融资。直接融资是不经金融机构的媒介，由政府、企事业单位及个人直接以最后借款人的身份向最后贷款人进行的融资活动，其融通的资金直接用于生产、投资和消费。间接融资是通过金融机构的媒介，由最后借款人向最后贷款人进行的融资活动，如企业向银行、信托公司进行融资，等等。具体融资方式还包括发行债券、上市融资、发行基金、典当财产等。

7.2.3创业融资

1.创业融资的概念

融资是指一个企业筹集资金的行为与过程，也就是企业根据自身生产经营状况、资金拥有状况、未来经营发展的需要等，通过科学的预测和决策，采用一定的方式，从一定的渠道向企业的投资者或债权人筹集资金，并组织资金的供应，以保证正常生产需要以及经营管理活动需要的理财行为。

创业融资就是创业者为了将某种创意转化为商业现实，根据未来新创企业经营策略与发展需要，经过科学的预测和决策，通过不同渠道、采用不同方式向风险投资者或债权人筹集资本，组织创业启动资本的一种经济行为。创业者应该根据新创企业在成立前后的资本需求特征，结合创业计划以及企业发展战略，合理确定资本结构以及资本需求数量。创业融资解决的都是创业者在企业成立前后最需解决的问题，在融资之前应做细致的规划，至少首先要明确融资产生的原因和内容。

2.创业融资的意义

资本是企业的血脉，是企业经济活动的第一推动力和持续推动力。企业的创立、生存和发展必须以一次次的融资、投资、再融资为前提。创业融资是为了解决企业成立前后的创业启动资金问题，是创业者的第一次融资，也是最为重要的一次融资。

创业早期需要筹集较多资本，以便为创业启动提供足够的资金。许多创业者随意地从事着融资任务，因为他们缺乏这方面的经验并且对他们的选择知之甚少。这种知识缺乏造成创业者对某些资本来源过于依赖，而对其他资本来源利用很少。创业者需要尽可能地对可得到的有关融资选择进行充分了解。

对投资者来讲，提供创业资本实质上就是风险投资行为，如果所投入的资本不足够，不仅无法达到创业目标或者根本无法经营，而且连已投入的资金也往往被卷入“无底洞”。如果企业在开始盈利前就花掉了所有的资本，那就意味着失败，即便它有优良的产品和满意的顾客。这就是不充足的资本会造成新企业失败的主要原因之一。为防止企业用完资金，多数创业者需要投资资本或银行信贷来解决现金流短缺的问题，直到他们的企业开始赚钱为止。新创企业通常很难从银行获得信贷额，所以新创企业常常寻求风险投资，或者设法进行某种创造性的融资。

3.创业融资的原则

对于创业者而言，创业融资是极为重要而复杂的环节。为了有效地筹集资本，创业者需要以较低的融资成本付出和较小的融资风险获取较多的启动资本，为此需要遵循以下基本原则。

（1）合理规划原则

创业者对资金的需求是不断变化的，为此创业者应该根据创业计划，结合创业发展阶段，运用相应的财务手段合理预测资金需求量。同时，不同来源的资本对企业的收益和成本有不同的影响，因此创业者应该合理确定资本结构，主要包括合理确定权益资本与债务资本、长期资本与短期资本的结构。

（2）效益和成本原则

创业者在融资中需要在充分考虑项目效益的前提下，综合研究各种融资方式，寻求最为合理的融资组合以降低资本成本。

（3）合法融资原则

由于创业者的融资活动影响着社会资本及资源的流向和流量，涉及相关主体的经济权益，因此，创业者必须遵守国家有关法律规定，依法履行约定的责任，维护利益相关主体的权益，避免非法融资的行为。

（4）及时处置原则

创业融资必须根据企业资本投放时间安排予以划拨，及时取得资本来源，使融资与投资在时间上相协调，避免因资金筹集不足而影响生产经营的正常进行，防止资金筹集过多、资金闲置而造成资金使用成本上升。

7.2.4 大学生创业融资的主要渠道和方式

1.大学生创业融资的主要渠道

创业融资的主要渠道包括自我融资、亲朋好友融资、天使投资、商业银行贷款、融资租凭、风险投资、机构融资和政府创业扶持基金融资等。其中自我融资、亲朋好友融资、天使投资属于私人资本融资渠道；商业银行贷款、融资租凭、风险投资、政府提供扶持资金等属于机构融资渠道。

（1）自我融资

虽然创业是具有高风险的经济活动，但是创业者应将自有资金的大部分投入到企业创办中。一方面，从新创企业的经营控制或资金成本角度来说，自有资金所占比例非常重要，关系着创业者对企业的经营控制权限；另一方面，在引入外部资金尤其是银行贷款、私人投资者以及风险投资家的资金的时候，通常需要拥有个人资本。

创业者投入自有资金，对个人而言，个人才能和资金在创业活动中可以充分发挥其作用，企业创办成功后，可以掌握更多的股份；对其他投资者而言，创业者充分展示对自身企业的信心，是全心全意的实干家，创业者会谨慎使用每一笔资金，增加投资者对创业者的信任感，增加投资者对其创业企业投资的可能性。

自我融资虽然是融资的一种渠道，但它不是根本性的解决方案，在创业企业发展的不同阶段，需要不同的融资渠道。

（2）亲朋好友融资

新创企业早期需要的资金量少且具有高度的不确定性，对银行等金融机构缺乏吸引力，这使得亲朋好友融资成为创业者此时可选的主要融资渠道之一。家庭或朋友除直接提供资金外，更多的是为贷款提供担保，家庭或朋友的特殊关系使得这一融资渠道有效克服了信息不对称问题。但家庭或朋友这一裙带关系的存在，使得这一融资渠道很容易发生纠纷。因此，应将家庭或朋友提供的资金与其他投资者提供的资金同等对待。

（3）天使投资

天使投资起源于纽约百老汇，是自由投资者或非正式机构对有创意的创业项目或小型初创企业进行的一次性前期投资，是一种非组织化的创业投资渠道。天使投资直接向企业进行权益投资，不仅提供现金，还提供专业知识和社会资源方面的支持。天使投资程序简单，短时期内资金就可到位。

天使投资虽是风险投资的一种，但两者有着较大差别。其一，天使投资是一种非组织化的创业投资形式，其资金来源大多是民间资本，而非专业的风险投资商；其二，天使投资的门槛较低，有时即便是一个创业构思，只要有发展潜力，就能获得资金，而风险投资一般对这些尚未诞生或嗷嗷待哺的“婴儿”兴趣不大。对刚刚起步的创业者来说，既吃不上银行贷款的“大米饭”，又沾不了风险投资“维生素”的光，在这种情况下，只能靠天使投资的“婴儿奶粉”来吸收营养并茁壮成长。

（4）商业银行贷款

银行贷款对创业者来说往往是首选的外源融资渠道。目前，银行贷款主要有以下四种：一是抵押贷款，这是一种向银行提供一定的财产作为贷款的保证的贷款方式。二是信用贷款，指银行仅凭对借款人资信的信任而发放的贷款，借款人无须向银行提供抵押物。三是担保贷款，指以担保人的信用为担保而发放的贷款。这其中，政府对创业者融资有一项专门的政策，即小额担保贷款，扶持范围包括：城镇登记失业人员、大中专毕业生、军队退役人员、军人家属、残疾人、低保人员、外出务工返乡创业人员。对符合条件的人员，每人最高贷款额度为5万元，对微利项目增加的利息由中央财政全额负担。大学生和科技人员在高新技术领域实现自主创业的，每人最高贷款额度为10万元。四是贴现贷款，指借款人在急需资金时，以未到期的票据向银行申请贴现而融通资金的贷款。

（5）融资租赁

融资租赁是企业根据自身设备投资的需要向租赁公司提出设备租赁的请求，租赁公司出资购置相应的设备，并交付承租企业应用的信用业务。在租赁期内承租人按期支付租金，租赁物所有权归出租人（租赁公司），应用权归承租人，租赁期满承租人可选择留购租赁资产。这种方法是通过融物来达到融资的目的，具有以下优势：不占用创业企业的银行信用额度，创业者支付第一笔租金后就可以应用设备，而不需在购置设备上大批投资，这样资金就可以调往最急需用钱的处所；缺点是资金成本较高，其租金比举债利息高，企业的财务负担重等。

选择融资租赁方法融资，可以使大学生创业者在没有足够资金，或者通过其他方法筹集不到资金的情况下，能完成必要的固定资产投资。但在选择租赁公司时要挑那些实力强、资信度高的公司，且租赁情势越机动越好。

（6）风险投资

风险投资起源于15世纪的英国、葡萄牙和西班牙。它是一种股权投资，采取由职业金融家群体募集社会资金，形成风险创业投资基金，再由专家管理投入到新兴的、迅速发展的、有巨大竞争潜力的风险企业中的方式进行运作。

由投资专家管理、投向年轻但有广阔发展前景并处于快速成长中的企业的资本被称为风险资金或风险基金，而风险投资基金的管理者，即风险投资的直接参与者和实际操作者被称为风险投资机构，他们直接承受风险并分享收益。风险投资是一项没有担保的投资，高风险与高收益并存，一般投资周期较长，为3～7年。风险投资是投资与管理的结合，是金融与科技的结合，主要投向科技型中小企业。

（7）政府创业扶持基金

在国家提出建设创新型社会的经济发展理念的引导下，我国已出台若干政策鼓励创业，设立了科技型中小企业技术创新基金。各地设立了若干“孵化器”，提供融资。各地政府也根据地方经济发展特点和需要相继出台了各种各样的政府创业扶持基金政策，其内容多变，形式多样，包含了从税收优惠到资金扶持、从特殊立项到特殊人群的各种创业基金。例如，近年来为解决大学生就业难这一问题、鼓励大学生自主创业，设立了大学生创业基金，为有创业梦想但缺乏资金的大学生提供启动资金，以最低的融资成本满足大学生创业者的最大资金需求。

当前，大学生创业基金已成为圆梦创业的助跑器，为切实解决大学生创业资金问题起到了重要作用。而为了解决下岗职工自主创业资金难的问题，通过建立创业示范基地实施一系列优惠政策，有效扶持了下岗职工的自主创业。深圳特区则采取了贷款贴息、无偿资助、资本金（股本金）投入等方式向科技创新企业提供资金，推动企业创新，加速企业创业发展的步伐。无疑，政府扶持基金这一融资渠道表现出了融资成本较低的显著特点。

除了以上七种常见创业融资渠道外，典当融资、孵化器融资、集群融资、供应链融资等渠道也是创业企业可以利用的融资渠道。

2.大学生创业融资的主要方式

融资方式可分为股权融资和债权融资、内源式（内部）融资和外源式（外部）融资、直接融资和间接融资、长期融资和短期融资等类型。

股权融资也称权益融资，即创业者用未来企业的部分股权换取创业融资，股权投资者成为企业的部分所有者，即股东。债权融资对于创业者来说主要是商业信贷，即通过向商业银行贷款获得资金，而银行对贷出的款项要求必须按期还本付息。一般来说，不管是新创立公司还是已建公司，如果创业者不想过度分散自己的股权但又想获得充足的运营资金，则企业不仅要采取股权融资，还要采取债权融资的方式。

内源式（内部）融资主要指创业者自己通过原始积累或家庭、亲朋好友支持取得的资金，一般无须花费融资费用；外源式（外部）融资是通过向外部债权融资或某种形式的股权融资来获得，要付出融资费用。

直接融资是指创业者不经过银行等金融机构，而直接与资本供应者协商借贷或直接发行股票、债券等筹集资本的活动，直接实现资本的转移；间接融资则指创业者借助银行等金融机构而进行的融资方式，银行等金融机构发挥金融中介作用预先聚集资本，再提供给资本需求企业。

长期融资通常指使用期限在1年以上的融资，一般包括各种股权资本和长期借款、应付账款和应付债券等债权融资；短期融资通常指使用期限在1年以内的融资，一般包括短期借款、应付账款和应付票据等项目。

创业者首先应当详细制定融资方案，以对企业创办和正常运行所需资金有统筹的、较为长远的考虑。为此，应当综合考虑各种融资类型的可得性、与企业的适度性及其成本影响因素，具体包括：迄今为止的企业成果和业绩；投资者能感到的风险；行业和技术；企业的发展潜力和预期退出的时间；企业预期成长速度；企业年龄和发展阶段；投资者要求的回报率或内部回报率；需要的资金量和企业原先的估计；创业人在企业成长、控制、清算和收获方面的目标；投资者要求的条件和承诺。

当然，其他许多因素特别是投资者或贷款人对商机优劣和管理团队素质的看法，也将对投资或贷款的决策产生影响。许多有经验的投资家都会将最终的评估焦点放在创业者和经营团队身上，他们认为，经营环境和市场的变化是不可预知的，也是无法控制的，唯有经营者的事业心与意志力才能克服这些困难与挑战，确保投资事业的成功。因此，他们往往选择具有创业精神与专业能力的经营团队作为主要投资对象。

【案例】

携程旅行网私募融资案例

携程旅行网创立于1999年，总部设在中国上海，现有员工7000余人。从创立到2003年底海外上市，携程利用国际风险投资资本和国际风险投资工具，借助股权私募基金的力量实现了公司的跳跃式发展。

第一步：创建携程，吸引IDG第一笔投资50万美元

1999年4月，创始人梁建章、沈南鹏、范敏、季琦四人成立携程香港公司[Ctrip.com（HongKong）Limited］，注册资本约200万元人民币，公司的股权结构完全以出资的比例而定。1999年10月，在携程网站还没有正式推出的情况下，基于携程的商业模式和创业

团队的价值，最早进入中国市场的美国风险投资公司之一IDG技术创业投资基金（IDGVC Partners，以下简称“IDG”）凭借写成一份仅10页的商业计划书向其投资了50万美元作为种子基金。作为对价，IDG获得了携程20%多的股份。在携程随后进行的每轮融资中，IDG都继续跟进。

第二步：吸引软银等风险投资450万美元，携程集团架构完成

2000年3月，携程国际（trip.com International，Ltd. ）在开曼群岛成立。由“软银”中国创业投资有限公司（Softbank ChinaVenture Investments，以下简称“软银”）牵头，IDG、兰馨亚洲投资集团（Orchidasialo，L.P. ，以下简称“兰馨亚洲”）、city Investment Limited（以下简称“city”）、上海实业创业投资公司（S.I.Technology Venture Capital Limitedand Certain Individual Shareholders. 以下简称“上海实业”）五家投资机构与携程签署了股份认购协议。携程以每股1.0417美元的价格，发售432万股“A类可转可赎回优先股”（有投票权，IPO时自动转为普通股）。其中，除IDG追加投资认购了48万股以外，软银认购144万股；兰馨亚洲认购921600股；city认购96万股；上海实业和一些个人股东认购48万股。本次融资共募得约450万美元。随后，携程国际通过换股100%控股携程香港。这样，携程的集团架构完成，为携程以红筹模式登陆海外证券市场扫平了道路。

第三步：引来美国凯雷集团等机构的第三笔投资

2000年11月，凯雷等风险投资机构与携程签署了股份认购协议，以每股1.5667美元的价格，认购了携程约719万股“B类可转可赎回优先股”。其中凯雷亚洲创投I（CarlyleAsiaVenturePartnersI，L.P.，以下简称“凯雷”）认购约510万股，投资额约达800万美元，取得约25%的股权；而软银、IDG和上实业则分别增持约64万股、41万股和83万股；兰馨亚洲增持了约18万股。至此，携程完成了第三次融资，获得了超过1000万美元的投资。

第四步：吸引老虎基金PRE-IPO投资1000万美元，提升国际投资者的认可度

2003年9月，携程的经营规模和盈利水平已经达到上市水平，此时取得了上市前最后一轮1000万美元的投资，携程以每股4.5856美元的价格向老虎基金（Tiger Technology Private Investment Partners，L.P.and Tiger Technology II，L. P. ，以下简称“老虎基金”）发售218万股“C类可转可赎回优先股”。携程以每股4.5283美元的价格赎回普通股和A类可转可赎回股票共约122万股，以每股6.7924美元价格赎回约64万股B类可转可赎回股票。对于准备在美国上市的携程来说，能在上市之前获得重量级的美国风险投资机构或者战略投资者的投资，对于提升公司在国际投资者的认可度有着非常大的帮助。

第五步：登陆纳斯达克市场，私募完成增值

2003年12月9日晚11时45分（美国东部纽约时间12月9日上午10时45分），携程国际（股票代码：CTRP）以美国存托股份（ADS）形式在美国纳斯达克股票交易所（NASDAQ）正式挂牌交易。本次携程共发行420万股ADS，发行价为每股18美元，其中270万股为新发股份，募集资金归携程；150万股为原股东减持套现，募集资金归原股东。扣除承销等各项费用，携程得款4520万美元，占IPO总额的60%；原股东得款2511万美元。IPO后，携程总股本3040万股，市值约5.5亿美元。上市当天，携程以24.01美元开盘，最高冲至37.35美元，最终以33.94美元的价格结束全天的交易，收盘价相对发行价上涨88.56%，一举成为美国资本市场2000年10月以来首日表现最好的IPO。

点评：携程的成功实际上是“产业经营+资本市场支持”模式的成功，既归因于管理团队的超强执行力，也归因于其极善于利用私募股权投资，借助资本的力量来快速完成产

业的扩张。本案例中，关于私募股权基金的进入和退出涉及增资扩股、股权转让、红筹上市、优先股等问题。

3.创业融资的选择策略

（1）创业融资前的准备

①建立个人信用。个人信用是创业者拥有的一项高价值的无形资产，也是创业者获得投资者信任的关键软资源。在当今社会，信用已经成为个人声誉的重要考量内容。因此，创业者应该从现在起建立个人信用，着眼于未来长期声誉的形成，为自己积累良好的信用记录，为创业融资的成功奠定坚实的基础。

②积累社会资本。社会资本作为创业资源中的关键资源之一，是确保创业者获取其他资源的核心因素，而人际关系作为其关键的推进力量，具有较强的资源获取的延展性。因此，创业融资前，需要创业者不断积累丰富的人脉资源以形成强大的人际关系网络，从而突破个人资源有限的融资瓶颈，延伸出大量潜在的高价值、稀缺创业资源，为创业融资成功提供额外的保障。

③撰写创业计划。撰写创业计划具有两大作用：其一，通过规划未来的经营路线和设计相应的战略来引导创业企业的经营活动；其二，吸引借款人和投资者。撰写创业计划的第二大作用表明在创业融资过程中，创业者必须编制出科学、有吸引力的创业计划书并展示给投资者，以获得投资者的青睐，从而筹措到创业资金开展后续创业活动。因此，要吸引投资者，创业计划书要清晰阐述企业的使命、企业与行业的特征、企业的目标，要充分展示企业的经营战略、产品或服务的特性、市场营销战略、目标市场的选择、市场需求量、广告和促销、市场规模和趋势、地点、定价、分销、竞争者分析等方面，要向投资者展示创业者与管理者的简历、公司的组织结构，要展示创业企业的财务资料，明确提出资金需要量和投资者的退出方式，以系统、翔实的创业计划书向投资者证实项目的可行性，树立投资者对项目成功的信心以确保融资成功。

④测算不同阶段的资金需求量。由于创业融资具有显著的阶段性，因此，融资前需要准确测算不同阶段的资金需求量，以形成合理的资本结构，降低融资成本。这就要求创业者根据创业规划，参考本行业的财务比率，再考虑各种合理假设，先计算出收入与成本费用，然后做出资本性支出预算与流动资金需求预测，最后做出资产负债表、利润表和现金流量表的预测。对于初创企业，按季度的现金流预测和逐月的费用预算，是做好融资计划、保证企业正常运转的重要工作。而投资商也一定会根据企业的"烧钱"速度了解企业的资金需求量。财务预测需要说明收入确认的准则，特别是与境外投资者联系的时候，要注意各国会计准则的不同，这也是为什么有经验的投资者更注重现金流量预测而不是利润表预测的原因。

（2）创业融资渠道的选择原则

①融资成本与融资收益相适应原则。不同融资渠道具有不同的融资成本，相对而言，自我融资的成本低于机构融资的成本，债务融资的成本低于股权融资的成本。对于创业融资渠道的选择必须考虑不同融资渠道的成本与收益的合理匹配，争取以最低的成本获取所需资金。

②融资渠道与创业企业发展不同时期相适应原则。创业融资的显著特点是阶段性，这就意味着不同阶段的创业融资需求显著不同，而融资渠道的选择应符合融资需求的特性，融资渠道的选择也必然随融资需求的变化而有所变化，表现出一定的阶段性。因此，创业融资渠道的选择应与创业企业发展的不同时期相匹配，以有效提供资金，推动创业企业的

不断提升。

③融资期限匹配原则。长期资金与短期资金由于占用时间不同，在使用成本上存在显著差异。同时，由于长短期资金管理成本和面临的风险也存在显著差异，所以长期资金与短期资金的总资本成本也存在显著差异。因此，为降低融资风险，保持科学的资本成本水平，融资理论强调融资与投资的期限匹配原则，即长期资金用于长期投资项目，如用于购置固定资产等可长期使用的资产，短期资金用于日常周转和短期资金消耗。对创业企业而言，筹集创业不同阶段所需资金也应遵循期限匹配原则；对于用于固定资产和永久性流动资产上的资金，采取中长期融资方式筹措；对于季节性、周期性和随机因素造成企业经营活动变化所需的资金，则采取短期融资方式筹措，力求实现期限结构的科学匹配。

（3）创业融资渠道选择策略

根据成本与收益匹配原则、融资渠道与发展阶段匹配原则及期限匹配原则，结合常见融资渠道的特点，我们认为应采取在创业企业生命周期不同阶段分批注入资本的策略。创业企业在种子期，更多依赖于个人融资，大部分资金源自于创业者个人，而随着创业企业进入成长期，机构融资渠道越来越多地被使用，特别是创业企进入成熟期后，将大量地使用上市、发行债券等这样的金融工具进行融资。创业融资渠道的选择不是单一的行为，是综合考虑不同阶段特点和发展需求后的一种组合。

【案例】

众筹——新兴的融资方式之一

互联网分析师许单单这两年风光无限，从分析师转型成为知名创投平台3W咖啡的创始人。3W咖啡采用的就是众筹模式——向社会公众进行资金募集，每个人10股，每股6000元，相当于一个人6万元。那时正是玩微博最火热的时候，很快3W咖啡便汇集了一大帮知名投资人、创业者、企业高级管理人员，包括沈南鹏、徐小平、曾李青等数百位知名人士，股东阵容堪称华丽，3W咖啡引爆了中国众筹式创业的流行。几乎每个城市都出现了众筹式的3W咖啡。3W很快以创业咖啡为契机，将品牌延伸到了创业孵化器等领域。

3W的游戏规则很简单，不是所有人都可以成为3W的股东，也就是说不是你有6万元就可以参与投资，股东必须符合一定的条件。3W强调的是互联网创业和投资圈的顶级圈子。而没有人是会为了6万元未来可以带来的分红来投资的，更多是3W给股东的价值回报在于圈子和人脉价值。试想如果投资人在3W中找到了一个好项目，那么多少个6万元都赚回来了。同样，创业者花6万元就可以认识大批同样优秀的创业者和投资人，既有人脉价值，也有学习价值。很多顶级企业家和投资人的智慧不是区区6万元可以买到的。

点评：会籍式的众筹方式在中国2012年创业咖啡的热潮中表现得淋漓尽致。会籍式的众筹适合在同一个圈子的人共同出资做一件大家想做的事情。比如，3W这样开办一个有固定场地的咖啡馆方便进行交流。其实会籍式众筹股权俱乐部在英国的MINT Club也表现得淋漓尽致。MINT在英国有很多明星股东会员，并且设立了诸多门槛，曾经拒绝过著名球星贝克汉姆，理由是当初小贝在皇马踢球，常驻西班牙，不常驻英国，因此不符合条件。后来MINT在中国上海开办了俱乐部，也吸引了500个上海地区的富豪股东。

创业咖啡注定赚钱不易，但这和会籍式众筹模式无关。实际上，完全可以用会籍式众筹模式来开办餐厅、酒吧、美容院等高端服务性场所。这是因为现在圈子文化盛行，加上目前很多服务场所的服务质量都不尽如人意——比如食品，可能用地沟油。通过众筹方式吸引圈子中有资源和人脉的人投资，不仅是筹措资金，更重要的是锁定了一批忠实客户。而投资人也完全可以在不须经营的前提下拥有自己的会所、餐厅、美容院等，不仅可以赚钱，还可以在自己朋友面前拥有更高的社会地位？

7.3 防范创业风险

7.3.1 创业风险的概念、特征及分类

1.创业风险的概念

在日常生活中，人们提到风险，似乎唯恐避之不及，但事实上，风险在经济管理学中是一个中性词，应该理性客观地看待。美国学者威雷特在1901年的研究中认为风险是关于不愿发生的时间发生的不确定性的客观体现。日本学者武井勋提出了风险的三个基本要素，第一，风险并不是不确定性，两者有差异；第二，风险是一种客观存在；第三，我们可以预测风险。美国CooperD. F. 和ChapmanC. B. 在《大项目风险分析》中指出，“风险是由于从事某项特定活动过程中存在的不确定性而产生的经济或者财务的损失，自然破坏或者损伤的可能性”。风险是指由于环境的不确定性，客体的复杂性，主体的能力与实力的有限性，使实际结果与预测发生背离而导致利益损失的可能性。不确定性是指不可知，但是不确定的来源、领域和程度能够被识别，以选择合适的方法对偶然事件进行评估和计划。

创业风险是指由于创业环境的不确定性，创业机会与创业企业的复杂性，创业者、创业团队以及创业投资者的能力和实力的有限性，从而导致创业活动的结果偏离预期目标的可能性。

创业者在面对一个商业机会的同时，必然要承受来自各方面的风险，如机会风险、技术风险、财务风险、市场风险、政策风险、法律风险、团队风险等。每个创业者都必须面对这样的问题，只不过风险的种类和程度不同而已。创业者要具备的素质之一就是能够承担风险、应对风险和化解风险。

2.创业风险的特征

（1）创业风险的客观存在性

创业风险的存在是不以人的意志为转移的，独立于人的意识之外，就像台风、地震、洪水等不可抗力的自然灾害一样。在创业过程中，不可能完全消除风险，只能在一定的时间和空间内改变风险存在和发生的条件，降低风险发生的概率或者减少风险损失的程度。创业风险的客观存在性要求创业者正视创业风险，积极应对创业风险。

（2）创业风险的不确定性

能够带来创业风险的因素多种多样，而且处于不断变化中，难以预测，因此，在某种创业活动中，未来的创业风险究竟由哪一种因素或者哪几种引起的是不确定的，这就是创业风险的不确定性。但是这种不确定性并不是完全不可知，创业者可以根据历史事件，对历史数据进行统计，计算类似事件的风险由哪些因素引起，发生的概率是多少，从而知道创业风险发生的领域和程度。风险的测量过程就是对风险的分析过程，这对风险的控制、

防范、决策和管理起到非常重要的作用。

（3）创业风险的损益双重性

一般来说，收益越大的项目，风险也越大，这个时候，如果能够正确认识风险并利用和控制风险，收益就会增加，这就是损益双重性。因此，创业者在面对风险时，不应该惧怕风险，而应该积极地把风险作为一种机会，敢于承担风险，战胜风险。

（4）创业风险的相关性

创业风险的相关性是指创业风险与创业决策是密切相关的。同一风险事件对于不同的投资者，结果会大相径庭，为什么呢？因为不同的投资者采取了不同的策略和决策，不同的策略和决策导致了不同的风险结果。事实上，风险空间由决策空间和状态空间结合而成，状态空间是客观的，创业者无法自主选择，而创业者可以根据状态空间，自由地选择决策空间，而决策空间直接影响创业者面临的风险及其程度。

（5）创业风险的可变性

创业风险的可变性由三个方面构成：第一，风险量的变化，创业者风险意识的增强和风险管理方法的完善，某种程度上可以控制某些风险发生的频率，降低风险损失程度；第二，某些风险在一定的时间和空间内可以被消除；第三，旧的风险的消除伴随着新的风险的出现。以上三方面的情况构成了创业风险的可变性。

（6）创业风险的可测性

通过对大量事件的分析和观察，利用概率和数理统计的方法预测风险发生的概率和损失程度，发现风险事件发生的规律，构造出损失分布模型，可以作为风险预测的基础。

3.创业风险的分类

（1）按照创业风险来源的主客观性划分

按照创业风险来源的主客观性，可以分为主观创业风险和客观创业风险。主观创业风险是指由创业者本身的情况，如身体和心理等方面的主观因素引起创业失败的可能性；客观创业风险是指在创业过程中，由于非人的客观因素导致失败的可能性，如市场变动、政策变化、资金缺乏等。

（2）按创业风险对创业投资的影响程度划分

按创业风险对创业投资的影响程度，可以分为安全性风险、收益性风险和流动性风险。安全性风险是指从创业投资的安全角度来看，不仅预期实际收益有损失的可能，而且专业投资者与创业者自己投入的资金也可能会损失；收益性风险是指专业投资方投资的资本和财产不会遭受损失，但预期实际获得的收益有损失的可能性；流动性风险是指投资方的资金、财产和预期实际收益都不会遭受损失，但是有可能不能按期转移或支付，致使投资方蒙受损失的可能性。

（3）按照创业过程划分

按照创业过程，可以分为机会的识别与评估风险、撰写商业计划风险、获取创业资源风险以及管理新创企业风险。机会的识别与评估风险是指由于各种主客观因素，导致这个过程中，获得的信息量不足或者信息有误，解读判断信息有误，使创业一开始就面临方向错误的风险，这个阶段还包括由于创业放弃原有职业的机会成本风险；撰写商业计划的风险，是指商业计划带来的风险，商业计划的一个重要用处是吸引投资者，商业计划是否合适直接影响创业融资，然而在撰写过程中，由于各种不确定因素以及创业者和计划实际撰写者的能力限制，都会给创业带来风险；获取创业资源的风险，是指在创业过程中没有办法获得关键的资源或者只能以不可承受的高成本获取关键资源，都会给创业带来风险；新建企业的管理风险是指在企业的管理过程中，战略、组织、技术、营销等方面管理中存在的风险。

（4）按创业与市场、技术的关系划分

按创业与市场、技术的关系，可划分为改良型风险、杠杆型风险、跨越型风险和激进型风险。改良型风险，是指利用现有市场、现有技术进行创业存在的风险，这种创业风险低，经济回报也有限，要进一步生存和发展，获取较高的经济回报也比较困难，会受到市场已有企业的排挤和进入壁垒的限制，即便进入，要占有一定市场份额也有难度；杠杠型风险是指利用现有的技术开辟新的市场进行创业所面临的风险，比如说国内的企业开辟国外市场，这种风险稍高；跨越型风险主要是指利用新的技术开拓现有市场的创业存在的风险，这种风险稍高，主要体现在新技术的应用上，反映了技术替代，是一种常见情况，领先者可以获得一定竞争优势，但模仿者会很快跟上；激进型风险指利用新技术开辟新市场的创业存在的风险，这种风险最大，如果市场潜力大，则机会巨大，对于第一个行动者来说，竞争风险低，但市场需求不确定，知识产权保护力度弱，产品性能的确定有很大风险。

7.3.2 创业风险的识别与评估

识别企业所面临的创业风险对企业战略目标的制定具有非常重要的作用。创业风险的识别就是指创业者通过各种方法、手段和工具逐步认识到自己的企业所面临的风险的过程。创业风险的识别过程就是要获取相关风险要素信息的过程，如创业风险源、危害、风险因素、危险以及可能的损失等。创业企业识别自己所面临的风险主要从这几个方面考虑：自然环境、社会经济文化环境、政治与法律环境以及企业自身的运营环境。创业企业可以利用头脑风暴法、德尔菲法、环境扫描法、情景分析法以及风险清单法等识别创业风险。

不同的风险有着不同的性质和特点，对企业造成的损失也各不相同，识别创业风险，才能进一步对创业风险进行评估和控制。创业风险评估是指对已经识别的创业风险作进一步的分析，对某种风险发生的可能性及造成的损失进行估算。风险识别是找出可能会发生何种风险，风险评估是要弄清楚风险究竟有多大，风险带来的损失程度有多高。风险评估是企业风险管理的重要内容之一。

着手实践创新的想法，开展创业活动前，应对商业机会、创新创业活动进行分析和判断，发现创业风险的具体来源，发生的概率，影响大小，并分析创业风险所带来的“风险收益”，预估自身抗风险能力。风险评估主要包括如下一些内容。

（1）特定风险发生的概率估计

风险估计是指利用概率统计方法对风险事件的发生和风险事件的后果加以估计，从而给出比较准确的概率水平。风险估计包括对风险发生频率的估计和风险后果损失严重程度的估计。有人认为风险损失程度的评估比风险发生的频率更重要，因为有些风险虽然不经常发生，而一旦发生，造成的损失巨大，这是有道理的。如果要全面评估风险，那么风险发生的频率和风险损失的程度二者都应在评估范围内。估计各类风险发生的概率，可以找出那些发生概率较大的风险因素，有针对性地做好风险防控管理。

（2）特定商业机会的风险收益测算

测算特定商业机会收益的目的是衡量一个商业机会是否值得创业者去冒险，如果风险很大，但收益不高，则可直接放弃；但是有时候风险很大，带来的商业收益也很可观，这种情况下，创业者需要好好衡量，然后做出决策。在测算风险收益时，要注意结合直接收益和间接收益的计算，直接收益指财务收益，这种收益是显而易见的，但还有一些隐性收益，如企业文化的建立、能力的提升等不直接表现为财务收益，但会长期影响直接收益，这部分收益也不可忽略。

（3）创业企业风险承受能力的估计

如果一个商业机会的风险和收益都很大，那么诱惑很大，陷阱也很深，此时创业者需要全面评估自身承受风险的能力，如果企业无法承受，则无论诱惑有多大，收益有多可观，创业者都必须理性放弃；如果评估结果是企业可以承受这种风险，则创业者可以放手一搏，毕竟创业需要冒险，需要有创新精神。

风险评估的方法有故障树分析法、层次分析法、决策树分析法、计划评审技术法、主观概率法、效用理论、灰色系统理论和模糊分析法等。根据实际需要，选择合适的方式评估企业的创业风险。

7.3.3 大学生新创业可能会面临的风险及其规避措施

1. 项目选择太盲目

目前，大学生创业的项目主要集中在高科技领域或是智力服务领域，快餐、饮品、零售等的加盟也是其比较青睐的创业项目。但很多大学生新创业时，普遍缺乏对前期市场的调研和论证，只是凭自己的兴趣和想象来决定投资方向，甚至仅凭一时心血来潮做决定，这样的创业结果可想而知。

大学生创业者在创业初期一定要做好市场调研，也可以委托专业的调研机构来进行可行性分析，在了解市场的基础上创业。一般来说，大学生创业者资金实力较弱，选择启动资金不多、人手配备要求不高的项目，从小本经营做起比较适宜。

2. 缺乏创业技能

很多大学生创业者眼高手低，既不了解创业的政策法规，又缺乏在相关企业工作的经验，在把创业的想法转变为实际操作时，才发现自己根本不具备解决问题的能力，这样的创业无异于纸上谈兵。

一方面，有创业想法的大学生应积极参加创业培训，积累创业知识，接受专业指导，了解创业法规，利用好大学生创业的优惠政策；另一方面，大学生应去企业打工或实习，积累相关的管理和营销经验，从而提高创业成功率。

3. 资金风险

资金风险在创业初期会一直伴随在创业者的左右。是否有足够的资金创办企业是创业者遇到的第一个问题，而企业创办起来后，还是存在着资金问题，那就是是否有足够的资金支持企业的日常运作。对于初创企业来说，如果连续几个月入不敷出或者因为其他原因导致企业的现金流中断，都会给企业带来极大的威胁。相当多的企业会在创办初期因资金紧缺而严重影响业务的拓展，甚至错失商机而不得不关闭企业。

资金问题几乎是每一位大学生创业者都会遇到的难题，此时，大学生创业者应想办法开拓自己的融资渠道，除了银行贷款、自筹资金、民间借贷等传统方式外，还可以充分利用风险投资、创业基金等融资渠道。此外，国家和各级政府以及部分高校为了支持大学生创业，出台了许多优惠政策，涉及融资、开业、税收、创业培训、创业指导等诸多方面，有些地方则专门设立大学生创业孵化园区，接收符合条件的大学生创业者入驻，对其免除一定时间房租的同时，还提供一定的办公设备，并提供免费的项目指导等，这些政策在一定程度上可以缓解大学生创业者的资金难题。因此，大学生在创业前一定要充分了解各地对大学生创业者的优惠政策。

当筹集到创业资金后，大学生创业者还应注意：在创业的最初阶段，把资金的投资范围尽量压缩到最少，尤其是对固定资产的投资，可用的设备能租到的就先不要购买，把买设备的钱用到企业的经营上或是市场上；尽量缩短投资的回收期，应尽快收回初期货款、应收账款等，并将收回的资金快速投入到下一轮投资中去，资金占用的时间越短，风险也就越小。

4. 社会资源贫乏

大学生在创业过程中会涉及企业创建、市场开拓、产品推介等工作，都需要调动社会资源，大学生在这方面会感到非常吃力。

大学生平时应多参加各种社会实践活动，扩大自己的人际交往范围。创业前，可以先到相关行业领域工作一段时间，通过这个平台，为自己日后的创业积累人脉。此外，还可充分调动自己的家人、朋友、亲戚甚至师长等资源。

5. 管理风险

创业失败者，很多都是因为管理方面出了问题，包括决策随意、信息不通、理念不清、患得患失、用人不当、忽视创新、急功近利、盲目跟风、意志薄弱等。特别是一些大学生创业者，虽然技术出类拔萃，但知识单一、经验不足、资金实力和心理素质明显不足，更会增加在管理上的风险。

要想创业成功，大学生创业者必须技术、经营两手抓，可从合伙创业、家庭创业或从虚拟店铺开始，锻炼自己的创业能力，也可以聘用职业经理人负责企业的日常运作。

6. 竞争风险

如何面对竞争是每个企业都要随时考虑的事，而对新创企业更是如此。如果创业者选择的行业是一个竞争非常激烈的领域，那么在创业之初极有可能受到同行的强烈排挤。一些大企业为了把小企业吞并或挤垮，常会采用低价销售的手段。对于大企业来说，由于规模效益或实力雄厚，短时间的降价并不会对它造成致命的伤害，而对初创企业则可能意味着彻底毁灭的危险。

新创企业若是能找到市场的空白、开创全新的市场，就能从所有创业企业中脱颖而出，吸引消费者的注意力，但全新的市场只是暂时的，市场的规律是一旦出现受欢迎的全新的市场，则跟风企业会一拥而上，所以，竞争是必然的。因此，考虑好如何应对来自同行的残酷竞争是创业企业生存的必要准备。

7. 团队分歧的风险

现代企业越来越重视团队的力量。创业企业在诞生或成长过程中最主要的力量来源一般都是创业团队，一个优秀的创业团队能使创业企业迅速地发展起来。但与此同时，风险也就蕴涵在其中，团队的力量越大，产生的风险也就越大。一旦创业团队的核心成员在某些问题上产生分歧不能达到统一时，极有可能会对企业造成强烈的冲击。事实上，做好团队的协作并非易事。特别是与股权、利益相关联时，很多初创时很好的伙伴都会闹得不欢而散。

大学生创业团队首先应具备团队合作意识，根据个人能力与专业进行合理的分工，并写进公司的制度，最好在合作之初能就可预想到的股权、利益分配问题达成协议，并形成书面文件。

8. 核心竞争力缺乏的风险

对于具有长远发展目标的创业者来说，他们的目标是不断地发展壮大企业，因此，企业是否具有自己的核心竞争力就是最主要的风险。一个依赖别人的产品或市场来打天下的企业是永远不会成长为优秀企业的。核心竞争力在创业之初可能不是最重要的问题，但要谋求长远的发展，就是最不可忽视的问题。没有核心竞争力的企业终究会被淘汰出局。

9. 人力资源流失风险

一些研发、生产或经营性企业需要面向市场，大量的高素质专业人才或业务队伍是这类企业成长的重要基础。防止专业人才及业务骨干流失应当是创业者时刻注意的问题，在那些依靠某种技术或专利创业的企业中，拥有或掌握这一关键技术的业务骨干的流失是创业失败的最主要风险源。

10. 意识上的风险

意识上的风险是创业团队最内在的风险。这种风险来自于无形，却有强大的毁灭力。风险性较大的意识有：投机的心态、侥幸心理、试试看的心态、过分依赖他人、回本的心理等。

11. 遭遇虚假投资者

大学生在创业过程中，难免会遇到虚假投资者，其目的可能是为了骗取钱财或者骗取商业计划，因此，大学生在接触投资者时，一定要注意提高警惕，充分了解投资者的情况，如有必要，还可委托专业公司进行调查。

大学生在新创企业的实践过程中所遇到的风险可能并不止以上介绍的这些，在企业发展过程中，随时都将可能有灭顶之灾的风险。保持积极的心态、多学习、多汲取优秀经验，结合大学生既有的特长优势，我们相信，大学生创业的步伐会越走越远、越走越稳。

本章小结

创业计划的作用就在于帮助创业者思考并回答如何整合组织内外的资源，实现商业价值。除了作为融资使用外，创业者还可以把创业计划看成指引公司前进的行动计划。在商业机会撰写前，需要准备和收集充足的关于市场、技术以及财务等多方面的信息。创业计划撰写时需要依据一定的步骤，按照目标读者的要求，拟定各个板块的内容，要做到一目了然、通俗易懂、严谨周密、令人信服。仔细审核细节，避免出现常见失误，并对定稿的创业计划进行全面评估。创建新企业的融资渠道包括国家财政资金、银行信贷资金、非银行金融机构资金、其他企业资金、民间资金、企业自留资金、外商资金等渠道，可以通过吸引直接投资、发行股票、银行贷款、商业信用、发行债券、租赁融资等方式获得资金。创业的过程中我们会遇到各种各样的风险，有些风险是主观因素引起的，有些是客观因素引起的，为了提高创业的成功概率，我们需要谨慎地了解什么是创业风险以及创业风险的主要内容，掌握识别和评估创业风险的工具和方法。

复习思考题

1.简述创业融资计划书的主要内容。
2.如果你开始创业，那种融资方式最适合你？
3.创业者应该如何识别和评估企业的创业风险？

第 8 章　大学生新企业的创建

任何一个企业的成功在很大程度上都取决于创业者个人性格、技能水平和经济能力。大学生创业是人生的一个重大选择，无论为了实现自我价值，还是为了就业生存，融入社会、选择创业都会面临挑战，无论是来自于自身的压力，还是来自于外部的压力，你都必须直面它们并且解决它们。创业对大学生来说是一种挑战，也是一种机遇。在创办企业之前，我们必须认真了解创办企业的基本条件，认真审视自己相关个人素质，确定自己是否适合创业，了解相关创业机会及创业途径。

学习目标

通过本章学习，你将能够：

1.了解创办企业将会面临的挑战；

2.认识创业面临的外部压力和风险；

3.掌握新企业创建的形式、流程等；

4.了解与企业相关的法律、政策。

8.1 成功创业的准备

8.1.1创办企业面临的挑战

1.创业资金的筹集

创业需要解决的第一个困难，就是企业开办初期的运营资金。如果没有资金，一切都无从谈起。资金可以通过各种渠道筹集，你需要想尽一切办法去和朋友家人借钱，或者到银行借贷。运营资金越多越好。这是因为经营启动后可能会遇到资金周转困难的情况。特别是刚出象牙塔的大学生，这种可能性更大，而边经营边筹集资金的能力，又远不如已经有一定根基的商人。如果运营资金不到位，就可能因一笔微不足道的资金，弄垮刚刚起步的事业。因此，在准备创业初期，我们应该充分了解相关贷款知识，准备相关贷款材料，使自己具备贷款条件。

通常贷款要具备三个方面的条件：一是有不动产做抵押；二是项目要有吸引力；三是与银行保持良好的关系。如果你有不动产，如房子、汽车等做抵押，贷款就会容易得多，不过即使没有不动产做抵押，也不是绝对贷不到款，项目的投资前景和效益是影响贷款决策的首要因素。银行要对贷款项目进行技术、经济等方面的可行性论证。

2.需要学习企业的管理

家庭创业或从虚拟店铺开始，锻炼创业能力，也可以聘用职业经理人负责企业的日常运作。

创业失败者，基本上都是管理方面出了问题，其中包括：决策随意、信息不通、理念不清、患得患失、用人不当、忽视创新、急功近利、盲目跟风、意志薄弱，等等。特别是大学生知识单一、经验不足、资金实力和心理素质明显不足，更会增加在管理上的风险。

3.专业技能的掌握

很多大学生创业者眼高手低，当创业计划转变为实际操作时，才发现自己根本不具备解决问题的能力，这样的创业无异于纸上谈兵。一方面，大学生应去企业打工或实习，积累相关的管理和营销经验；另一方面，积极参加创业培训，积累创业知识，接受专业指导，提高创业成功率。

必须努力掌握自己所选的创业项目的专业技能，成为“专家”。作为一个企业的领导者，你必须熟悉整个公司运营所涉及的相关专业知识以及专业技能，只有在具备充分的专业知识基础上，才能客观准确地对公司即将面临的困难和已经面临的困难提出相应的预防措施和解决办法。

4.工作的巨大压力

任何一个企业在开办初期，都会经历非常困难的过渡期。在这个时期，员工以及领导必须夜以继日地工作，解决企业面临的各种问题，承受企业面临的各种压力。

5.缺乏社会经验

缺乏社会经验是刚毕业的大学生所面临的普遍问题，对社会的认知能力和学习能力还比较弱，不能够做好各方面的协调工作，对于公司的运转和运营没有实际的社会操作经验，对很多事情往往存在着“担心”“害怕”“迈不开步子”等种种困扰。这个时候应该学会突破自我，大胆地去尝试，去积极协调组织、合作企业和顾客的关系，提高自己的公关能力、适应能力以及谈判能力。

6.各种创业心理打击

要承受对自信心的打击。创业过程中，你可能会受到多方面的打击、拒绝，甚至面对失败等各种境遇，能否恢复信心、保持乐观是在创业中能否成长的关键。

7.创业有一定的风险

在远古时期，以捕捞为生的渔民们，每次出海前都要祈祷，其中主要的祈祷内容就是让神灵保佑自己在出海时能够风平浪静、满载而归；他们在长期的捕捞实践中，深深体会到“风”给他们带来的无法预测和无法确定的危险，他们认识到，在出海捕捞打鱼的生活中，“风”即意味着“险”。

按照风险影响的范围分类，风险可以分为系统风险和非系统风险。系统风险是源于创业者或创业企业之外的由创业环境变化带来的风险，如自然灾害、经济衰退、通货膨胀、战争等。创业者或者创业企业无法对其进行控制或施加影响，因此，也称为不可分散风险。它对所有企业均有影响。非系统风险是创业者或创业企业本身的商业活动或财务活动引发的风险，如团队风险、技术风险和财务风险。非系统风险可以通过一定的手段进行预防和分散。

做任何一件事，都存在风险。经济学上，存在“高风险、高利润”的现象。同理，创业也具备一定的风险，甚至你自身素质、所选行业不当，也会增加创业失败风险。风险是必然的，我们必须学会识别风险并规避风险。

【案例1】

魏先生欲在医院设立大屏幕药品广告播放系统，合作医院已经找到，药品生产厂家也十分愿意投放产品广告，正在紧锣密鼓地实施过程中，遭遇了相关执法部门的制止。

分析：不熟悉新修订的《中华人民共和国药品管理法》，是该项目失败的直接原因。该法第六十条规定药品广告须经企业所在地省、自治区、直辖市人民政府药品监督管理部门批准，并发给药品广告批准文号；未取得药品广告批准文号的，不得发布。

规避办法：不管从事哪一行业，都必须先了解相关的法律、法规和政策，这是项目可行性分析首先要研究的问题，如果遭禁，只有另行选项。

【案例2】

张先生与开发出计算机远程控制全色护栏灯的朋友合作，注册了一家公司，拟进行产品的推广。刚刚做出样机，就有客户找上门来，看到计算机模拟演示效果后，便签订了一个很大的工程订单，由于工期较紧，便直接开始大批量生产，投入工程安装。但由于抗干扰性能不过关，以致客户退货，造成了巨大的经济损失。

分析：没有进行充分的产品可靠性试验，尤其是缺乏模拟现场工况的试验，是该项目失败的主要原因。

规避办法：凡是在创业选项中选择新发明、应用新技术或投资于高科技新产品的时候，产品的可靠性、技术的成熟度是必须进行重点考核的可行性指标；在产品投入市场之前必须进行产品质量的相关测试，做出产品质量检测报告，如有条件应提供给部分客户使用，制作客户使用报告，使客户的使用情况全面、客观地反映出来，使我们能够正确地做出是否可以投入市场的决定，有效地规避贸然进入市场的经济风险和信用风险。

【案例3】

金先生某次去深圳出差，看到深圳很多闹市区的路边正在立一些停车计费咪表，于是投入资金，研制停车计费咪表。虽然他很快研制出号称当代最先进的车载式咪表，但是公司却因为没有订单而长期亏损，两年后倒闭。

分析：路边停车收费，不符合中国国情。于是，咪表计费行业便成为陷阱行业。仅深圳先后就有70余家咪表研制企业先后倒闭，成为闯入陷阱行业的牺牲者。

规避方法：不管进入哪一行业进行创业，都必须对该行业的未来发展趋势做出正确判断，如果把握不准，宁肯不进入。

8.1.2创业面临的外部压力和风险

1.带领的团队合作不够

团队合作指的是一群有能力、有信念的人在特定的团队中，为了一个共同的目标相互支持、合作奋斗的过程。它可以调动团队成员的所有资源和才智，并且会自动消除所有不和谐和不公正现象，同时会给予那些诚心、大公无私的奉献者适当的回报。如果团队合作是出于自觉自愿的，那么它必将产生一股强大而且持久的力量。

李嘉诚曾说过："创业合作必须有三大前提：一是双方有可以合作的利益；二是有可以合作的意愿；三是双方有共享共荣的打算。""人"的结构就是相互支撑，"众"人的事业需要每个人的参与。一台机器通常是做不出产品的，单独的一个零部件更发挥不了作用，只有组合才能使各个组成部分的作用得到充分发挥。通过团队成员中的技能互补可提高驾驭环境不确定性的能力，从而降低新创企业的经营失败风险。对于一个创业初期的企业，团队合作更是尤为重要。

2.对市场变化没有办法应对

市场是千变万化的，大多数创业者因为经验不足和缺乏技巧，无法根据市场的变化调整促销的手段、服务措施以及商品陈列，导致失去顾客。市场就像一条道路，是曲折蜿蜒的；企业则像一辆汽车，如果汽车不能跟随道路的发展走向及时改变方向，而是一直朝着一个方向前行的话，将慢慢远离市场。这个道理很浅显，但是很多企业往往在所谓"战略坚持"中远离了道路，远离了市场，也远离了消费者。因此，创业者要实时关注市场的变化，根据自身企业发展的实际情况来改变相关战略目标，这样才能很好地适应市场的变化。

3.企业倒闭风险

企业经营不可能一帆风顺，需要时刻准备应对企业失败风险和承担所有责任，风险在所难免，要时刻警惕、查漏补缺，即使企业失败也别泄气，因为失败可以带给你更多的经验和教训，这些是人生成长中很宝贵的课程，你需要从中吸取更多的经验去提高自己今后面对风险的能力。

4.来自对手的挑战

市场上激烈的竞争是无法避免的，你需要学习、尊重并战胜你的对手，赢得更大的市场空间。一个优秀的企业家应该学会如何在竞争中合作、在合作中竞争。

5.意外灾害

你要采取应对措施，防止一些灾害给企业带来的损失。这些意外灾害是不能避免的，但是你可以采取一些有效的应对措施，把企业的损失降到一个最低的水平，这样你才是一个出色的有能力的企业经营者。

【案例】

Pingjam是一个为Android环境下App程序员设计的赚钱方案。

自从这款产品发布之后，6个月内，超过6500个App都整合了它的SDK。用户月增长率达1.60%，年营业收入超过50万元，但是公司的发展恰恰就卡在这个阶段了。它没有引进更多的外部投资，当时还有一个月，就进入了"莱曼盈利时间框架"中。（莱曼盈利：指的是非一般意义上的企业盈利，而是企业所实现的营业收入恰恰覆盖创始人的日常开销，主要指时间被浪费掉了，但是企业并未实现可观的增长）

到了当年11月1日，噩耗降临。GooglePlay将超过1000家与Pingjam有过合作的App从App商店里剔除出去了。事实上，该公司在产品开发阶段都在持续不断的跟Google的程序员、销售团队、营销人员、技术人员保持联系，确信完全遵守GooglePlay商店的各种条款政策。产品的最终用户协议（EULA）还是Google一位高级雇员所写的。甚至就在Google决定干掉App的那一天，App商家还在Google底下的一个孵化器场所接受他们的招待宴请。之后，Google甚至给App商家剩下的程序员说：除非他们现在就终止跟App商家的合作，否则这些程序员所开发的其他App也会被封掉。他们甚至把那些曾经考虑跟App商家合作，到最后合作没达成的App也封了3个月的时间。

案例分析：很多人做事是有计划没有远见，有个东西不是我们洞察万物就能一一攻破的，它就是“未知”，市场到底会在什么时候动荡、会在什么时候稳定是我们不能预知和改变的。

影响企业寿命的这几个事实在短期内不会消失，它们将在越来越大的程度上决定你的公司是否会成功。当每次做出商业决定时，你都应该考虑这些方面的影响。

案例启示：对于刚刚创立的公司来说，一个关键步骤是从一开始就设计一个弹性组织，也就是建立灵活性的管理模式来应对挑战，建立一个面向未来的机制来分配责任，用网络将各岗位职能连接在一起来完成任务，并且注重人员配置和运作。

伟大的企业家和伟大的公司是那些会被这些问题激励，而不是被这些问题打败者。关键是你的能力和你的新企业创意是否足够新颖并且能够大胆地为未来的新型企业设置生存模式。

8.2 新企业的设立

企业是从事生产、流通与服务等经济活动的营利性组织。企业通过各种生产经营活动创造物质财富，提供满足社会公众物质和文化生活需要的产品服务，在市场经济中占有非常重要的地位。我国长期以来将企业看作是从事产品生产、流通或服务性活动、实行独立核算的经济单位。从法律角度看，凡是经合法登记注册、拥有固定地址并相对稳定的经营组织，都属于企业。企业本质上属于追求利润的营利性组织。

8.2.1 企业设立定义

企业设立是指企业设立人依照法定的条件和程序，为组建企业并取得法人资格而必须采取和完成的法律行为。

要正确理解企业设立的概念，还须分辨公司的设立与成立的区别。公司的成立是指已经具备了法律规定的实质要件，完成设立程序、由主管机关发给营业执照而取得公司法人主体资格的一种法律事实，表现为一种法律上的状态。由此可以看出，公司设立是成立的必经程序；而公司的成立则是设立的法律后果或直接目的。公司的成立与设立的区别主要有以下几个方面。

1.发生阶段不同

公司的设立和成立是取得公司主体资格过程中一系列连续行为的两个不同阶段：设立行为发生于营业执照颁发之前；成立则发生于被依法核准登记、签发营业执照之时。实质上，公司的成立是设立行为被法律认可后依法存在的一种法律后果。

2.行为性质不同

设立行为以发起人的意思表示为要素，主要是法律行为，受平等、自愿、诚实信用等民商法基本原则的指导。而公司的成立以主管机关发给营业执照为要素，发生在发起人与主管登记机关之间，属于行政行为。

3.法律效力不同

公司在核准登记之前，被称为设立中的公司，此时的公司尚不具备独立的主体资格，其内、外部关系一般被视为合伙。如果公司最终未被核准登记，设立行为的后果类推适用有关合伙的规定，由设立人对设立行为负连带责任；如果公司被核准登记，发起人为设立所实施的法律行为，其后果原则上归属于公司。公司的成立则使公司成为独立的主体，公司成立后所实施行为的后果原则上由公司承担。

8.2.2 新企业组织形式的选择

在创建新企业前，创业者应该事先确定企业的法律组织形式。目前，我国企业主要有三种基本的组织形式：个人独资企业、合伙企业和公司制企业（主要包括有限责任公司和股份有限公司）。创业者在创建企业时，可以依据不同组织形式的要求建立不同组织形式的企业。创业者可以个人独立创办个人独资企业，也可以由创业团队一起创办合伙制企业，或者成立有限责任公司或股份有限公司。企业的各种法律组织形式没有绝对的优劣之分，对创业者来说各有利弊，但无论选择哪种形式，都必须根据国家法律法规要求和初创企业的实际情况，科学衡量各种组织形式的利弊。

1.个人独资企业

个人独资企业是最古老也最常见的一种企业法律组织形式。个人独资企业又称个人业主制企业，是指依法设立，由一个自然人投资并承担无限连带责任，财产为投资者个人所有的经营实体。当个人独资企业财产不足以清偿债务时，选择这种企业形式的创业者须依法以其个人其他财产予以清偿。在各类企业当中，个人独资企业的创立条件最为简单。

（1）设立条件

①投资者为一个自然人。

②有合法的企业名称。

③有投资者申报的出资。

④有固定的生产经营场所和必要的生产经营条件。

⑤有必要的从业人员。

（2）设立应提交的文件

个人独资企业的设立、变更、注销，应当依照《个人独资企业法》和《个人独资企业登记管理办法》的规定，在所在地的工商行政管理部门办理企业登记。

个人独资企业经登记机关核准登记，领取营业执照后，方可从事经营活动。大学生创业登记应提交的材料有以下方面。

①大学生本人签署的个人独资企业或个体工商户设立申请书。

②大学生身份证明，即大学生本人的身份证和学生证。

③企业住所证明。大学生创业多以租房为主，如果租房，注册登记时需向工商部门出示租房合同、房主身份证、房主房产证。

④国家工商行政管理总局规定提交的其他文件。

如果初创企业从事法律、行政法规规定须报经有关部门审批的业务的，应当提交有关部门的批准文件。例如，烟酒经营、书报刊经营等业务是我国法律、行政法规规定须报经有关部门审批的，应提交有关部门的批准文件，即“前置审批”。

如果委托代理人申请设立登记，应提交大学生投资者的委托书和代理人的身份证明或者资格证明。

（3）个人独资企业的优点

个人独资企业是企业制度序列中最初始和最古典的形态，也是民营企业的主要企业组织形式。其主要优点有以下方面。

①企业设立、转让和解散等行为手续非常简便，仅需向有关机关登记即可。

②企业主独资经营，制约因素较少，经营方式灵活，能迅速对市场变化做出反应。

③企业资产所有权、控制权、经营权、收益权高度统一。这有利于保守与企业经营和发展有关的秘密，有利于企业主个人创业精神的发扬。

④企业主自负盈亏和对企业的债务负无限责任成为强硬的预算约束。企业经营好坏同企业主个人的经济利益紧密相连，因而企业主会尽心竭力地把企业经营好。

（4）个人独资企业的缺点

虽然独资企业具有上述优点，但它也有比较明显的缺点.

①难以筹集大量资金。以个人名义借贷款难度较大，独资企业限制了企业的扩张和大规模经营。

②企业主风险巨大。企业主对企业负无限责任，在硬化了企业预算约束的同时，也带来了企业主承担风险过大的问题。

③企业创新性和开拓性差。企业主承担无限责任限制了企业向风险较大的部门或领域进行投资的活动，这对新兴产业的形成和发展不利。

④企业连续性差。企业所有权和经营权高度统一的产权结构，虽然使企业拥有充分的自主权，但也意味着企业是自然人的企业，企业主的生病或死亡，他个人及家属知识和能力的缺乏，都可能导致企业破产。

⑤企业内部的基本关系是雇佣关系，劳资双方利益目标的差异带来企业内部组织效率的潜在危险。

2.合伙企业

合伙企业是指依法设立的，由两个或两个以上合伙人订立合伙协议，共同出资、合伙经营、共享收益、共担风险，并且对合伙企业债务承担无限连带责任的营利性组织。合伙企业必须有两个以上具有完全民事行为能力的合伙人，并且都是依法承担无限责任者。我国法律、行政法规禁止从事营利性活动的人（如国家公务员等），不能作为合伙企业的合伙人。

合伙企业包括普通合伙企业和有限合伙企业两种形式。两者最大的区别在于有限合伙企业有两种不同的所有者：普通合伙人和有限合伙人。其中，普通合伙人对合伙企业的债务和义务负无限责任；而有限合伙人可以用货币、实物、知识、产权、土地使用权或者其他财产权利出资，也可以用劳务出资。但是，有限合伙企业的有限合伙人不得以劳务出资。有限合伙企业实现了企业管理权和出资权的分离，可以结合企业管理方和资金方的优势，因而是国外私募基金的主要组织形式，如黑石集团、红杉资本都是合伙企业。2007年6月1日，我国《合伙企业法》正式施行，青岛葳尔、南海创投等股权投资类有限合伙企业陆续成立。

（1）设立条件

①普通合伙企业的设立条件有以下方面。

第一，有两个以上合伙人，并且都是依法承担无限责任者。

第二，有书面合伙协议。

第三，有各合伙人实际缴付的出资。

第四，有合伙企业的名称。

第五，有经营场所和从事合伙经营的必要条件。

②有限合伙企业的设立条件有以下方面。

第一，有限合伙企业由两个以上五十个以下合伙人设立，但是，法律另有规定的除外。

第二，有限合伙企业至少应当有一个普通合伙人。

第三，有限合伙企业名称中应当标明“有限合伙”字样。

第四，有限合伙人可以用货币、实物、知识产权、土地使用权或者其他财产权作价出资。

第五，有限合伙人不得以劳务出资。

第六，有限合伙人应当按照合伙协议的约定，按期足额缴纳出资；未按期足额缴纳的，应当承担补缴义务，并对其他合伙人承担违约责任。

第七，有限合伙企业登记事项中应当载明有限合伙人的姓名或者名称及认缴的出资数额。

第八，有限合伙企业由普通合伙人执行合伙事务。执行事务合伙人可以要求在合伙协议中确定执行事务的报酬及报酬提取方式。

第九，有限合伙人不执行合伙事务，不得对外代表有限合伙企业。

（2）设立应提交的文件

①全体合伙人签署的设立登记申请书。

②全体合伙人的身份证明。

③全体合伙人指定的代表或者共同委托的代理人的委托书。

④合伙协议（普通合伙企业和有限合伙企业的协议内容有所不同，具体内容请咨询相关部门）。

⑤出资权属证明。

⑥经营场所证明。

⑦国务院工商行政管理部门规定提交的其他文件。

⑧法律、行政法规定设立合伙企业须报经审批的，还应当提交有关批准文件。

（3）合伙企业的优点

①可以从众多的合伙人处筹集资本，在一定程度上突破企业资金受单个人所拥有的量的限制，并使企业从外部获得贷款的信用增强，扩大了资金的来源。

②风险分散在众多所有者身上，合伙人共同偿还责任，使合伙企业的抗风险能力较之个人独资企业大大提高。企业可以向风险较大的行业领域拓展，拓宽企业发展空间。

③合伙人对企业盈亏负有完全责任，这意味着所有合伙人都以自己的全部家当为企业担保，因而有助于提高企业信誉。

④经营者即出资者人数的增加，突破了单个人在知识、阅历、经验等方面的限制。众多经营者在共同利益驱动下，集思广益、各显所长，从不同方面进行企业的经营管理，必然有助于企业经营管理水平的提高。

（4）合伙企业的缺点

①法律形式的复杂性。合伙企业是根据合伙人之间的契约建立的，每当一位原有的合伙人离开或者接纳一位新的合伙人，都必须重新确立一种新的合伙关系，从而造成法律上

的复杂性，而通过接纳新的合伙人，增加资金的能力也受到了限制。

②决策时滞性。由于所有合伙人都有权代表企业从事经营活动，重大决策都需得到所有合伙人同意，因而很容易造成决策上的延误与差错。

③非经营合伙人承担风险较大。所有合伙人对企业债务都负有连带无限清偿责任，这就使那些并不能控制企业的合伙人面临很大风险。

3.公司制企业

公司是现代社会中最主要的企业形式。它是以盈利为目的，由股东出资形成，拥有独立的财产，享有法人财产权，独立从事生产经营活动，依法享有民事权利，承担民事责任，并以其全部财产对公司的债务承担责任的企业法人。根据我国现行《公司法》，公司的两种主要形式为有限责任公司和股份有限公司。

（1）设立条件

①有限责任公司。有限责任公司的股东以其认缴的出资额为限对公司承担责任，公司以其全部资产对公司的债务承担责任。创业者设立有限责任公司，除了要有固定的生产经营场所和必要的生产经营条件外，还应具备下列条件。

第一，股东符合法定人数。

第二，有符合公司章程规定的全体股东认缴的出资额。

第三，股东共同制定公司章程。

第四，有公司名称，建立符合有限责任公司要求的组织机构。

第五，有公司住所。

②股份有限公司。股份有限责任公司的全部资本分为等额股份，股东以其认购的股份为限对公司承担责任，公司以其全部资产对公司的债务承担责任。设立股份有限公司要建立符合股份有限公司要求的组织结构，要有固定的生产经营场所以及必要的生产经营条件，股份发行、筹办事项要符合法律规定。除此之外，根据我国《公司法》规定，还应当具备以下条件。

第一，公司名称和住所。

第二，公司经营范围。

第三，公司设立方式。

第四，公司股份总数、每股金额和注册资本。

第五，发起人的姓名或者名称、认购的股份数、出资方式和出资时间。

第六，董事会的组成、职权和议事规则。

第七，公司法定代表人。

第八，监事会的组成、职权和议事规则。

第九，公司利润分配办法。

第十，公司的解散事由与清算办法。

第十一，公司的通知和公告办法。

第十二，股东大会会议认为需要规定的其他事项。

（2）公司制企业的优点

市场经济要求平等的市场主体按照等价交换的原则，通过公平竞争，从市场取得和向市场提供商品，促进整个市场合理流动，实现结构架置优化、资源合理配置。市场经济的要求决定了市场主体必须拥有明晰界定的财产权，而且必须是独立的、平等的。法人制度以其独特的性质使法人在市场经济中充当了主要角色。公司作为法人的一种形态，其特质完全符合市场经济的要求，这必然使公司成为市场经济的主体。与其他市场主体相比，公司的优点主要表现在以下方面。

①公司股东的有限责任决定了对公司投资的股东既可满足投资者谋求利益的需求，又可使其承担的风险限定在一个合理的范围内，增加其投资的积极性。

②公司特别是股份有限公司可以公开发行股票、债券，在社会上广泛集资，便于兴办大型企业。

③公司实行彻底的所有权与经营权分离的原则，提高了公司的管理水平。

④公司特有的组织结构形式使公司的资本、经营运作趋于利益最大化，从而更好地实现投资者的目的。

⑤公司形态完全脱离个人色彩，是资本的永久性联合，股东的个人生存安危不影响公司的正常运营。因此，公司存续时间长、稳定性高。

（3）公司制企业的缺点

第一，创建的程序比较复杂，创建费用较高。

第二，存在双重纳税问题，税收负担较重。

第三，股份有限公司要定期报告公司的财务状况、公开自己的财务数据，不便于企业信息的保密。

8.2.3 新企业的地址选择

选择正确的企业地址是创业成功的首要条件，好的选址等于成功的一半。企业的地址就像战场上的阵地，占有有利地形，虽不能完全保证战斗的胜利，可是拥有固若金汤的城池总会多份胜算。因此，企业选址很重要。一个企业经营项目，若选错了地址，小则影响生意兴隆，大则还可能导致“关门大吉”。

1.影响新企业选址的因素

（1）市场因素

市场因素可以从顾客和竞争对手两个角度来考虑。从顾客角度看，要考虑经营地是否接通顾客，周围的顾客是否有足够的购买力。对于零售业和服务业，店铺的客流量和客流的购买力决定着企业的业务量。从竞争对手角度看，经营地点的选择有两种不同的思路：一是选择同行聚集林立的地方，同行成群有利于人气聚合与上升，如当下的服饰一条街、建材市场、家电市场、小商品市场等；另一种思路则是别人淘金我卖水，别人都蜂拥到某地去淘金，如果到他们中间去卖水，肯定稳赚不赔。

【案例】

美国“牛仔大王”李维斯的故事

19世纪50年代，李维斯像许多年轻人一样，带着发财梦前往美国西部淘金，途中一条大河拦住了去路，李维斯设法租船，做起了摆渡生意，结果赚了不少钱。在矿场，李维斯发现由于采矿出汗多，饮用水紧张，于是，别人采矿他卖水，又赚了不少钱。李维斯还发现，由于跪地采矿，许多淘金者裤子的膝盖部分容易磨破，而矿区有许多被人丢掉的帆布帐篷，他就把这些旧帐篷收集起来洗干净，做成裤子销售，“牛仔裤”就这样诞生了。

（2）政治因素

政府对市场的规制也是值得创业者重视的一个方面。创业者评估现在已经存在的以及将来有可能出现的影响到产品或服务、分销渠道、价格及促销策略等的法律和法规问题，将企业建在政府支持该产业的地区。当投资者到国外设厂时，更应该考虑不同国家的政治环境，如国家政策是否稳定，有无歧视政策等。

（3）技术因素

新技术对高科技初创企业成功的作用是显而易见的，但技术本身的进步却更加难以预测。从某种意义上说，技术市场的变化是最为剧烈和最具不确定的因素。因此，为了能够了解和把握技术变化的趋势，许多企业在创业选址时，常常考虑将企业建在技术研发中心、科技孵化器附近，或建在新技术信息传递比较迅速、频繁的地区。例如，美国加利福尼亚州的硅谷在20世纪50年代以后逐渐成为美国电子工业的基地，不仅是高科技初创企业的“摇篮”，而且以电子工业为基础所形成的“高科技风险企业团簇”被认为是20世纪产业集群的典范。

（4）商圈因素

商圈因素是指要对特定商圈进行特定分析。例如，车站附近是往来旅客集中的地区，适合发展餐饮、食品、生活用品；商业区是居民购物、聊天、休闲的理想场所，除了适宜开设大型综合商场外，特色鲜明的专卖店也很有市场；影剧院、公园名胜附近，适合经营餐饮、食品、娱乐、生活用品等；在居民区，凡能给家庭生活提供独特服务的生意，都能获得较好发展；在市郊地段，不妨考虑向驾车者提供生活、休息、娱乐和维修车辆等服务。

（5）物业因素

物业因素同样也不能忽略，在置地建房或租用店铺前，创业者应首先了解地段或房屋的规划的用途与自己的经营项目是否相符；该物业是否有合法权证。创业者还应考虑该物业的历史，空置待租的原因、坐落地段的声誉与形象等。是不是环境污染区，有没有治安问题等都是创业者选择时需要考虑关注的。

（6）竞争因素

收集竞争者的相关信息，对竞争者进行研究。要知道你有多少竞争者，他们都在哪里；还要知道过去两年内有多少跟你业务相似的企业开张和关闭了；对间接竞争者（产品或服务与你近似的企业）的情况也要做些研究。有三种情况有利于开一家新企业：该区域内没有竞争者；竞争者企业的管理很糟；消费者对该产品的需求正在增加。

（7）发展规划

企业地址的选择要搞清楚城市建设的规划，既包括短期规划，又包括长期规划。有的地点从当前分析是最佳位置，但随着市场的改造和发展将会出现新的变化而不适合开店；反之，有些地点从当前来看不理想，但从规划前景看会成为有发展前途的新的商业中心区。因此，经营者必须从长考虑，在了解地区内的交通、街道、市政、绿化、公共设施、住宅及其他建设或改造项目规划的前提下，做出最佳地点的选择。

除以上需要考虑的因素之外，自然因素、社会文化因素等都可能影响创业者选址。这需要创业者根据自身的条件和创业项目的具体情况来决定。

（8）个人因素

个人因素，有时会被一些创业者过多地关注，一些人常常选择在自己的住所附近经营。然而这种做法，可能会令创业者丧失更好的机会或因经营受到局限，购买力无法突破。创业者在购买商铺或租赁商铺时，要充分考虑价格因素，包括资金、业务性质、创业成功或失败后的安排、物业市场的供求情况、利率趋势等，以免做错误决定，对企业的业务经营造成不良影响。

选址工作切忌盲听、盲信、盲从，缺少调查和评估的选址难以找到符合条件的经营场所。因而，选址不能一味求快，创业者应该多对有意向的地段进行多方面的考场，权衡各个因素的优劣，从长远角度考虑，为自己店铺日后的经营打下良好的基础。

2.不同类型企业的选择

（1）生产型企业选址

生产型企业选择的地址交通要方便，以便于产品对外运出，生产用电要能满足，生产用水要有保证。一方面，企业选址应尽量靠近原料基地和劳动力资源；另一方面，恰当的选址还应考虑当地税收优惠政策等因素。

（2）商业型企业选址

商业型企业经营地点的选择与商业固有着密切的关系。一般一个城市内有若干个商业圈，每个商业圈有一定的辐射范围。处于商业圈内的企业相对经营情况良好，而处于商业圈之外的则经营情况一般。因此，商业型企业选址建议最好选择商圈核心地带，便于企业的宣传和与客户的接触。但是，商圈内店铺的房价或租金相对较贵，会对初创企业的经营支出构成压力。所以，在初创企业资金有限的情况下，可以选择租柜台、联合经营、委托代销等方式开展业务；也可以在商圈边缘客流量较大的地方进行选址，但是要在商圈内部进行广泛宣传，以吸引客户。

（3）服务型企业选址

服务型的企业包括的门类很多，每种类型的企业经营特点不一样，所以选址方式也不一样；但有一点是相同的，即必须有客流量。如果服务对象是针对居民的，则要在居民区附近选址；服务对象是针对学生的，则要在学校附近选址；服务对象是针对社团机关的，则要在机关附近选址。

此外，全国大部分城市都建有各类型的企业孵化器，为不同类型的中小企业和初创企业提供减免租金的办公空间，同时为其发展提供支持性服务（如财务方面、管理方面、技术方面和经营方面等）。公众、传媒和金融界也为企业孵化器中的企业提供很多支持，还可以享有税收优惠政策。企业的集聚效应营造出良好的创业氛围，使多个初创企业在同一屋檐下共同奋斗，较低的租金和共享现场服务增加了创业成功的机会。因此，企业孵化器也是初创企业选址的一个很好的选择。

3.新企业选址的技巧

（1）跟随竞争者

跟着你的竞争者，在其店址附近的一定区域内选址。

①确定跟随对象。进入某区域前，先调查该区域内的竞争者，从中选择那些在店址方面与你相近且成功的。跟随的对象可以是多家，因为任何一个竞争者的选址都是有限的，不可能覆盖所有合适的商圈。

②以竞争者店址为中心，向四周扩散式选址。扩散区域要控制好，不能无限制地缩小（如在同一幢楼里、隔壁或对面）或扩大（如超出了该店所处的商圈），依据自身情况具体对待。

③确保一个原则——所选店址必须有足够的市场容量。

（2）跟随业态互补者

有些业态在经营、服务内容上是互补的，你就可以把店开在它旁边，为顾客带来完整的"一条龙"服务。比如，在体育场内及旁边，前来运动的人们存在其他需求，你可以提供餐饮、运动服装零售、便利店或咖啡茶饮等。又如，在旅游景点旁边，你可以开设餐饮店、照相馆、照片冲洗店、便利店、手机充电服务、纪念品零售店等。

（3）搭车式选址

如果你有很强的交际能力或有一定的人脉关系，可以与和你业务有密切联系的公司结成战略合作伙伴关系，不仅选址成本更小，店址还有保障。比如，国内某SPA和某知名连锁酒店合作，双方约定该连锁酒店每家都以较低价格出租一定的面积用来开设SPA。如此，不仅方便了酒店的客人，也给SPA带来了极大的便利，一方面一劳永逸地解决了选址问题，另一方面大大降低了成本。

（4）自己扫街

①简言之，就是你自己亲自或派人实地考察，现场发现可用店址的机会。确定重点扫街区域。在扫街前需制定一个详细、科学的路线图，以免重复或遗漏。

②准备好扫街工具。包括纸、笔、照相机、房屋基本情况表等记录工具，带上移动电话，当地地图和自己制定的路线图。对于较大区域的扫街可用机动车。否则，最好用自行车甚至步行。

③扫街人员现场考察。对于公开的企业地址租售信息，一旦发现要立即联系了解基本情况，并记录在《房屋基本情况表》中，最好能现场看房或约定看房时间。如果地址符合基本条件，还要拍摄店内外的各种照片，以便其他人也能获得感性认识。

对于非公开的符合选址标准的店址信息，则应主动询问。询问时，一定要讲礼貌和技巧，最好直接询问该店一把手；同时，不要太张扬，以免给出租人带来不适。

④每天扫街结束后，一定要做个完整的记录并进行总结，尤其要认真整理《房屋基本情况表》，以便将来审核、评估店址。如果有几批人分头扫街，则每天还应碰头，互相交流信息。

⑤对所有的备选店址分别评估、谈判，直至最终签约。由于好的地址通常会有许多竞争者在抢，因此你可以同时看房和谈判，保证第一时间得到好地址。

（5）找职业中介

房地产中介一般都掌握着丰富的关系网和资源，但良莠不齐，要善于借助其资源，也要谨慎辨别，以免受骗。

①查找并确定尽可能多的主攻商铺的中介。

②核实中介的实力与资历，确定准备合作的几家。虽然有些从事中介业务的个人和非正规组织可能会有些独特的信息且价格便宜，但相关权益一旦受损将得不到保障。正规公司除了经营合法之外，还会提供许多独特的服务，如帮助你贷款，提供第三方担保、协助办理租售事宜，甚至协助你分析市场与商圈、规划装潢店面等。

③与选定的中介洽谈，告知详细的选址要求。如果选址是秘密进行的，那么你一定要与对方签署保密协议，以免选址信息被泄露。

④专人负责每天与中介沟通，跟踪其选址信息和进度。

⑤评估并确定中介推荐的店址。

（6）发布广告

①确定发布媒介。一般来讲，店址信息的广告多见于报纸、互联网、张贴海报等几种媒介。所选媒介只要能覆盖你想选址的区域即可，但要让你的目标受众能频繁、深度地接触。这意味着你不能只看价格，更要关注性价比。

②编制寻租或寻售广告文件。文件的形式、格式、措辞和设计既要考虑到保密性和其他特殊要求，还必须与媒介特质相匹配。

③时刻保持联系方式畅通，详细记录每个反馈信息。在首次接到信息时，不要忙于作出判断，要经过详细的反馈调查后再做出取舍。

④整理广告反馈信息，逐个研究、分析并初步确定可能的对象，然后回访、最终确认。

（7）利用供应商资源

供应商也能为选址服务。这些供应商包括：设备、商品供应商、人员、信息、资金、技术、装修等服务供应商。他们可能同时为多个竞争者提供商品或服务，掌握同类型企业的地址，熟悉每个企业地址的经营状况，能帮助你做出更准确的判断。

①根据经营内审，选定能给你带来最有效选址信息的供应商。通常，企业的主营商品、主营设备或行业特定供应品供应商是最佳对象。比如，你要开美容院，那么美容设备、美容品的供应商就是最佳选择。一般而言，要选择规模大、业内名声好的供应商。你也可以去对手店内实地访查，搜集供应商信息，选择供应范围广、客户多的供应商。

②选定供应商之后，主动和供应商联系。如果你向他进货，通常他会非常乐意向你提供地址和竞争者的信息。当然，出于职业道德，有些供应商可能不会向你提供相关信息，甚至会提供一些虚假信息，所以要有所分析和筛选。

③根据供应商提供的信息，采取对应的选址方法。比如，供应商说某店经营每况愈下，不妨去调查此店是否有转让或出售的意图；供应商说某店经营状况非常好，订货量一直较大甚至持续增加，不妨调查该区域的同类市场是否饱和，若严重不饱和，开店成功率会大很多；论证店址时可以征求供应商的意见，这些意见通常有很重要的参考价值；有的供应商为了扩大业务范围，会刻意去研究自己的商品或服务的市场，所以他们可能有大量备选地址信息。

（8）开发关系网络

把选址的信息告诉你的“关系户”，让他们提供信息给你。“关系户”可以是你的亲朋好友、旧熟新识。

①简单整理选址信息，形成一个关于选址要求的文字材料，不必特别详细但一定要准确，保证信息真实、有效地传递。

②确定信息传递的第一批“关系户”。店址信息的“关系户”；或是没有，但能传递给有店址信息的“关系户”。你把选址信息透露给你的“关系户”时，他们再透露给各自的“关系户”。依此类推，选址信息会以几何级数迅速扩散。如果你没有“关系户”，则可以向团队其他成员“求救”。

③组织专人整理与分析选址信息的传递以及反馈信息。

（9）与房产开发商合作

房产开发商对商业选址有着深刻的研究（住宅开发商也会涉及底层商铺开发的问题），同时也掌握着大量的可选地址，和他们合作很不错。

（10）搜寻免费地址源信息

在信息爆炸的今天，各种媒介都有可能提供关于店址的信息，所以你一定要善于发现并利用这些信息，尤其是那些免费或以极低的成本就可轻松获得的店址信息。

①互联网。你可以在专业搜索网站输入关键词搜索，也可以在专业中介网站、分类信息网站、地区性网站、各种论坛、聊天室里查询或发布信息。热点新闻的评论、自己的网站，博客也是不错的选择。

②店外张贴。那些意欲出让自己店面的人经常会在店外及附近张贴海报，你可以留意所要进入区域的这些张贴。

③广告。通常，城市日报或晚报上会有大量的这种广告，只要留心，一定会发现不少地址信息。

【案例】

星巴克的选址

仅仅5年，星巴克从一个无名小卒成长为一位耀眼的明星，并迅速演变为一种标榜流行时尚的符号。在都市的地铁沿线、闹市区、写字楼大堂、大商场或饭店的一隅，在人潮汹涌的地方，那墨绿色商标上的神秘女子总是静静地对你展开笑颜。

其实星巴克选址的策略很简单，星巴克的定位就是"第三生活空间"。这是什么意思呢？

就是家和办公室，中间还应该有一个地方可以提供大家休息、畅谈，包括来洽谈一些商务所需要的环境，星巴克进入市场的切入点就是这一点。第三生活空间对我们来讲是什么呢？

在1999年星巴克没有开店以前，如果大家想谈一些事情会去哪里？是麦当劳、肯德基，或是去一些中餐馆？如果在用餐的时间去没有问题，但是非用餐时间去哪里？这些确实是个很困惑的问题，而星巴克当时的切入点也就是针对能够给客人提供一个谈话的场所，这也决定了星巴克选址的一些理念，包括一些方法。

近5年来，星巴克几乎平均每年开10家店，每天卖掉的咖啡超过1万杯。如此迅捷的步伐，秘诀是什么？

"星巴克给我的方便大于给我的味觉享受。"一位正在品尝咖啡的方小姐这样说道，"它总是出现在最繁华的街道上最显眼的位置，于是当逛街逛到疲惫时，当双眼在电脑屏幕前感觉酸涩时，当朋友来了没地方说话时，我会自然而然地想到星巴克。"

这正是星巴克想要的一任何时候都能够为热爱星巴克的人群提供服务。而支撑这份雄心的是一张明晰的选址图。

星巴克选址首先考虑的是诸如商场、办公楼、高档住宅区此类汇集人气、聚集人流的地方。此外，对星巴克的市场布局有帮助，或者有巨大发展潜力的地点，星巴克也会把它纳入自己的版图，即使在开店初期的经营状况很不理想。

星巴克对开店的选址一直采取发展的眼光及整体规划的考量。因为现在不成功并不等于将来不成功。星巴克全球最大的咖啡店是位于北京的星巴克丰联广场店，当初该店开业时，客源远远不能满足该店如此大面积的需要。经营前期一直承受着极大的经营压力，但随着周边几幢高档写字楼的入住率不断提高，及区政府对朝外大街的改造力度不断加大，丰联店相信自己一定会成为该地区的亮点。于是最终咬着牙关坚持了下来。现在该店的销售额一直排在北京市场前列。

星巴克在中国的拓展之路就这样一步步地迈开了。步调的快速则得益于开店时遵循以租为主的发展策略。星巴克对店面的基本要求很简单，从十几平方米到四百平方米都可以开设，以租为主，可以在最短的时间内利用最少的资金开设最多店面。

星巴克的选店模式更多倚重于当地星巴克公司。选店流程分为两个阶段。

第一阶段，当地的星巴克公司根据各地区的特色选择店铺。这些选择主要来自三个方面：公司自己的搜寻、中介介绍，另外还有各大房产公司在建商楼的同时，也会考虑主动引进星巴克来营造环境。在上海，这三种选择方式的比例大概是1：1：2。

第二阶段，总部的审核。一般来讲，星巴克的中国公司将店面资料送至亚太区总部，由他们协助评估。星巴克全球公司会提供一些标准化的数据和表格，来作为衡量店面的主要标准。而这些标准化数据往往是从各地的选店数据建立的数据库中分析而来的。

事实上，审核阶段的重要性并不十分突出，主要决定权还是掌握在当地公司手中。如果一味等待亚太区测评结束，很可能因为时间而错失商机。据上海统一星巴克的负责人介绍，往往在待批的过程中，地方店面已经开始动手装修。

“虽然95%的决定权在地方公司，但是也有制约机构来评定我们的工作。”一位部门负责人透露。在星巴克，一方面理事会会根据市场回报情况，评定一名经理的能力。另一方面，会计部会监控各店面的经营情况。

星巴克有独立的扩展部负责选店事宜，包括店面的选择、调查、设计和仪器装备等一系列工作。以上海统一星巴克为例，这一部门的人数包括部门经理在10人以上。

商圈的成熟和稳定是选址的重要条件，而选址的眼光和预测能力更为重要。比如，上海星巴克的新天地店和滨江店，由于地处并不成熟的商圈，一开始都是冷冷清清。然而新天地独特的娱乐方式和滨江店面对黄浦江，赏浦西风景的地理优势，使得这两家店面后来都风生水起，成为上海公司主要的利润点。

南京店的开立是星巴克选址的另一个典型的范例。2003年年初，负责江浙沪的上海星巴克了解到9月份要放开长三角地区的经营代理权，于是抢在年初，在南京选择旗舰店的店面。在上海星巴克看来，旗舰店的开设意味着在一个城市的亮相。人们对于不熟悉的事物第一印象往往至关重要。因而，上海星巴克对第一店的选择尤为慎重。

当时，上海星巴克面临两个选择，一个是在南京市的新街口商圈，这里人口密集，有4～5家大型商场，新街口商圈的东方商厦是一家经营高档商品的大型商场。这里的消费者的层次与星巴克的消费人群类似，而且消费水准稳定；另一个是南京市北极阁地区，这里风景优美，环境安静而不嘈杂。更重要的是，这里是省市政府机关的工作区域，在星巴克看来，政府公务员消费也是不可小觑的一块。另外，南京正在修建的地铁就从那里路过。

星巴克对于两个地区的流动人群作了调查，从他们的穿着、年龄、男女比例来确定潜在的客户数量。“星巴克是一个更多偏向女性化的咖啡店，带着些梦幻和情调。”公司一位负责人介绍，“而且女性客人往往会带来她的男友或者伙伴，而男性客人往往是独来独往。”

最终东方商厦与星巴克一拍即合，以抽成的租金方式，在南京开设了第一家星巴克。

随即，星巴克在南京的北极阁地区开出了第二家连锁店。据星巴克的负责人解释，将第一家店开设在新街口，看中的是其稳定成熟的商业氛围，可以维持营业额的稳定。而将第二家店开设在北极阁，主要是看以后利润的增长。

8.2.4 新企业的名称设计

企业名称是企业形象的首要元素，是企业文化浓缩的符号。有了好名称，才有利于建立起长久发展的企业。企业命名是企业文化、市场战略的识别系统，也是企业经营的重要形象设计。新企业的创建，需要一个代表承载企业理想的名称与之共同成长。

1.企业命名的原则

企业名称是一个企业区别于其他企业或组织的特定标志。所以，从总体上来说，新企业的名称要有高度的概括力和强烈的吸引力，做到“名正言顺”。所谓“名正”，是指企业的名称首先要合法，需要遵循《企业名称登记管理规定》和《企业名称登记管理实施办法》，到工商行政管理部门申请注册。“言顺”是指企业名称要顺口、响亮，从传播的角度来看尽可能朗朗上口。具体说来，企业的命名要注意以下原则。

（1）应符合企业理念、服务宗旨，这样有助于企业形象的塑造。

（2）应简短明快。名称字数少、笔画少，易于和消费者进行信息交流，便于消费者记忆，同时还能引起大众的联想，寓意更加丰富。

（3）应具备自己的独特性。具有个性的企业名称可避免与其他企业名称雷同，以防大众记忆混淆，并可加深大众对企业的印象。

（4）应具有冲击力和气魄，给人以震撼。

（5）企业名称要响亮，易于上口，易于记忆和传播。

（6）企业名称要符合区域文化，富有吉祥色彩。

（7）企业名称要富有时代感。富有时代感的名称具有鲜明性，符合时代潮流，并能迅速为大众所接受。

（8）企业名称要考虑世界各地的通用性。

2.企业命名的方法

（1）人名地名命名法。人名和地名一般具有特殊的含义，以人名和地名命名的企业名称，朴素简洁、响亮大方、寓意丰富。例如，“长江集团”“青岛啤酒”“茅台”“王麻子”等。

（2）寓意起名法。寓意起名法的核心是关注企业名称的寓意，大多运用寓意美好的字词，如祥、康、福、泰、恒、兴、庆、和、富、德、隆等。例如，“全聚德”烤鸭、“老凤祥”银楼、“同仁堂”药店等，都运用了吉祥美好的字词。

（3）别名俗语命名法。很多企业在长期的经营过程中，虽然没有正式明确的商标和品牌的标识，但是拥有较强的社会影响力，潜移默化地形成了各自的品牌，这些品牌多是口语俗语。例如，“狗不理”包子、“老孙家”牛羊肉泡馍、“老干妈”辣椒酱等。俗语贴近生活，十分亲切自然，传播速度快、范围广，社会影响力大，生命力强，具有很多优点。

（4）功能特点命名法。这是根据企业或者产品的特点来对企业或者产品进行命名的方法。这种命名方法直接明了，让人一眼就能了解企业或者产品的功能和特点。例如，“感冒通”“肠炎宁”，这些名字简单明确、易读易记，容易打造优秀品牌。

（5）原料命名法。这是一种特殊的命名方法，特点是个性独特、引人注目。这样命名的企业和产品也不在少数，其中最具有代表性的就是“五粮液”了。“五粮液”是我国著名的白酒品牌，是由高粱、玉米、小麦、大米、糯米五种粮食酿制而成的，故而名为“五粮液”。

（6）商标命名法。这是根据商标来命名原来的企业的方法。这类命名法多是由于商标的品牌知名度和社会影响力大大超越企业本身。为了企业有更好的发展，用商标名称逐步取代原来的公司名称，如“乐百氏”。

（7）音韵命名法。这种方法会根据发音来评判企业名称的好坏，而不太考虑其他方面的因素。最著名例子之一的就是“CocaCola”（可口可乐）。“CocaCola”是将“Cock”（公鸡）和“Cold”（冷）这两个单词各变换一个字母，“k”和“d”都变成

"a"。"CocaCola"本身并没有什么含义，但是它的字母结构很有意思，不仅好拼好念，更容易记忆，令人一下子就能记住这个名称。

3.企业命名的禁忌

（1）忌用不吉字。不吉字容易让人产生不好的联想，会影响到他人对主体的接受，不论是企业、个人还是商品。

（2）忌雷同近似。现在不仅有山寨的产品，还有山寨的企业和商标。一些企业为了借用成功企业的品牌效应，注册字形或是发音类似的企业名称或商标。这样的名称不仅不能带来效益，其效果大都适得其反，引起消费者的厌恶。

（3）忌用多音字。企业名称使用多音字，就像使用冷僻字一样，会使人们在称呼时造成很大不便，寓意本身就不够明朗。

（4）忌用意不良。例如，化妆品行业的企业，为博消费者眼球，想注册"海洛英"做商标，那么很可能乘兴而入商标局却又败兴而出。因为"海洛英"一词与毒品谐音，显然已经违反了公司及商标注册规则。

（5）忌用偏字。好的名字正像好的文章一样，能在平淡中见神奇，而不是靠冷僻字、多笔画字或异体字。例如，"四通""方正""金利农""康师傅"这些名称，都是用的常用字。

（6）忌语意隐晦。语意隐晦容易让人看不懂。就像选用冷僻字一样，寓意虽好，但没有人懂，也就没有意义。

8.2.5 新企业的注册流程

1.企业注册的一般流程

按照现行法律法规，创业者注册新企业需要遵循一定的流程，并需要到相应的政府部门登记审批。相关审批登记项目包括公司核名、经营项目审批、公司章备案、验资、申领营业执照／组织机构代码证／税务登记证和银行开户等。

（1）公司核名

企业注册第一步就是公司名称审核，即核名。创业者需要到当地的工商行政管理局进行公司名称注册申请，由工商行政管理局进行综合审定，给予注册核准，并发放盖有工商行政管理局名称登记专用章的"企业名称预先核准通知书"。此过程中，申办人需提供法人和股东的身份证复印件，并提供2～10个公司名称，写明经营范围、出资比例。公司名称要符合规范。例如，北京（地区名）+某某（企业名）+贸易（行业名）+有限公司（类型）。

（2）经营项目审批

如果初创企业的经营范围中涉及特种行业许可项目，则需报送相关部门报审盖章。特种许可项目涉及旅馆、印铸刻字、旧货、典当、拍卖等行业，需要消防、治安、环保、科委等行政部门审批。特种行业许可证办理，根据行业情况及相应部分规定不同，分为前置审批和后置审批。

（3）公司公章备案

企业办理工商注册登记过程中需要使用图章，由公安部门刻出。公司用章包括公章、财务章、法人章等。

（4）验资

按照《公司法》规定，投资者需要按照各自的出资比例，提供相关注册资金的证明，审计部门进行审计，通过后出具“验资报告”。

（5）申领营业执照

工商局对企业提交的材料进行审查，确定符合企业登记申请，经工商行政管理局核定，即发放“工商企业营业执照”，并公告企业成立。相关材料包括公司章程、名称预先审核通知书、法人和全体股东的身份证、公司住所证明复印件（房产证及租赁合同）、前置审批文件或证件、生产型企业的环境评估报告等。

（6）申请组织机构代码证

企业必须申请组织机构代码证。具体过程是由企业提出申请，通过审定后，到当地质量监督检验检疫局审批签章。

（7）办理税务登记证

税务登记证应到当地国税局办理。企业办理税务登记证应该提供的材料包括企业营业执照副本、组织机构代码证副本、经营场所产权证及租赁合同复印件、法人身份证、公司章程、验资报告及公章。

（8）银行开户

初创企业需设立基本账户，可根据企业的具体情况选择开户银行。银行开户应提供的材料包括营业执照正本、组织机构代码证正本、公司公章/法人章/财务专用章、法人身份证、国地税务登记证正本等。

2.企业注册流程新政

为进一步深化行政审批制度改革，提高市场准入便利化程度，我国自2013年来，陆续推出企业注册登记制度改革新政。主要内容有以下方面。

（1）放宽注册资本登记条件。除法律、法规另有规定外，不再限制企业设立时股东（发起人）的首次出资比例和缴足出资的期限，实行由公司股东（发起人）自主约定认缴出资额、出资方式、出资期限等，并对缴纳出资情况真实性、合法性负责的制度。

（2）将企业年检制度改为年度报告制度，任何单位和个人均可查询，使企业相关信息透明化。建立公平规范的抽查制度，杜绝检查的随意性，提高政府管理的公平性和效能。

（3）按照方便注册和规范有序的原则，放宽市场主体住所（经营场所）登记条件，由地方政府具体规定。

（4）大力推进企业诚信制度建设。注重运用信息公示和共享等手段，将企业登记备案、年度报告、资质资格等通过市场主体信用信息系统予以公示；推行电子营业执照和全程电子化登记管理，与纸质营业执照具有同等法律效力；完善信用约束机制，将有违规行为的市场主体列入经营异常的“黑名录”，向社会公布，使其“一处违规、处处受限”，提高企业“失信成本”。

（5）启动“五证合一”登记制度改革。将由工商、质监、国税、地税、人力社保、统计等部门分别办理、各自发证（照），改为申请人“一表申请”，工商部门统一收件，质监、国税、地税、人力社保、统计部门并联审批，统一核发加载注册号、组织机构代码、税务登记证号（纳税人识别号）、社会保险登记证号和统计登记证号的营业执照。

推行注册登记制度改革，依照便捷高效、规范统一、宽进严管的原则，可以降低准入门槛，强化市场主体责任，促进形成诚信、公平、有序的市场秩序，最终目的是降低创业成本，激发社会投资活力。

8.3 新企业创建相关法律知识及政策

在创建期间，新企业必须处理好一些重要的法律和政策问题。创业涉及的法律和政策问题相当复杂，对创业者而言，最重要的是认识到这些问题，以免由于早期的法律和政策失误而给新企业带来沉重代价，甚至使其夭折。创业者一般不会有意触犯法律，但可能高估自己所掌握的与创建和经营新企业相关的法律知识，或者缺乏政策意识。

8.3.1新企业的法律登记

企业登记是由企业及其相关人员为了从事营利事业，依法将法定登记事项向登记主管机关申请登记注册，并经主管机关审核同意予以注册和公告的法律行为。登记的目的在于通过公示而确认登记事项内容的可信赖性，保障经济活动主体的营业自由、相关权益和社会交易的安全。

1.企业法律登记的特征

企业法律登记兼具私法行为和公法行为的双重特征。

（1）私法行为的特征

①在现代社会，是否设立企业、采取何种企业形式都是民商事主体的私权。在有些国家，某些企业形式不需要登记，登记与否由当事人自己决定，如在英美国家设立普通合伙企业。

②登记的事项一般分为绝对登记事项和相对登记事项。绝对登记事项，是法律规定必须登记的内容；相对登记事项，是在法定的范围内，由当事人自己决定是否登记的内容。相对登记事项则较多地体现了企业登记的私法行为的特征。即使是绝对登记事项，其内容只要符合法定标准，亦由当事人自由决定。例如，名称、住所、注册资本等。

③登记事项可以确定投资人之间、投资人与企业之间以及投资人与第三者之间的财产关系。

④登记事项可以确定企业的参加民事活动的主体资格、营业资格、企业名称的合法性及专用权。

（2）公法行为的特征

①作为企业登记法律关系的双方，总有一方为国家机关。

②企业登记是国家进行经济管理活动的一种表现形式，是国家管理经济职能的体现。因此有人把企业登记行为称为“依法申请的公法行为”。

③企业登记包含了对企业经营行为的规范，即登记机关在登记注册的同时，还要对企业的营业行为进行监督管理。例如，我国对企业实行年检，欧盟要求其成员国的公司公布每一会计年度的资产负债表和损益表。

由此我们可以认为，企业登记既包含了国家对企业营业行为的监督管理，对企业登记资料的公示公信，维护交易秩序和安全，又包含了对企业及其投资人合法民事权益的确认与保障，是公法行为和私法行为的融合。一些民法学者把公司设立登记和营业登记称为“可以引起公法法律关系和私权法律关系变动的行使公权力之行为”，并将其列为民法中的事实行为之一。这从另外一个侧面反映了企业登记兼公法行为和私法行为的双重特征。

2.新企业法律登记的程序

2014年3月1日正式施行的新公司法，进一步降低了公司设立门槛，让更多的人开始畅想“白手起家”。这一变革不但对促进小微企业、创新型企业成长具有积极意义，也昭示着主管部门的管理理念将由“严进宽管”向“宽进严管”转变，与此同时，人们也对公司法修改后可能带来的风险十分关注，保护债权人利益、健全企业主体信用等制度的建立完善有望陆续提上日程。新公司法最主要的改革如下。

（1）认缴登记利于激发创业

公司注册资本改为认缴制，有利于激发中小投资者创业活力，但部分系统性风险高、关系劳动者切身利益的公司不在此列。将公司注册资本实缴登记制改为认缴登记制是新修改的公司法最突出的亮点。

根据新修改的公司法规定，除法律、行政法规以及国务院决定对公司注册资本实缴另有规定的外，取消了关于公司股东（发起人）应当自公司成立之日起2年内缴足出资，投资公司可以在5年内缴足出资的规定；取消了一人有限责任公司股东应当一次足额缴纳出资的规定。公司股东（发起人）自主约定认缴出资额、出资方式、出资期限等，并记载于公司章程。

在2005年之前，如果公司注册资本认缴100万元，那就必须实缴100万元；2005年后，必须先实缴20万元，剩余的在2年内缴清。现在实缴制改为认缴制后，注册资本出资何时缴清没有时间限制了。

（2）门槛降低需加强信用监管

如果只取消工商部门的约束性条款而不完善监管，很可能导致风险，需加快构建市场主体的信用监察、公示等制度。本次修法的第二大亮点就是放宽注册资本登记条件。

新修改的公司法规定，除法律、行政法规以及国务院决定对公司注册资本最低限额另有规定的外，取消了有限责任公司最低注册资本3万元、一人有限责任公司最低注册资本10万元、股份有限公司最低注册资本500万元的限制；不再限制公司设立时股东（发起人）的首次出资比例；不再限制股东（发起人）的货币出资比例。

当然，在修改法律的同时，应尽快建立市场主体信用信息公示制度及严密的信用监察机制，并接受社会监督，真正做到在“宽进”条件下的“严管”。在改革注册资本登记制度的同时，还需要建构市场主体的信用信息公示制度，向社会公示市场主体的登记、备案和监管信息，完善信用约束机制，发挥社会组织的监督自律作用，强化企业自我管理，加强市场主体经营行为监管和经营场所管理，切实保障交易安全。

（3）监管改革以“放活”主体为主

新修改的公司法还进一步简化了登记事项和登记文件。根据法律规定，有限责任公司股东认缴出资额、公司实收资本不再作为公司登记事项。同时，公司登记时，无须提交验资报告。专家评价认为，这是对公司监管制度的一项重要改革，减少了对市场自治事项的干预。

验资，是指注册会计师依法接受委托，对被审验单位注册资本的实收情况或注册资本及实收资本的变更情况进行审验，并出具验资报告。

现实中，为了提交一份验资报告，企业往往派专人在银行与会计事务所之间多次“往返跑”。同时，还需缴纳数千元的验资费用。若是企业出资者新投入资本、整体改制、设立分公司等情况下的变更验资，则更是流程烦多、手续繁琐，企业的发展活力被紧紧地

“束缚”着。

“这项政策的实施，是企业注册验资制度的重大创新。”业内人士称，它不但简化了企业注册流程，而且降低了企业注册的成本。

新《公司法》所带来的机遇，可以归纳为以下4点：①降低创业成本，提高运营效率，减少干扰；②降低准入门槛，竞争更为公平；③推动科技型企业的发展（出资方式）；④利于企业治理结构灵活优化。

同时，创业者们也不要盲目创业，享受政策红利但要谨慎执行。从某种意义上来讲，工商部门的职责从事前的审批把关变成了事中和事后的监管，并不定时对企业进行抽查，依法查处不法公司，并对社会公众公布。

未来，企业信用信息公示平台将成为评判企业的重要依据。一旦某个企业发生了不诚信行为，就会被工商划入“异常经营行为”的名单，若犯多次，直接打入“黑名单”，可谓是“一处违法，处处受限”。“所以零门槛并不意味着可以乱来，反而有更多的眼睛盯着你，良好的信用，对企业而言是个宝。”

通过以上对新《公司法》的解读，注册公司型企业的流程也产生了变化，目前注册公司型企业的程序如下。

第一步：公司核名（4～5个工作日）

①核名（如上海××实业有限公司）。

②提供全体投资人身份证原件及复印件。

③确定公司注册资本（认缴制，不需要验资），约定认缴期限30年。

④确立公司经营范围；查询经营范围人口。

⑤5个工作日市工商局终审领取《名称预先核准通知书》。

第二步：办理工商登记设立（6～8个工作日）

需要准备材料：

①公司法定代表人签署的《公司设立登记申请书》。

②董事会签署的指定代表或者共同委托代理人的证明。

③由发起人签署或由会议主持人和出席会议的董事签字的股东大会或者创立大会会议记录（募集设立的提交）；股东会决议（设立）。

④全体发起人签署或者全体董事签字的公司章程。

⑤自然人身份证件复印件。

⑥董事、监事和经理的任职文件及身份证件复印件。

⑦法定代表人任职文件及身份证件复印件。

⑧住所使用证明。

⑨《企业名称预先核准通知书》。

第三步：篆刻公司印章（1个工作日）

需要准备材料：

①营业执照副本原件及复印件。

②法人身份证原件及复印件。

③委托人身份证原件及复印件。

需要篆刻的印章：

①企业公章。

②企业财务章。

③企业法定代表人个人印鉴。

注：之后在办理其他相关程序时，一定要带企业篆刻的公章、财务章、法人个人印鉴。

第四步：办理企业组织机构代码证（3～5个工作日）

需要准备材料：

①营业执照副本原件及复印件。

②企业法人身份证原件及复印件。

③经办人身份证原件及复印件。

④企业公章。

第五步：办理税务登记证（5～6个工作日）

需要准备材料：

①企业营业执照副本原件及复印件。

②组织机构代码证原件及复印件。

③房屋租赁合同（印花税贴右上角注销）复印件。

第六步：银行开设公司基本户（7～10个工作日）

需要准备材料：

①企业营业执照副本原件及复印件。

②组织机构代码证原件及复印件。

③税务登记证原件及复印件。

④公章、法人章、财务章。

⑤签订扣税协议。

第七步：企业核税（3～5个工作日）

需要准备材料：

营业执照、组织机构代码证、税务登记证、开户许可证、法人身份证、股东身份证、公章、财务章、扣税协议、CA证书、租赁协议、租赁发票、办税员身份证。

8.3.2 新企业的法律保护

1.法律对新创企业生产经营的重要作用

新创企业经营活动被纳入法制轨道后，法律成为处理企业经营活动相关主体相互关系、解决创业与经营活动中各种冲突和矛盾最权威、最有效的手段，对新创企业创业经营活动发挥着重要的规范、指向和强制作用。

（1）规范作用

法律对新创企业的规范作用，是指国家通过有关法律，为企业创业经营活动确立起基本的行为规则，为创业者正确开展企业经营活动，以及处理经营活动中的各种关系提供行为准则和法律依据，使创业企业能够按照法律确立的规则有序而规范地开展经营。例如，通过《中华人民共和国合伙企业法》《中华人民共和国个人独资企业法》《中华人民共和国公司法》等市场主体法及相关的企业登记管理法规，对各类企业的投资主体、设立的条件和程序、企业内部组织机构的设置及其职权划分、破产和解散等所作出的明确规定，使新创企业各环节的经营活动能更加规范开展。

（2）指向作用

法律对新创企业经营活动的导向作用，是指国家通过有关法律，具体规定创业经营活动参与者的权利义务，指明各类参与者可以做什么、应该做什么或不应该做什么。例如，《公司法》在具体规定企业创业经营活动有关参与者基本权利和义务的基础上，明确规定了投资者不得随意抽回其出资；对董事、监事和经理等经营者明确规定其应当做到和不得实施的行为。在《合伙企业法》《个人独资企业法》中，对投资者和所聘任的经营者，也分别明确规定其应当做到和不得实施的行为。通过这些规定，可以引导企业经营活动参与者正确行使其权利和履行其义务，从而使新创企业经营活动按照正确的方向健康发展。

（3）强制作用

法律对新创企业创业经营活动的强制作用，是指国家通过完善的法律关系保护体系，对新创企业经营活动中可能出现的违法、侵权行为给予制裁和惩处，保护创业主体合法的权利和创业活动的正常开展。在《公司法》等有关法律中，对企业经营活动中可能出现的各种违法、侵权行为都明确规定了相应的法律责任，并通过国家行政执法和司法机关依法对违法或侵权者给予制裁和惩处，从而有效地保护创业主体的合法权利和创业活动的正常开展。

法律对新创企业生产经营活动上述三方面的重要作用，是一个相互联系的有机整体，共同确保新创企业法律关系的权利和义务的实现。充分发挥法律的这些重要作用，可以为新创企业正常经营活动的健康发展提供一个良好的法制环境。

2.国家对新创企业中各种法律关系的保护

随着我国新创企业法律体系的日益完善，国家有关权力机关可以根据法律规定，对新创企业在创业和生产经营活动中遵守或违反法律规定的当事人，给予相应的鼓励或处罚，确保法律规定的有关主体之间的权利和义务关系切实得以实现。其中，对企业在创业和生产经营活动中不能自觉遵守法律法规、不能正确行使权利和履行义务以及侵犯他人合法权益的当事人，国家有关权力机关可以依法追究其法律责任，直接体现了国家强制力对新创企业中各种法律关系的保护。

因此，国家对新创企业法律关系的保护，是指国家授权的有关权力机关，依法对在经营与创业活动中不能正确行使权利和不履行法定义务，以及侵犯他人合法权利的违法行为给予处罚和制裁，以确保创业经营的法律关系实现的活动。为了确保经济法律关系的实现，我国已经建立了一套由经济行政执法、经济仲裁、民事审判、行政审判等保护途径构成的比较完备的保护体系，国家对经营活动中产生的法律关系的保护也是通过这一保护体系来进行的。新创企业从事经营活动的当事人在遭受各种违法行为侵害而影响其生产经营活动的正常开展时，可以向国家有关机关寻求法律保护，维护自身的合法权益，确保其经营活动顺利进行。为此，新创企业需要及时掌握国家对经营创业方面的法律关系保护的具体规定。

（1）经济行政执法保护

企业经济行政执法保护，是国家授权的行政机关依法通过其行政执法活动，确保相关的经济和行政法律法规确立的法律关系当事人权利和义务的实现。其中，与新创企业经营活动关系最密切的行政执法，主要包括工商、税务、物价、质检、知识产权、银行、证券、环保等综合管理部门的执法。新创企业合法经营主体资格和权利的确认和保护，其参与市场竞争中合法权利的行使，以及相应的义务的履行，主要由工商部门的行政执法活动提供保护；其生产经营活动中涉及产品质量和价格等方面的合法权利的行使和义务的履行，主要由物价、质检等部门的行政执法活动提供保护；其拥有的商标、专利、商业秘密等知识产权，则主要由工商、知识产权等部门的行政执法活动提供保护；其取得所需资金的融资活动方面的合法权利的行使和义务的履行，则主要由人民银行、证券管理机关的行政执法活动提供保护；其在税收和环保等方面的权利和义务，主要由税务机关和环保机关的行政执法活动提供保护。

行政执法保护的具体实现，则主要是通过行政执法机关依法追究违法行为人的行政法律责任完成的，具体包括对违法行为人给予警告、罚款、没收违法所得或没收非法所得财物、责令停产停业、暂扣或者吊销许可证及暂扣或者吊销执照，以及法律或行政法规规定的其他行政处罚。

（2）经济仲裁保护

新创企业经济仲裁保护，是民间仲裁机构和国家法律规定的仲裁机关，依据《仲裁法》和有关法律规定，以第三者的身份、按照公正的原则，对企业在创业和生产经营活动中发生的经济纠纷或劳动争议等进行调解、裁决，确保创业法律关系当事人权利和义务的实现。在创业法律关系的仲裁保护方面，涉及最多的主要是各种经济合同纠纷、其他财产权益纠纷和劳动争议的仲裁。其中，根据《仲裁法》的规定在省级政府所在地设立的仲裁委员会，主要负责经济合同纠纷和其他财产权益纠纷的仲裁；依据《劳动法》的规定，由劳动行政部门、用人单位等方面的代表组成的劳动争议仲裁委员会，主要负责劳动争议的仲裁。

经济仲裁对新创企业法律关系的保护作用，主要是由仲裁裁决的法律效力来体现的。由经济合同或财产权益纠纷双方当事人共同选定、同意的仲裁委员会依照法定程序对双方纠纷和争议做出的裁决为最终裁决，有关当事人必须履行；如果一方当事人不主动履行裁决，另一方当事人有权要求法院予以强制执行。由劳动争议仲裁委员会对劳动争议做出的裁决，当事人无异议的必须履行裁决，对裁决不服的当事人，可以自收到仲裁裁决书之日起15日内向人民法院提起诉讼；一方当事人在法定期限内不起诉又不履行仲裁裁决的，另一方当事人可以申请人民法院强制执行。

（3）民事审判保护

民事审判保护，是人民法院依据《民事诉讼法》，通过审理公民之间、法人之间、其他组织之间以及它们相互之间因财产关系和人身关系发生的各种权益纠纷而提起诉讼的案件，确保法律关系当事人权利、义务的实现。在新创企业法律关系的民事审判保护方面，涉及最多的主要是各种经济合同纠纷、知识产权纠纷、其他财产权益纠纷和劳动争议。

民事审判对新创企业经营活动的法律关系的保护作用，主要体现在人民法院在依法查明事实、分清是非的基础上，通过调解或判决公正地确认有关当事人的民事权利义务关系，以及判定当事人对民事法律责任的承担，并以国家强制力确保其实现，保护当事人的合法权益。对经人民法院调解达成的协议，或者由人民法院通过审判做出的发生法律效力的判决、裁定，当事人必须履行；一方当事人拒绝履行，对方当事人可以向人民法院申请强制执行。

（4）行政审判保护

行政审判保护，是人民法院依据《行政诉讼法》，审理和解决公民、法人或其他经济组织对行政管理机关实施的具体行政行为不服而提起诉讼的案件，确保法律关系当事人权利、义务的实现。在新创企业法律关系的行政审判保护方面，主要涉及创业活动当事人对有关行政管理机关实施的具体行政行为不服而起诉的案件，如当事人不服有关行政机关做出的行政处罚决定、拒绝颁发许可证或执照等处理决定而起诉的案件以及认为行政机关侵犯法律规定的企业经营自主权而起诉的案件等。

行政审判对新创企业法律关系的保护作用，主要通过人民法院依法做出判决或裁定，并以国家强制力确保其得到执行来实现。人民法院经过依法审理，在查明事实的基础上，根据不同情况，对行政案件分别做出以下判决：维持原具体行政行为；撤销或部分撤销原行政行为，并可以要求被告重新做出具体行政行为；被告不履行或拖延履行法定职责的，判决其在一定期限内履行；行政处罚显失公正的，可以判决变更。对人民法院发生法律效力的判决或裁定，作为行政诉讼双方当事人都必须履行；对当事人拒不履行生效的判决或者裁定的，由人民法院根据不同情况依法执行。

总之，当新创企业有关主体在依法进行正常经营活动过程中，遭遇到各种违法、侵权行为，妨碍自身合法权利行使和经营创业活动正常开展时，可以根据其所遭遇的违法、侵权行为的性质，分别通过上述相应的保护途径，寻求国家法律的救济。

3.大学生创业的具体法律保障

当代社会是一个法治社会，任何活动都必须依法行事。党的十八届四中全会进一步强调了依法治国的理念。当代大学生，也别是希望从事创业创新领域的大学生来说，就必须了解相关的法律知识。

多年来，国家一直致力于商业领域的法律制度建设。颁布实施了诸多相关法律法规，其中，涉及企业设立、经营管理方面的法律包括《中华人民共和国民法通则》（以下简称《民法通则》）《中华人民共和国公司法》《中华人民共和国合伙企业法》《中华人民共和国个人独资企业法》等。同时，《合同法》《劳动法》《中华人民共和国担保法》《中华人民共和国票据法》《中华人民共和国商标法》《中华人民共和国消费者权益保护法》《中华人民共和国知识产权保护法》等也是与创业者息息相关的法律法规。我们在这里主要学习、了解《民法通则》和《中华人民共和国公司法》两部法律。

（1）《民法通则》

中华人民共和国民法通则，是中国对民事活动中一些共同性问题所做的法律规定，是民法体系中的一般法。1986年4月12日由第六届全国人民代表大会第四次会议修订通过，1987年1月1日起施行，共9章，156条。

2009年8月27日，第十一届全国人民代表大会常务委员会第十次会议决定：对民法通则中明显不适应社会主义市场经济和社会发展要求的规定做出修改。将《中华人民共和国民法通则》第七条修改为："民事活动应当尊重社会公德，不得损害社会公共利益，扰乱社会经济秩序。"删去第五十八条第一款第六项："经济合同违反国家指令性计划的……"

《民法通则》包含基本原则、公民、法人、民事行为、民事权利、民事责任、诉讼时效以及涉外民事关系几方面内容，是我国民事法律体系中最具参考价值的基本法。其中，有关"法人"的规定是高校毕业生创新创业所必须要了解的法律内容。

①"法人"的概念。《民法通则》中对"法人"概念的规定指出：法人是具有民事权利能力和民事行为能力，依法独立享有民事权利和承担民事义务的组织。法人的民事权利能力和民事行为能力，从法人成立时产生，到法人终止时消灭。

②"法人"应当具备的条件。法人必须是依法成立；有必要的财产或者经费；有自己的名称、组织机构和场所；能够独立承担民事责任。依照法律或者法人组织章程规定，代表法人行使职权的负责人，是法人的法定代表人。法人以它的主要办事机构所在地为住

所。法人终止，应当依法进行清算，停止清算范围外的活动。

③企业法人。《民法通则》规定，全民所有制企业、集体所有制企业有符合国家规定的资金数额，有组织章程、组织机构和场所，能够独立承担民事责任，经主管机关核准登记，取得法人资格。在中华人民共和国领域内设立的中外合资经营企业、中外合作经营企业和外资企业，具备法人条件的，依法经工商行政管理机关核准登记，取得中国法人资格。

企业法人应当在核准登记的经营范围内从事经营。企业法人对它的法定代表人和其他工作人员的经营活动，承担民事责任。企业法人分立、合并或者有其他重要事项变更，应当向登记机关办理登记并公告。企业法人分立、合并，它的权利和义务由变更后的法人享有和承担。企业法人终止，应当向登记机关办理注销登记并公告。企业法人解散，应当成立清算组织，进行清算。企业法人被撤销、被宣告破产的，应当由主管机关或者人民法院组织有关机关和有关人员成立清算组织，进行清算。

④机关、事业单位和社会团体法人。有独立经费的机关从成立之日起，具有法人资格。具备法人条件的事业单位、社会团体，依法不需要办理法人登记的，从成立之日起，具有法人资格；依法需要办理法人登记的，经核准登记，取得法人资格。

⑤联营。企业之间或者企业、事业单位之间联营，组成新的经济实体，独立承担民事责任、具备法人条件的，经主管机关核准登记，取得法人资格。企业之间或者企业、事业单位之间联营，共同经营、不具备法人条件的，由联营各方按照出资比例或者协议的约定，以各自所有的或者经营管理的财产承担民事责任。依照法律的规定或者协议的约定负连带责任的，承担连带责任。企业之间或者企业、事业单位之间联营，按照合同的约定各自独立经营的，它的权利和义务由合同约定，各自承担民事责任。

（2）《中华人民共和国公司法》

《中华人民共和国公司法》（以下简称《公司法》）是为了规范公司的组织和行为，保护公司、股东和债权人的合法权益，维护社会经济秩序，促进社会主义市场经济的发展而制定的。

①立法概况及适用范围

1993年12月29日第八届全国人民代表大会常务委员会第五次会议通过，1999年、2004年、2005年多次修正，现行版本由全国人民代表大会常务委员会于2013年12月28日发布。

公司法有广义和狭义之分，狭义的公司法是指《中华人民共和国公司法》[1993年（癸酉年）]12月29日第八届全国人民代表大会常务委员会第五次会议通过根据1999年12月25日第九届全国人民代表大会常务委员会第十三次会议（关于修改《中华人民共和国公司法》的决定）第一次修正。根据2004年8月28日第十届全国人民代表大会常务委员会第十一次会议（关于修改《中华人民共和国公司法》的决定）第二次修正。2005年10月27日第十届全国人民代表大会常务委员会第十八次会议修订，自2006年1月1日起施行。广义的公司法是指规定公司的设立、组织、活动、解散及其他对内对外关系的法律规范的总称。它除包括《公司法》外，还包括其他法律，行政法规中有关公司的规定。

我国《公司法》中所称公司有其特定适用范围：其一，依据属地主义原则，为依照《公司法》在中国境内设立的公司；其二，组织形式仅限于有限责任公司和股份有限公司，立法未对其他公司组织形式作规定，在实践中则不允许设立。

②新旧《公司法》对比

现行版本的《公司法》被称为“新《公司法》”，与之前几次修订的版本不同，这次修订有了较大的不同。

第一，公司设立“门槛”降低。新公司法大幅度地降低了公司设立的最低注册资本数额，放宽了股东出资方式的限制，允许出资的分期缴纳。

旧公司法规定：有限责任公司的注册资本最低限额：以生产经营为主和以商品批发为主的公司为人民币50万元，以商业零售为主的公司为人民币30万元，科技开发、咨询、服务性公司为人民币10万元，并要求一次缴清。新公司法规定：有限责任公司注册资本的最低限额为人民币3万元，并可以按照规定的比例分两年缴足，其中投资公司可以在五年内缴足。

旧公司法规定：股份有限公司注册资本的最低限额为1000万元。新公司法规定：股份有限公司注册资本的最低限额降低为500万元。

旧公司法规定：（有限责任公司）以工业产权、非专利技术作价出资的金额不得超过有限责任公司注册资本的百分之二十。新公司法规定：（有限责任公司）全体股东的货币出资金额不得低于有限责任公司注册资本的百分之三十。

第二，取消对公司转投资的限制。旧公司法规定：公司向其他有限责任公司、股份有限公司投资的，除国务院规定的投资公司和控股公司外，所累计投资额不得超过本公司净资产的百分之五十。新公司法规定：公司可以向其他企业投资；但是，除法律另有规定外，不得成为对所投资企业的债务承担连带责任的出资人。新公司法同时规定：公司向其他企业投资或者为他人提供担保，依照公司章程的规定，由董事会或者股东会、股东大会决议；公司章程对投资或者担保的总额及单项投资或者担保的数额有限额规定的，不得超过规定的限额。

第三，明确公司可以为股东提供担保。旧公司法规定：董事、经理不得以公司资产为本公司的股东或者其他个人债务提供担保。新公司法规定：公司为公司股东或者实际控制人提供担保的，必须经股东会或者股东大会决议。

第四，赋予股东解散公司的请求权。旧公司法只规定了公司自愿解散的三种情形，对股东可否请求法院散解公司未作规定，新公司法对此作了规定。旧公司法规定：公司有下列情形之一的，可以解散。

一是公司章程规定的营业限制届满或者公司章程规定的其他解散事由出现时。

二是股东会决议解散的。

三是因公司合并或者分立需要解散的。

新公司法规定：公司经营管理发生严重困难，继续存续会使股东利益受到重大损失，通过其他途径不能解决的，持有公司全部股东表决权百分之十以上的股东，可以请求人民法院解散公司。

第五，完善股东了解公司有关事务的措施和办法。旧公司法规定：股东有权查阅股东会会议记录和公司财务会计报告。

新公司法规定：股东可以要求查阅公司会计账簿。股东要求查阅公司会计账簿的，应当向公司提出书面请求，说明目的。公司有合理根据认为股东查阅会计账簿有不正当目的，可能损害公司合法利益的，可以拒绝提供查阅，并应当自股东提出书面请求之日起十五日内书面答复股东并说明理由。公司拒绝提供查阅的，股东可以请求人民法院要求公司提供查阅。

第六，允许一“人”成立有限责任公司。旧公司法规定：有限责任公司由两个以上五十以下股东共同出资设立。新公司法规定：有限责任公司公司由五十个以下股东出资成立。新公司法同时规定：一人有限责任公司的注册资本最低限额为人民币10万元。股东应当一次足额交纳公司章程规定的出资额。一个自然人只能投资设立一个一人有限责任公司。该一人有限责任公司不能投资设立新的一人有限责任公司。

第七，股东享有请求公司回购其股权的权利。旧公司法对股东会决议持有异议的股东可否请求公司收购其股权未作出规定，新公司法对此作出规定。

新公司法规定：有下列情形之一，对股东会该项决议投反对票的股东可以请求公司按照合理的价格收购其股权。

一是公司连续五年不向股东分配利润，而公司该五年连续盈利，并且符合本法规定的分配利润条件的。

二是公司合并、分立、转让主要财产的。

三是公司章程规定的营业期限届满或者章程使公司存续的。

自股东会会议通过之日起六十日内，股东与公司不能达成股权收购协议的，股东可以自股东会会议决议通过之日起九十日内向人民法院提起诉讼。

第八，限制关联股东及其董事的表决权。新公司法设立专节"上市公司组织机构的特别规定"，对独立董事、董事会秘书和关联交易等做出规定。新公司法规定：上市公司董事与董事会会议决议事项所涉及的企业有关联关系的，不得对该项决议行使表决权，也不得代理其他董事行使表决权。该董事会会议由过半数的无关联关系董事出席即可举行，董事会会议所作决议须经无关联关系董事过半数通过。出席董事会的无关联关系董事人数不足三人的，应将该事项提交上市公司股东大会审议。

新公司法同时规定：上市公司在一年内购买、出售重大资产或者担保金额超过公司资产总额百分之三十的，应当由股东大会作出决议，并经出席会议的股东所持表决权的三分之二以上通过。

第九，为国有独资公司深入改革提供制度支持。新公司法在"有限责任公司的设立和组织机构"一章中，设专节"国有独资公司的特别规定"，为其深入改革提供制度支持。

新公司法规定：国有独资公司不设股东会，由国有资产监督管理机构行使股东会职权。

国有资产监督管理机构可以授权公司董事会行使股东会的部分职权，决定公司的重大事项，但公司的合并、分立、解散、增加或者减少注册资本和发行公司债券，必须由国有资产监督管理机构决定；其中，重要的国有独资公司合并、分立、解散、申请破产的，应当由国有资产监督管理机构审核后，报本级人民政府批准。国有独资公司的董事长、副董事长、董事、高级管理人员，未经国有资产监督管理机构同意，不得在其他有限责任公司、股份有限公司或者其他经济组织兼职。

第十，专章明确资格和义务。新公司法规定：董事、监事、高级管理人员应当遵守法律、行政法规和公司章程，对公司负有忠实和勤勉义务。董事、监事、高级管理人员不得利用职权收受贿赂或者其他非法收入，不得侵占公司的财产。

第十一，确立公司法人格否认制度。新公司法规定：公司股东滥用公司法人独立地位和股东有限责任，逃避债务，严重损害债权人利益的，应当对公司承担连带责任。

8.3.3 大学生创业优惠政策

1.税收优惠

持人社部门核发《就业创业证》（注明"毕业年度内自主创业税收政策"）的高校毕

业生在毕业年度内（指毕业所在自然年，即1月1日至12月31日）创办个体工商户、个人独资企业的，3年内按每户每年8000元为限额依次扣减其当年实际应缴纳的营业税、城市维护建设税、教育费附加和个人所得税。对高校毕业生创办的小型微利企业，按国家规定享受相关税收支持政策。

2.创业担保贷款和贴息

对符合条件的大学生自主创业的，可在创业地按规定申请创业担保贷款，贷款额度为10万元。鼓励金融机构参照贷款基础利率，结合风险分担情况，合理确定贷款利率水平，对个人发放的创业担保贷款，在贷款基础利率基础上上浮3个百分点以内的，由财政给予贴息。

3.免收有关行政事业性收费

毕业2年以内的普通高校学生从事个体经营（除国家限制的行业外）的，自其在工商部门首次注册登记之日起3年内，免收管理类、登记类和证照类等有关行政事业性收费。

4.享受培训补贴

对大学生创办的小微企业新招用毕业年度高校毕业生，签订1年以上劳动合同并交纳社会保险费的，给予1年社会保险补贴。对大学生在毕业学年（即从毕业前一年7月1日起的12个月）内参加创业培训的，根据其获得创业培训合格证书或就业、创业情况，按规定给予培训补贴。

5.免费创业服务

有创业意愿的大学生，可免费获得公共就业和人才服务机构提供的创业指导服务，包括政策咨询、信息服务、项目开发、风险评估、开业指导、融资服务、跟踪扶持等“一条龙”创业服务。

6.取消高校毕业生落户限制

高校毕业生可在创业地办理落户手续（直辖市按有关规定执行）。

7.创新人才培养

创业大学生可享受各地各高校实施的系列“卓越计划”、科教结合协同育人行动计划等，同时享受跨学科专业开设的交叉课程、创新创业教育实验班等，以及探索建立的跨院系、跨学科、跨专业交叉培养创新创业人才的新机制。

8.开设创新创业教育课程

自主创业大学生可享受各高校挖掘和充实的各类专业课程和创新创业教育资源，以及面向全体学生开发开设的研究方法、学科前沿、创业基础、就业创业指导等方面的必修课和选修课；同时享受各地区、各高校推出的资源共享的慕课、视频公开课等在线开放课程，和在线开放课程学习认证和学分认定制度。

9.强化创新创业实践

自主创业大学生可共享学校面向全体学生开放的大学科技园、创业园、创业孵化基地、教育部工程研究中心、各类实验室、教学仪器设备等科技创新资源和实验教学平台。参加全国大学生创新创业大赛、全国高职院校技能大赛和各类科技创新、创意设计、创业计划等专题竞赛，以及高校学生成立的创新创业协会、创业俱乐部等社团，提升创新创业实践能力。

10.改革教学制度

自主创业大学生可享受各高校建立的自主创业大学生创新创业学分累计与转换制度；还可享受学生开展创新实验、发表论文、获得专利和自主创业等情况折算为学分，将学生参与课题研究、项目实验等活动认定为课堂学习的新探索。同时享受为有意愿有潜质的学生制定的创新创业能力培养计划，以及创新创业档案和成绩单等系列客观记录并量化评价学生开展创新创业活动情况的教学实践活动。优先支持参与创业的学生转入相关专业学习。

11.完善学籍管理规定

有自主创业意愿的大学生，可享受高校实施的弹性学制，放宽学生修业年限，允许调整学业进程、保留学籍休学创新创业。

12.大学生创业指导服务

自主创业大学生可享受各地各高校对自主创业学生实行的持续帮扶、全程指导、站式服务。以及地方、高校两级信息服务平台，为学生实时提供的国家政策、市场动向等信息，和创业项目对接、知识产权交易等服务。可享受各地在充分发挥各类创业孵化基地作用的基础上，因地制宜建设的大学生创业孵化基地和相关培训、指导服务等扶持政策。

本章小结

新创企业是指创业者利用商业机会通过整合资源所创建的一个新的具有法人资格的实体，它能够提供产品或服务，以获利和成长为目标，并能创造价值。新创企业是处于发展早期阶段的企业。全球创业观察（GEM）报告中的新创企业指成立时间在42个月以内的企业。通常这类企业成立时间不长，处于创立期或成长期。创业者在创立企业的时候，必须解决的一个重要问题就是企业应该选择什么样的法律组织形式，以及在何处选择的问题。在创办企业之前，创业者应该熟悉企业应该承担的法律责任，掌握企业注册、纳税以及劳动合同等具体内容，国家现在的政策越来越开放，也越来越利民，特别是针对大学生创业，不仅有很多优惠的政策还有一定经济补助来鼓励大家创业。

复习思考题

1.新企业的组织形式包括哪几种?

2.创业企业选址应考虑的因素有哪些?

3.简述注册一个公司型企业的程序。

4.思考一下企业在经营过程中会面临的其他风险以及如何用法律手段保护企业?

第9章　新创企业的管理及成长

企业管理是一个企业发展的内在需求，能提高企业的运作效率，明确企业的发展方向。良好的企业管理能提高员工的积极性和主动性，充分发挥员工的潜能，实现企业对人才的需求：企业管理的优劣，亦关系到企业是否能树立良好的企业形象、提高企业的社会效益及经济效益。

学习目标

通过本章学习，你将能够：

1.掌握企业管理的内涵；

2.学会领会使用企业管理的基本方法；

3.熟悉企业成长管理。

9.1　新创企业的日常管理

9.1.1 企业日常管理概述

1.企业日常管理的内涵

企业日常管理（Business Management）是对企业的生产经营活动进行组织、计划、指挥、监督和调节等一系列活动的总称，主要指运用各类策略与方法，对企业中的人、机器、原材料、方法、资产、信息、品牌、销售渠道等进行科学管理，从而实现组织目标的活动。这由此对应衍生为各个管理分支：人力资源管理、行政管理、财务管理、研发管理、生产管理、采购管理、营销管理等。通常公司会按照这些专门的业务分支设置职能部门。

2.影响企业日常管理的因素

从管理对象来分，可以将管理分成业务管理和行为管理。业务管理更侧重于对组织的各种资源的管理，如财务、材料、产品等相关的管理。而行为管理则更侧重于对组织成员行为的管理，以此而产生了组织的设计、机制的变革、激励、工作计划、个人与团队的协作、文化等等的管理。企业的业务管理和行为管理应该是相辅相成的，就像人的两只手一样，要配合起来才能更好地发挥管理的作用。如果其中任何一只手出了问题，都会对管理的整体带来损失，甚至让企业管理停滞不前，受到严重的阻力。影响企业管理的因素，主要有以下几个方面。

（1）企业外部环境

企业外部环境是指企业所处的行业特征、市场特点、经济形势、政府关系及自然环境等。环境因素可以从两个方面影响组织架构的设计，即环境的复杂性和环境稳定性。外部环境对组织的职能结构、层次结构、部门结构以及职权结构都会产生影响。

（2）企业规模

企业的规模不同，其内部结构也存在明显的差异。随着企业规模的不断扩大，企业活动的内容日趋复杂，人数逐渐增多，专业分工不断细化，部门和职务的数量逐渐增加。这些都会直接导致组织架构复杂性的增加。

（3）业务特点

如果企业业务种类众多，就要求组织有相应的资源和管理手段与之对应，来满足业务的需要，因此部门或岗位设置上就会更多，所需要的人员就更多，组织相对就复杂一些。一般情况下，业务种类越多组织内部部门或岗位设置就要越多。

（4）技术水平

组织的活动需要利用一定的技术和反映一定技术水平的特殊手段来进行。技术以及技术设备的水平，不仅影响组织活动的效果和效率，还会作用于组织活动的内容划分、职务设置等方面。

（5）信息化建设

网络技术的普及和发展使企业组织机构的存在基础发生巨大的变化，电子商务技术的发展使信息处理效率大幅提高，企业网络内每一终端都可以同时获得全面的数据与信息，各种计算机辅助手段的应用使中层管理人员的作用日见势微，网络技术使企业高层管理人员通过网络系统低成本的及时过滤各个基层机构形成的原始信息。信息技术使企业的业务流程发生根本性的变化。

3.企业日常管理的四大方法

（1）“抽屉式”管理

“抽屉式”管理，现代管理也称为“职务分析”。当今一些经济发达国家的大中型企业都非常重视“抽屉式”管理和职位分类，并且都在“抽屉式”管理的基础上不同程度地建立了职位分类制度。“抽屉式”管理是指在每个管理人员办公桌的抽屉里都有一个明确的职务工作规范，在管理工作中，既不能有职无权，也不能有责无权，更不能有权无责，必须职、责、权、利相互结合。

企业进行“抽屉式”管理的五个步骤如下。

第一步，建立一个由企业各个部门组成的职务分析小组。

第二步，正确处理企业内部集权与分权的关系。

第三步，围绕企业的总体目标，层层分解，逐级落实职责权限范围。

第四步，编写“职务说明”“职务规范”，制定出对每个职务工作的要求。

第五步，必须考虑到考核制度与奖惩制度相结合。

（2）危机式管理

随着全球经济竞争日趋激烈，世界著名大企业中有相当一部分进入维持和衰退阶段。为改变状况，美国企业较为重视推行“危机式”生产管理，掀起了一股“末日管理”的浪潮。

美国企业界认为，如果一位经营者不能很好地与员工沟通，不能向他的员工表明危机确实存在，那么，他很快就会失去信誉，因而也会失去效率和效益。美国技术公司总裁威廉·伟思看到，全世界已变成一个竞争的战场，全球电信业正在变革中发挥重要作用。

因此，他起用两名大胆改革的高级管理人员为副董事长，免去5名倾向于循序渐进改革的高级人员职务，在职工中广泛宣传某些企业由于忽视产品质量、成本上升以致失去用户的危机。他要全体员工知道，如果技术公司不把产品质量、生产成本及用户时刻放在突出位置，公司的末日就会来临：

（3）一分钟管理

目前，西方许多企业采用了“一分钟”管理法则，并取得了显著成效。具体内容为：一分钟目标、一分钟赞美及一分钟惩罚。所谓一分钟目标，就是企业中的每个人都将自己的主要目标和职责明确地记在一张纸上。每个目标及其检验标准应该在250个字内表达清楚，在一分钟内就能读完。这样，便于每个人明确认识自己为何而干、怎样去干，并且据此定期检查自己的工作。一分钟赞美，就是人力资源激励。具体做法是企业的经理经常花不长的时间，在职员所做的事情中挑出正确的部分加以赞美。这样可以促使每位职员明确自己所做的事情，更加努力地工作，并不断向完美的方向发展。一分钟惩罚，是指某件事本该做好却没有做好，对有关人员首先进行及时批评，指出其错误，然后提醒他“你是如何器重他，不满的是他此时此地的工作”。这样，可以使做错事的人乐于接受批评，并注意避免以后同样错误的发生。

一分钟管理法则妙就妙在它大大缩短了管理过程，有立竿见影之效。一分钟目标，便于每个员工明确自己的工作职责，努力实现自己的工作目标；一分钟赞美可使每个职员更加努力地工作；一分钟惩罚可使做错事的人乐意接受批评，促使他今后工作更加认真。

（4）破格式管理

企业诸多管理最终都要通过对人事的管理达到变革创新的目的。因此，世界发达企业都根据企业内部竞争形势的变化积极实行人事管理制度变革，以激发员工的创造性。在日本和韩国企业里，过去一直将工作年限作为晋升职员级别和提高工资标准的“年功制度”。这种制度适应了企业快速膨胀时期对用人的要求，提供了劳动力就业与发展的机会。进入20世纪80年代以来，这些发达企业进入低增长和相对稳定阶段，“年功制度”已不能满足职员的晋升欲望，导致企业组织人事的活力下降。90年代初，日本、韩国的发达企业着手改革人事制度，大力推行根据工作能力和成果决定升降员工职务的“破格式”的新人事制度，收到了明显成效。世界大企业人事制度的变革，集中反映出对人之潜力的充分挖掘，以搞活人事制度来完善企业组织结构，注意培养和形成企业内部的“强人”机制，形成竞争、奋发、进取、开拓的新气象。

4.新创企业管理的特殊性

（1）以生存为主要目标的管理

初创企业的首要任务是从无到有，把自己的产品或服务销售出去，掘到第一桶金，从而在市场上找到立足点，使自己生存下来。在创业初期，生存是第一位的，一切围绕生存运作，一切危及生存的做法都应避免。最忌讳的是在创业初期提出不切实际的扩张目标，盲目“铺摊子”“上规模”，结果只能是“创者不立，跨者不行”。那么，什么是生存的来源呢？盈利。盈利是企业生存的重要保障，是创业管理的目标之一。在创业阶段，亏损，盈利，又亏损，又盈利，可能要经历多次反复，直到最终持续稳定地盈利，才算是度过了创业的生存阶段。只有开始持续地盈利，才能证明创业活动找到了可靠的商业模式，因此才有了追加投资的价值。

（2）以自有资金创造现金流的管理

现金对企业来说就像是人的血液，企业可以承受暂时的亏损，但不能承受现金流的中断。所谓企业的自由现金流，就是不包括融资，不包括资本支出及纳税和利息支出的经营活动的净现金流。自由现金流一旦出现赤字，企业将发生偿债危机，可能导致破产。自由现金流的大小直接反映企业的盈利能力。它不仅是创业初期，也是成长阶段管理的重点，区别在于对创业管理来说，由于融资条件苛刻，只能主要依靠自有资金运作来创造自由现金流，从而管理难度更大。创业初期的管理要求经理人必须千方百计地增收节支、加速周转、控制发展节奏，“像花自己的钱那样花企业的钱”。

（3）以“所有人做所有事”的管理

初创企业在创业初期，尽管建立了正式的部门结构，但很少按照正式组织的方式运作。典型的情况是，虽然有名义上的分工，但运作起来是哪急、哪紧、哪需要，就都往哪里去。这种看似混乱的情况，实际是一种高度有序的状态。每个人都清楚组织的目标和自己应当如何为组织目标做贡献，没有人计较得失，没有人计较越权或越级，相互之间只有角色的划分，而没有职位的区别。这种运作方式培养出团队精神、奉献精神和忠诚。将来事业发展了，组织规范化了，这种精神仍在，会成为一种企业文化。在创业初期，创业者必须尽力使初创企业的部门成为真正的团队，否则很难成功。这种在创业初期锻炼出来的团队领导能力，是创业者未来领导大企业高层管理团队的基础。

（4）以创业者深入一线的管理

经历过创业初期的创业者大都有过这样的体验：曾经直接向客户推销过产品，与供应商谈判过折扣，亲自到车间里追踪过客户急需的订单，在库房里卸过货、装过车，跑过银行、催过账，策划过新产品方案，制订过工资计划等。创业者只有对经营全过程的细节了如指掌，才能够使得生意越做越精。

（5）以奉行“用户至上，诚信为本”的管理

创业的第一步，就是把企业的产品或服务卖给用户。这是一种惊险的跨越，如果不是用户肯付钱，怎么能收回成本还有利润？经历过艰难创业的企业家和创业者，永远都会把用户放在第一位。此外，谁会借钱给没听说过的企业？谁会购买没听说过的企业的产品？谁会加入没听说过的企业？企业靠什么迈出这三步？靠的是诚信，也只有靠诚信。所以，一个企业的核心价值观不是杜撰的，而是创业阶段自然形成的。创业期间的管理是在塑造一个企业。

9.1.2 人力资源管理

人力资源管理是指在经济学与人本思想指导下，通过招聘、甄选、培训、报酬等管理形式对组织内外相关人力资源进行有效运用，满足组织当前及未来发展的需要，保证组织目标实现与成员发展的最大化的一系列活动的总称。就是预测组织人力资源需求并做出人力需求计划、招聘选择人员并进行有效组织、考核绩效支付报酬并进行有效激励、结合组织与个人需要进行有效开发以便实现最优组织绩效的全过程。

1.人力资源管理与传统人事管理的区别

现代人力资源管理与传统人事管理的差别，不仅仅是名词的转变，二者在性质上已有了本质的差异。现代人力资源管理更具有战略性、整体性和未来性，它从被看作一种单纯的行政事务性管理活动的框架中脱离出来，根据组织的战略目标制定人力资源规划与战略，人力资源管理部门直接参与企业战略决策，并成为组织生产效益的部门。现代人力资源管理与传统人事管理的区别如表9–1所示。

表 9-1　人力资源管理与传统人事管理的区别

项　目	现代人力资源管理	传统人事管理
观　念	视员工为有价值的重要资源	视员工为成本负担
目　的	满足员工自我发展的需要，保障企业的长远利益实现	保障企业短期目标的实现
模　式	以人为中心	以事为中心
性　质	战略性	战术、业务性
深　度	主动、注重开发	被动、注重管好
地位	决策层	执行层
工作方式	参与、透明	控　制
与其他部门的关系	和谐、合作	对立、抵触
对待员工的态度	尊重、民主	命令、独裁
角　色	挑战、变化	例行、记载
部门属性	生产与效益部门	非生产、非效益部门

2.人力资源管理的外部环境

许多相互关联的因素会影响到人力资源管理的发挥。企业组织范围以外，影响到人力资源的因素构成了外部环境，主要包括以下方面，如图9-1所示。

（1）劳动力市场

招聘所在地潜在的雇员群体构成了劳动力市场。公司员工的能力在很大程度上决定了组织任务的实现。由于新员工来自公司外部，因而劳动力市场被认为是外部环境因素。劳动力市场的不断变化，使组织内的员工人数也不可避免地发生变化。反过来，组织内部人员的变化会影响组织对员工的管理方式。

（2）法律问题

另一个影响人力资源管理的重要外部因素是法律以及对这些法律的解释。这些法律因素几乎影响了所有的人力资源政策。

（3）社会

社会也可能对人力资源管理产生影响。公众不再愿意一味接受企业的行为，而开始对这些行为产生怀疑，这使得一些有不法行为的大公司浮出水面，为了维持公众的青睐，公司在实现自我目标的同时也要遵守社会规范。

社会责任与职业道德密切相关，是区分好坏、辨别正误以及处理道德责任和义务相关问题的原则。

（4）工会

广大员工的工资水平、福利和工作条件可以反映出工会和管理层的联合决议。工会是以处理雇佣关系为目的、由员工共同组成的联盟。工会之所以被视为环境因素，是因为从本质上讲，工会是与公司打交道的第三方。工会以一个联合组织的形式，而不是员工个体，与管理层谈判以达成协议。

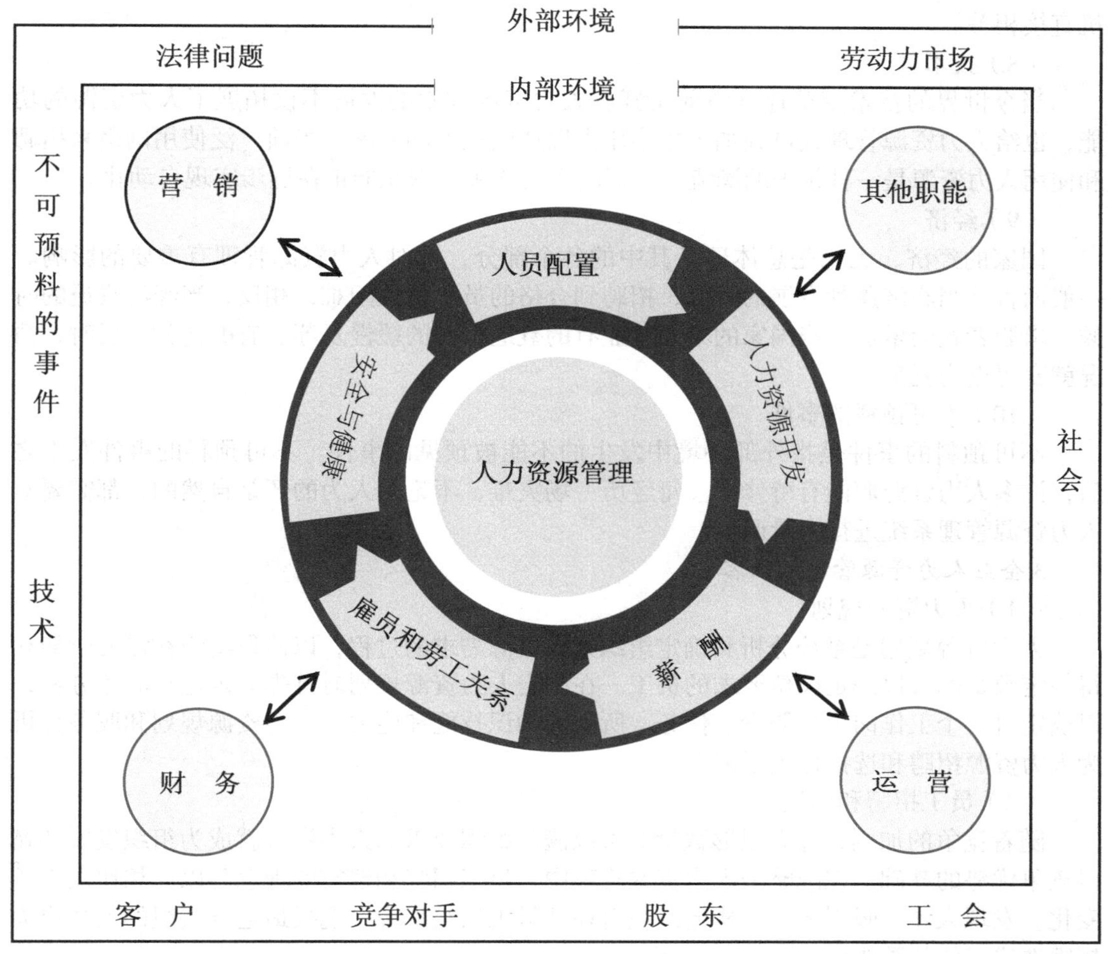

图 9-1 人力资源管理的环境

（5）股东

公司的所有人称为股东（share holders）。

由于股东对公司进行了投资，为了增加公司的利润，他们有时也会针对管理层认为对组织有利的计划提出异议。目前，股东的影响力越来越大，这使得管理层不得不给出足够的证据来证明某个计划的优点，如计划将如何影响未来的项目、成本、收入和利润，甚至是造福于整个社会。

（6）竞争对手

公司在产品或服务以及劳动力市场中都会面临激烈的竞争。除非处于垄断地位，否则会有其他公司生产类似的产品或提供相似的服务。如果一家公司要想取得成功、得到发展和繁荣，必须留住能胜任工作的员工。但是，其他公司也会以此为目标。公司的主要任务就是要确保各个岗位上都能得到并留住足够数量的员工，使公司能够在竞争中获胜。

（7）客户

使用公司商品和服务的人也是外部环境的一部分。因为销售是公司生存的关键，这就要求公司的管理要确保自己的员工不会与客户相对抗。客户经常要求高质量的产品和售后服务。因此，公司的员工就应该能够提供顶级产品和服务，这些与员工的技能、资历和动机直接相关。

（8）技术

当今世界的技术变革速度空前迅猛。人力资源技术的发展不仅拓展了人力资源的功能，也给人力资源管理人员施加了更多压力以适应技术的发展。当前广泛使用网络来招聘和使用人力资源是一种领先的潮流，公司的人力资源管理职能正在逐步实现自动化。

（9）经济

国家的经济，无论是总体还是其中的各个部分，都对人力资源管理有重要的影响。一般而言，当经济蓬勃发展的时候，招聘到合格的员工就很困难；相反，当经济衰退的时候，求职者就会增加。当国家的不同行业有的衰退、有的缓慢复苏、有的蓬勃发展时，情况就变得更为复杂。

（10）不可预料的事件

不可预料的事件是指外部环境中发生的不能被预见的事件。不可预料的事件发生之后，许多人力资源职能有待修正。每经历一场灾难，不论是人为的还是自然的，都需要对人力资源管理系统进行大量调整。

3.企业人力资源管理的内容

（1）人力资源规划

人力资源规划是系统分析和确定组织人力资源需求的过程，以确保组织在需要时能获得一定数量的可以满足岗位要求的员工。在制定人力资源规划时首先必须进行职务分析，以确定每一个工作岗位的职责、任务、所需的知识技能和能力。人力资源规划和职务分析为人力资源招聘和选拔提供了依据。

（2）员工招聘和选拔

随着竞争的加剧，拥有足够数量的可以满足组织要求的人力资源就成为组织发展和赢得竞争优势的基础。在战略型人力资源管理中，员工招聘和选拔的理念与以往相比发生了变化。发现人才、吸引人才、构建组织潜在新员工供给来源、选拔最适合组织的人才成为招聘选拔工作的重要任务。

（3）人力资源开发

人力资源开发是人力资源管理中具有战略意义的工作。任何一个组织都处在一个不断变化的过程中，为保证组织获得并保持竞争力，就必须不断开发人力资源，使人力资源不断增值。人力资源开发包括员工职业生涯计划、员工发展、业绩评估等工作，它应该贯穿于员工职业生涯始终，并且与组织目标紧密联系。

（4）员工薪酬管理

薪酬和福利是对员工工作付出的合理回报。具有竞争力的薪酬福利体系是组织吸引人才的重要方面，也是组织激励员工的重要手段。完整的薪酬体系应包括货币薪酬和非货币薪酬。

（5）公司文化和领导艺术

现代人力资源管理强调“以人为本”的管理理念，注重管理过程的人性化。将建设公司文化作为人力资源管理的职能，其目的就在于通过公司文化树立组织的价值观，规范组织成员的行为；“以人为本”的管理理念也使得领导艺术成为现代人力资源管理的重要内容。

（6）劳动关系与劳动法律

人力资源管理涉及劳动关系的各个方面，如劳动用工、劳动时间、劳动报酬、劳动保护、劳动争议等方面。随着相关法律的不断健全，人力资源部门在处理有关劳动关系的事宜时必须依法行事。

人力资源管理的各个职能之间相互联系、相互影响。职务分析和人力资源规划是人员招聘和选拔的依据，也是业绩评估和员工培训的依据和标准；有效的招聘可以减少不必要的培训，提高工作水平；具有竞争力的薪酬有助于吸引人才，也有助于激励员工。

传统的人力资源管理称之为人事管理，其主要工作内容是招聘、培训、工资发放、档案管理等，承担着单纯的行政事务性职能。而现代人力资源管理摆脱了单纯的行政事务工作，从人力资源管理的全方位支持组织战略目标的实现。

传统的人事管理从事的是简单重复性工作，面对的问题是常规的，通常可以用标准化的解决方案来处理。现代人力资源管理面临的问题是组织的不断变化给人力资源管理工作提出了新要求，从事的是复杂的、非常规性的工作，没有标准的解决方案，所处理的每一项业务都需要专业知识与技术，如薪酬方案设计、选择招聘工具、促进员工发展等。如今，越来越多的组织将事务性工作委托给专门的人事服务机构，而将更多精力放在制定人事战略、开发人事工具、为员工及业务部门提供人事咨询等职能上。

9.1.3 财务管理

1.财务管理的概念及主体

财务管理是指经济活动的主体对资金运营进行的计划、组织、领导与控制，包括资金的收、支、运用、分配等方面的事务，其实质是在一定的整体目标下，关于资金的投资、筹集和管理。

财务管理活动和我们每个人都息息相关，它渗透到我们社会生活的方方面面。生活中我们决定购买一件商品，要综合考虑商品的价格、性能、质量等各方面的因素，最终我们会根据自己的购买能力选择最适合自己消费能力的商品。在这个过程中，我们已经进行了经济管理活动。在家庭生活中，一家之主必须要考虑如何利用有限的收入，安排好家庭成员的衣、食、住、行，提高家庭生活的品质，并为自己的家庭在周围赢得一个符合自身情况的社会地位。要想做到这些，身为一家之主必须合理安排家庭收支、做好收支计划，做到收支平衡并有所结余，这也是在每一个以家庭为主体财务管理中活动需要面临和解决的问题。

我们平时所讲的财务管理指的是社会工商企业的财务管理。也就是以企业为住的财务管理活动。企业每天都面临外部环境的不断变化，如公司之间的竞争日趋激烈、技术的创新和升级、通货膨胀和利息率的变幻无常、全球经济波动的不稳定性、汇率的波动、资金的回收等各种问题。企业管理是应对和解决上述问题的关键，企业必须在管理过程中处理好资金筹集、投资决策和资产管理之间的关系，合理的配置有限的资产，确保整个企业的正常运转和良性发展。

国家通过税收、国有资产收益、收取规定费用、发行国债等取得收入，并且支出这些收入用于发展经济、国防、科技教育、行政管理、基本建设等各种社会事业。国家通过收入和支出的合理安排必须要做到国民安居乐业、国家经济增长、社会事业发展等。所有这些安排是国家的进行的财务管理活动，这种财务管理活动的主体是国家（政府），我们称之为国家财务管理或公共财务管理。

2.财务管理的环节

财务管理环节是指，为实现财务管理职能，完成财务管理任务，达到财务管理目标的手段和方法，是适用于企业各项理财活动的基本方法和技术，主要包括财务预测、财务决策、财务预算、财务控制，以及财务分析等几个主要环节。财务管理的这些环节是为实现财务管理的职能服务的，财务管理各个环节在运用过程之中紧密结合、相互联系、彼此穿插，形成一个联系紧密、环环相扣的有机整体。

（1）财务预测

财务预测是指，财务人员依据长期积累的实际资料、结合现实条件、采取科学方法，对企业下一阶段的财务发展趋势或变化过程进行的估算和测定，为确定财务目标和采取应对措施提供科学依据，同时也是企业进行日常企业管理的必要依据。企业在激烈的市场竞争条件下组织生产经营活动，面临着各种复杂多变的市场因素，企业有必要根据财务活动的规律做出预测，以充分的利用积极要素，减少消极要素的影响。

企业财务预测是一个科学严谨的研究过程，每个环节的变动都会影响最终预测的准确性，因此为了提高企业财务预测的准确性，我们必须掌握全面而准确的分析资料。企业在财务预测中需要收集、掌握的资料主要有企业长期积累的财务会计资料，企业在制定预算过程中各种业务经营活动的指标和措施，借鉴经验了解国内外同行企业财务活动与其他各种业务经营活动的指标和措施，了解外部环境掌握国家有关政策和制度，了解市场相关因素的最新动态。

（2）财务决策

财务决策是指企业财务人员在财务预测的前提下按照既定财务目标，利用专门的方法对投资项目、筹资项目、分配方案等备选方案等各种决策项目，进行综合的比较、科学分析，并从中选出最优方案的过程。在市场经济条件下，财务管理的核心是财务决策，它决定着企业资金的使用方向和使用效果，关系到企业在经济活动中是否能够取得利润。

财务决策主要包括确定决策目标、搜集相关信息拟定备选方案、选择最优方案、决策结果的反馈和后续决策等步骤。在财务决策的过程中，企业需要对资金的筹集、资金的投放方向以及利润的分配方式等方面做出具体可行的最佳方案。

财务决策的方法主要包括优选对比法和数学模型法。优选对比可以根据实际情况选择总量对比、差量对比以及指标对比等方法；数学模型可以通过微积分、线性规划、概率决策等数学知识构建。

（3）财务预算

财务预算也可以称为编制财务计划，是企业财务部门运用专业的技术手段和数学方法，根据既定财务目标和企业实际状况，对下一阶段的财务活动和资金的分配做出的科学安排。财务预算是对财务预测和财务决策方案的具体安排，目的是保障既定方案的顺利实施。

财务预算的编制步骤主要有：分析财务环境，根据企业实际确定预算指标；协调财务能力，根据既定方案，平衡各方关系；根据预算指标和实际财务状况选择预算方法，编制预算。

财务预算发放主要有固定预算法、弹性预算法、平衡预算法以及滚动预算法。

（4）财务控制

在企业的生产经营过程中存在大量不确定性因素，财务预算很容易偏离既定轨道，为了保证财务计划的顺利实现，企业必须对日常进行的各项财务活动进行有效的控制。财务控制是指在企业生产经营过程中，根据计划任务和各项定额的具体实施情况，对资金的收入、支出、占用、耗费进行日常的计算和审核，并及时进行调整，以实现计划指标，提高经济效益。

企业对日常的财务活动所进行的控制和调整是实现财务目标的中心环节。在财务控制的过程中我们需要做到以下方面。

第一，依据按劳分配原则，合理制定计划任务和工作指标，充分调动职工的积极性，提高效率、节约成本、

第二，明确执行标准，对资金的收付，成本、费用的支出，物资的占用等方面严格把关，运用各种手段进行事前的监督和控制。

第三，按照计划标准确定执行差异，找出容易出现变动的执行环节，在计划可控范围内及时采取措施。

第四，实行考核奖励，把计划指标的考核纳入岗位职责，运用奖励机制，实行，奖优罚略，保证财务计划的执行力度。

（5）财务分析

财务分析是以核算资料为主要依据，对企业财务活动的过程和结果进行分析和调查，评价财务计划完成情况的一项工作。通过财务分析，企业可以及时掌握各项财务计划指标的完成度，为改善和调整财务实施计划提供依据。企业通过财务分析可以总结经验，为研究和掌握企业财务活动的规律提供必要的依据，从而改善财务管理工作，为企业的稳定发展注入一针强心剂。进行财务分析主要包括以下几个程序。

第一，搜集资料，掌握情况。开展财务分析，首先应该占有大量详实可靠的信息和资料，通常包括财务报告和相关的财务数据。

第二，运用恰当的方法计算财务比率指标。

第三，参照既定标准比较分析实际计算数据，通过差异的分析，做出推断。

第四，撰写财务分析报告。

财务分析的作用主要包括以下方面。

第一，财务分析全面考察财务计划执行情况，为正确评价企业经营过程和经营成果提供事实依据。

第二，通过财务分析，可以计算出一系列财务比率指标，以方便企业的决策者做出正确决策。

第三，通过财务分析可以及时发现企业经营中存在的问题，以改善经营管理，谋求更大的利润而后发展空间。

第四，财务分析，可以加强企业的财务监督，处理好财务关系，以维护市场经济的稳定。

3.财务管理需注意的事项

如果创立的是很小的企业，创业者可称为公司里面眉毛胡子一把抓的经理人，那么，财务决策当然就是创业者个人做主的事了。即便是创立了比较正规的公司，资金规模较大，公司设立了财务部并设有财务经理、财务主管或财务总监，创业者也必须把握公司经营运作的财务状况，必须参与有关财务管理的决策。制定财务决策时，创业者应注重以下几个方面。

（1）掌握资金运动规律。注重从公司经济、市场经济、产业经济的角度出发，对财务问题进行多方面的考虑。

（2）更新方法。不但要注重质的分析，更要注重量的分析，通过专业的财务分析与管理工具，优化理财决策。

（3）充实内容。不能只管资金的收支，还要熟悉在资本市场上融通资金的业务，有

效地进行资金预算的编制、现金计划的编制、有价证券以及应收账款和存货等营运资金的管理与控制、长期投资的可行性研究、投资收益的评估等。

（4）收益与风险的权衡。要能够评价和计量经营风险和财务风险，避免公司承担超过收益限度的风险。在追加收益的同时，要努力分散风险和规避风险。

（5）研究资金成本。要注意探讨不同筹资方式下资金成本的计量方法，以及怎样以最低的代价筹集企业生产经营所必需的资金。

（6）关注理财所涉及的法律问题。有必要了解资本市场的交易规则、各类金融工具的权责关系、举债经营的法律责任等问题，要掌握税法。

（7）研究目标资本结构。要根据公司内外理财环境的变化，优化公司的资本结构，合理利用经营杠杆和财务杠杆，使公司在良好的财务状态下，获得最大的收益。

（8）注意通货膨胀对企业财务的影响。在进行投资融资决策和资产管理时，要注意分析通货膨胀对公司财务的影响，合理调整财务数据，以便正确地评价财务状况。

（9）学习国际理财的理论和方法。例如，外汇风险的规避，学习国际投资融资决策方法。

（10）确保财务安全。要能够准确评价企业的财务状况，预防出现财务危机。当处于财务困境时，有能力提供相应对策。

9.1.4 战略管理

1. 企业战略管理的基本概念

战略管理的概念最早是由安索夫1976年在其出版的《战略计划走向战略管理》一书中提出，其认为战略管理是指："将企业的日常业务决策同长期计划决策相结合而形成的一系列经营管理业务。"

对于战略管理的分类大体上可以划分为两类，即广义的战略管理和狭义的战略管理。广义的战略管理是指运用战略对整个企业进行管理，强调管理企业的思维方式，其代表人物是安索夫；狭义的战略管理是指对战略管理的制定、实施、控制和修正等一系列活动，强调战略管理中的方法和手段，其代表人物是斯坦纳。1982年斯坦纳在《企业政策与战略》中认为："战略管理是确定企业愿景，根据企业外部环境和内部条件确定企业目标，保证目标的正确落实并使企业愿景最终得以实现的一个动态过程。"因此，战略管理是一种全新的管理思想和方法，是一个组织为了创造和维护竞争优势而分析制订发展规划、进行决策实施和评价控制，使组织达到其长远目标的动态管理过程。

（1）战略管理是一种高层次的管理，其核心是对企业现在及未来整体经营活动进行的规划。战略管理的主体是企业的高层管理人员。

（2）战略管理是一项整体性管理。战略管理是不仅统领各项具体的职能战略、竞争战略以及公司战略，而且涉及各种战略的制定、实施和控制，因此，战略管理是一项涉及企业整体的管理，即进行企业战略管理是为了整个组织的利益，而不是单个职能部门。

（3）众多利益相关者要参与制定战略管理决策的过程。这里的利益相关者是指那些个人利益受到企业绩效影响，并有权索取企业绩效的个人和团体。战略制定时，企业管理者必须满足利益相关者的需求。战略决策如果只照顾到了单一的利益相关者，企业最终的目标就无法取得成功。

（4）战略管理是一种动态性管理。战略管理要依据企业内部条件和外部环境制定并随着实施情况的改变而进行调整。任何外部环境的变化、内部条件的改变都将促使战略管理产生变革。

（5）战略管理是一项强调效能的管理。战略管理能够确保企业正确地配置和利用资源，将精力投入到实现整体目标的活动上。而错误的战略决策可能会导致企业效率低下，竞争力降低。

2. 企业战略管理的过程

战略管理是一个动态的管理过程，如图9–2所示。主要是针对企业的未来发展方向，制定具体的战略目标，并为实现这一目标制定决策并实施相关决策。

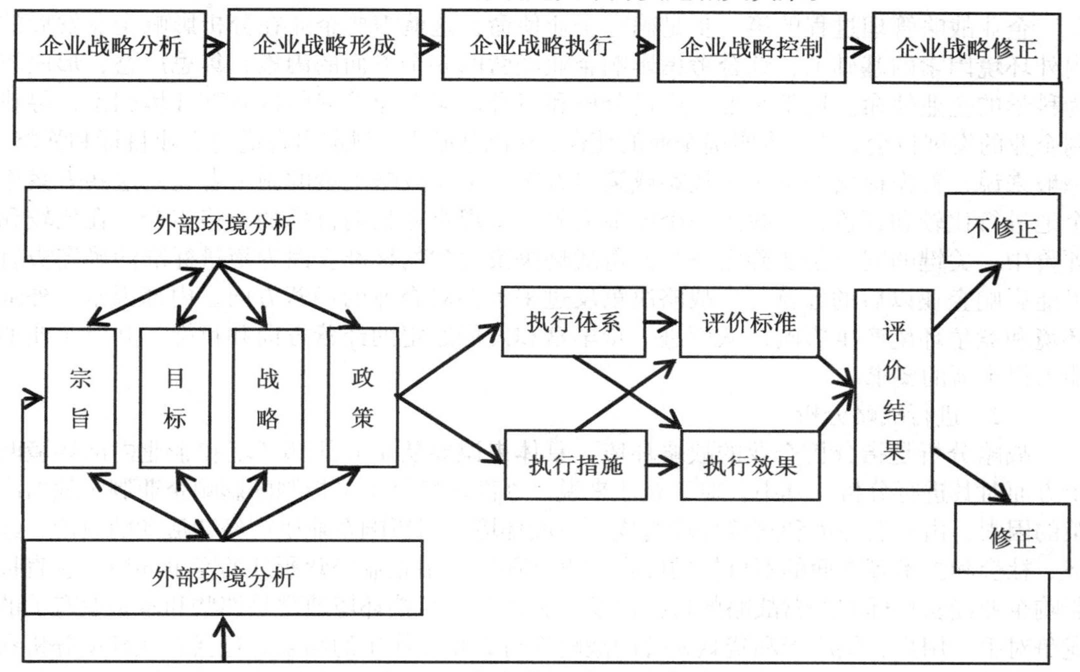

图 9–2 战略管理过程示意图

一般而言，划分为四个阶段可以构成一个简化的战略管理过程，但不同的学者对具体分法却有不同的看法。强调执行和控制的学者，认为战略形成、战略执行、战略控制及战略修正是构成战略管理过程的四个具体阶段如图9–3所示。规划是起点，执行是重点，控制是难点，变革是新起点。

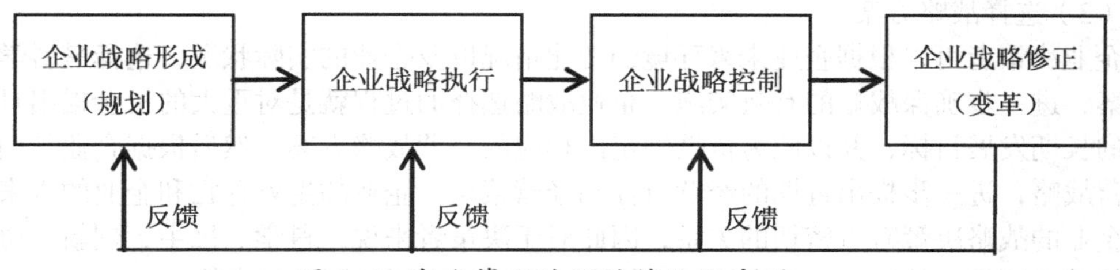

图 9–3 战略管理过程的简化示意图一

关注战略制定过程的学者，则认为确定战略使命、战略分析、战略选择及评价、战略实施及控制是构成战略管理过程的四个阶段如图9–4所示。确定使命是规划的起点，战略选择是规划的核心，战略分析是规划的重点，战略实施是规划的落脚点。

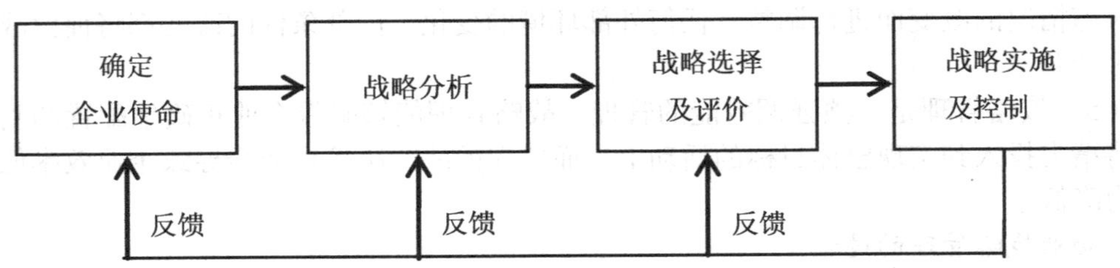

图 9-4 战略管理过程的简化示意图二

（1）确定企业的愿景和使命

企业战略管理过程的第一步是确定企业使命，这就需要企业在分析影响企业发展的内外环境因素的基础上，综合考虑影响企业经营的多个方面的因素，集思广益，形成较为科学的企业使命。通常来说，通过分析和组合影响企业发展的内外部环境因素，寻找到企业的发展机会，进一步明确企业的使命，在此基础上，制定出合适的企业目标和战略。一般来说，首先提出的是多个战略或策略方案，企业战略决策的制定者要对这些方案逐个地进行比较和评价，以找到一个能最大限度实现企业长期目标的战略组合。在比较和评价中，关键的问题是要确定一个衡量战略决策优劣的标准。因为衡量标准的确定极有可能影响企业以后的经营，而战略决策反过来也会对企业的经营方向、内部因素、外部环境和竞争环境产生影响，从而进一步丰富和发展原定的经营方向和目标，并对企业的能力提出新的要求。

（2）进行战略分析

战略分析是指分析企业的战略环境，具体来说要从企业外部环境和企业内部环境两个方面对其进行分析。其中，对于企业来说，外部环境是不可控制的影响企业制定战略决策的因素，由一般环境和直接环境构成。一般环境是指影响企业生产经营活动的政治、经济、社会和技术等方面的不可控的因素。直接环境是指企业经营所处的竞争环境，它直接影响企业经营目标和经营战略的选择以及实施成效。直接环境通常是那些和本企业有关的竞争对手、用户、供应者和贷款人等的战略性行为相互作用的结果。包括宏观环境分析和行业环境分析两部分；内部环境指的是企业在经营中已具备的和可取得的资源，如人、财、物等的数量和质量，它表明企业具有的优势和劣势。因此，对于企业自身实力的分析就是企业进行内部环境分析主要考虑的因素。总的来说，企业通过战略环境的分析，明确企业本身具有的优势和劣势，了解企业发展过程中外部环境中存在的机遇与威胁，从而达到实现企业战略目标的任务。

（3）选择战略方案

企业决策者可以根据企业未来环境的变化情况以及企业的实际状况，选择最科学的战略方案，进一步确保战略的有效实施。企业战略选择的过程就是对重大的机会提出具有针对性的长期发展目标，并以此为依据制定出相应的经营战略方案，然后根据企业长期目标和经营战略，进一步提出近期的经营目标和经营策略。企业的生死存亡和企业的未来发展都与企业的战略决策有着密切的关系，因此对于决策者来说，科学、民主、创新与协作的原则是其必须贯彻的原则，只有这样才能做出正确的预测、评价与决策。

（4）战略的实施与控制

企业战略方案确定后，下一步的任务就是把制定具体的战略活动，实施战略方案。进行战略实施所必需的组织结构、人员、报酬制度、工作任务以及技术等重要因素的有效协调和运用决定着战略实施的效果。所以，战略的实施过程一般会涉及整个企业的文化、组织结构和管理系统的变革。

在战略实施过程中，由于所面临环境的复杂性，可能会导致企业战略活动与战略目标间存在一定的偏差。管理者应及时关注这些偏差，全面分析造成偏差的原因，及时采取有力措施，努力缩小偏差范围，减少因此给企业带来的损失。战略控制是由企业高层进行的控制，它不同于管理层和作业层等中下层的控制。但是为了实现有效控制，高层管理者要能够从中低层的员工中获取明确、快捷、无偏见的信息。

3. 企业战略管理的利弊分析

（1）企业战略管理的利益

企业管理者实施的科学有效的战略管理将会极大地提升企业的竞争力，增加盈利，实现企业发展的长远目标。因此，概括起来企业战略管理具有如下的积极意义。

第一，有利于企业制定长远奋斗目标，并确立未来的发展方向，在企业的生产经营中不断增强竞争力，兼顾眼前利益和长远发展，保证企业获得源源不断的动力。

第二，有利于企业对于自身的市场定位进行准确判定，并在此基础上制定并实施有效的经营战略，促进企业的发展。

第三，战略管理可以促进企业积极主动应对威胁与挑战。

第四，战略管理形成了对企业员工的激励。企业战略在实施的过程中与日常的经营计划控制结合在一起，有效地统一局部目标与总体目标，进一步将各级管理人员参与战略管理的积极性充分调动起来，充分利用企业的各种资源促进保证企业战略的有效实施。

第五，有利于敦促企业在管理思想、管理组织、管理人员、管理方式和手段等方面实现现代化，全面推动企业建立现代企业制度的步伐。

（2）企业战略管理的弊端

第一，企业战略确定了企业发展的基本方向和目标。但是对于企业的发展来说，如果战略方向不能与市场趋势适时保持一致，将会把企业带入潜在风险之中。

第二，企业战略注重集体行动的协调性，但行动的过度集体化将导致“团体思维”和“惯性思维”，限制了多样化发展的可能性。

第三，企业战略存在着虚假反映现实的可能，容易使企业的生存陷入困境。

9.1.5 文化管理

李嘉诚说过：“商业的存在除了创造繁荣和就业，最大作用是服务人类的需要。企业是为股东谋取利润的，但应该坚持固定文化，这里经营的其中一项成就，是企业长远发展最好的途径。”

企业文化被称作企业的灵魂和精神支柱，是企业发展的动力之源。没有真正深入人心的良好企业文化，创业就是建立在沙滩之上，随时有可能出现严重的风险事故，甚至是灭顶之灾。而企业文化精髓是创业者的创业精神，这是凝聚员工的一笔“不可复制”的财富，更是初创企业生存和发展的关键。

华为总裁任正非曾说过：“资源是会枯竭的，只有文化才会生生不息。”自创业之初，任正非就亲手培育和创建了生生不息的华为文化，并以企业文化为先导来经营企业，才有了今天的华为。

1.着力形成比较固定的企业价值观

价值观是企业文化的基石和核心。企业价值观是指企业及其员工的价值取向，是指企业在追求经营成功过程中所推崇的基本信念和奉行的目标，因此它对企业员工有着巨大的内聚作用。

大多数快速成长的企业都有比较固定的企业价值观，创业者往往倾注全部心血使企业的价值观延续，用以支撑初创企业的生存和健康发展。

知识经济时代需要创业企业形成符合企业实际、独具特色、充满挑战性的理想与追求，并能为广大员工所接受的核心价值观。

2.营造浓郁的企业文化氛围

企业文化是企业的无形资产，作为一种资源，是创业初期企业的第一桶金，创业者应当用心培育和塑造。

企业文化的培育是个长期的过程，需要在企业内营造一个浓郁的文化氛围。培育创业企业文化应当突出个性，不要千篇一律的口号，既要追求时代特色，又要符合企业实际。

个性鲜明、富有特色的企业文化，对内能使员工目标明确、行动统一、行为规范、积极奋进、创新创业、勇攀高峰；对外则能使社会加深对企业的了解及理解，树立企业良好形象，增加对企业的信任度和美誉度。

【案例】

娃哈哈的文化起源

杭州娃哈哈集团有限公司创业始于1987年，作为杭州市上城区教育局所属的一家校办企业，创业之初，以为学校提供服务，卖些纸张、文具、冷饮。后来，在宗庆后同志的倡导并带领下，成功开发出国内第一支儿童保健品，企业由此驶上快速发展的轨道，经济发展一日千里。经过多年的努力经营、顽强拼搏，杭州娃哈哈集团有限公司目前已经成为国内饮料行业的龙头。

娃哈哈文化的起源可追溯到企业的初创时期。作为一家区教育局的校办企业，创业初期是非常艰苦的，百余平方米的营业用房，14万元的借款和两位已经退休的教师，可谓一穷二白，就这样娃哈哈开始创业起家。

区属学校来一个电话，就要蹬着三轮车将货送上门，有时候，冒着严寒酷暑送一车货却只能赚取几元钱的利润。宗庆后同志虽然名义上是校办企业的总经理，但实际上既是搬运工又是送货员，集多种角色于一身。

这样的创业背景，对创业者的精神风貌提出了严格的要求，创业者们相信：只有在精神上首先站立起来才能去面对艰苦、克服困难、开创光明。因此，宗庆后同志提出了“励精图治，艰苦奋斗”的要求，这是非常具有现实针对性的，既是他在那种条件下自我激励的需要，也确实是企业谋生存求发展的前提。

作为校办企业，除条件差、底子薄之外，还有一个必须面对的问题是：被人瞧不起。在计划经济占主导的时代，校办企业既不被列入国家计划，又没有什么优惠待遇。因而那时候社会上普遍存在着一种偏见，认为校办企业肯定搞不好，就是在企业内部也有自己看不起自己、妄自菲薄的思想倾向。宗庆后同志又根据当时的这种现实状况，提出了“勇于开拓，自强不息”的口号，勉励自己和同事们一定要争口气，做出点成绩来给人家看看。

“励精图治，艰苦奋斗，勇于开拓，自强不息”这16个字就是娃哈哈的企业精神。这个精神由企业创始人宗庆后同志亲自提出，既是创业时期艰苦困难现实的反映，又是创业者们奋斗的精神支柱，有很强的针对性与极强的指导意义。

这个企业精神是娃哈哈文化的起点，相伴着娃哈哈走过了28年风雨历程，当然后来也是整个娃哈哈文化系统的重要核心。

9.2 新创企业的成长

9.2.1 企业的生命周期

新企业从提出构想到创办、发展和成熟，存在一个类似人类成长的生命周期。Scott和Bruce（1987）将新建小企业划分为创立、生存、成长、扩张和成熟期五个成长阶段，其间高层管理者角色、管理风格和组织结构不断演化。Timmons和Spinelli（2004）将创业企业划分为初创、高成长、成熟期和稳定等阶段，并对初创至成熟阶段的变化进行了分析。本书采用泰毕[1]（Tyejee，1984）等对创业企业投资阶段进行的划分，认为一个企业的成长可分为萌芽阶段、创建阶段、发展和扩张阶段、成熟阶段、衰退或再成长阶段，如图9–5所示。

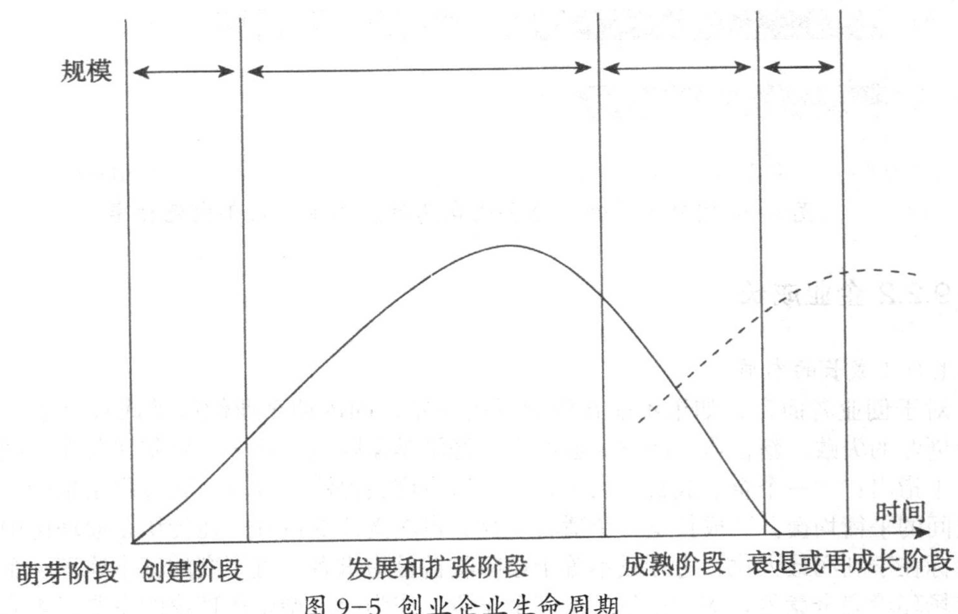

图 9–5 创业企业生命周期

第一阶段：萌芽阶段（seed）。一般是以科技成果或创意为基础的一个产品或者服务构想，产品的发明者或创业者需要投入相当的资金进行开发研究，以验证其创意的可行性，并作相关的潜在市场分析。

第二阶段：创建阶段（startup）。产品开发成功后，创业家着手成立企业并进行试生产。在这一阶段，资金主要用于购买生产设备，产品开发以及销售等。这一阶段资金需求较大，但由于企业没有过去的经营记录，企业从银行获得贷款的可能性非常小，大部分创

[1]谢科范，宴文胜.创业企业生命周期与多阶段融资方式分析［J］.科学技术与工程，2004（4）.

业企业的夭折也在此阶段，因此，此阶段投资的风险也是最高的。创业资本一般在这一阶段开始进入。创业期的长短因产业不同而有所差别，一般来讲，创业期短至6个月，长至四五年。

第三阶段：发展和扩张阶段（ expansion ）。创业企业初期产品上市，为进一步开发产品和加强行销能力，则需要更多的资金，但由于企业距离其股票上市还太早，若从金融机构融资，则需创业家个人的保证以及担保，因此上述渠道筹集资金仍然非常困难，而创业资本的参与正好可以弥补此缺口。

第四阶段：成熟阶段（ mezzanine ）。指创业企业达到了一定经营规模，开始具有较稳定的市场份额，企业出现较大盈利，企业经营状况接近上市公司审查的要求条件并计划在公开市场上筹集资金。

第五阶段：衰退阶段或再成长阶段。创业企业步入成熟后期的发展，成为正常发展企业，创业资本不断退出。国外关于新创办的企业在两年、四年、六年内死亡的统计如图9-6所示。

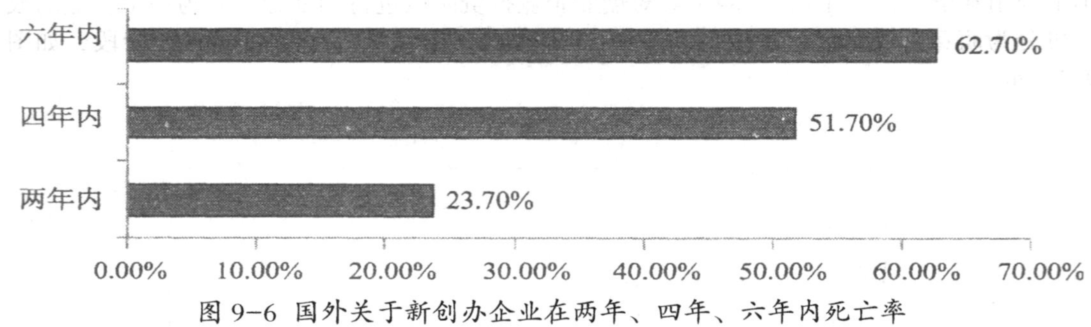

图 9-6 国外关于新创办企业在两年、四年、六年内死亡率

9.2.2 企业成长

1.企业成长的本质

对于创业者而言，如果不能在创业后的一定期间内使企业健康地成长起来，将可能导致创业的失败。新古典经济学派创始人、经济学家阿费里德·马歇尔在著作《经济学原理》中指出："一个企业成长、壮大，但以后也许会停滞、衰亏。其过程是生命力与衰亏力之间的平衡均衡。"成长是一个适者生存、自然淘汰的过程，在传统企业理论中，成长的目标在于利润最大化，边际成本等于边际收益是追求者一直不变的基本原理；企业成长由市场环境完全竞争到垄断竞争或不完全竞争。作为经理型企业理论的主要代表人物之一的马里斯认为：管理的主要目标是企业规模的增长。近几年对企业成长的研究认为：企业成长表现在企业结构变化和企业创新方面。本书认为，企业成长是指企业在利润性和社会性相统一的基础上，在多目标结构引导下，与企业的经营结构、组织结构、空间结构和技术结构等变化相适应的企业规模增长的机制和行为。这主要包含以下几层含义。

（1）企业的利润性和社会性的统一

现在的企业早已超越了单纯的利润追求，美国早在20世纪30年代就提出了企业社会责任问题。企业应有确保利润、生存和成长、履行社会责任等多重目标，并力图使这些目标均衡实现。

（2）企业内部结构发展变化是企业成长的核心内容

企业成长理论存在内部化、实用化、机制化和结构化的趋势。结构化体现在注重企业内部经营结构、组织结构和空间结构的发展变化。这里经营结构指企业内部各活动之间的比例关系、相互的技术经济联系及互相作用。组织结构指企业内部各部门、各单位之间的组织设置及权利、责任分配、信息流通和决策过程的相互关系和结构特征。空间结构指企业各个业务、各单位在地理空间上的分布及相互关系特征。企业的成长过程实质上是企业内部结构变化的过程。

（3）企业成长是一种增长的过程

企业成长包括质与量两个方面：企业成长的主导趋势应体现为规模增长，体现为企业要素、成员方面量的增加，其中包括销售额的增长、利润的增加等。质的增长是指上述企业结构特征的发展与创新。企业质与量的成长是动态的互相促进、互为条件的。一方面，质的成长是量的成长的基础和条件，企业经营结构、组织结构、空间结构和技术结构的更新和完善，意味着企业内部更趋向于优化资源配置，企业才能获得长期稳定的量的增长。

特别是新创企业的竞争，表面上是产品、市场的竞争，但背后实质上是企业核心竞争力的较量。质的成长的重要方面在于提高技术创新能力，意味着企业核心竞争力提高。另一方面，量的成长也是质的成长的条件。量的成长为企业积累进一步成长的资源，为质的成长提供物质保证。量的成长也是质的成长的目的之一，如企业经营结构的调整与技术结构的改变，目的也在于追求更多的利润、寻求更多的投资回报。

2.创业企业的成长管理

成长犹如一把“双刃剑”，是极富挑战的严酷过程。新创企业在很多方面有别于规模大、组织结构完善的成熟企业，它面临唱独角戏、时间管理、伦理管理和构建学习型组织等方面的诸多挑战。倘若管理新创企业的能力不足，不仅影响其健康成长，还会致使其夭折。

因此，积极应对新创企业成长中特有的这些管理挑战，显得十分重要。

（1）有效授权

处在企业生命周期的萌芽期至创建期的新创企业，基本上可以说创业者即企业、企业即创业者，这两者是合二为一的。这个时期的创业者所有事情都自己做主，事必躬亲属于正常现象。这是因为小型企业大多数企业规划和运营活动都是由企业所有者独自完成的。

这种综合征源于企业家的独立性，正是这种独立性在最初的时刻帮助企业家创立了企业。

然而，随着新创企业发展得比较完善，各种管理制度得以建立，更专业、更复杂的决策使创业者越来越感到力不从心，虽然做到了亲力亲为，但仍错过很多关键性业务，出错率越来越大，甚至不亲自督阵，工作毫无起色。当出现这种现象时，创业者就不能再唱独角戏了，应转换管理角色——由自己做事转变为管理他人做事。“在众多有可能发生的转型当中，最难实现并对企业发展影响最大的转型莫过于从企业家独自创建并管理公司，转向与职业经理人共同管理、正常运营公司。”正如德鲁克所言：“管理者的任务，就是要充分运用每一个人的长处，共同完成任务。”实施有效授权，不仅可以让创业者腾出较多时间做策略性的思考，还有助于为员工提供学习新的技巧和专长的机会，有助于帮助和引导员工实现自我管理，激励他们为企业的发展目标而努力工作。

因此，从一个激情、创造、灵活的创业者转变成为正确运用管理技能的管理者，有效授权是其必须学会的管理能力。创业者只有不断地提高有效授权的管理能力，才能将个人能力及精力用于完成更多的职责，达到“无为而治”的管理境界，从而避免陷入唱独角戏的尴尬局面。可见，有效授权是促进新创企业转型发展的推动力。

（2）时间管理

德鲁克认为："时间是一项限制因素。……在我们称之为'工作成就'的生产程序里，最稀有的资源，就是时间。""时间的节约，以及在不同的生产部门之间有计划的分配，在共同生产韵基础上仍然是首要的经济规律。这甚至在更加高得多的程度上成为规律"。"真正的经济——节约——是劳动时间的节约（生产费用的最低限度——和降到最低限度）。而这种节约就等于发展生产力。"可见，如何有效管理时间是新创企业在成长过程中必须应对的挑战。时间管理要求用技巧、技术和工具帮助创业者高效地完成工作并实现企业预期目标，要求创业者事先规划好该做什么事情而不该做什么事情。时间管理并不是要求创业者把所有事情做完，而是要求创业者如何更有效地利用时间——做更有价值的事情。倘若创业者做事目标不明确，缺乏做事优先顺序，有头无尾、没有条理，把简单的事情复杂化，不善于有效授权，对不重要的事情没有学会拒绝，创业者就应学习时间管理的技巧，提高时间管理的能力。

首先，时间管理的艺术在于做正确的事情要比把事情做正确更重要。时间管理的重点不在于管理时间，而在于如何配置时间资源。创业者要根据自己的能力和时间将事务性工作进行成本与收益的排序，将收益高—成本低的事务，优先放在最佳时间里去完成，这样可以将时间资源的价值最大化，避免时间资源的低效配置；把成本高—收益低的事务放在最后来考虑，有时间就做，没有时间就学会放弃。因此，优秀的创业者常常会对企业各项日常活动进行评估，筛选出优先事项，以便在最佳时间内实施。其次，高效的时间管理艺术要求创业者创建企业工作流程。一旦新创企业的工作流程建立，就可以将机械性的、重复性的日常工作交给下属去完成。创建工作流程模块的工作方法可以为创业者节省大量时间资源。最后，高效的时间管理艺术要求创业者必须始终着眼于外部世界。创业者只有提高时间管理水平才能把更多的时间和精力集中在外部世界的市场动态上，才能把更多的时间和精力集中在企业目标规划、组织设计以及激励措施的重要领导职能上，才能思考和制定企业长期发展的战略目标。由此可见，高效的时间管理艺术是提高新创企业经济绩效的重要保障。

（3）伦理管理

伦理作为人类的创造物，作为人类精神性活动的一种基本样式，其存在的理由就在于由伦理的功能所提供的价值。伦理作为人类的自我发展在个人欲望的满足与社会秩序的和谐之间的一种平衡机制，既是人类自我实现的方式，也是社会矛盾的调解方式和调节社会关系的手段，它为人们的生活、创造以及交往活动提供必要的秩序，提供适应环境、改造环境和自我完善的方式。然而问题在于，新创企业作为市场经济中的竞争主体，是"纯经济动物"，"只要能在商业竞争中获胜，采取一些不正当手段也是可行的"，"商业是一个伦理自由区，信守伦理的公司将难以生存"。这些言论肆无忌惮地冲击着新创企业的道德底线。

面对这些挑战，创业者需坚守企业道德底线，勇于承担企业应尽的社会责任。切忌不能偏执于把创业活动仅仅理解为一个创造财富的过程，要从企业"内部"而不是从"外部"产生适应社会需要的伦理道德规则，把伦理道德和社会责任纳入创业活动的"考量"，实现伦理道德与经济决策的有机结合。也就是说，创业者只有用道德罗盘指引新创企业前进，才能创造"交易中的信任、亲密和可预测性的成分。你那样做（不道德）不会获得好的名声。

而且，如果你真那样做了（不道德），最后顾客会不再与你做生意”。创业者在任何时候、任何地点都不能挑战企业道德底线，一旦为了获取最大利益或超额利润，不惜逃避或违犯各种制度和规范，最终将危及企业的生存。从“三鹿三聚氰胺有毒奶粉事件”中，我们不难发现，一个企业忽视伦理管理，丧失社会责任，就会招致破产的厄运。可见，伦理管理是企业安身立命的“保护神”。创业者只有坚守责任感和诚实正直的品格，努力提升构筑企业伦理管理的能力，才能从容自如应对来自伦理道德方面的巨大挑战，才能提高企业经济活动决策中的伦理质量，促进新创企业健康成长。新创企业的伦理管理要求创业者妥善处理好与消费者、员工、股东等利益相关者的关系。因为“公司的本质和目标不在于它的经济业绩，也不在于它形式上的准则，而在于人和人之间的关系，包括公司成员之间的关系和公司与公司外部公民之间的关系”。消费者是企业获得销售利润的重要来源，员工是促进企业发展最活跃的因子，股东是企业赖以生存和持续成长的基础。企业本质上是社会的“公有物”，就其工作和事业的内容来说，具有社会属性。新创企业如果仅仅是从利益中来、到利益中去，最终难逃衰亡的宿命，伦理管理是促进新创企业健康成长的关键因素。

（4）构建学习型组织

彼得·圣吉认为：“公司要想保持竞争优势，唯一的办法就是要能够比竞争对手学得更快。……一个学习型组织最大的好处在于它能帮助人们迎接变化。因为学习型组织的成员知道如何预测即将出现的变化（这和试图预言将来不一样），并且知道如何创造想要的变化，所以能够随机应变。”企业竞争优势的获得往往取决于创业者是否始终具备构建学习型组织的能力。对于新建企业来说，必须通过建立学习型组织，投入一定的时间学习新知识、新技术。“管理发展的本质特征应该是，将学习带回工作场所，从而对组织产生影响。”构建学习型组织，要求企业充分发挥每个员工的创造能力，形成一种全员学习的氛围，并通过学习，使自身价值得以实现，组织的核心竞争力不断增强，最后实现组织的远景目标。

建立学习型组织，通过不断地学习创新，才能保持每个员工在发展阶段保持创新精神和积极进取的姿态，不为常规所束缚，始终保持对市场需求的敏感性。因此，成长中的新创企业只有始终保持求新、求变、求发展的学习心态，才能建立起发展阶段所需的各种社会资源网络，更好地应对变化的环境趋势，以创造新价值的方式为新企业创造利润，才会使新创企业的核心竞争力得以提升，在竞争中获得又好又快的发展。构建学习型组织是新创企业获得竞争优势的重要途径。

9.2.3 企业的收购

1. 收购的定义

收购是指一家公司（出价者或者收购方）购买另外一家公司（目标公司或被收购方）的大部分资产或{正券，其目的通常是重组被收购公司的经营。

收购是买下一个企业或其一部分，被收购的企业完全属于其买主，不再是一个独立实体。根据交易目的和参与各方情况、投入资金量、购入公司类型的不同，收购可有各种各样的形式。收购可以分成收购资产和收购股份（股权）两种方式。收购资产是指收购方收购目标公司的全部或者部分资产；收购股份是指收购方收购目标公司的全部或者部分股权，并使目标公司成为其全资子公司或控股子公司。如果收购方是被收购公司的管理人员或经理层，则称为管理层收购（ Management Buyout，MBO），其通常采用大量借债的方式获取收购所需资金，这是杠杆收购（ Leveraged Buyout，IBO）的一种形式。

2. 收购的优越性

收购一个现存企业对新创企业来说有很多好处，优越性主要体现在以下几个方面。

（1）正常运转的企业

收购一个正常运转的企业有很大优点，这种企业通常已经建立了一定的社会知名度，并且有完备的经营业绩档案。如果该企业经营能够盈利，创业者只需在原有客户基础上继续沿用现有的策略即可。

（2）已有的客户基础

在收购现有企业的情况下，创业者就无须考虑吸引新客户的问题，因为企业原来已有一定的客户基础。

（3）已有的市场营销架构

通常影响被收购企业价格的重要因素之一是它已建立的营销渠道和销售格局。已有原料供应商、批发商、零售商、生产商的声誉都使创业者能集中对企业进行改造优化和扩大规模。

（4）较低的成本

收购现有企业的实际成本可以比用其他方式扩张更低。

（5）现有雇员

在收购过程中，现有企业的员工是一项非常重要的资产。只有他们知道如何使企业保持良好的运行状态并帮助保证企业继续成功运营。另外，他们同客户、供应商、销售渠道人员已经有联系，当企业易主时，他们可以帮助保持这些关系。

（6）更多的创造性

通过收购企业，创业者往往不必再费心去寻找原料供应商、销售渠道、雇用新员工、寻找客户，创业者可以有更多的时间和机会扩大企业规模。

3.收购的劣势

对于创业者而言，收购一家现存的企业也存在一些缺点。

（1）经营业务记录不统一

大多数待售企业的经营记录混乱、业绩低下，甚至亏损。检查这些记录并请重要的委托人依据未来盈利潜力评价这些盈利记录非常重要。

（2）对自己的能力过于自负

有时创业者也许会认为自己能在别人失败之处获得成功，但实际上，即使创业者能带来新的思路和高超的管理技能，有些因素也是不可改变的。这时，企业往往不可能获得成功。因此，在开始着手收购活动之前，创业者必须进行客观的自我评价。

（3）关键员工流失

通常，当企业被收购时，关键人员也会纷纷离开。关键人员的流失会对企业造成巨大的损失，尤其当购买对象的价值体现在人员的努力成果上时更为明显。创业者在收购谈判时，应与全体员工面对面接触，以了解他们的意图，确保留下关键员工。

（4）高估收购价格

实际购买价格有可能由于企业已经建立的形象、客户基础、渠道成员或供应商意愿而被估计过高。假如收购价格过高，投资回报率就会过低，这会令创业者无法接受。在购买一家企业时，要争取估计所需的投资、收购后能获得的潜在利润以及建立合理的回报率，这对调整投资决策非常关键。

4.成功的收购策略

虽然收购一个企业的重要问题是要在价格上达成一致，但是除了价格谈判之外，成功地收购一个企业还有大量的事情要做。实际上，价格只是整个企业收购一揽子交易的一部分，一揽子收购交易的结构安排对于交易的成功比实际的价格更重要。例如，有一家广播公司被一家公司收购以后经营非常成功，主要是因为原来的业主的贷款到第三年才能取回本金，而在此之前只能拿到利息。

从战略的角度看，新创企业必须注意的是保证企业总体经营的一贯性和业务的相对集中。无论购入企业是成为整个企业的核心业务，还是满足拓展企业能力所需的其他业务，如销售渠道、销售队伍或生产设备，创业者必须保证它能融入企业现有的总体发展战略和发展方向。

收购导致价值下降是司空见惯的事情，只有公司充分了解并掌握了收购项目，从收购计划、执行到整合都非常顺利地开展，才能避免价值的下降。

一个成功的收购（主要指收购双方都是上市公司的案例）应该包含以下几个步骤的工作，如图9-7所示，只有每一步都走得稳健，才能使得收购的价值获得提升。

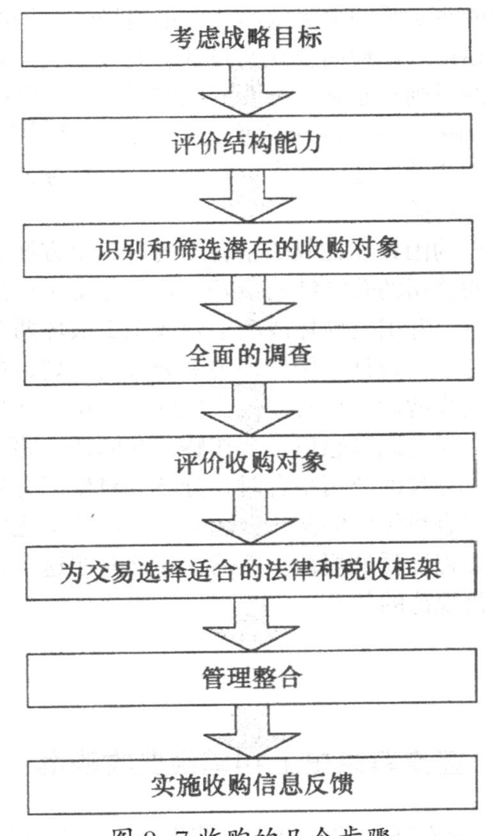

图 9-7 收购的几个步骤

成功收购实施的八个步骤中，以下这两个步骤是非常重要的。

（1）识别和筛选潜在的收购对象

并购机会往往来去匆匆，这就需要我们及时做出判断。因此，评估并购机会时关键在于既要对整个并购活动做出通盘考虑，又要及时把握并购良机。要了解目前存在何种并购机会，代价如何，也要更好地评估不同并购机会的价值。此外，在面对一个好的并购机会时，也不能得意忘形，要锁定自己的并购战略重点，否则就是“捡了芝麻，丢了西瓜”。

任何寻找和筛选程序在开始的时候都有一个收购标准，就是它要适用于公司收购计划的战略和财务目标，它是公司战略计划过程的延伸。在制定收购标准的时候，必须考虑以下因素：目标公司和它的行业特征；目标公司的市场规模和成长率；目标公司的市场份额和竞争地位；目标公司在市场上的防御性位置；目标公司的纳税记录、收入记录和现金流记录；目标公司的资产负债情况；目标公司的知识产权情况；目标公司将要投资的数额和预期的回报率。

（2）管理整合

收购后公司的管理整合其实是收购活动最重要的工作，实施成功的整合策略关键要考虑以下两个因素：有效沟通和人力资源问题。

在收购协议上签字之后，人们往往会认为收购就此成功了。很多收购案就是在最后协议达成之后归于失败的。收购的急剧恶化，或是隐性债务的表面化，这种情况的发生有时是由外部环境或是目标公司竞争地位的消极变化引起的；有时却是因为并购者没有做好主要股东的工作，或是收购行动在达成协议与最终完结之间浪费了太多的时间。如果缺乏有效沟通，这两者都会导致股东对收购失去信心，并最终导致收购的失利。聪明的收购者在完成一项收购时会迅速、积极主动地向公众和投资者展开一次计划周密的市场推介活动，全面清楚地介绍整个收购的原则与条款。聪明的收购者总是力图缩短签署收购协议与全面完成收购活动之间的时间间隔。按照理想的状况来说，时间不应超过3个月。他们清楚地认识到只有迅速地完成收购活动，他们才有更好的机会向目标公司的雇员和顾客表明这项收购行动不会影响到他们的利益。

人员问题是另一个重要的因素。在收购整合期内有三个方面需要密切关注：薪酬、职位级别和文化。进行整合的公司的薪酬结构恰好一致是非常罕见的。倘若对薪酬问题很敏感，这个问题可能引起敌意，并引发破坏成功整合或至少破坏两个公司员工和平共处的行为。必须在薪酬顾问的帮助下，设计一份处理关键分歧的计划，员工可以通过它来判断并购后整合中的管理行为。在收购后，针对职位快速调整的精心计划可以防止大批关键执行者的潜在流失。公司文化在建立同事感情、合作感和共同任务感方面扮演重要角色。公司整合时，特别是文化有重大分歧的公司整合时，分歧会对生产力和员工士气产生有害的影响。因此，应该清晰认识现有组织内的文化，随后，将这些文化应该加以分类，分成对员工重要程度高的规范和重要程度低的规范。然后，应该对照这个目录比较重叠和互补的部分，最后确立新公司的文化规范的基石。

【案例】

盘点苹果史上14笔经典收购案

2014年5月29日，据《福布斯》网站报道，苹果今日宣布将斥资30亿美元收购Beats，此举也被看成是苹果进入流媒体音乐服务的关键一步。事实上，在过去十几年时间中，苹果收购了很多不同领域的公司，有些对苹果新产品、新服务的开发起到了非常大的作用。近期，《福布斯》网站汇总了苹果历史上14笔重要收购交易。

1.Siri

Siri公司成立于2007年，是一家应用软件开发商，主要向苹果用户提供基于语音的个人数字助手服务。2010年4月，苹果收购Siri，具体收购金额不详。2011年，苹果将Siri整合到iPhone4S中，并最终成为其iOS移动系统的一部分。

2.Emagic

Emagic是一家德国音乐制作软件提供商。2002年，苹果将其收入麾下，具体收购金额不详。Emagic旗下的Logic音序器软件目前已融入到了售价200美元的Mac版Logic Studio专业音乐软件当中。

3.Nothing Real

Nothing Real是一家高端数字特效软件制造商。苹果在2002年2月收购了这家公司，并将该公司的技术应用到其特效软件Shake中。2009年，苹果关闭了Shake业务。

4.Power Computing

Power Computing是一家苹果电脑克隆制造商，可授权使用苹果操作系统。1997年9月，苹果使用价值1亿美元购进该公司股票收购了Power Computing。在乔布斯重新掌管苹果公司后，最后还是决定关停这项克隆业务。

5.NeXT Inc.

在被苹果解雇后，乔布斯在1985年创办了NeXT Computer公司，并推出一款Mac和Windows系统PC替代产品——NeXT工作站计算机。蒂姆·伯纳斯·李（Tim Bemers－Lee）使用NeXT计算机创造了第一款网页浏览器和服务器。由于销售情况不好，NeXT后来将重心放在出售一款名为NeXT Step的操作系统上，该软件吸引了苹果的注意。1996年，苹果以4.29亿美元价格收购了NeXT，这笔收购也为乔布斯回归苹果打下基础。

6.Proximity

2006年，苹果收购了Proximity公司及其产品Artbox，这是一款针对处理视频片段、动画、剧照和音频的媒体管理和工作流系统。

7.P. A. Semi

2008年，苹果收购了微处理器设计公司P. A. Semi，据悉当时的交易金额为2.78亿美元。外界猜测，苹果将开始为其移动设备打造属于自己的处理器。事实上，苹果确实这么做了，这家公司后来开发出了A5处理器，这款处理器应用在iPad 2上。iPhone 5则采用了新款A6处理器。

8.Lala

2009年12月，苹果收购了流媒体音乐服务Lala，据悉交易金额为8000万美元，外界猜测苹果将涉足流媒体业务。1年后，苹果却关闭了这项在线服务。

9.Quattro Wireless

2010年1月，苹果收购了移动广告公司Quattro，交易金额传言达到2.75亿美元。外界猜测苹果当时正在打造自己的广告服务。果不其然，苹果在2010年4月就推出了iAd。

10. Intrinsity

2010年4月，苹果收购了移动芯片制造商Intrinsity，据悉收购金额为1.21亿美元，苹果希望通过这笔交易来开发运行速度更快、能耗更低的处理器。

11.Placebase

2009年7月，苹果收购了导航软件制造商Placebase，具体收购金额不详。当时，外界讨论苹果可能会跟谷歌地图分道扬镳，并开发自己的地图服务。最后的结果也确实印证了这一猜测。

12. Poly9

2010年7月，苹果收购了网页地图服务提供商Poly9，后者可以提供3D地图服务。当时有传言称，苹果正开发自己的“谷歌地球”服务。

13.C3

2011年10月苹果收购了C3公司，这也是苹果在两年内收购的第三家地图公司，具体收购金额未披露。2012年，苹果在发布iOS 6和iPhone 5时推出了自家地图应用。由于遭到诸多用户吐槽，苹果CEO蒂姆·库克为这款地图应用令人失望的表现向消费者致歉，并表示苹果正在升级这项地图服务。

14.AuthenTec

2012年7月，苹果斥资3. 56亿美元收购了移动安全公司AuthenTec。对此，分析师表示，这笔交易将会使iPhone和iPad成为更安全的移动支付设备。

本章小结

从企业生命周期的视角来看，企业作为有机的生命体，在不同的发展阶段具有不同的特征，会遇到不同的问题，必须采用相应的管理模式和解决方案。相对于成熟企业来说，初创企业管理具有特殊性，其管理方式同成熟企业也有一定的区别。企业的发展也存在一个类似人类成长的生命周期，经历萌芽期、创建期、发展和扩张期、成熟期和衰退或再成长期。每个阶段都存在常见的危机和症状，因而需要通过有效授权、时间管理、伦理管理和创建学习型组织进行创业企业的成长管理。对于发展和扩张期的企业来说，还可以通过收购实现扩张和成长。

复习思考题

1.企业成长管理的方法有哪些?

2.简述企业生命周期分为哪几个阶段?

3.什么是企业成长？如何进行企业成长管理?

4.成功的企业收购策略有哪些?

参考文献

[1]周长茂，金万成.大学生就业指导与创新创业教育[M].北京：化学工业出版社，2016.
[2]蔡松柏，王东晖.大学生创新创业指导[M].成都：西南财经大学出版社，2016.
[3]蓝红星.创新能力开发与训练[M].成都：西南财经大学出版社，2014.
[4]牟顺海.大学生创新创业指导[M].北京：现代教育出版社，2014.
[5]孙洪义.创新创业基础[M].北京：机械工业出版社，2015.
[6]李肖鸣，朱建新.大学生创业基础[M].北京：清华大学出版社，2013.
[7]张玉利，薛红志，陈寒松. 创业管理[M]. 北京：机械工业出版社，2013.
[8]王卫东，黄丽萍. 大学生创业基础[M]. 北京：清华大学出版社，2015.
[9]李家华等. 创业基础[Ml.北京：北京师范大学出版社. 2015.
[10]王如平. 创造性思维的开发与培养[M]. 北京：光明日报出版社，2012.
[11]胡飞雪. 创新训练与方法[M]. 北京：机械工业出版社，2014.
[12]张红兵. 超级创新力[M]. 北京：人民邮电出版社，2013.
[13]许湘岳，邓峰. 创新创业教程[M]. 北京：人民出版社，2011.
[14]朱邦盛. 实用创造学[M]. 武汉：武汉工业大学出版社，1992.
[15]胡珍生，刘奎琳. 创造性思维学概论[M].北京：经济管理出版社，2006.
[16]吴运迪. 大学生创业指导[M]. 北京：清华大学出版社，2012.
[17]陈卫平，唐时俊. 创业基础[M]. 北京：清华大学出版社，2013.
[18]冯丽霞，王若洪. 创新与创业能力培养[M]. 北京：清华大学出版社，2013.
[19]王涛，顾新.创新与创业管理[M]. 北京：清华大学出版社，2016.
[20]丁欢，汤程桑.创新与创业教育指导[M]. 南京：南京大学出版社，2016.
[21]杨艳萍. 创业学[M]. 长沙：湖南大学出版社，2004.
[22]周三多，陈传明，鲁明泓. 管理学——原理与方法[M].上海：复旦大学出版社，2005.
[23]陈社育. 大学生职业心理辅导[M]. 北京：北京出版社，2003.
[24]刘善球，张玉东. 大学生职业生涯规划与就业指导实用教程[M].长沙：中南大学出版社，2007.
[25]孟宪青. 大学生职业生涯规划[M]. 长沙：国防科技大学出版社，2009.
[26]李时椿，常建坤. 创新与创业管理[M]南京：南京大学出版社，2011.
[27]余勇. 大学生职业生涯规划与就业创业指导[M]. 天津：南开大学出版社，2013.
[28]崔正华. 中国大学生的就业与职业选择[M]. 武汉：武汉出版社，2012.
[29]史梅. 大学生就业与创业指导[M]. 北京：高等教育出版社，2010.
[30]胡振坤，黄兆文. 大学生就业指导[M]. 天津：南开大学出版社，2013.
[31]卢志鹏. 大学生就业与创业指导[M]. 北京：北京理工大学出版社，2010.
[32]杨芳，大学生创新与创业教程[M]. 天津：南开大学出版社，2013.
[33]张宗恩，朱克勇. 大学生创业训练教程[M]. 北京：现代教育出版社，2010.
[34]张志，乔辉.大学生创新创业入门教程[M]. 北京：中国工信出版集团，2016.
[35]李伟，张世辉.创新创业教程[M]. 北京：清华大学出版社，2015.

[36]王焰新.高校创新创业教育的反思与模式构建[J]．中国大学教学，2015（4）.

[37]王琼，盛德策.项目驱动下的大学生创新创业教育[J]．实验技术与管理，2013（6）.

[38]姚乐.我国企业创新的三个关键问题[J]．当代经济，2008（21）.

[39]宋京美.论大学生创新能力的培养[J]．教务教学论坛，2012（28）.

[40]刘彦平.注意培养学生的发散思维能力[J]．当代教育论坛（教学研究），2011（9）.